OEUVRES

DE POTHIER.

TABLE GÉNÉRALE DES MATIÈRES.

SE TROUVE

OEUVRES

DE POTHIER.

NOUVELLE ÉDITION,

ORNÉE DU PORTRAIT DE L'AUTEUR,

PUBLIÉE

PAR M. SIFFREIN.

———

TABLE GÉNÉRALE DES MATIÈRES.

A PARIS,

CHEZ VIDECOQ, LIBRAIRE,

PLACE SAINTE-GENEVIÈVE, Nº 6.

DE L'IMPRIMERIE D'AUGUSTE BOBÉE,

RUE DE LA TABLETTERIE, Nº 9.

M. DCCCXXIV.

TABLE DES MATIÈRES

DANS LES OEUVRES DE POTHIER.

A.

elle censée ouverte? *id.* p. 15-17.

Absent. Lorsqu'une rente viagère se trouve créée sur la tête d'un absent, lequel a depuis reparu, la prescription de 30 ans ne court pas contre le créancier qui n'a pu justifier de son existence, t. IV, p. 144.

Absent. La femme d'un absent, dont on n'a aucunes nouvelles n'est pas dispensée d'autorisation, elle doit se faire autoriser par le juge, t. VII, p. 446. — *Quid*, pour les actes de pure administration? *id.* p. 446.

Absent. De quel temps sa succession est réputée ouverte. t. XII, p. 478. — Quand et comment ses parens peuvent se mettre en possession de ses biens. *id.* p. 478.

ACCEPTATION de la lettre de change. — Forme de l'acceptation; doit se faire par écrit, t. IV, p. 165. — En quel sens cela s'entend-il? *id.* — Termes dans lesquels se fait l'acceptation, *id.* p. 165. — Le mot *vu* renferme-t-il une acceptation? *id.* p. 166. — Un banquier qui a écrit une acceptation au bas d'une lettre laissée chez lui en son absence, peut-il changer de volonté et barrer son acceptation avant que de rendre la lettre? *id.* p. 166. — Le long temps pendant lequel celui sur qui la lettre est tirée, a gardé la lettre, fait-il présumer l'acceptation? *ibid. id.* — *Quid*, s'il y avoit lieu de présumer le dol? *id.* p. 167. — L'acceptation doit être pure et simple, *id.* p. 167. — *Quid*, de l'acceptation *pour payer à moi-même*, lorsque l'accepteur est créancier du propriétaire de la lettre? *id.* p. 167. — Accep-

tation *pour payer à qui par justice sera ordonné*, ibid. *id.* — L'acceptation doit se faire pour la même somme et pour la même échéance, *id.* p. 167-168. — Ce n'est que l'acceptation qui rend débiteur envers le propriétaire de la lettre celui sur qui elle est tirée, *id.* 211. (*Voy.* ACCEPTEUR, CHANGE.)

Acceptation de Communauté. Créanciers de la femme peuvent, pour elle, accepter la communauté quoiqu'elle y ait renoncé *in fraudem*, t. VIII, p. 353. — Il n'y a que la femme ou ses héritiers qui aient le choix d'accepter la communauté ou d'y renoncer; le mari n'a pas ce droit, *id.* p. 353. — La femme n'accepte pas valablement la communauté avant sa dissolution, *id.* p. 354. — L'acceptation de communauté se fait *verbis aut facto*. Quels faits sont censés la renfermer? *id.* p. 354-358. — La femme qui renonce, quoique *aliquo accepto*, ne fait pas acte de commune, *id.* p. 358. — L'acceptation de communauté peut-elle se faire sous bénéfice d'inventaire? *id.* p. 359. — Effets de l'acceptation de communauté, *id.* p. 360. — (*Voy.* COMMUNAUTÉ.)

Acceptation des Successions; ce que c'est qu'accepter, t. XII, p. 486. — Quand l'acceptation est-elle pure et simple? *id.* p. 487. On peut accepter une succession *aut verbo aut facto*, *id.* p. 487. — L'héritier présomptif, pour vendre les effets de la succession ou faire des baux, doit se faire autoriser par le juge, *id.* p. 488. — Explication de ces mots *qui appréhende les biens sans avoir d'autre qualité ou* droit que celui d'héritier , *id.* p. p. 488-489. — *Quid*, si l'un des héritiers présomptifs était en même temps créancier ou légataire de la succession ? *id.* p. 489. — On peut quelquefois faire acte d'héritier sans appréhender rien des biens de la succession, *id.* p. 490. — La cession de droits successifs renferme la volonté d'être héritier, *id.* p. 491. — Il n'en est pas de même de celui qui renonce à la succession moyennant une somme, *id.* p. 491. — *Quid*, si le Roi fait don aux héritiers d'*un office* tombé aux parties casuelles ? *id.* p. 492. — Par qui une succession peut-elle être acceptée ? *id.* p. 492. *Quid*, de la succession déférée à un mineur, à une femme ? *id.* p. 493. — Les héritiers de l'héritier peuvent l'accepter, *id.* p. 493. — Une succession ne peut être acceptée que quand elle est déférée, *id.* p. 493. — Il faut aussi que ceux qui y sont appelés aient connoissance de son ouverture, *id.* p. 494. — Un héritier ne peut plus l'accepter après qu'il y a renoncé, *id.* p. 494-495. — Si un débiteur insolvable a renoncé à une succession opulente , ses créanciers peuvent l'accepter pour leur compte, *id.* p. 496. — Effet de l'acceptation, *id.* p. 497. — L'héritier qui a accepté une succession étant mineur, peut se faire restituer, *id.* p. 497. — Effet de la restitution contre l'acceptation, *id.* p. 498. — Acceptation de la succession sous bénéfice d'inventaire , *id.* p. 499. (*Voy.* BÉNÉFICE D'INVENTAIRE, SUCCESSION.)

Acceptation des donations. Ce que c'est, t. XIII, p. 250. — Solennité de l'acceptation, *id.* p. 250. — L'acceptation peut être faite par charte séparée de la donation, *id.* p. 250. — La donation n'est valable alors que du jour de l'acceptation, *id.* p. 250. — Conséquence de ce principe , *id.* p. 251-253. — L'acceptation doit être faite du vivant du donateur, *id.* p. 253. — Elle ne peut se faire aussi que du vivant du donataire, par lui-même ou par son procureur, *id.* p. 254. — Le donataire doit être capable de recevoir des donations lors de l'acceptation, *id.* p. 254. — Elle peut se faire, ou par le donataire lui-même , ou par son procureur, soit spécial, soit général, ou par son tuteur ou autre administrateur, *id.* p. 255. — Peut être faite par les père et mère du donataire, *id.* p. 255. — Par les mineurs pubères ou par les interdits pour prodigalité, *id.* p. 255. — Par qui peuvent-elles être acceptées pour les communautés ? *id.* p. 255. — Donations fidéicommissaires valent en vertu de l'acceptation du premier donataire, *id.* p. 256. — Donations faites par contrat de mariage, ne sont sujettes à la solennité de l'acceptation, *id.* p. 256. (*Voy.* DONATION ENTRE-VIFS.)

Acceptation de la garde noble se fait différemment selon les différentes coutumes, t. XII, p. 79. — Celle de Paris veut qu'elle se fasse en jugement, *id.* p. 79. — Elle n'a déterminé aucun temps pour l'acceptation de la garde, *id.* p. 80. — Les arrêts ont jugé que le survivant qui a accepté la tutelle , est censé avoir tacitement répudié la garde, *id.* p. 80. — *Quid*, si celui qui par erreur se croyoit noble, a accepté en jugement la garde-noble? *id.* p. 81. — Il y a des coutumes, telles que la nôtre, qui font acquérir de plein droit la garde, soit noble, soit bourgeoise, au survivant ou autre, s'ils ne l'ont répudiée, *id.* p. 81. — Ils doivent y renoncer dans la quinzaine, *id.* p. 82. — Le survivant à qui la garde-noble de ses enfans est déférée, peut l'accepter à l'égard de l'un de ses enfans et y renoncer à l'égard des autres, *id.* p. 82. — Le gardien noble, qui était mineur, peut-il être restitué contre l'acceptation de la garde? *id.* p. 100.

ACCEPTEUR. Du contrat qui intervient entre l'accepteur et le propriétaire de la lettre, t. IV, p. 208. — Des obligations qui en naissent, *id.* p. 208. — La faillite du tireur ne rend pas l'accepteur qui n'a pas de fonds, restituable contre son acceptation, *id.* p. 209-210. — Quoiqu'elle n'ait été faite que depuis la faillite ouverte qu'il ignorait, *id.* p. 210. — *Quid*, s'il avait été induit à accepter par le dol du propriétaire ou du porteur? *id.* p. 209-210. — Accepteur qui, trompé par la falsification de la lettre, a payé trop, a-t-il recours contre le tireur? *id.* p. 197-200. — A-t-il recours contre son correspondant lorsqu'il a a payé une fausse lettre? *id.* p. 201. — A-t-il recours contre le tireur lorsqu'il l'a payée au voleur de la lettre? *id.* p. 201. — Utilité de l'acceptation, *id.* p. 215. — Le propriétaire de la lettre est-il tenu de la faire accepter? *id.* 215. — Le porteur, son mandataire, y est-il tenu? *ibid. id.* — Accepteur qui a accepté par honneur pour le tireur, une lettre tirée pour le compte d'un autre, a-t-il action contre le tireur? *id.* p. 203. — Doit-il renouveler sa protestation lors du paiement? *id.* p. 205. — Du quasi-contrat entre le tireur ou endosseur, et entre celui qui accepte ou qui acquitte une lettre de change pour faire honneur, soit au tireur soit à quelqu'un des endosseurs, *id.* p. 206. — Celui qui acquitte une lettre pour faire honneur, doit la laisser protester sur celui sur lequel elle est tirée, *id.* p. 207. — Par le paiement, il est subrogé de plein droit à tous les droits du propriétaire de la lettre, *id.* p. 207-244. — Il est sujet au même délai, *id.* p. 207. (*Voy.* ACCEPTATION *de la lettre de change.*)

ACCESSION. Manière d'acquérir le domaine, t. X, p. 82. — C'est par droit d'accession que les productions d'une chose sont acquises au propriétaire de la chose qui les a produites, *Vi ac potestate rei suæ;* comme les fruits d'un héritage, les petits qu'un animal a mis bas, les enfans dont une esclave négresse est accouchée, *id.* p. 83-84. — Les cas d'un usufruitier, d'un fermier, d'un possesseur de bonne foi, sont-ils de véritables exceptions au principe? *id.* p. 85-86. — C'est aussi par droit d'accession que nous acquérons le domaine des choses qui s'unissent à la nôtre, de manière qu'elles en deviennent des parties accessoires. Exemples du cas auquel cette union se forme sans le fait de l'homme, *id.* p. 87. (*Voy.* ALLU-VION, ILE, PIGEONS.) — Exemple du cas auquel l'union se forme par le fait de l'homme; et quatre règles pour juger laquelle des choses unies est la chose principale, et laquelle est l'accessoire, *id.* p. 92 et suiv. (*Voy.* ÉDIFICES, SEMENCES, PLANTATIONS.) — Exception à la première règle pour la peinture et l'écriture, *id.* p. 94-95. — Il n'y a lieu au droit d'accession que lorsque la chose unie à la mienne forme un tout composé de parties cohérentes, *id.* p. 100. — Le domaine que nous acquérons par droit d'accession des choses unies à la nôtre par notre fait ou celui d'un autre, n'est qu'un domaine momentané, qui ne dure que jusqu'à leur séparation, *id.* p. 97-98. — En quels cas celui à qui elles appartenaient avant l'union, est-il reçu, ou non, à en demander la séparation? *id.* p. 97-98. (*Voy.* CONFUSION (Domaine), SPÉCIFICATION.)

ACCOMMODEMENS *de famille* passent pour avancement de succession, t. XV, p. 31. — Ne donnent lieu aux profits, *id.* p. 137.

Accommodemens de famille font des propres de succession, t. VIII, 90-91. (*Voy.* PROPRES.)

Accommodemens de famille entre pères, mères et enfans, ne donnent lieu aux profits, t. XI, p. 220. — *Quid,* si un père donne un fief à son fils, à la charge d'acquitter ses dettes? *id.* p. 221.

ACCROISSEMENT. Droit d'ac-croissement entre colégataires, t. XVI, p. 366.

Accroissement. (Communauté.) A quel titre la part de l'un des enfans qui meurt sans enfant, durant la continuation de la communauté, accroit-elle aux autres enfans? t. VIII, p. 556-552. — La veuve de cet enfant peut-elle demander la part quelle a comme commune, dans la part de son mari qui accroît aux autres? *id.* p. 552. — Lorsque c'est un petit enfant qui meurt, à qui accroît sa part? *id.* p. 553. — L'accroissement ne se fait qu'à ceux qui ont accepté la continuation, *id.* p. 553 — Principes de la coutume d'Orléans sur l'accroissement différens de ceux de la coutume de Paris, *id.* p. 553-554. (*Voy.* COMMUNAUTÉ. Continuation de communauté.)

Accroissement. Quand il a lieu entre plusieurs légataires d'une même chose ou d'une même somme, t. XIII, p. 191. — Les colégataires conjoints par une même disposition avec celui qui ne recueille pas sont préférés aux autres, *id.* p. 192. — Différence sur le droit d'accroissement entre les colégataires d'une chose en propriété et les colégataires en usufruit, *id.* p. 193. — Entre quels légataires y a-t-il lieu au droit d'accroissement? *id.* p. 194. — A-t-il lieu lorsque le testateur a assigné à chacun des légataires sa part dans la chose? *id.* p. 195. — *Quid,* lorsqu'une chose a été léguée à deux personnes sous une alternative? *id.* p. 197. — Constitution de Justinien, qui établit des différences entre les différentes es-

pèces de conjoints, *id.* p. 197.
—Est-elle suivie dans nos usages?
id. p. 198. (*Voy.* DONATIONS TESTAMENTAIRES.)

ACCRUES sur l'héritage chargé de rente foncière, à qui appartiennent, t. V, p. 58.

ACCUSATION des crimes. Par qui elle peut être intentée, t. XIV, p. 438. — Elle peut l'être non-seulement par la personne offensée, mais par le mari, par le père, par la veuve, les enfans, etc., *id.* p. 438. — Elle l'est par l'officier chargé du ministère public, pour la poursuite de la vengeance publique, *id.* p. 439. — Aux dépens de qui l'accusation se poursuit, *id.* p. 439. — Elle ne peut être intentée que contre les personnes qui ont commis le crime, ou qui y ont participé, *id.* p. 439. — Cas où l'accusation peut être intentée après la mort du coupable, *id.* p. 440. — Peut être intentée contre celui qui a commis le crime, quelle que soit sa condition, *id.* p. 440. — De droit commun, la connoissance appartient au juge du lieu où le crime a été commis, *id.* p. 440. *Quid*, si le crime a été comploté dans un lieu et exécuté dans un autre? *id.* p. 441. — *Quid*, si le crime consiste dans une continuation d'action? *id.* p. 442. — Première exception à l'égard des cas royaux, *id.* p. 443. (*Voy.* LÈSE-MAJESTÉ.) — Crimes dont la connoissance est attribuée à certains juges extraordinaires, *id.* p. 443. — Seconde exception à l'égard de la qualité de l'accusé, *id.* p. 449. — Certains officiers ont leurs causes commises, même en matière crimi-

nelle, devant certains juges, *id.* p. 450. — Ecclésiastiques peuvent être poursuivis devant le juge séculier, pour raison du *délit privilégié*, *id.* p. 450.— Peuvent demander leur renvoi devant l'official pour *délit commun*, *id.* p. 450. — Troisième exception qui résulte du droit de prévention, *id.* p. 450. (*V.* PRÉVENTION.)

ACCUSÉ de crime capital, la donation qu'il fait doit-elle être regardée à cause de mort? t. XIII, p. 233-234. — S'il a été depuis condamné, la donation ne sera pas valable, *id.* p. 234.

ACHETEUR. (*Voy.* OBLIGATION DE L'ACHETEUR.)

ACQUÉREUR. (Retrait.) *Tiers acquéreur.* Le remboursement qui est dû au tiers acquéreur sur qui on exerce le retrait, ne se règle pas sur ce que l'héritage lui a coûté, mais sur ce qui auroit dû être remboursé au premier acheteur, t. III, p. 569-570. — Ce tiers et son vendeur doivent-ils en ce cas se faire raison du plus ou du moins? *id.* p. 570-571. — Lorsque le retrait s'exerce par un lignager plus proche sur un lignager plus éloigné, qui a retiré, doit-il être remboursé de ses frais? *id.* p. 571-572. — Un tiers acquéreur sur qui on exerce le retrait, est tenu indirectement des dégradations, *id.* p. 605-606.

ACQUÉREMENS - IMMEUBLES. Que comprend par ces termes l'article 68 de la coutume de Dunois? t. IX, p. 492. (*Voy.* DON MUTUEL DE LA COUTUME DE DUNOIS.)

ACQUETS. Quels immeubles sont acquêts, t. XIII, p. 1. —

Ceux que nous acquérons de nos ascendans à titre onéreux sont acquêts, *id.* p. 11. — *Quid*, s'il m'est vendu au-dessous de sa valeur? *id.* p. 11. — L'héritage dont l'origine est incertaine est présumé acquêt, *id.* p. 31. (*Voy.* PROPRES.)

Acquêts. Sont-ils sujets au retrait? t. III, p. 414. (*Voy.* PROPRES, Retrait.)

ACTES *authentiques*, t. II, p. 184. — Acte authentique fait foi provisionnellement, quoiqu'il soit argué de faux, *id.* p. 185. — Il fait pleine foi de tout le dispositif contre ceux qui ont été parties à l'acte, leurs héritiers et successeurs, *id.* p. 186. — Même de ce qui n'y est compris qu'en termes énonciatifs, pourvu que l'énonciation eût quelque trait au dispositif, *id.* p. 186. — Il prouve contre les tiers *rem ipsam*, c'est-à-dire que l'acte a été passé; mais il ne fait pas foi contre eux de ce qui y est énoncé, si ce n'est *in antiquis*, *id.* p. 187.—L'inventaire qui énonce qu'il s'est trouvé un tel brevet d'obligation, fait-il foi de la dette? *id.* p. 188. — Actes qui ne sont pas authentiques par l'incompétence de l'officier ou le défaut de forme, lorsqu'ils sont signés des parties, valent entr'elles comme actes sous signatures privées, *id.* p. 184 (*Voy.* COPIES.)

Actes sous signature privée. Ils ne font foi contre la partie qui les a souscrits qu'autant qu'ils ont été reconnus par elle, ou déclarés pour reconnus; en quoi ils diffèrent des authentiques, qui ne sont sujets à reconnoissance, t. II, p. 189. —

Ils prouvent contre les tiers *rem ipsam*, c'est-à-dire que l'acte a été passé, en quoi ils conviennent avec les actes authentiques; mais ils ont cela de moins, qu'ils ne font point foi contre les tiers que l'acte a été passé au temps de sa date, mais seulement du jour qu'ils sont rapportés et produits au tiers, à moins que l'acte n'eût une date constatée par le décès de l'un des souscripteurs, *id.* p. 192-193. (*Voy.* ECRITURES-PRIVÉES.)

Actes reçus par un notaire compétent produisent hypothèque, t. XII, p. 124 (*Voy.* NOTAIRES.) — Ces notaires sont ceux établis dans le royaume, *id.* p. 124. *Quid*, des actes passés par les notaires étrangers? *id.* p. 124-125. — *Quid*, des actes des notaires apostoliques? *id.* 125.—Les actes des notaires des justices subalternes, aussi bien que ceux des notaires royaux, produisent hypothèque sur tous les biens des contractans, *id.* 125. — Les actes qu'ils passent hors leur territoire, ne peuvent produire hypothèque, *id.* 125. —Privilège des notaires de Paris, d'Orléans et de Montpellier, *id.* p. 126. —Les contrats de mariage des princes et princesses du sang, reçus par un secrétaire-d'état, produisent hypothèque, *id.* p. 126. — Les actes des notaires doivent être revêtus des formes requises pour produire hypothèque, *id.* p. 126-127. — Les actes sous signatures privées, reconnus par-devant notaires, ou en justice, produisent aussi hypothèque, *id.* 127.

Actes exécutoires. Qui sont-

TÉRÊTS.) — Quel prix doit restituer le vendeur, et de quels
dommages et intérêts est-il tenu,
lorsque c'est un second acheteur
qui est évincé? *id.* p. 87. — L'a-
cheteur doit être acquitté par
son garant des condamnations
intervenues contre lui, pour les
dégradations, le rapport des
fruits, et les dépens. (*Voy.* Dé-
GRADATIONS , DÉPENS, FRUITS.)

Action ex empto. Pour la garantie des charges réelles non
déclarées. (*Voy.* GARANTIE DES
CHARGES RÉELLES). — Pour la
garantie des vices redhibitoires.
(*Voy.* GARANTIE DES VICES REDHI-
BITOIRES.) — Pour le défaut de
la contenance déclarée au contrat. (*Voy.* CONTENANCE.) Pour
le défaut des qualités déclarées
au contrat, *id.* p. 162-163.

*Action ex vendito, du vendeur
contre l'acheteur*, *id.* p. 166.
(*Voy.* sur cette action les mots
OBLIGATION DE L'ACHETEUR, PRIX,
INTÉRÊTS; BONNE FOI.)

*Action du retrayant contre le
vendeur, et vice versá.* Le retrayant a les mêmes actions que
l'acheteur, et est tenu des mêmes
actions, t. III, p. 608-609. —
En est-il tenu de la même manière que l'acheteur? *id.* p. 619.

Action de retrait. (*Voy.* RE-
TRAIT.)

Action en répétition de retrait.
(*Voy.* RÉPÉTITION.)

Action ex locato qu'a le locateur pour le paiement des loyers.
(*Voyez* LOYERS.)

Action ex conducto qu'a le
locataire pour se faire délivrer
la chose, est personnelle, t. IV,
p. 313. — Mobilière, quand
même le bail seroit d'un héritage, *id.* p. 314. — Divisible ou

indivisible, suivant la nature de
la chose louée, *id.* p. 314. — Se
donne contre le locateur, ses
héritiers ou successeurs universels, *id.* 315. — Non contre le
tiers acquéreur, *id.* 315. — En
quel cas le locateur est-il tenu
de cette action? *id.* p. 316. —
Si la chose avoit péri ou étoit
mise hors de commerce, *id.* p.
317. — Peut-il être contraint,
manu militari, à la tradition? *id.*
p. 318. — En quoi se résout
cette action à défaut de tradition, *id.* p. 318. (*Voy.* DOM-
MAGES ET INTÉRÊTS.)

Action ex conducto en garantie des troubles et évictions, a
lieu contre le locateur et ses
successeurs universels, t. IV, p.
332-333. — Contre les cautions,
non contre celui qui auroit simplement consenti le bail, *id.* p.
333. — En quoi diffère-t-elle de
l'action *ex empto*? *id.* p. 333.
— Quand est-elle ouverte? *id.*
p. 335. — Quels sont les deux
objets de cette action? *id.* p. 335.
(*Voy.* DOMMAGES ET INTÉRÊTS.)

Action ex conducto pour obliger le locateur à faire les réparations, t. IV, p. 343.

Action ex conducto pour la
garantie des vices de la chose;
t. IV, p. 347. (*Voy.* DOMMAGES
ET INTÉRÊTS.)

Action ex conducto, qu'ont
les affréteurs contre le maître
locateur du navire, t. IV, p.
562-563. — Action *ex locato*
qu'a le maître pour le paiement
du fret, *id.* p. 585. — Action *ex
locato* qu'ont les matelots pour
le paiement de leurs loyers, *id.*
p. 664. — Action *pro socio*, qui
naît pour les matelots engagés
au fret ou au profit, *id.* p. 664.

Action personnelle du bailleur contre le preneur qui. naît de l'obligation de payer la rente, t. V, p. 22. — Cette action lui donne droit: 1° d'exiger le paiement, *id.* p. 22. — 2° de rentrer dans l'héritage, faute de paiement, *id.* p. 22. — Elle a lieu contre les tiers acquéreurs et contre leurs héritiers, *id.* p. 42-43. — Elle a lieu contre tous les héritiers pour les arrérages courus du temps de la possession du défunt, *id.* p. 44. — Comment sont-ils tenus de ceux courus depuis sa mort? *id.* p. 44. — Chaque détenteur est tenu solidairement, p. 44. — Il ne peut même opposer l'exception de division, *id.* p. 45. — Que peut demander le créancier par l'action personnelle, *id.* p. 45.

Action hypothécaire du créancier de rente foncière contre les détenteurs, t. V, p. 46. — D'où naît-elle et qu'a-t-elle de plus que la simple action hypothécaire? *id.* p. 46. — Pour quels arrérages a-t-elle lieu? *id.* p. 47.

Action mixte des créanciers de rente foncière, t. V, p. 48. — Son objet, *id.* p. 48. — Se donne-t-elle contre les nouveaux propriétaires et possesseurs de l'héritage sujet à la rente? *id.* p. 48. — Ou contre ceux qui se portent pour propriétaires? *id.* p. 51. — Quoique l'héritage soit saisi réellement ou féodalement? *id.* p. 49. — Ou chargé d'usufruit? *id.* p. 50. — Contre le mari pour les propres de la femme? *id.* p. 50. — Contre les usufruitiers? *id.* p. 50. — Elle ne procède pas contre les fermiers et locataires, *id.* p. 49.

— Ni contre le seigneur de fief qui tient en sa main l'héritage, par suite d'une saisie féodale, *id.* p. 51. (*Voy.* BAIL A RENTE.)

Action aquæ pluviæ arcendæ, t. V, p. 245. — En quel cas y a-t-il lieu ou non à cette action? *id.* p. 245. — Fins et conclusions de cette action, *id.* p. 246.

Actions communi dividendo et familiæ erciscundæ, t. V, p. 216. — En quoi diffèrent de l'action *pro socio, id.* p. 216. — Par qui peuvent-elles être intentées? *id.* p. 217. — Pour quelles choses, *id.* p. 217. — La prescription court-elle contre la demande en partage? *id.* p. 218. *Quid* d'un testament fait à condition de rester dans l'indivision, ou d'une convention de ne pas partager? *id.* p. 217.

Action finium regundorum. Nature et qualités de cette action, *id.* p. 241. — Par qui et contre qui peut-elle être intentée? *id.* p. 241. — Objet de cette action, p. 242.

Action pro socio, id. p. 242.

Action appelée *condictio indebiti.* (*Voy.* CONDICTIO INDEBITI.)

Action commodati directa, du prêteur contre l'emprunteur dans le prêt à usage, t. V, p. 358. — Lorsque le prêt a été fait à plusieurs, les emprunteurs en sont-ils tenus solidairement? *id.* p. 359. — Comment chacun des héritiers de l'emprunteur en est-il tenu? *id.* 359-360. — Objet principal de cette action: la restitution de la chose prêtée, *id.* p. 360. — Comment l'emprunteur y est-il contraint? *id.* p. 360. — Lorsqu'il ne l'a plus par sa faute, il doit rendre le prix,

id. 361. — Dommages et intérêts résultans de la détérioration et du retard, *id.* p. 362.
— Restitution des fruits et des
choses accessoires, *id.* p. 363.

Action commodati contraria,
de l'emprunteur contre le prê-
teur dans le prêt à usage, t. V,
p. 364 et suiv. (*V.* OBLIGATION
DU PRÊTEUR.)

Action ex mutuo, du prêteur
contre l'emprunteur dans le prêt
de consomption. Celui à qui appartenoient les deniers que vous
avez prêtés en mon nom, a-t-il
cette action? *id.* p. 402.—L'objet de cette action, lorsque c'est
un prêt d'argent, est une somme
pareille à celle qui a été prêtée
en espèces qui ont cours au
temps du paiement, quoique de
moindre valeur que celles dans
lesquelles le prêt a été fait, *id.*
p. 403-405. — Distinction de
Barbeyrac, à cet égard, rejetée,
id. p. 404. — Le prêteur peut
aussi conclure aux intérêts du
jour de la demande, *id.* p. 406.
— Lorsque le prêt a été fait
d'une quantité de choses fongibles, autres que de l'argent,
l'objet de l'action est d'une pareille quantité de choses de
même qualité, *id.* p. 406-407.
—Faute de la rendre, le juge
condamne à en payer l'estimation : eu égard à quel temps?
id. p. 407.—*Quid,* si l'emprunteur étoit en demeure de rendre? *id.* p. 407. — Exception
contre cette action : 1º lorsque
la demande est prématurée, *id.*
p. 410-411.—2º lorsqu'il y a
une saisie-arrêt, jusqu'à ce qu'il
en ait été fait main-levée, *id.*
p. 411.

Action depositi directa. Quelle

est cette action, t. VI, p. 40.—
Ne peut être intentée que par
le déposant ; le propriétaire de
la chose, lorsque ce n'est pas
en son nom que le dépôt a été
fait, n'a que la voie de l'entiercement ou de l'arrêt, *id.* p. 41.
Quid, si plusieurs personnes
avoient donné une chose en dépôt? *id.* 41. — Contre qui cette
action a-t-elle lieu? *id.* p. 42.—
Comment chacun des héritiers
du dépositaire en est-il tenu?
id. p. 45. — Quelles exceptions
peuvent être opposées contre
cette action, *id.* p. 44.

Action depositi contraria, id.
p. 46. — Obligation du déposant envers le dépositaire, *id.*
p. 46.

Action mandati directa. Son
objet, *id.* p. 116. — Elle s'intente par le mandant ou ses
héritiers, contre le mandataire,
id. p. 117. — Lorsqu'il y en a
plusieurs, ils sont tenus solidairement, *id.* p. 117. — Cette
action étoit *famosa, id.* p. 118.

Action mandati contraria. Son
objet, *id.* p. 136.—Lorsqu'il y
a plusieurs mandans, se donne-
t-elle solidairement contre chacun? *id.* p. 136.—Le mandataire peut-il l'intenter contre
celui dont il a géré l'affaire,
lorsque c'est de l'ordre d'un
autre? *id.* p. 136. — Est-il toujours reçu à cette action incontinent après sa gestion? *id.* p.
137. — Le mandant ne peut,
pour se défendre de cette action, offrir d'abandonner tout
ce qui lui revient du mandat,
id. p. 137.

Action negotiorum gestorum
directa. Cette action a lieu contre celui qui a géré l'affaire de

quelqu'un, soit par lui-même, soit par un autre, *id.* p. 228-229.—Lorsqu'il y a plusieurs *negotiorum gestores*, ils ne sont pas tenus solidairement, mais chacun seulement pour ce qu'il a géré, *id.* p. 229. — Cette action passe aux héritiers et contre les héritiers, *id.* p. 230. — L'approbation de la gestion n'exclut pas cette action, *id.* p. 230.

Action negotiorum gestorum contraria, *id.* p. 231.—Il faut, pour qu'elle ait lieu, que celui dont on a géré l'affaire en ait approuvé la gestion, ou que l'affaire fût une affaire indispensable, qu'il n'eût pas manqué de faire lui-même s'il eût été à portée, *id.* p. 232 et suiv.—Le principe du droit romain, qu'on n'a l'action contre un impubère, dont on fait l'affaire, que jusqu'à concurrence de ce qu'il en a profité, doit-il être suivi dans notre jurisprudence? *id.* p. 234-235.—Cas particulier auquel l'action *negotiorum gestorum* n'a pas lieu, *id.* p. 236. — Ce qui est préalable pour intenter cette action, *id.* p. 236. — Deux objets de cette action, *id.* p. 237.

Action pignoratitia directa, t. VI, p. 257.— Ses objets, *id.* p. 257-258. —Pour que le débiteur puisse intenter cette action, il faut que la dette pour laquelle le nantissement est intervenu, soit entièrement acquittée en principal, intérêts et frais, *id.* p. 259-262.—Il n'importe comment, *id.* p. 262.— Le créancier peut même retenir la chose pour une autre dette liquide, *id.* 261.—Cette action peut aussi être intentée lors-

qu'on a satisfait d'ailleurs le créancier. Différence entre la satisfaction et le paiement; *id.* p. 263. — *Quid*, si le créancier n'est ni payé ni satisfait? *id.* p. 264.—La vente de la chose donne aussi ouverture à cette action pour rendre compte du prix, *id.* p. 264.

Action pignoratitia contraria. Objets de cette action : lorsque la chose donnée en nantissement n'appartient pas à celui qui l'a donnée, *id.* p. 265-266. — Ou lorsqu'elle est déjà obligée à un autre, *id.* p. 267.— Ou lorsqu'elle a un vice inconnu au créancier, qui la rend de nulle valeur, *id.*, *ib.* — Toute espèce de dol de celui qui a donné la chose en nantissement, donne ouverture à cette action, *id.* p. 267.— Le remboursement des impenses y donne-t-il lieu? *id.* 268.

Action qu'ont les assureurs pour le paiement de la prime. (*Voy.* PRIME , PRIVILÉGE.)

Action de l'assuré contre l'assureur, t. VI, p. 243.—Choses préalables à cette action : 1° L'assuré doit faire aux assureurs une signification de l'avis qu'il a eu de l'accident qui a causé la perte du vaisseau, *id.* p. 345-346. — 2° Il doit lui faire son délaissement. (*Voy.* DÉLAISSEMENT.)— 3° Il doit faire une déclaration des autres assurances qu'il a fait faire, et de l'argent qu'il a pris à la grosse sur les effets assurés, *id.* p. 352.— Peine de la fausse déclaration, quelle est-elle, et quand a-t-elle lieu? *id.* p. 352-553. — 4° L'assuré doit signifier aux assureurs les pièces justificatives du chargement de la valeur des effets assurés, et de leur perte, *id.* p. 354-355. — Quelles sont les preuves du chargement, *id.* (*Voy.* CONNOISSEMENT.) — De la valeur des effets, *id.* p. 357-359. — Des pertes, *id.* p. 359. — Quand cette signification doit être faite, *id.* p. 360. — Exceptions contre cette action. (*Voy.* EXCEPTION *de l'assureur contre la demande des assurés.*) — Condamnation qui intervient sur cette action, et déductions qui doivent être faites, *id.* p. 364. — Action de l'assuré pour se faire indemniser des avaries, *id.* p. 365. — En cas de perte presque totale, a-t-il le choix des deux actions? *id.* p. 368. — Temps dans lequel elle doit être intentée, *id.* p. 369. (*V.* ASSURANCE, AVARIE.)

Action qu'a le donneur à la grosse contre l'emprunteur, t. VI, p. 418-419.

Actions qui naissent de la négociation d'une lettre de change. Ce qu'elles ont de particulier, t. IV, p. 213. — Sont de la compétence des consuls, *id.*, *ib.* — Peuvent être intentées sans faire contrôler la lettre et les billets qui servent de fondement à la demande, et sans statuer sur la reconnoissance, *id.* p. 213. — Le demandeur peut, avant qu'il ait été statué sur la demande, saisir et arrêter, *id.* p. 214. — Le propriétaire de la lettre de change peut intenter en même temps toutes ses actions contre tous ceux qui sont tenus de la dette de la lettre de change; mais le paiement qui lui est fait par l'un d'eux libère d'autant tous les autres, *id.* p. 234. (*Voy.* CHANGE.)

Actions qui naissent de l'hypothèque, t. XII, p. 141.

Action hypothécaire, simplement dite; sa nature, *id.* p. 142. — Elle ne peut être intentée que par le créancier et contre le possesseur de l'héritage, *id.* p. 143. — Peut-elle être donnée contre l'usufruitier? *id.* p. 143. — Si l'héritage hypothéqué appartient à une femme mariée, l'action doit être donnée contre le mari et la femme, *id.* p. 144. — Le tiers détenteur peut opposer l'exception de discussion. (*Voy.* DISCUSSION.) — Il peut aussi opposer l'exception des impenses. (*Voy.* IMPENSES.) — Exception de la garantie concernant cette action. (*Voy.* GARANTIE.) — Exception *cedendarum actionum.* (*Voy.* EXCEPTION CEDENDARUM ACTIONUM.) — L'effet de l'action hypothécaire est de faire condamner le tiers détenteur à délaisser, *id.* p. 155. — Le tiers détenteur peut éviter ce délai en payant la créance, si elle est d'une somme exigible, ou en s'obligeant à la rente, *id.* p. 155. — Le paiement de la dette est *in facultate solutionis*, *id.* p. 155. — Il ne peut être condamné au délai qu'en l'état où l'héritage se trouve, *id.* p. 156. — Il est tenu du rapport des fruits, et des dégradations depuis la demande, *id.* p. 157. — Il n'est pas tenu de payer les arrérages de rentes courus depuis la détention, *id* p. 157. — Différence à cet égard entre le détenteur d'un héritage sujet à rente foncière, et le détenteur d'un héritage hypothéqué pour rente constituée, *id.* p. 157-158. — Il en est autrement, s'il a été

chargé de la rente, *id.* p. 158.
— Il est de son intérêt de sommer son garant avant que de délaisser, *id.* 159. — On crée un curateur, sur lequel le créancier fait saisir et vendre, *id.* p. 159. — Le juge permet quelquefois au créancier de prendre l'héritage en paiement de ses créances, *id.* p. 160. — Ce que c'est que l'*action personnelle hypothécaire*, *id.* p. 160. — Dans cette action, on conclut directement à ce que le défendeur soit condamné à payer, *id.* p. 161. — L'action personnelle hypothécaire renferme deux actions véritablement distinctes l'une de l'autre, *id.* p. 160-162. — Avis contraire de Loyseau, suivi de son temps, *id.*, *ib.* — Ce que c'est que l'*action d'interruption*, *id.* p. 163. — Il ne peut y avoir d'exception de discussion contre cette action ; et elle peut être intentée avant que le terme du paiement soit échu, ou que la condition existe, *id.* p. 163. (*Voy.* Hypothèque.)

Action de partage. (*Voy.* Partage.)

Action confessoria servitutis ususfructus, par laquelle la douairière revendique son droit d'usufruit, t. IX, p. 126-128. — Quand peut-elle être donnée contre les tiers détenteurs des héritages sujets au douaire ? *id.* p. 127. — Fin de non-recevoir contre cette action, *id.* p. 128.

Action hypothécaire de la douairière contre les tiers-acquéreurs des biens hypothéqués à son douaire. (*Voy.* Hypothèque, Douaire.)

Action des enfans pour leur douaire coutumier, t. IX, p. 234-238.

Action contre les tiers détenteurs, *id.* p. 238.

Action pour leur douaire conventionnel, *id.* p. 238-239. (*V.* Douaire.)

Action de revendication des avantages indirects entre conjoints, t. IX, p. 325. — Le conjoint donateur, ses héritiers et autres successeurs universels, ont l'action de revendication de l'héritage donné à l'autre conjoint, tant contre le conjoint donataire et ses héritiers qui s'en trouvent en possession, que contre les tiers détenteurs, *id.* p. 325-326. — Cette action ne se prescrit point à l'égard du donataire et de ses héritiers, tant que ce sont eux qui possèdent la chose, *id.* p. 328. — Elle se prescrit, à l'égard des tiers détenteurs, par les voies ordinaires, *id.* p. 329. — Le demandeur sur cette action doit faire raison des améliorations, *id.* p. 329. — Lorsque l'héritage est dégradé, qui sont ceux qui sont tenus des dégradations ? *id.* p. 330. — Du rapport des fruits sur cette action, *id.* p. 331. — De l'action de revendication à l'égard des meubles ou d'une somme d'argent que l'un des conjoints a donnée à l'autre, *id.* p. 334.

Action personnelle in factum, que le conjoint donateur et ses héritiers ont contre le donataire et ses héritiers : d'où naît-elle ? *id.* p. 326. — En quel cas est-elle nécessaire ? *id.* p. 333.

Action hypothécaire, *id.* p. 334. (*Voy.* Avantages indirects.)

Actions des créanciers et légataires contre les héritiers et autres successeurs universels, t. XII, p. 622. — Les créanciers ont une action personnelle contre chacun des héritiers, pour la part dont ils sont héritiers, *id.* p. 622. — Les créanciers hypothécaires de la succession ont en outre l'action hypothécaire contre chacun des héritiers qui possèdent quelque immeuble de la succession, et contre les tiers détenteurs, *id.* p. 623. — L'héritier peut être déchargé de la condamnation solidaire, en abandonnant sa part dans les immeubles, *id.* p. 623. — Recours de l'héritier qui a été obligé de payer la dette en entier, *id.* p. 624. — Comment les créanciers hypothécaires de la succession acquièrent l'hypothèque sur les biens des héritiers, *id.* p. 625. (*Voy.* Successions.)

Actions qu'ont les légataires pour la prestation de leur legs, t. XIII; p. 151. — *Action personnelle ex testamento*, contre qui elle se donne, *id.* p. 151-152. — Quels héritiers et quelles autres personnes sont tenus des legs, *id.* p. 152. — *Quid*, si le testateur n'a pas exprimé quelles personnes il chargeoit des legs? *id.* p. 153. — Distinction à faire entre les legs, de corps certain et les autres legs, *id.* p. 153. — L'héritier aux propres doit-il contribuer avec l'héritier aux meubles et acquêts, aux legs par proportion à la portion disponible de ces propres, c'est-à-dire au prorata seulement du *quint*? *id.* p. 153. — *Quid*, lorsque le legs est d'un corps certain, qui appartient à un étranger? *id.* p. 154. — Lorsque celui qui a été grevé de la prestation du legs ne recueille pas la succession ou ce qui lui a été laissé, celui qui la recueille à sa place est-il tenu du legs? *id.* p. 155. — *Quid*, si le légataire grevé de la prestation du legs ne recueilloit pas le legs, et s'il a des colégataires? *id.* p. 156. — Comment la délivrance doit-elle être faite au légataire? *id.* p. 157. (*V.* Délivrance.) — *Action de revendication* du légataire contre l'héritier, *id.* p. 165. — *Action hypothécaire* accordée aux légataires, *id.* p. 166. — A lieu, quand même le testament seroit olographe, *id.* p. 166. — N'a lieu sur la part des biens du testateur, échue à chaque héritier, que pour la part des biens dont cet héritier est tenu du legs, *id.* p. 166-167. (*V.* Testament.)

Action du substitué contre le grévé ou ses héritiers, t. XII, p. 301. 1°. Action personnelle *ex testamento*, *id.*, *ib.* — 2° Action de révendication, *id. ib.* — 3° Action hypothécaire, *id. ib.* (*V.* Substitutions.)

Action possessoire, t. X, p. 307. (*V.* Complainte.)

Action du seigneur de censive contre le censitaire afin d'exhiber les titres, t. XII, p. 28. — Est une action personnelle, *id.* p. 28. — Contre quels acquéreurs elle a lieu, *id.* p. 28-29. — *Quid*, de celui qui possède, à titre d'héritier? *id.* p. 29. — Ce que c'est qu'exhiber, *id.* p. 30. — *Quid*, s'il n'y avoit point de titre d'acquisition, ou s'il étoit sous seing-privé ou verbal? p. 30.

Action qu'a le seigneur pour se faire payer de ses cens, *id.* p. 32. — Cette action est personnelle et a lieu contre le censitaire, même après qu'il a cessé de posséder, *id.* p. 32.

Action de salaire. Comment elle s'exerce par les procureurs, t. XIV, p. 200. — Comment elle se prescrit, *id.* p. 200.

ADDICTIO *in diem*, ce que c'est que cette clause, t. III, p. 272. — Pour qu'il y ait ouverture à la clause sous laquelle cette vente est contractée, il faut qu'il se trouve un second acheteur non supposé, n'importe qu'il soit valable, *id.* p. 273. — Il faut que le second marché soit plus avantageux, *id.* p. 273. — Il faut que le vendeur ait accepté le second marché proposé, *id.* p. 274. — S'il y a plusieurs vendeurs ou plusieurs héritiers du vendeur, peut-il être accepté par les uns, et rejeté par les autres? *id.* p. 275. — Il faut que le premier acheteur ait refusé les conditions offertes par le second, *id.* 276. — Action qui naît de la clause sous laquelle est contractée la vente *addictio in diem*, est une branche de l'action *ex vendito*, est personnelle réelle, *id.* p. 276. — Elle est transmissible, *id.* p. 277. — Différence de l'*addictio in diem* et des *adjudications sauf quinzaine*, *id.* p. 278-308. (*V.* ADJUDICATION SAUF QUINZAINE.)

ADJECTUS *solutionis gratiâ*; ce que c'est, t. II, p. 14-15. — Est différent d'un simple fondé de pouvoir pour recevoir, *id.* p. 18. Peut-on lui payer lorsqu'il a changé d'état? *id.* p. 17. — S'il a fait banqueroute? *id.*

p. 18. — A ses héritiers ou successeurs? *id.* p. 16.

ADJUDICATION, *adjudicataire.* Où doit se faire l'adjudication des biens vendus par décret, t. XVII, p. 350. — Est-on admis encore à enchérir après l'adjudication pure et simple? *id.* p. 350-480. — Obligation du procureur qui s'est rendu adjudicataire, *id.* p. 351. — De sa partie, *id.* p. 351. — Quel droit donne l'adjudication à l'adjudicataire, *id.* p. 355. — Peut-il demander sa décharge en cas d'appel? *id.* p. 352.

Adjudication sauf quinzaine, diffère de l'enchère, t. XVII, p. 349.

Adjudication sur folle enchère, t. XVII, p. 351.

Adjudication sauf quinzaine ou remise. Ce que c'est, t. III, p. 308. — Différence de ces adjudications sauf quinzaine, de la vente appelée *addictio in diem*, *id.* p. 308. — Différence de ces adjudications et des simples enchères, *id.* p. 309. — L'adjudication sauf quinzaine est détruite, et l'adjudicataire déchargé par une enchère qui survient, qui est acceptée par le juge, quand même l'enchérisseur seroit insolvable; *secus*, si elle étoit nulle dans la forme, ou par l'incapacité de l'enchérisseur, *id.* p. 310. — Si après une enchère survenue celui qui était adjudicataire sauf quinzaine, enchérissoit et devenoit de nouveau adjudicataire, ce ne seroit pas l'adjudication sauf quinzaine, qui est détruite, mais la nouvelle adjudication, qui seroit son titre, *id.* p. 309. — Lorsqu'il n'est survenu aucune enchère, l'adjudication sauf quinzaine subsiste, et l'adjudication pure et simple n'en est que la confirmation, *id.* p. 309.

Adjudication, transfère à l'adjudicataire le domaine de propriété, t. X, p. 143.

Adjudication pure et simple, t. XIV, p. 307. — Toutes personnes peuvent contracter, peuvent se rendre adjudicataires, *id.* p. 308. — Personnes exceptées par les réglemens, *id.* 309. — Le saisissant et les opposans peuvent-ils se rendre adjudicataires? *id.* p. 309. — Quand l'adjudication est censée parfaite, *id.* p. 310. — Enchères du tiercement reçues dans la huitaine, *id.* p. 310. — Après l'adjudication sur le tiercement, on n'en reçoit point d'autres, *id.* p. 310. — Expédition ou grosse de l'adjudication, ce qu'elle doit contenir, *id.* p. 311. — Obligation du procureur, qui s'est rendu adjudicataire, de faire sa déclaration dans la huitaine, *id.* p. 312. — *Quid*, s'il s'est rendu adjudicataire pour une personne notoirement insolvable? *id.* p. 312. — Adjudicataire est obligé de consigner dans la huitaine le prix de son adjudication, *id.* p. 312. — Le saisi est-il libéré par cette consignation envers les créanciers? *id.* p. 313. — Le prix est réputé le bien du saisi, jusqu'après la distribution faite, *id.* p. 314. — Conséquences qui en résultent, *id.* p. 314. — Adjudicataire peut être contraint par corps au paiement, *id.* p. 315. — L'héritage peut être recrié à sa folle enchère, *id.* p. 315. — Procédure pour parvenir à la réadjudication sur la folle

enchère, *id.* p. 315. — *Quid*, si la nouvelle adjudication est faite à un moindre ou plus haut prix que la première? *id.* p. 316. — Effet de l'adjudication, *id.* p. 317. — Elle ne donne point à l'adjudicataire l'action en garantie, *id.* p. 317. — Elle n'est point sujette à rescision, *id.* p. 317. — Dans la coutume d'Orléans, elle n'est point sujette au retrait lignager, *id.* p. 317. — Droit que purgent l'adjudication ou le décret, *id.* p. 318. (*V.* DÉCRET.)

ADMINISTRATEURS. Peuvent-ils acheter les choses qui font partie des biens dont ils ont l'administration? t. III, p. 11. (*V.* VENTE.)

ADMINISTRATION *de la société.* Que comprend l'administration de la société qui est confiée à quelqu'un des associés? t. V, p. 144-145. — Diffère-t-elle de l'administration du mari dans la communauté conjugale? *id.* p. 146-147. — Différence d'un associé à qui l'administration a été donnée par le contrat de société et d'un procureur-général, *id.* p. 147. — Lorsque l'administration a été donnée à plusieurs, chacun peut-il gérer sans l'autre? *id.* 147-148.

Administration du mari dans la société conjugale. (*V.* MARI, PUISSANCE MARITALE.)

ADOPTION. (*V.* PARENTÉ CIVILE.)

ADSIGNATIO. Ce que c'est, t. IV, p. 275. (*V.* RESCRIPTION.)

ADULTÈRE. Étoit anciennement empêchement dirimant dans tous les cas contre la femme et son adultère, t. VII, p. 143-145. — Selon la disci, pline présente, il ne l'est que lorsqu'il a été commis sous promesse d'épouser, ou qu'il a été accompagné du meurtre du mari, *id.* p. 145 - 146. — A plus forte raison, l'adultère public que commet une femme en épousant, du vivant de son mari qu'elle sait vivant, un autre homme, doit-il former un empêchement à ce que, même après la mort du premier, on ne puisse réhabiliter ce prétendu mariage? *id.* p. 146-147. — *Quid*, si le second mariage n'a pas été consommé charnellement? *id.* p. 147. — *Quid*, si ce second mariage avoit été contracté de bonne-foi par l'autre partie? *id.* p. 148. — Tous ces cas s'appliquent également à l'adultère de l'homme, *id.* p. 143-148.

Adultère de la femme rompt-il le lien du mariage? *id.* p. 313. — Passages de saint Mathieu sur cette question, *id.* p. 314. — La question a souffert difficulté dans les premiers siècles; examen des conciles d'Arles et d'Elvire, *id.* 315. — Plusieurs distinguoient l'adultère de la femme de celui du mari, *id.* p. 317. — Quelques anciens Pères ont cru que l'adultère de la femme rompoit le lien du mariage, *id.* p. 317. — Saint-Augustin a traité la question *ex professo*, et l'a décidée pour l'indissolubilité du lien, *id.* p. 318. — La décision de Saint-Augustin a été constamment suivie dans l'église latine, *id.* p. 319-322. — Ce qui se passa sur cette question au concile de Trente, *id.* p. 322.

Adultère (accusation d'). Le mari seul est recevable à l'intenter, *id.* p. 343. — Lorsqu'il l'a intentée de son vivant, ses héritiers peuvent reprendre l'instance, à moins qu'il ne s'en soit désisté ou ait pardonné de son vivant, *id.* p. p. 343. — Lorsque le mari ne se plaint pas, le ministère public ne peut intenter cette accusation s'il n'y a scandale public, *id.* p. 344. — Peines qu'il est d'usage de prononcer contre les femmes convaincues d'adultère, *id.* 344-345. — La peine de réclusion ne rend pas la femme absolument incapable de mariage après la mort de son mari, *id.* p. 345.

Adultère prive la femme de son douaire, t. IX, p. 181. — L'héritier du mari ne peut l'opposer, lorsque le mari ne s'en est pas plaint de son vivant, *id.* p. 181. — *Quid*, si elle s'étoit réconciliée avec son mari après une sentence rendue contre elle? *id.* p. *id.*

Adultère. Jugement de séparation rendu contre la femme pour cause d'adultère, dissout la communauté et prive la femme d'y prendre part, t. VIII, p. 335-352. — Si le mari reprend sa femme, la communauté se rétablit-elle? *id.* p. 335.

AFFINITÉ. Ce que c'est, t. VII, p. 100.
— Ce qui produit l'affinité selon le droit civil, *id.* p. 100. — Selon le droit canon, *id.* p. 101.

Affinité, forme un empêchement selon le Lévitique, non-seulement dans la ligne directe, mais dans quelques degrés de la collatérale, t. VII, p. 101.
— Par l'ancien droit romain, l'empêchement de l'affinité est

borné à la ligne directe. Constance défendit depuis d'épouser la veuve de son frère, et la sœur de sa défunte femme, *id.* p. 101-102. — Valentinien et Théodose renouvelèrent cette loi, *id.* p. 102- — Les lois romaines n'ont pas étendu la dispense plus loin. Bévue de l'auteur des conférences de Paris, *id.* p. 102. — L'église défendoit les mariages dans les degrés d'affinité collatérale mentionnés au Lévitique, dès avant que les lois romaines les eussent défendues, *id.* p. 102-103. — Extension de l'empêchement d'affinité en collatérale dans les mêmes degrés que ceux de parenté, *id.* p. 103-105. — Le concile de Latran l'a restreint au quatrième, de même que celui de parenté, *id.* 106.

Affinité du second et du troisième genre, abrogés par le concile de Latran, t. VII, p. 106.

Affinité (espèce d') qui naît de la fornication : le concile de Trente a restreint au second degré de la collatérale l'empêchement qui en résulte, t. VII, p. 107. — Cet empêchement étoit-il connu par les lois romaines? *id.* p. 108-109. — Etait-il admis dans l'église dans les premiers siècles? *id.* p. 109. — Avant le concile de Trente il s'étendoit aussi loin que celui de l'affinité proprement dite, *id.* p. 110-111. — Le concile, en bornant l'empêchement au second degré, permet-il le mariage dans les degrés ultérieurs? *id.* p. 111-112. — Admet-on la preuve du commerce charnel qu'on prétend avoir produit l'empêchement? *id.* p. 112-113. — Cette affinité est un empê-

chement dirimant à l'égard du mariage qui seroit contracté depuis le commerce charnel qui l'a produite, *secùs* du mariage durant lequel ce commerce est intervenu, *id.* p. 113-114.

AFFIRMATION *du prix.* (Retrait lignager.) N'est requise pour faire courir le temps du retrait que lorsque le retrayant la demande, t. III, p. 576-577. — Dans les coutumes qui la requièrent, rien ne peut dispenser de cette formalité, *id.* p. 574.

AFFRÉTEUR. Ce que c'est, t. IV, p. 541. — Droit de l'affréteur du navire entier, *id.* p. 551-552. — L'affréteur ne peut sous-fréter à plus haut prix, *id.* p. 568. — Droit de l'affréteur n'est pas *jus in re*, *id.* p. 568. — D'où il suit que le propriétaire peut vendre son navire sans charger l'acquéreur de l'entretien de la charte-partie, *id.* p. 568.

AGE. De porter la foi, t. XV, p. 262. — De tester, t. XVI, p. 414. — Des témoins dans un testament solennel, *id.* p. 408-409.

Age requis pour être juge, pour être témoin dans les actes solennels, t. XIII, p. 428. — Priviléges d'exemption accordés à l'âge de 70 ans, *id.* p. 428.

Age. Quel est l'âge requis pour les fiançailles, t. VII, p. 20. — Pour le mariage, *id.* p. 52-53.

Age , disproportion d'âge entre les conjoints les rend-elle incapables de se faire un don mutuel? t. IX, p. 394.

Age requis pour tester suivant les lois romaines et suivant le droit coutumier, t. XIII, p.

105-106. — Quelle loi on doit suivre pour l'âge de tester, dans les coutumes qui ne s'en sont pas expliquées, *id.* p. 107.

Age pour porter la foi, t. XIII, p. 20. — Si le vassal n'a pas l'âge, le seigneur doit lui donner souffrance, *id.* p. 20.

Age requis par les coutumes, par rapport au droit de garde, t. XII, p. 75.

AGENS DE CHANGE. Il leur est défendu de faire le change, t. IV, p. 157. — Effet de cette défense, *id.* p. 157.—Tout transit leur est défendu, *id.* p. 158.

AGRÈS *et apparaux.* Que comprennent-ils? t. VI, p. 393.

AINÉ. Droit d'aînesse. Quel est le fils aîné, et à qui est dû le droit d'aînesse, t. XV, p. 205. — Sur quelles espèces de biens a-t-il lieu ou non ? *id.* p. 207. — En quoi consiste-t-il? *id.* p. 212-308 et suiv. — A quel titre l'aîné a-t-il ce droit? *id.* p. 212. — Doit-il céder à la légitime? t. XVI, p. 253. — Les père et mère y peuvent-ils donner atteinte? t. XV, p. 213.

Aîné. Peut-il prétendre son droit d'aînesse dans les biens retranchés par l'édit des secondes noces? t. XIII, p. 342. — Il n'a ce droit d'aînesse que lorsqu'il est héritier, *id.* p. 342. —L'aîné des enfans doit-il avoir droit d'aînesse dans les biens retranchés par le second chef de l'édit? *id.* p. 353.

Aîné. Fils aîné, âgé de 20 ans, peut porter la foi pour ses frères et sœurs, t. XI, p. 20. —Le fils aîné n'est point obligé à rendre cet office, si bon ne lui semble, *id.* p. 21. — Si le fils aîné vient à mourir, les enfans, héritiers de leur père, ne pourront porter la foi que pour la portion de leur père, *id.* p. 22. — L'aîné a-t-il droit de porter la foi pour ses frères et sœurs, tant avant qu'après le partage, *id.* p. 22. — L'enfant qui vient à la succession, par représentation du fils aîné mort avant son père, a-t-il, dans les coutumes de Paris et d'Orléans, le droit qu'auroit eu son père de porter la foi pour ses cohéritiers ? *id.* p. 23-24. *Quid*, si le fils aîné est représenté par plusieurs enfans? *id.* p. 24. — *Quid*, si l'aîné n'a laissé que des filles ? *id.* p. 24. — L'aîné ne peut avoir ce droit s'il renonce, *id.* p. 24-25.

AINESSE. Droit d'aînesse accordé par la plupart des coutumes au fils aîné, t. XII, p. 379. — Accordé par les coutumes de Paris et d'Orléans au fils aîné ou à ceux qui le représentent dans la succession des biens nobles, *id.* p. 379. — Quel est ce fils aîné auquel ce droit est accordé? *id.* p. 379. — Le fils a le droit d'aînesse sur ses sœurs, quoiqu'elles soient ses aînées, *id.* p. 380. — Entre deux jumeaux, lequel est réputé le fils aîné, *id.* p. 381. — La coutume accorde pareillement ce droit aux enfans de l'aîné qui le représentent, *id.* p. 382.—L'aîné, dans la subdivision, prend lui-même sur ses frères et sœurs un droit d'aînesse, *id.* p. 382. — Le préciput doit-il avoir lieu dans la subdivision du lot échu à chaque branche cadette? *id.* p. 383.—L'aîné des représentans qui a renoncé à la succession de son père, peut-il le prétendre dans la subdivision? *id.* p. 383. — Les coutumes de Paris et d'Orléans n'accordent ce droit que sur les biens nobles, *id.* p. 384. — Il faut que l'héritage soit tenu en fief par le défunt, *id.* p. 384. — *Quid*, de l'héritage tenu en franc-aleu? *id.* p. 384. — *Quid*, des rentes foncières à prendre sur un fief? *id.* p. 385.—*Quid*, de la créance, ou action tendante à avoir un fief? *id.* p. 385-386. — *Quid*, des dommages et intérêts? *id.* p. 387-388.—*Quid*, des choses dont le défunt n'avoit qu'une propriété imparfaite? *id.* p. 389. —*Quid*, si le défunt avoit acheté un héritage à charge de réméré, et qu'il soit exercé après sa mort? *id.* p. 390. — *Quid*, si le fief qu'avoit le défunt en commun, est licité après sa mort et adjugé à un copropriétaire, *id.* p. 391. — *Quid*, si, sur la licitation, l'aîné et ses frères se rendent adjudicataires? *id.* p. 392. — Des choses dont le défunt n'avoit que la possession civile, *id.* p. 393. — *Quid*, si le vrai propriétaire approuve la vente qui avoit été faite au défunt? *id.* p. 394.—En quoi consiste le droit d'aînesse sur les héritages qui y sont sujets, *id.* p. 395. (*V.* MANOIR.)—Portion avantageuse de l'aîné dans le surplus des biens, *id.* p. 409. (*V.* PRÉCIPUT DE L'AÎNÉ.) — L'aîné ne peut prendre son droit d'aînesse qu'à titre d'héritier, *id.* p. 412. — Le droit d'aînesse est une légitime à laquelle les père ou mère, ou autres ascendans, ne peuvent donner atteinte, *id.* p. 412. — La légitime féodale est le total que la

coutume accorde à l'aîné, *id.* p. 412. — Ce qu'elle a de moins que la légitime de droit, *id.* p. 412. — Les père et mère peuvent-ils diminuer le droit d'aînesse par des donations entre-vifs à leurs puînés? *id.* p. 413. — Comment se doit faire cette déclaration, *id.* p. 415. —Des héritages qui sont susceptibles de cette déclaration, *id.* p. 415. — Peut-on faire cette déclaration pour des héritages à nous donnés ou légués par un collatéral ou par un étranger? *id.* p. 416. — Par qui cette déclaration peut-elle être faite? *id.* p. 417. —Chacun ne peut la faire que pour sa propre succession, *id.* p. 417.—Et pour la succession que nous transmettons à nos descendans, *id.* p. 418. — L'aîné peut-il renoncer à son droit d'aînesse? *id.* p. 418. — Quelques autres prérogatives du droit d'aînesse, *id.* p. 419.

AJOURNEMENT. Ce que c'est, t. XIV, p. 2. — Par qui il peut être fait, *id.* p. 2.—Les huissiers ou sergens peuvent-ils faire cet acte pour leurs parens? *id.* p. 2. — Doit-il être fait en présence de recors? *id.* p. 3. — En quel cas est-il besoin d'une commission pour faire l'ajournement? *id.* p. 4. — L'ajournement peut se faire en quelque lieu que ce soit, pourvu qu'il soit convenable, *id.* p. 5. —Doit être fait à la personne ou à son vrai domicile, *id.* p. 5. — Exceptions de cette règle, *id.* p. 5.—Etrangers, où doivent-ils être assignés? *id.* p. 6. — *Quid*, de ceux qui n'ont aucun domicile connu? *id.* p. 7. — Où se fait l'ajournement contre une communauté, *id.* p. 7.—Ajournement doit se faire de jour, *id.* p. 8.—Ne doit point se faire les dimanches et fêtes sans nécessité, *id.* p. 8.—Forme intrinsèque de l'ajournement, *id.* p. 8. —Doit être fait un acte original par écrit qui reste au demandeur, et autant de copies que de personnes assignées, *id.* p. 8. — Exploits d'ajournement doivent être libellés, *id.* p. 9. — L'exploit doit contenir cinq choses, par rapport à l'huissier qui le fait, *id.* p. 9. — Ce qu'il doit contenir par rapport au demandeur, *id.* p. 10.—Ce qu'il doit contenir par rapport à la personne assignée, *id.* p. 10. — La juridiction doit être exprimée par l'exploit, *id.* p. 11.—Forme extrinsèque des ajournemens, *id.* p. 11. (*V.* Contrôle.) — Pièces dont doit être donnée copie, *id.* p. 12.

ALLIANCE *spirituelle* (trois espèces d'), t. VII, p. 116-117. — La loi de Justinien, qui a fait un empêchement dirimant de la première espèce, est le plus ancien monument de l'alliance spirituelle, *id.* p. 118.

Alliance de compérage, t. VII, p. 118. — Discipline dans les différens temps sur l'alliance spirituelle, *id.* p. 118-119. — Le concile de Trente a restreint l'empêchement de l'alliance spirituelle aux deux premières espèces et a abrogé toutes les autres, *id.* p. 127-128.

Alliance spirituelle est un empêchement dirimant du mariage qui interviendroit depuis qu'elle a été contractée, non de celui pendant lequel elle a été contractée, *id.* p. 129. — Diffé-

rentes extensions de l'alliance spirituelle abrogées par le concile, *id.* p. 130-134.

ALIÉNATION. Femme mariée ne peut faire aucune aliénation sans être autorisée, t. VII, p. 450.

ALIMENS. Dette pour alimens, n'est susceptible de compensation, t. II, p. 99.

Alimens. Dans quel cas doivent-ils être fournis par les pères et mères à leurs enfans, et comment les pères et mères doivent-ils y contribuer? t. VII, p. 248-249.—Dans quels cas les enfans doivent-ils être condamnés à fournir des alimens à leurs pères et mères? *id.* p. 250. — De quelle manière ces alimens doivent être fournis, *id.* p. 251. — Cette dette est-elle solidaire entre tous les enfans? *id.* p. 251. — Comment doit-elle être répartie entre tous les enfans? *id.* p. 251. — Cette obligation s'étend-elle aux petits-enfans? *id.* p. 253.

Alimens des conjoints et des enfans sont chargés de la communauté, t. VIII, p. 177. — *Quid*, de ceux qui sont fournis à la femme par son créancier qui la tient en prison? *id.* p. 169.

Alimens. Le gardien noble doit nourrir et entretenir ses mineurs à ses frais, et leur donner une éducation convenable, t. XII, p. 92.

ALLUVION. (Retrait.) Ce qui est accru par alluvion, doit être délaissé au retrayant, t. III, p. 591.—Différence à cet égard entre le retrait et le réméré. Pourquoi, *id.* 591.

Alluvion. Le vendeur est-il

tenu de la garantie de ce qui est accru par alluvion? t. III, p. 97 et suiv. — Dans le cas du réméré, le vendeur qui l'exerce en doit-il profiter? *id.* p. 251-252.

Alluvion. Le fermier a-t-il droit de jouir de ce qui est accru par alluvion durant le cours du bail, t. IV, p. 424-425. — Différence à cet égard entre le contrat de vente et le contrat de louage, *id.* p. 425.

Alluvion. A qui appartiennent les alluvions, t. X, p. 87. (*V.* ACCESSION.)

ALTERNATIVE. *Obligations alternatives.* Quelles obligations sont alternatives, t. I, p. 235. — Dans les obligations alternatives, le débiteur a le choix de payer l'une des choses dues, s'il n'est autrement convenu; mais il n'est pas admis à offrir partie de l'une et partie de l'autre, *id.* p. 235. — Principes et corollaires sur la nature des obligations alternatives, *id.* p. 236 et suiv. — Lorsqu'une des choses comprises en une obligation alternative, est périe par la faute ou sans la faute du débiteur, l'obligation subsiste dans les autres choses, sans que le débiteur soit admis à offrir, ni le créancier à exiger le prix de celle qui n'existe plus, *id.* p. 237. — Le débiteur de deux choses dues sous une alternative, qui en a payé une, croyant, par erreur, la devoir déterminément, peut-il la répéter en offrant l'autre? *id.* p. 239. — Lorsque deux choses dues sous une alternative ont été payées l'une et l'autre par le débiteur, qui croyoit, par erreur, les devoir conjointement, est-ce lui, ou le créancier, qui

a le choix de celle qui doit être rendue? *id.* p. 241. — Paiement partiel d'une dette alternative n'éteint la dette pour aucune partie, t. II, p. 45.

AMENDES. Pour infraction de saisie féodale, t. XV, p. 298. — Pour retard de donner dénombrement, *id.* p. 299.

Amende ou *défaut* faute de paiement de cens, *id.* p. 320. — Pour ventes recélées, *id.* p. 322. — Pour dommages de bêtes. (*V.* DOMMAGES.)

Amende. La société *universorum bonorum* est-elle tenue des amendes et réparations civiles auxquelles l'un des associés est condamné? t. V, p. 134-135.

Amende à laquelle le mari est condamné par un jugement à une peine capitale, n'entre pas en communauté, t. VIII, p. 162. (*V.* CONFISCATION, DÉLIT.)

Amende pour ventes recélées. Ce que c'est, t. XII, p. 22. — De combien elle est dans la coutume de Paris et dans celle d'Orléans, *id.* p. 23. — Il ne peut y avoir lieu à cette amende qu'autant qu'il y a eu un profit de vente dû au seigneur, *id.* p. 23-24. — Il faut aussi qu'il ait été recélé, *id.* p. 25. — *Quid,* si l'acquéreur a déprié frauduleusement? *id.* p. 25. — *Quid,* si le seigneur a assisté au contrat? *id.* p. 26. — Contre quelles personnes cette amende peut-elle être demandée? *id.* p. 27. — Est-elle due par un mineur ou par un insensé, au nom duquel l'acquisition est faite? *id.* p. 27. — Quand l'amende est censée remise, *id.* p. 27.

AMEUBLISSEMENT, t. XVI, p. 20.

Ameublissement. Ne donne lieu

au retrait, t. III, p. 448-449.

Ameublissement. Convention d'ameublissement. Ce que c'est, t. VIII, p. 192.—Mineurs peuvent-ils, en se mariant, ameublir leurs immeubles? *id.* p. 195.

Ameublissement général. Que comprend-il? *id.* p. 193.

Ameublissement particulier. Est déterminé ou indéterminé. Quelle clause renferme un ameublissement indéterminé, *id.* p. 193-194.— Clauses qui ne renferment aucun ameublissement, *id.* p. 194. — Effets de l'ameublissement général et de l'ameublissement particulier d'un corps certain, *id.* p. 195. — Le conjoint qui ameublit un corps certain, est-il garant de l'éviction? *id.* p. 198.—L'ameublissement n'a d'effet que pour le cas de la communauté, *id.* 199.—Le propre ameubli conserve, hors ce cas, sa qualité de propre, *id.*, *ib.* — Effet de l'ameublissement indéterminé, *id.* p. 199.

Ameublissement des propres du mari ne donne lieu au rachat, si la femme ou ses héritiers renoncent à la communauté, t. XI, p. 318. — Ni, si, par le partage, les propres ameublis par le mari tombent en son lot, *id.* p. 318. — La femme doit le rachat, si le propre ameubli par le mari tombe en son lot, *id.* p. 318.—Si la femme a ameubli son propre, le seigneur ne peut exiger le rachat dès le temps du mariage, *id.* p. 319. —Si le mari aliénoit pendant la communauté le propre ameubli par sa femme, le rachat seroit dû pour l'ameublissement, *id.* p. 319. — Et de même s'il tombe au lot du mari

ou de ses héritiers, *id.* p. 320· — Si la femme, renonçant à la communauté, reprend son propre ameubli, en vertu de la clause apposée au contrat, est-il dû rachat? *id.* p. 320. — *Quid*, s'il n'y a pas de clause de reprise, mais qu'elle reprenne son propre ameubli pour l'emploi de ses deniers dotaux? (*V.* Communauté, Fiefs.)

AMORTISSEMENT. Droits d'amortissement d'indemnité payés par des gens de main-morte, doivent-ils être remboursés par le lignager qui exerce le retrait sur eux? t. III, p. 559-560.

ANCRAGE. t. IV, p. 622.

Ancrage. Droits d'ancrage. Ce que c'est, t. VI, p. 312.

ANIMAUX. Quand sont-ils meubles ou immeubles? t. VIII, p. 34.

ANTICHRÈSE. Ce que c'est, t. XII, p. 201.—Effets de l'antichrèse, selon les principes du droit romain, *id.* p. 202. — Le créancier qui jouit par antichrèse doit être tenu des charges réelles annuelles de l'héritage, *id.* p. 203.

Antichrèse réprouvée par Justinien, à l'égard des laboureurs, *id.* p. 203.—En France, l'antichrèse ne peut avoir lieu dans le prêt d'argent, *id.* p. 203.—Peut-elle avoir lieu entre le créancier et le débiteur d'une rente ou d'une somme portant intérêt? *id.* p. 203-204.—Il n'y a que le débiteur qui soit recevable à opposer le vice de cette convention, *id.* p. 204.

ANTICIPATION. Baux faits par anticipation, t. IV, p. 306; t. VII, p. 478.

APANAGISTE. Si la foi lui

peut être portée, t. XI, p. 27. — S'il peut saisir féodalement, *id.* p. 67.—S'il a le droit de retrait féodal, *id.* p. 401.

APPEL *des jugemens.* Quand cesse-t-on d'y être recevable? t. II, p. 270 et suiv.

Appel. Ce que c'est et ses espèces, t. XIV, p. 153.

APPELLATION *verbale, et appellation sur procès par écrit.* (Procédure civile.) t. XIV, p. 153.—On peut appeler de tous les jugemens des juges inférieurs, *id.* p. 154.—Cas où les jugemens ont force de chose jugée, *id.* p. 154.—Quelles personnes peuvent appeler, *id.* p. 155.—Dans quel temps, *id.* p. 155.—Limitation de la règle qui accorde dix ans pour appeler, *id.* p. 155.—Comment on interjette appel, *id.* p. 157.—L'effet de l'appel est ordinairement suspensif, *id.* p. 157.—Sentences qui s'exécutent malgré l'appel, par la nature de l'affaire, *id.* p. 158.—En matière de police, tous jugemens définitifs ou provisoires s'exécutent par provision, *id.* p. 159.—Sentence en matière de discipline ecclésiastique, *id.* p. 159.—Sentences en matière sommaire, quand s'exécutent par provision, *id.* p. 159.—Sentences de condamnations fondées en titre s'exécutent par provision, *id.* p. 161.—Défenses d'exécuter les sentences, ne doivent être accordées dans ces cas, *id.* p. 162.—*Quid*, si le juge ordonne l'exécution provisoire dans un cas où il lui est défendu? *id.* p. 162.—L'exécution des sentences provisoires ne s'étend pas régulièrement

aux dépens, *id.* p. 163.—Condition de donner caution pour l'exécution provisoire, *id.* p. 163.—Ce que c'est que relever l'appel, *id.* p. 164.—Ce qu'il y a de particulier à l'appel comme d'abus, *id.* p. 164.—Appel doit être relevé devant le juge supérieur immédiat, *id.* p. 165.—Quelles personnes on peut intimer sur l'appel, *id.* p. 165.—Cas auxquels on peut intimer les juges, *id.* p. 165.—*Quid*, si l'appelant a eu pour partie le procureur-fiscal d'une justice subalterne? *id.* p. 166.—Dans quel temps l'appel doit être relevé, *id.* p. 166.—Anticipation sur l'appel; ce que c'est, *id.* p. 167.—Procédure sur l'appel quand l'appellation est verbale, *id.* p. 168.—*Quid*, si l'appelant ou l'intimé ne comparoît point? *id.* p. 168.—Amende qui doit être consignée, *id.* p. 168.—Forme de procéder dans les appellations de procès par écrit, *id.* p. 169.—Appel d'incompétence ou de déni de renvoi, quand y a-t-il lieu? *id.* p. 23.—Où se portent ces appellations, *id.* p. 24.—Comment elles sont vidées, *id.* p. 24.—Peines portées contre les juges qui retiennent les causes qui ne sont pas de leur compétence, *id.* p. 25. (*V.* REVENDICATION.)—Appel de l'adjudication par décret; quelles personnes peuvent l'interjeter, *id.* p. 330.—Un tiers peut aussi appeler du décret, *id.* p. 330.—Peut-on interjeter appel pendant trente ans? *id.* p. 331.—Les moyens d'appel peuvent être tirés du fond ou de la forme, *id.* p. 332.—Effet de l'appel de l'adjudication, *id.* p.

333. — L'adjudicataire peut-il demander à être déchargé lorsqu'on interjette appel de l'adjudication? *id.* p. 334. — Effet de l'arrêt qui infirme l'adjudication, *id.* p. 334. — Cas où le procureur du saisissant doit l'acquitter des condamnations, *id.* p. 334. — L'adjudicataire peut-il répéter des créanciers ce qu'ils ont reçu? *id.* p. 335. — Cas où la requête civile a lieu contre l'adjudication, *id.* p. 335. — Cas où la requête civile a lieu contre l'adjudication, *id.* p. 335. — La lésion d'outre moitié donne-t-elle lieu de se pourvoir contre l'adjudication? *id.* p. 335. (*V.* ADJUDICATION, DÉCRET.)

Appellation. (Procédure criminelle.) Ce que c'est, et de quelles sentences on peut appeler, t. XIV, p. 541. — Sentences dont l'appel est nécessaire, *id.* p. 542. — Appel peut être interjeté, tant par l'accusé que par la partie civile, ou la partie publique, *id.* p. 542. — Appel se porte dans la cour, *omisso medio*, quand le crime est de nature à mériter peine afflictive, *id.* p. 542. — Ce qui doit être observé pour parvenir à faire juger l'appel, *id.* p. 543. — Effet de l'appel, *id.* p. 545. — Décrets et jugemens d'instruction s'exécutent nonobstant l'appel, *id.* p. 545.

APPOINTEMENT à décréter, t. XVII, p. 333. — De quand court la quarantaine, *id.* p. 377.

Appointement en droit, ou à mettre, ou autres, t. XIV, p. 89. — Ce que c'est qu'appointement en droit ou à mettre, *id.* p. 89. — Certaines matières où il est défendu de les prononcer, *id.* p. 90.

Appointement de jonction, t. XIV, p. 91. — Procédure sur l'*appointement en droit*, *id.* p. 91. — Avertissemens et autres écritures du ministère des avocats, *id.* p. 91 et suiv. — Inventaire de production et procédure du ministère du procureur, *id.* p. 92. — Communication par les mains du rapporteur, *id.* p. 93. — Procédure sur l'*appointement à mettre*, *id.* p. 95. — Si on doit faire des écritures sur cet appointement, *id.* p. 95. — *Délibéré sur le bureau*, *id.* p. 95. — On ne fait, en exécution de ce jugement, aucun inventaire, aucunes écritures, etc., *id.* p. 96. — A lieu principalement dans les matières sommaires, *id.* p. 96.

Appointement de conclusion, t. XIV, p. 91. — Quelle en est la forme, *id.* p. 170. — Il forme la contestation en cause, *id.* p. 170. — Ecritures qui se signifient après cet appointement, *id.* p. 171.

APPORT à la communauté, t. XVI, p. 18.

Apport. Quelles choses s'imputent sur la somme qu'un conjoint a promis apporter en communauté, t. VIII, p. 185. — Celles dont la communauté a été évincée peuvent-elles s'y imputer? *id.* p. 192-193. — Par quels actes les conjoints peuvent-ils justifier leur apport? *id.* p. 189. (*V.* COMMUNAUTÉ.)

Apport. L'apport mis en communauté par le prédécédé, dont ses père et mère exercent la reprise en renonçant à la communauté, en vertu de la clause du contrat de mariage, entre-t-il dans le don mutuel fait au sur-

vivant? t. IX, p. 398. — Y entre-t-il pour le total? *id.* 400.
(*V.* Donations entre époux.)

ARBITRES. Par devant les-
quels chaque associé a droit de
demander le renvoi sur l'action
pro socio, t. V, p. 185.

Arbitres. Renvoi devant les
arbitres. Peut-il être demandé
dans le contrat d'assurance?
Différences à cet égard entre ce
contrat et celui de société, t. VI,
p. 386. — Procédure devant les
arbitres, *id.*, p. 387.

Arbitres. Qui sont-ils? t. XIV,
p. 150. — Forme ordinaire de
procéder devant les arbitres,
id. p. 151. — Appellent un tiers
pour les départager, si le pouvoir leur en est donné, *id.* p.
151. — Jugement rendu par les
arbitres, homologation du jugement, *id.* p. 152.

ARBRES. A quelle distance
doivent-ils être de l'héritage
voisin? t. XVI, p. 190.

Arbres. A quelle distance du
voisin doivent-ils être plantés?
t. V, p. 247. — Le titre *de arbo-
ribus cædendis* est-il observé? *id.*
p. 248.

Arbres, arbustes, quand sont-
ils meubles ou immeubles? t.
VIII, p. 30-31. — Arbres de
haute futaie coupés pendant le
mariage n'entrent point en communauté, *id.* p. 65. — *Secus*,
s'ils avoient été coupés avant,
id. p. 66.

ARCHIVES. Ce que c'est, t.
II, 193. — Foi que font les actes
tirés des archives publiques, *id.*
p. 193.

ARGENTERIE. Ce que com-
prend le legs d'argenterie, t.
XIII, p. 220. — Ce qui fait partie des bijoux et de la toilette

n'y est pas compris, ni l'argent
monnoyé, *id.* p. 221.

ARMEMENT ET VICTUAIL-
LES; que comprennent-ils? t.
VI, p. 393.

ARRÉRAGES *de rentes.* Chaque année d'arrérages forme autant de dettes différentes, t. II,
p. 25. — Paiement des trois dernières années d'arrérages fait
présumer le paiement des précédentes, *id.* p. 258. — Cette présomption exclut-elle le créancier
de prouver que les anciens arrérages lui sont dus? *id.* p. 259.

*Arrérages de rentes consti-
tuées.* Quand sont-ils exigibles?
t. IV, 74-75. — Où sont-ils payables? *id.* p. 75. — Le débiteur
d'une rente peut retenir sur les
arrérages les dixièmes, vingtièmes et autres semblables impositions, *id.* p. 76. — Pourvu qu'il
les paie lui-même de ses biens
au roi, et jusqu'à concurrence
seulement de ce qu'il en paie,
id. p. 76. — Les communautés
ecclésiastiques peuvent-elles les
retenir sur les rentes qu'elles
doivent? *id.* p. 78-79. — Peut-on
les leur retenir sur les rentes qui
leur sont dues? *id.* p. 80. — Les
débiteurs de rentes constituées
contribuent-ils aux impositions
particulières faites sur les fonds
sur lesquels la rente est assignée? *id.* p. 80. — Différence à
cet égard entre la rente constituée et la rente foncière, *id.* p.
80-81. — Les quittances de trois
années consécutives font présumer le paiement des années précédentes, *id.* p. 81. — Prescription de cinq ans des arrérages.
(*V.* Prescription.) — Longue
prestation des arrérages. Quand
fait-elle foi de la rente à défaut

trat est nul, 1º lorsque l'assuré avoit connoissance de la perte des effets assurés , *id.* p. 277. — Comment l'assureur peut-il faire la preuve du dol de l'assuré? *id.* p. 277. — 2º Lorsque l'assuré, lors du contrat, avoit eu le temps d'en avoir connoissance, quel est ce temps, *id.* p. 282-283. — Effet de la clause qui déroge à cet égard à l'article 39, *id.* 284. (*V.* Nouvelles.) — Choses qu'on peut assurer, *id.* p. 286. — On ne peut assurer la vie d'une personne, 286. — Peut-on assurer celle des esclaves? *id.* p. 287. —On peut faire assurer sa liberté, *id.* p. 287. (*V.* Liberté.) — On ne peut faire assurer que ce qu'on court risque de perdre , *id.* p. 287. — On ne peut faire assurer ce qu'on a pris à la grosse, *id.* p. 287-288. — On peut faire assurer ce qu'on a prêté à la grosse, *id.* p. 289. — On ne peut faire assurer par un second acquéreur ce qui a déjà été assuré par un premier, *id.* p. 289. — Mais je puis faire assurer la solvabilité du premier, et la prime que je lui ai donnée, *id.* p. 289. — L'assureur peut faire réassurer ce qu'il a assuré, *id.* p. 290-291. — On ne peut faire assurer le fret à faire, ni le profit espéré, mais bien celui qui est acquis, *id.* p. 291-292. — Ni les loyers de gens de mer, *id.* p. 292. — Déduction du dixième sur les effets assurés, *id.* p. 292-293. — Le contrat d'assurance est nul, si lors du contrat l'assureur savoit, ou avoit eu le temps de savoir que les risques étoient passés, *id.* p. 295. — Le contrat est-il nul ou réductible, lorsqu'il a été fait pour une somme qui excède la valeur des effets assurés? *id.* p. 313-318. — Entre quelles personnes peut-il intervenir? *id.* p. 326. — Peut-il se faire verbalement; et quand la preuve testimoniale peut-elle en être permise? *id.* 330. (*V.* Abordage, Actions *qu'ont les assureurs*, etc. Action *de l'assuré*, Arbitres, Arrêt de prince, Assuré, Assureur, Avaries, Bonnefoi (Assurance), Connoissement, Exceptions *des assureurs*, Hostilités, Jet, Police d'assurance, Prime, Profit maritime, Risques.)

ASSURÉ. Ce que c'est, t. VI, p. 273. — Contracte l'obligation de payer la prime, *id.* p. 273. (*V.* Prime. Demi pour cent.)

ASSUREURS. Ce que c'est, t. VI, p. 273. — De quels risques, pertes et dommages sont-ils tenus? *id.* p. 297-305. (*V.* Risques.) — Pendant quels temps, *id.* p. 305-307. — Ne sont pas tenus des pertes arrivées par la faute des maîtres et mariniers, s'ils ne s'en sont chargés, *id.* p. 308-309. — Ni de celles arrivées par le vice propre de la chose, *id.* p. 310. — Ni des frais et impôts, *id.* p. 310-311. (*V.* Pilotage, Touage, Lamanage, Ancrage, Droits *de congé, visite, rapports.*) — Ne sont tenus des risques lorsqu'on s'est écarté de ce qui est porté par la police, si ce n'est de leur consentement, ou dans un cas de nécessité, *id.* p. 312 — Comment se partagent-ils lorsque l'assurance est faite pour une somme moindre que la valeur des effets assurés ? *id.* p

318. — Obligations des assureurs qui naissent du contrat
d'assurance, *id.* p. 338.—Premier chef: l'obligation de payer
la somme assurée; en quel cas,
id. p. 339. (*V.* PRISE, NAUFRAGE,
BRIS.) — Quel laps de temps
donne lieu à la présomption de
la perte du vaisseau dont on n'a
pas eu de nouvelles, et à cette
obligation, *id.* p. 344-345. —
Second chef : obligation d'indemniser des avaries, l'assuré,
id. p. 297-338. (*V.* AVARIES.)

ATTERMOIEMENT. Conci-
liation de ce qui s'observe dans
ces contrats avec la règle que
les contrats n'ont d'effet qu'entre
les parties contractantes, t. I,
p. 141. — L'exception qui résulte d'un contrat d'attermoiement est-elle une exception personnelle au débiteur, qui ne
puisse passer à ses cautions? *id.*
p. 335-366.

AUBAINS. T. XV, p. 12. —
N'ont d'héritiers, t. XVII, p. 2.
— Ne succèdent, *id.* p. 4-5.
— Sont capables de dona-
tions, t. XVI, p. 224.—Femme
aubaine, a-t-elle droit de communauté? *id.* p. 2. — De douaire?
id. p. 137. — Droit d'aubaine.
t. XVII, p. 56.

Aubains ou étrangers, qui
sont-ils ? t. XIII, p. 393. —
Ancienne condition des aubains,
id. p. 394. — Condition actuelle
des aubains, *id.* p. 394. — Ne
peuvent exercer aucune fonction
publique, *id.* p. 394. — Aubains
doivent donner caution, *judica-
tum solvi*, *id.* p. 396. — *Quid*,
lorsque deux étrangers plaident
ensemble ? *id.* p. 397. — Ne
peuvent être témoins dans les
testamens, *id.* p. 397. — Deux

conjoints peuvent-ils se faire un
don mutuel, lorsqu'ils sont tous
deux étrangers, ou l'un d'eux ?
id. p. 398. — Une femme étrangère peut-elle prétendre douaire
coutumier ou préfix sur les
biens de son mari situés dans le
royaume? *id.* p. 399. — Aubains,
ne peuvent transmettre leurs
successions à leurs parens, ni
recueillir les leurs, *id.* p. 400.
— Exceptions, *id.* p. 400. —
Peuvent-ils se servir de la
prescription ? *id.* p. 401. —
Peuvent-ils exercer le retrait
lignager? *id.* p. 402. — Ne peuvent acquérir le droit de citoyen
que par lettres de naturalité, *id.*
p. 403. — Comment elles s'obtiennent, *id.* p. 403. — Etrangers naturalisés jouissent de
presque tous les droits de citoyens, *id.* p. 403. — Doivent
avoir pour héritiers leurs plus
proches parens regnicoles, *id.*
p. 404.—La veuve de l'étranger
lui succède-t-elle en vertu de
l'édit *Undè vir et uxor*? *id.* p.
404. — Quelques villes ont obtenu que ceux qui s'y établi-
roient, seroient naturalisés, *id.*
p. 405. — Quelques peuples
jouissent des droits d'originaires
français, *id.* p. 405.

Aubaine. Femme aubaine a-
t-elle droit de douaire? t. IX,
p. 8.

Aubain. Ce que c'est, t. XII,
p. 323. — Il ne peut régulièrement transmettre sa succession,
id., p. 323. — Exceptions, s'il
a des enfans nés et établis dans
le royaume ou naturalisés, *id.*
p. 323. — Autres exceptions
concernant certaines nations ;
les marchands fréquentant les
foires de Lyon; les ambassa-

deurs résidents, et les docteurs régens et les écoliers des universités, *id.*, p. 324. — Aubains non-naturalisés ne sont capables de recueillir aucunes successions en France, *id.* p. 331. — Mêmes exceptions que ci-dessus, *id.*, p. 331-332. — Rentes exceptées du droit d'aubaine, *id.* p. 332.

Aubains peuvent donner entre-vifs ; t. XIII, p. 227. — Peuvent aussi recevoir les donations entre-vifs, *id.* p. 235.

AUGMENTATION. Effet de cette clause dans un legs, t. XIII, p. 216.

Augmentation de gages des offices est acquêt, *id.* 29.

AUTORISATION du mari nécessaire à la femme, t. XVI, p. 62-96.

Autorisation du mari ; sa définition, son fondement, t. VII, p. 436. — En quoi diffère-t-elle de celle d'un tuteur ? *id.* p. 436-437. — Est plus qu'un simple consentement, *id.* p. 438-467. — La fiancée a-t-elle besoin d'autorisation ? *id.* p. 438. — Quelles femmes ont besoin d'autorisation, *id.* p. 440. (*V.* ABSENT, DÉMENCE, MARCHANDE PUBLIQUE, MORT CIVILE, SÉPARATION.) — Mari quoique mineur, peut autoriser sa femme majeure, *id.*, p. 447. — Mari mineur peut-il se faire restituer dans l'autorisation donnée à sa femme majeure, et dans quel cas ? *id.* p. 448. — Mari mineur peut-il autoriser sa femme mineure, pour quels actes ? *id.* p. 448. — Lorsque le mari est majeur, il sert de curateur à sa femme, *id.* 449. — Pour quels

actes la femme a-t-elle besoin d'autorisation ? *id.* p. 450. (*V.* INJURE, MARCHANDE PUBLIQUE, ESTER EN JUGEMENT, SÉPARATION, EXCLUSION DE COMMUNAUTÉ.) — En a-t-elle besoin lorsqu'elle s'oblige pour tirer son mari de prison ? *id.* p. 451. — *Quid*, si c'est pour s'en tirer elle-même ? *id.* p. 452. — Autres actes favorables, *id.* p. 452-453. — L'autorisation est-elle nécessaire dans les actes passés entre le mari et la femme, tel qu'est un don mutuel ? *id.* 453. — Dans les testamens ? *id.* p. 454. — Dans les actes qu'elle fait au nom d'un autre ? *id.* p. 458. — Elle n'en a pas besoin pour les obligations qui se contractent sans aucun fait de sa part, *id.* p. 459. — Ni pour celles qui naissent des délits, *id.* p. 460. — *Secus*, du dol qu'elle commet en contractant, *id.* p. 460. — Femme non autorisée, qui prend la qualité de fille ou de veuve, s'oblige-t-elle ? *id.* p. 461. — Comment le mari doit-il interposer son autorisation dans les actes extra-judiciaires ? *id.* p. 466. — Pour quels actes doit-elle être spéciale ? *id.* p. 466. — Quand l'autorisation générale suffit-elle ? *id.* p. 466. — Quand l'autorisation du mari doit-elle être interposée ? *id.* p. 468. — Celle interposée depuis rétablit-elle l'acte ? *id.* p. 469.

Autorisation du juge. Quand doit-elle être obtenue ? *id.* p. 439. — Son effet à l'égard du mari, *id.* 439. — Différence de l'autorisation pour les actes judiciaires, et de celle pour les extra-judiciaires, *id.* p. 470. — Effet tant de l'autorisation que du défaut d'autorisation , *id.* p. 471.

Autorisation nécessaire à la femme pour le don mutuel, t. IX, p. 411.

AVAL. Ce que c'est, t. IV, p. 211. — Rend-il sujets à la contrainte par corps ceux qui ne sont pas marchands ? *id.* p. 212. — Peuvent-ils opposer les exceptions de division et de discussion? *id.* p. 212. (*V.* Change.)

AVANCEMENT de succession. Quels biens sont avancement de succession, t. XV, p. 28-29. — Ne donnent lieu aux profits. (*V.* Rapport.)

AVANTAGES INDIRECTS *défendus entre mari et femme.* Différentes espèces , t. IX , p. 343. — C'est un avantage indirect prohibé , lorsque dans les états que les conjoints font du mobilier que chacun d'eux avait lors du mariage, l'un d'eux comprend dans le sien moins qu'il n'avoit pour diminuer ses reprises , on souffre que l'autre conjoint comprenne dans le sien plus qu'il n'avoit pour les augmenter, *id.* p. 344-345.— Suppression des pièces justificatives des reprises dont l'un des conjoints est créancier ; ou des pièces justificatives des récompenses dont il est débiteur , *id.* p. 345. — Fausse énonciation du prix dans le contrat de vente des propres de l'un des conjoints, *id.* p. 346. — Substitution de billets portant constitution de rente au profit du mari , à la place de ceux subis au profit d'une personne dont la succession lui est échue , durant le mariage, *id.* 346-347. (*V.* sur les contrats d'où peuvent résul-

ter des avantages indirects, les mots Legs , Contrats, Fidéicommis , Paiement, Décharge, Action de revendication, Convention. (Donations entre époux.)

Avantages sujets à rapport, t. XII , p. 541. — Tous les avantages, tant directs qu'indirects , faits par les père et mère et autres ascendans, sont sujets à rapport, *id.* p. 541. — Ce que c'est qu'avantages indirects, *id.* p. 541 et suiv.—Dans le cas d'une vente faite au-dessous de la juste valeur, l'enfant est-il obligé au rapport de l'héritage , ou à ce qui manque au juste prix? *id.* p. 542. — Décharge et quittance données par père et mère, peuvent passer pour avantages suivant les circonstances, *id.* p. 543. — *Quid,* de la remise faite à un enfant en cas de faillite? *id.* p. 544. — Il n'y a lieu au rapport que lorsqu'un père ou une mère ont fait sortir quelque chose de leurs biens pour faire passer à leurs enfans , *id.* p. 545. — Différens exemples, *id,* p. 545 et suiv. — *Quid,* lorsqu'un père a acheté un héritage au nom et pour le compte de son fils , et l'a payé de ses deniers? *id.* p. 548 (*V.* Rapports.)

AVARIES, Ce que c'est, t. III, p. 592. — Deux espèces , *id.* p. 592. — *Avaries communes ou grosses ,* *id.* p. 593. — Différentes espèces d'avaries grosses ou communes, *id.* p. 611 et suiv. — Première espèce. Composition pour le rachat du navire. (*V.* Rachat, Composition.) — Deuxième espèce. Jet (*V.* Jet.) — Troisième espèce. Cables et mâts rompus ; en quel cas sont une avarie simple, *id.* p. 615-616. — Quatrième espèce. Dommages causés par le Jet. (*V.* JET.) — Cinquième espèce. Pansement et nourriture du matelot blessé en défendant le navire, *id.* p. 616. — Quand les blessures du matelot ne sont-elles pas avaries communes ? *id.* p. 617. — Ce qui est payé aux héritiers du matelot tué, est avarie commune, *id.* p. 617. — Dommage causé au navire pendant le combat, est avarie commune, *id.* p. 618. — Sixième espèce. Frais de la décharge pour entrer le navire dans un hâvre ou le remettre à flot ; en quel cas ne sont avaries communes, *id.* p. 618. — Septième espèce. Perte des marchandises déchargées dans les allèges ; en quel cas n'est avarie commune, *id.* p. 618. — Déboursés pour la manage, touage, pilotage, forment une espèce particulière d'avarie commune, différente des autres, et qu'on appelle menue avarie, *id.* p. 620-621. — *Quid*, lorsque ces frais sont faits à l'occasion d'une tempête ou d'une chasse, et dans un autre port que celui de la destination?

id. p. 621. — Echouement fait exprès sur une côte lorsqu'un vaisseau est poursuivi; frais faits dans un port où un vaisseau poursuivi s'est réfugié, sont avaries communes, *id.* p. 623.

Avaries simples, *id.* p. 593-623. — Par qui sont-elles supportées, lorsqu'elles arrivent par force majeure? *id.* p. 624. Par la faute du maître ou de ses gens ? *id.* p. 625 (*V.* CHARTE-PARTIE.).

Avaries. Ce que c'est, t. VI, p. 365. Clauses qui déchargent les assureurs des avaries ou de certaines avaries, *id.* p. 366. — De quelles avaries est tenu le donneur à la grosse, *id.* p. 411. (*Voy.* ASSURANCE, PRÊT A LA GROSSE.)

AVENANT. Ce que c'est, t. VI, p. 333.

AVERSIONEM. Vente *per aversionem*, t. III, p. 193.

AVOCATS. S'ils sont incapables de recevoir des donations de leurs cliens, t. XIII, p. 247.

Avocats. Écritures qui sont de leur ministère, t. XIV, p. 95. — Causes renvoyées devant les avocats des parties, *id.* p. 96.

B.

BAIL A LOYER OU FERME. Successeurs à titre singulier ne sont obligés à l'entretien des baux, t. XVI, p. 149. — La douairière est-elle tenue? *id.* p. 149. — Le seigneur qui exploite son fief doit entretenir les baux,

id. p. 149. (*V.* LOUAGE, LOYER.)

Bail à loyer ou ferme. Le retrayant est-il tenu d'entretenir les baux faits par le vendeur à des tiers? t. III, p. 617. — A l'acheteur pour un bail qui auroit précédé la vente? *id.* p. 618.

— Est-il tenu entretenir ceux faits par l'acheteur ? *id.* p. 619.

Bail pardevant notaire l'emporte sur un bail sous seing-privé. Effet de cette règle, t. III, p. 316.

Baux. Le mari peut-il faire des baux des héritages propres de sa femme? sa femme est-elle toujours obligée de les entretenir? t. VII, p. 477.

Baux. La douairière est-elle tenue de l'entretien des baux faits par le mari? t. IX, p. 153-154. — Le propriétaire qui rentre après l'usufruit fini, n'est pas obligé d'entretenir ceux faits par la douairière, si ce n'est pour l'année commencée, *id.* p. 189. — Des fermiers ou locataires n'ont en ce cas aucun recours contre l'héritier de la douairière lorsqu'elle a fait le bail en cette qualité. *Secùs*, si elle l'a fait en son propre nom, *id.* p. 189.

Baux. Quels successeurs sont tenus à l'entretien de baux. (*V.* ENTRETIEN DU BAIL, SUCCESSEURS, LOCATAIRES.)

BAIL À RENTE. Rente créée par bail est foncière, t. XVII, p. 103.

Bail à rente rachetable, ou non rachetable, sans démission de foi, ne donne ouverture à la foi ni aux profits, t. XV, p. 244. — Lorsqu'il y a démission de foi, le bail à rente rachetable donne ouverture au profit de quint, *id.* p. 135-248. — *Secùs*, du bail à rente non-rachetable, *id.* p. 135. — Le bail à rente, même non-rachetable, donne ouverture au profit de vente, lorsque l'acquéreur donne en outre une somme

d'argent, *id.* p. 135. — Quand donne-t-il lieu au retrait? t. XVII, p. 175-176. — Lorsqu'il a été fait avec rétention de foi, le rachat de la rente donne-t-il lieu au retrait de l'héritage? *id.* p. 181-182. (*V.* RENTE FONCIERE.)

Bail à rente rachetable, t. III, p. 433. — Donne-t-il lieu au retrait? *id.* 434.

Bail à rente non-recevable, *id.* p. 447. — Donne-t-il lieu au retrait? *id.* p. 447. — Si cependant le rachat de la rente avoit été fait dans l'année, *id.* p. 448.

Bail à rente. Ce que c'est que le contrat de bail à rente, t. III, t. 1-2. — En quoi ressemble-t-il au contrat de vente? *id.* p. 2. — En quoi diffère-t-il? *id.* p. 3. — En quoi ressemble-t-il au bail à ferme ou à loyer? *id.* p. 2. — En quoi en diffère-t-il? *id.* p. 3. — Ce bail à rente est un contrat réel, *id.* p. 4. — Quelles choses sont susceptibles du bail à rente, *id.* p. 5-6. — Peut-on bailler à rente l'héritage d'autrui? *id.* p. 6. — *Quid*, de celui qui appartient au preneur? *id.* p. 7. — Clauses dont est susceptible le bail à rente, *id.* p. 26. — Clause pour deniers d'entrée, *id.* p. 26-27. — Cette clause rend le bail à rente sujet au retrait, comme étant mêlé de rente, *id.* p. 27. — Clause de fournir et faire valoir, *id.* p. 27. Clause de payer à toujours, à perpétuité, *id.* p. 28-29. — Clause de payer la rente aux tiers à qui le bailleur la doit, et de l'en indemniser, *id.* p. 97. Clause de payer tant que la rente aura cours, *id.* p. 98 et suiv. — Clause d'améliorer l'héritage de manière qu'il vaille toujours la

doit demander la visite des biens, pour constater les réparations, et comment il en doit être fait marché, *id.* p. 472-473. —Comment le fermier judiciaire doit jouir, *id.* p. 473. — Quand finit le bail judiciaire, *id.* — p. 474. (*V.* Louage.)

BAIL (Baillistres), t. XV, p. 214-264-265-380-381.

Bail (Garde-noble). Ce que c'est, t. XII, p. 64.—A quelles personnes ce droit est déféré par la coutume d'Orléans, *id.* p. 65. — Elle ne défère ce droit qu'aux collatéraux qui sont majeurs, *id.* p. 76. (*V.* Garde noble.)

BALISES. Ce que c'est, t. IV, p. 622.

BANALITÉ. Ce que c'est, t. XV, p. 230.—A qui ce droit peut-il appartenir? *id.* p. 231. — Comment s'établit-il? *id.* p. 233-316. — Comment se perd-il ? *id.* p. 234.—En quoi consiste la banalité de four et de moulin, *id.* p. 230-231. — Sur quelles personnes s'exerce ce droit, *id.* p. 232. — A l'égard de quelles choses, *id.* p. 232.

BANS *de mariage.* Ce que c'est. Origine de ce mot. Antiquité et motif de cette discipline, t. VII, p. 38. — Sont-ils d'une absolue nécessité? *id.* p. 39-40. — Leur forme, *id.* p. 40. — Par qui, ou, et en quel temps se doit faire leur publication, *id.* p. 40-41. — Choses dont le curé doit s'assurer avant de les publier, *id.* p. 42.—Des dispenses de bans, *id.* p. 43.— Des oppositions aux bans, *id.* p. 45. — Un curé n'a pas droit de former opposition aux bans que des personnes qu'il prétend

ses paroissiens, font publier dans une autre paroisse, *id.* p. 290.—Il est défendu aux curés, à peine de suspense, et de dommages et intérêts, de passer outre à la célébration du mariage, au préjudice des oppositions aux bans, *id.* p. 240. — Doivent laisser l'intervalle usité quoiqu'il n'y ait d'opposition, *id.* p. 241. — (*V.* Carême.)

BARATERIE *de patron.* Ce que c'est, t. VI, p. 309.

BATARDS. Peuvent tester, t. XVII, p. 76. — Ne succèdent, *id.* p. 76. — Qui leur succède, *id.* p. 56-76.

Bâtards. Sont incapables de donations universelles de leurs père et mère, mais capables de donations particulières, t. XIII, p. 240-426. — *Quid,* des bâtards adultérins ou incestueux? t. XIII, p. 240-427. — Bâtards jouissent de l'état civil ; mais ils n'ont pas les droits de famille, t. XIII, p. 426. — Comment peuvent-ils devenir légitimes ? *id.* p. 426. — Exceptions des bâtards adultérins ou incestueux, *id.* p. 427.

Bâtards. Enfans nés d'un mariage valablement contracté, mais privé par la loi des effets civils, ne sont pas bâtards, quoiqu'ils n'aient pas les droits de famille, t. VII, p. 279. — Obligations des pères et mères envers leurs enfans bâtards, et des bâtards envers leurs père et mère, *id.* p. 253.

Bâtards. N'ont pas besoin du consentement de leurs père et mère pour se marier, *id.* 212-213.

Bâtards. Ne succèdent pas

même à leur mère., t. XII , p. 339; et leurs père et mère ne leur succèdent point , id. p. 339. — Lorsqu'une parenté est formée par plusieurs généra- tions , s'il y en a une seule qui soit formée par une conjonction illégitime , la parenté n'est pas légitime , et conséquemment ne peut donner le droit de succé- der, id. p. 339-340. (*V.* Ma- riage , Succession.)

BÉNÉDICTION *nuptiale.* Son antiquité, t. VII, p. 215. — N'étoit pas néanmoins dans les premiers siècles de-nécessité pour la validité du mariage , id. p. 217. — Ni même pour le sacrement, *id.* p. 218. — Loi des rois de France, qui ont re- quis pour la validité du mariage la bénédiction nuptiale, ou du moins l'intervention du curé , *id.* p. 219. — Discipline de l'é- glise dans le douzième siècle , sur les mariages clandestins qui ne se faisoient point en face de l'église ; *id.* p. 221. — Ce qui se passa à ce sujet au concile de Trente, *id.* p. 223. — Forme prescrite par le concile de Trente et par nos ordonnances, pour la célébration des mariages. (*V.* Curé.)

BÉNÉFICE *de cession,* t. XVII, p. 230. (*V.* Cession.)

Bénéfice de restitution pour lésion énorme, n'a lieu en alié- nation de meubles, t. XVII, p. 312. — Contre les adjudications par décret, *id.* p. 364-365. (*V.* Lésion , Rescision , Restitu- tion.)

Bénéfice d'inventaire, quand l'héritier peut-il l'obtenir, et de qui, dans la coutume d'Orléans? t. XVII, p. 20. — Ce qu'il doit

faire pour en jouir , *id.* p. 20. — Comment doit-il vendre les biens? *id.* p. 100. — Principe général sur l'effet de ce bénéfi- ce , *id.* p. 20. — Il empêche l'héritier d'être tenu des dettes sur ses propres biens, *id.* p. 20. — Il empêche la confusion de ses actions, *id.* p. 22. — De l'a- bandon fait par l'héritier béné- ficiaire, *id.* p. 23. — Du compte qu'il doit, *id.* p. 23. — Contre qui le bénéfice a-t-il lieu? *id.* p. 24. — Préférence de l'héritier simple sur l'héritier bénéficiaire, *id.* p. 24.

Bénéfice d'inventaire. Ce que c'est, t. XII , p. 499. — Diffé- rence de l'acceptation sous bé- néfice d'inventaire et de l'accep- tation pure et simple, *id.* p. 499. — Un testateur peut-il défendre que son héritier use du bénéfice d'inventaire? *id.* p. 500. — Quelles choses sont requises pour le bénéfice d'inventaire, *id.* p. 500-501. — Dans le pays coutumier, il faut obtenir des lettres de chancellerie, et les faire entériner, *id.* p. 501. — Nécessité de faire inventaire , *id.* p. 502. — Doit être fait de- vant notaire , *id.* p. 503. — S'il doit être conclu et affirmé, *id.* p. 503. — Administration des biens par l'héritier bénéficiaire, *id.* p. 503. — Ce qu'il doit ob- server touchant la vente des meubles, *id.* p. 504. — Touchant la vente des immeubles, *id.* p. 504-505. — Premier effet du bénéfice d'inventaire de n'être pas tenu sur ses propres biens, *id.* p. 506. — Ce que l'on doit allouer dans son compte, *id.* p. 506. — Peut-on lui contester ce qu'il a payé à des créanciers?

id. p. 507.—Second effet du bénéfice d'inventaire, en ce que l'héritier ne confond point ses droits et actions, *id.* p. 509. — Peut-il revendiquer son héritage vendu par le défunt? *id.* p. 510. — Troisième effet du bénéfice d'inventaire, de pouvoir renoncer aux biens de la succession, *id.* p. 511-512. — L'enfant, héritier bénéficiaire, qui a renoncé, demeure-t-il sujet au rapport envers ses cohéritiers, *id.* p. 512.—Contre quels créanciers a lieu le bénéfice d'inventaire, *id.* p. 513. — Préférence accordée à l'acceptation pure et simple sur l'acceptation sous bénéfice d'inventaire, *id.* p. 513.—Sur quoi elle est fondée, *id.* p. 514. — Quels héritiers bénéficiaires peuvent être exclus par les héritiers purs et simples? *id.* p. 515-516. — Quelles personnes peuvent exclure l'héritier bénéficiaire, en se portant héritiers purs et simples? *id.* p. 516. — La sœur, en offrant d'être héritière simple, peut-elle exclure ses frères, héritiers bénéficiaires, de la succession des fiefs? *id.* p. 518. — Le mineur peut-il exclure le plus proche héritier bénéficiaire, en se portant héritier pur et simple? *id.* p. 519.—Les créanciers d'un parent qui auroit pu ainsi exclure l'héritier bénéficiaire, peuvent-ils user de ce droit? *id.* p. 519. — Comment l'héritier bénéficiaire peut-il éviter cette exclusion? *id.* p. 520. — Terme accordé par la coutume d'Orléans, *id.* p. 520. —Effet de l'exclusion de l'héritier bénéficiaire par l'héritier simple, *id.* p. 521. — Ce qu'il a

fait pendant sa jouissance doit être entretenu lorsqu'il n'a pas excédé les bornes de l'administration, *id.* p. 521. — Les immeubles qui ont été vendus par décret sur l'héritier bénéficiaire, ne peuvent être revendiqués par l'héritier pur et simple, *id.* p. 522.—Si l'héritier bénéficiaire a exercé le retrait féodal, doit-il rendre l'héritage retiré à l'héritier pur et simple? *id.* p. 525. — L'héritier simple a hypothèque sur les biens de l'héritier bénéficiaire, *id.* p. 525.

Bénéfice. Les mutations des titulaires des bénéfices donnent lieu au rachat, t. XI, p. 333. — De quel jour le rachat est-il dû quand la mutation se fait par résignation? *id.* p. 333.—*Quid,* lorsque le bénéfice a vaqué *per obitum*? *id.* p. 334.

BESTIAUX. Le propriétaire qui rentre en jouissance de l'héritage, après la mort de la douairière, peut retenir les bestiaux qui ont été placés par la douairière, en payant le prix, t. IX, p. 191.

Bestiaux. Sont-il meubles ou immeubles? t. VIII, p. 36-37.

BILLET *sous signature privée*, antérieur au mariage, fait au profit du mari, constitue-t-il un propre ou un conquêt? t. XVI, p. 9.

Billet à domicile. Ce que c'est, t. IV, p. 269-270.

Billet à ordre. Ce que c'est, et sa différence des simples billets, t. IV, p. 270-271.—Temps dans lequel le porteur d'un billet à ordre doit faire ses diligences contre le débiteur, *id.* p. 271-272. — Les dénoncer, *id.* p. 272. — Différence des simples billets à ordre, et des billets de change, *id.* p. 273. — Billet à ordre rend-il le débiteur sujet à la juridiction consulaire et à la contrainte par corps? *id.* p. 275-276.

Billets au porteur. Ce que c'est; défendus, depuis rétablis, t. IV, p. 274. (*V.* Porteur.)

Billets de change. (*Voy.* Change.)

Billets en blanc, t. IV, p. 274.

Billet d'une femme mariée, daté d'avant le mariage, quand est-il à la charge de la communauté? t. VIII, p. 169.

BLAMES. Sont faits ou sur ce qui est compris dans le dénombrement, ou sur ce qui y est omis, t. XI, p. 176. — Ces blâmes doivent être articulés, *id.* p. 177. — Le temps accordé au seigneur pour fournir les blâmes, est différent, suivant les coutumes de Paris et d'Orléans, *id.* p. 177. — Où doit être portée l'action? *id.* p. 177. — Le seigneur a droit de demander la communication de ses titres, en offrant de lui communiquer les siens, *id.* p. 179. — Si le seigneur a fourni des blâmes, mais a laissé passer trente ans sans faire statuer sur les blâmes, le dénombrement sera-t-il censé reçu? *id.* p. 181. (*V.* Fiefs.)

BOIS TAILLIS. Coupe de bois taillis faite durant le mariage entre-t-elle en communauté? t. VIII, p. 66.

BONNE-FOI (Vente.) Oblige le vendeur à n'user d'aucun mensonge, ni même d'aucune réticence, sur ce qui concerne la chose qui fait l'objet du marché, t. III, p. 142 et suiv. — Certaines réticences, punies même dans le for extérieur; comme lorsque le vendeur n'a pas déclaré que la chose ne lui appartenoit pas, ou n'a pas déclaré les hypothèques dont elle étoit chargée : quelle obligation naît de cette réticence? *id.* p. 145-146. — Si la réticence des circonstances extrinsèques que l'acheteur avoit intérêt de savoir, est permise, *id.* p. 148-149. — Exemple tiré de Cicéron, *id.* p. 148. — La bonne-foi oblige le vendeur à ne pas vendre au-delà du juste prix : quel est le juste prix? *id.* p. 150-151. — Quand est-il permis d'ajouter au juste prix celui de l'affection? *id.* p. 152-153. — Un marchand qui, ayant dessein de garder une marchandise qu'il prévoyoit devoir augmenter de prix, la vend à quelqu'un avant ce temps pour lui faire plaisir, peut-il ajouter quelque chose au juste prix, pour le dédommager des gains qu'il espéroit y faire? *id.* p. 155-156. — Peut-on vendre au-delà du juste prix ce qu'on vend à crédit? *id.* p. 156. — La bonne-foi oblige l'acheteur à ne rien dissimuler de la connoissance qu'il a de la chose, *id.* p. 181. — L'acheteur ne doit pas acheter au-dessous du juste prix, *id.* p. 182. — Peut-il se faire diminuer quelque chose sur le prix pour l'avance qu'il fait du prix avant que d'entrer en jouissance? p. 182-184. (*V.* Obligations *du vendeur,* Obligations *de l'acheteur.*)

Bonne-foi (Bail à rente), bonne-foi nécessaire pour la prescription, t. V, p. 106.

Bonne-foi. (Louage.) Obligations qui en naissent de la

part du locateur, t. IV, p. 349 et suiv. — De la part du conducteur, *id.* p. 389 et suiv. — A quoi la bonne-foi oblige-t-elle le locateur d'ouvrages? *id.* p. 486. — Des obligations du conducteur qui naissent de la bonne-foi, *id.* p. 495. (*V.* OBLIGATIONS *du locateur*, OBLIGATIONS *du conducteur*, OBLIGATIONS *du locateur d'ouvrage*, OBLIGATIONS *du conducteur d'ouvrage.*)

Bonne-foi. (Assurance.) La bonne - foi oblige les parties dans le contrat d'assurance de ne rien dissimuler de ce qu'elles savent sur ce qui peut augmenter ou diminuer les risques, t. VI, p. 382. — Elle oblige le marchand à déclarer la qualité de ses marchandises, qui les rend sujettes à plus de risques, *id.* p. 384. — Elle oblige chacune des parties à ne pas induire l'autre en erreur par de fausses déclarations, *id.* p. 384. — A quoi oblige-t-elle par rapport au prix de l'assurance? *id.* p. 382.

Bonne-foi. (Mariage.) Effet de la bonne-foi dans un mariage déclaré nul pour un empêchement dirimant, t. VII, p. 59, 279. — Effet de la bonne-foi dans un mariage contracté avec un mort civilement, *id.* p. 279. — Lorsqu'il n'y a qu'une des parties de bonne-foi, sa bonne-foi suffit vis-à-vis les enfans nés de ce mariage, *id.* p. 280. (*V.* MARIAGE.)

Bonne-foi (Communauté), donne les effets civils à un mariage nul, t. VIII, p. 26. — Fait profiter le conjoint des conventions et donations portées au contrat de mariage lorsqu'il a ignoré l'empêchement, *id.* p. 8.

BORDEREAU. Lorsque quelqu'un se reconnoît débiteur et dépositaire d'une certaine somme, suivant le bordereau des espèces, c'est de la somme que composent les espèces exprimées au bordereau, plutôt que de celle exprimée par l'acte, qu'il est débiteur, t. II, p. 191.

BORNAGE, t. V, p. 240 et suiv. (*V.* ACTION *finium regundorum.*)

BOUÉE. Ce que c'est, t. IV, p. 626.

BRIS DE VAISSEAU donnet-il lieu à l'action de l'assuré? t. VI, p. 341.

BUTIN. Trois espèces, t. X, p. 51. (*V.* CONQUÊTE, PRISE.)

C.

CABARETIERS. N'ont point d'action, t. XVI, p. 216.

CADAVRES. Cas où le procès peut être fait au cadavre ou à la mémoire d'un défunt, t. XIV, p. 562. — Procès fait avec le curateur créé au cadavre ou à la mémoire, *id.* p. 563. — Peine que l'on a coutume de prononcer contre un cadavre ou contre la mémoire, *id.* p. 563.

CAMBIUM, t. IV, p. 145. — *Reale*, *id.* p. 145. — *Mercantile.* (*V.* CHANGE.) — *Cambio con la ricorsa*, *id.* p. 176.

CAPACITÉ *des personnes.* Lois qui obligent les mineurs à requérir le consentement de leurs père et mère pour se marier, sont des lois qui exercent leur empire sur tous les Français, même hors du royaume, t. VII, p. 142.

Capacité des personnes à l'effet de tester, t. XIII, p. 101. — Il n'y a que ceux qui jouissent des droits de citoyens qui peuvent tester, *id.* p. 102. — Exceptions, *id.* p. 102. — (*V.* Étrangers, Religieux, Condamnés.)

CAPITAINE. Ne doit rien prendre sur un vaisseau qui a amené, t. X, p. 67. — Devoir d'un capitaine à l'égard du vaisseau qu'il a pris, *id.* p. 67 et suiv.

CAPTATION. Ce que c'est qu'une disposition captatoire, t. XIII, p. 95.

CARÊME. Antiquité et solidité de la discipline, de ne pas célébrer les mariages en carême et autres temps défendus; scandaleuse facilité avec laquelle on en accorde dispense, t. VII, p. 241.

CARRIÈRES. Quel droit y a la douairière, t. IX, p. 132-133.

Carrières. Les pierres qu'on en tire pendant le mariage doivent-elles être regardées comme fruit, et comme telles entrent-elles dans la communauté? t. VIII, p. 66-67-134.

CAS FORTUIT. Le locataire n'en est tenu, à moins que sa faute n'y ait donné lieu, t. IV, p. 387.

CAS ROYAUX. La connoissance en est attribuée aux baillis et sénéchaux royaux, t. XIV, p. 443. — Quels sont les cas royaux? *id.* p. 443. — Définition donnée par M. Talon, *id.* p.

443. — Trois cas royaux concernant la religion, *id.* p. 444. —Autres crimes compris parmi les cas royaux, *id.* p. 445. — Trois autres cas royaux mentionnés par plusieurs coutumes, *id.* p. 445.

CASSATION DE MARIAGE. Ce que c'est, t. VII, p. 284.— Demande en cassation de mariage peut s'intenter par l'une des parties, même par celle qui a trompé l'autre, pourvu qu'elle allègue un vice absolu, mais elle n'est pas recevable à alléguer un vice respectif, *id.* p. 284-285. — L'impuissant n'est pas recevable à opposer son vice d'impuissance, *id.* p. 286.—Pères, mères, tuteurs, sont parties capables pour attaquer le mariage d'un mineur fait sans leur consentement, *id.* p. 287. — Fins de non-recevoir résultantes de l'approbation que les père et mère y ont depuis donnée, *id.* p. 287. — De ce que le mineur devenu majeur persévère dans le mariage, *id.* p. 287. — En général, tous ceux qui ont un intérêt né à la nullité d'un mariage, sont recevables à l'attaquer. Par exemple, lorsqu'un homme a épousé une seconde femme du vivant de la première, la seconde femme dont on attaque le mariage, est recevable à attaquer le premier mariage, pour faire valoir le sien, *id.* p. 289. — Parens collatéraux des parties ne peuvent, tant qu'elles vivent, attaquer leur mariage, n'ayant alors aucun intérêt, mais y peuvent être reçus après leur mort pour contester aux enfans la qualité d'héritiers, et les conventions matrimoniales à la veuve , *id.* p. 288. — Curé n'est pas partie capable pour attaquer un mariage célébré par un prêtre étranger sans son consentement, *id.* p. 290. — La partie publique n'attaque pas un mariage s'il n'y a scandale, *id.* p. 290. — Le promoteur n'a pas ce droit, même en cas de scandale, *id.* p. 291. — Cas particulier auquel la déclaration du 15 juin 1697 permet aux promoteurs d'assigner devant l'évêque les parties pour la représentation de leur acte de célébration de mariage? *id.* p. 292. — Lorsque c'est l'une des parties contractantes qui se pourvoit contre son mariage , elle peut prendre la voie ordinaire , en portant la demande devant l'official , à qui nos rois ont attribué la connaissance de ces matières, ou prendre la voie extraordinaire , qui est l'appel comme d'abus , *id.* p. 294. — Lorsque ce sont les pères et mères qui attaquent le mariage , et les parens collatéraux après la mort de l'une des parties , c'est par la voie de l'appel comme d'abus , *id.* p. 295-296. — Choses particulières dans les demandes en cassation de mariage. Faits , quoique avoués par la partie, ne sont pas tenus pour avérés , et le juge n'en doit pas moins faire la preuve , *id.* p. 296. — Un empêchement dirimant ne peut s'établir par la déclaration d'une partie, quoiqu'elle offre de la confirmer par serment, et qu'elle soit soutenue du bruit public, *id.* p. 297. — Un jugement, quoique passé en force de chose jugée, peut se rétracter sur des preuves

de nouveau survenues , *id.* p. 298.

CASSATION. Voie de cassation, ce que c'est, t. XIV, p. 188. — Cas ordinaire où elle a lieu, *id.* p. 188. — Délai pour se pourvoir en cassation , *id.* p. 188.

CATHARES. Hérétiques qui condamnoient les seconds mariages, t. VII, p. 346.

CAUSE. (Obligation.) La fausseté de la cause pour laquelle une obligation a été contractée , la rend nulle, t. I, p. 107. — Il en est de même lorsque la cause blesse la justice ou les bonnes mœurs, *id.* p. 108. — Lorsque la cause pour laquelle l'obligation a été contractée , blesse les bonnes mœurs du côté des deux parties, quoique l'obligation soit nulle, si elle a été accomplie, il n'y a pas lieu à la répétition de ce qui a été payé. *Secùs*, lorsque la cause de l'obligation ne blessoit la justice que du côté de celui qui stipuloit, *id.* p. 108 et suiv. — La promesse que je vous ai faite de vous donner une certaine chose pour commettre un crime, m'oblige-t-elle dans le for de la conscience après que vous l'avez exécuté? *id.* p. 109. — Est-ce une cause juste lorsqu'on promet quelque chose à quelqu'un pour qu'il fasse ce qu'il étoit déjà obligé de faire ? *id.* p. 111. — Exposition de la règle *duæ causæ lucrativæ non possunt in eamdem rem et personam concurrere*, t. II, p. 125 et suiv.

CAUTION. Cautionnement. Ce que c'est, t. I, p. 352. — Cautionnement renferme un bienfait vis-à-vis du débiteur

pour qui la caution s'oblige, *id.*
p. 352. — Il ne peut y avoir de
cautionnement sans une obligation principale, *id.* p. 353. —
La caution ne décharge pas le
débiteur principal de son obligation, mais y accède, *id.* p.
353. — La caution ne peut s'o-
bliger pour une chose différente
de celle à laquelle est obligé le
débiteur principal, *id.* p. 553.
— Peut-on se rendre caution
pour une somme, lorsque le
débiteur principal doit ou du
blé ou du vin? *id.* p. 353. —
Quid, si quelqu'un s'obligeoit
de me remettre un héritage, et
qu'un autre le cautionnât pour
l'usufruit de cet héritage? *id.* p.
354. — La caution peut s'obliger à moins, mais ne peut s'o-
bliger à plus que ne l'est le
débiteur principal, *id.* p. 334 et
suiv. — Lorsque la caution s'est
obligée à plus, le cautionnement est-il entièrement nul? *id.*
p. 358. — La caution ne peut
s'obliger à plus, mais peut s'o-
bliger plus étroitement, *id.* p.
359. — L'extinction de la dette
principale éteint celle des cautions, *id.* p. 360. — Exception,
id. p. 372. — Quelle confusion
éteint le cautionnement, *id.* p.
361-362-373-374.—La caution
peut opposer toutes les exceptions réelles que le débiteur
peut opposer, mais non les
personnelles, *id.* p. 362 et suiv.
(*V.* Attermoiement.) — Le
créancier peut-il, en convenant
avec son débiteur de ne pas
exiger de lui sa dette, se réserver de l'exiger de la caution? *id.*
p. 366 et suiv. — Le débiteur ne
peut, au préjudice de ses cautions, renoncer à une exception

réelle qui lui a été acquise, *id.*
p. 362. — Restitution obtenue
par le débiteur contre son obligation, si elle est fondée sur
quelque vice réel de l'obligation, entraîne la rescision de
celle des cautions. *Secùs*, si elle
est fondée sur quelque raison
personnelle au débiteur, comme
sur sa minorité, *id.* p. 372.
(*V.* Mineurs.) — Cautionnement subi envers vous dans une
certaine qualité, passe à celui
à qui votre qualité passe, *id.* p.
375. — Différentes espèces de
cautions conventionnelles, légales, judiciaires, *id.* p. 375-
376. — Quelles personnes peuvent s'obliger comme cautions?
id. p. 376 et suiv. — Une femme
le peut-elle? *id.* p. 376-377. —
Un mineur, quoique émancipé,
quoique marchand, ne le peut,
id. p. 378. — *Quid*, si c'étoit
pour tirer son père de prison?
id. p. 379. — Quelles qualités
sont requises dans les personnes
qu'on présente pour caution, *id.*
p. 380-381. — Quand un débiteur est-il tenu de donner une
autre caution à la place de celle
qu'il a donnée? *id.* p. 382. —
Celui qui est tenu de donner une
caution peut-il être admis à donner des gages à sa place? *id.* p.
382. — Pour qui peut-on se
rendre caution? *id.* p. 383. —
Envers qui? *id.* p. 383. — Pour
quelles obligations? *id.* p. 384
et suiv. — On ne peut être caution pour une obligation nulle,
id. p. 385. — On peut être caution pour une obligation naturelle, *id.* p. p. 384. — Quelles
sont les obligations naturelles
pour lesquelles les cautions peuvent intervenir? *id.* p. 384. —

Peut-on l'être pour celle d'une femme mariée qui a contracté sans être autorisée ? *id.* p. 385. — *Quid*, si quelqu'un s'étoit obligé, conjointement avec une femme non autorisée, non comme caution, mais comme débiteur principal ? *id.* p. 386.—On peut être caution de l'obligation d'un fait quoique personnel au débiteur principal, *id.* p. 386. — On peut être caution d'un cautionnement, *id.* p. 387. — Par le droit romain, la femme ne pouvoit recevoir de son mari des cautions pour la restitution de sa dot, *id.* p. 387. — Le cautionnement se contracte par le seul consentement, pourvu que la volonté de s'obliger soit bien marquée, *id.* p. 387. — Il peut se contracter avant ou depuis l'obligation principale, et sans que le débiteur qu'on cautionne y consente, *id.* p. 388. — Cautionnement en termes généraux et indéfinis s'étend à toutes les obligations du débiteur cautionné, résultantes du contrat, aux intérêts comme au principal, à celles qui naissent de la demeure ou de la faute de ce débiteur, *id.* p. 389-390. — S'étend-il aux frais faits contre le débiteur ? *id.* p. 390. — Il ne s'étend point aux obligations qui naissent d'une cause étrangère, *id.* p. 390. — Cautionnement limité pour une certaine somme ne s'étend aux intérêts, *id.* p. 390. — Manière dont s'éteignent les cautionnemens, *id.* p. 391. — La caution est déchargée lorsque le créancier a reçu volontairement un héritage en paiement de sa dette, quoiqu'il en soit par la suite évincé, *id.* p. 392. — Est-elle déchargée lorsque le créancier s'est mis hors d'état de lui céder ses actions ? *id.* p. 392. — La caution n'est pas déchargée par le terme que le créancier accorde au débiteur, *id.* p. 392. — Ni par les poursuites faites contre lui, *id.* p. 393. — Exceptions que peut opposer la caution. (*V.* Discussion, Division, Cession d'actions.) — Quelles actions a de son chef la caution contre le débiteur principal après qu'elle a payé ? *id.* p. 411. — Quelle espèce de paiement lui donne cette action ? *id.* p. 411. — La caution a-t-elle action lorsque le créancier, en faveur de la caution, a fait remise de la dette ? *id.* p. 412. — *Quid*, si la remise étoit faite pour récompenser des services que la caution a rendus au créancier ? *id.* p. 412. — La caution qui a payé a-t-elle action contre le débiteur, lorsqu'elle a négligé d'opposer les fins de non recevoir qu'elle avoit droit d'opposer au créancier ? *id.* 413. — La caution qui a payé dans l'ignorance que la dette étoit acquittée, a-t-elle action contre le débiteur ? *id.* p. 414-415. — La caution qui a payé a-t-elle recours contre le débiteur principal lorsque ce débiteur a payé une seconde fois au créancier, faute d'avoir été averti par la caution ? *id.* p. 415.—La caution qui a payé pour le débiteur principal a-t-elle action contre lui aussitôt qu'elle a payé ? *id.* p. 415.—La caution qui s'est obligée pour plusieurs débiteurs solidaires, a action pour le total contre chacun d'eux, *id.* p. 416-417.—Dans ce cas, le débiteur qui a payé doit-il exiger de la caution la cession d'action contre ses co-débiteurs ? *id.* p. 417. — La caution a action contre le débiteur principal, même avant qu'elle ait payé, 1°. lorsqu'elle est poursuivie par le créancier ; 2° lorsque ce débiteur est en faillite ; 3°. après l'expiration du temps dans lequel le débiteur s'est obligé de la décharger, *id,* 418-419. — *Quid,* lorsque l'obligation est de nature à durer un certain temps ? *id.* p. 420. — La caution d'une rente peut-elle convenir avec le débiteur qu'il la rachètera dans un certain temps ? *id.* p. 420 - 421. — Le droit qui résulte de cette convention s'exerce-t-il à la rigueur ? *id.* p. 423. — Lorsqu'il n'y a pas de clause par laquelle le débiteur se soit obligé envers la caution au rachat de la rente, la caution peut-elle l'y obliger après un temps considérable ? *id.* p. 422. — Lorsque la caution est devenue l'unique héritière du créancier, ou lorsqu'elle est même à titre singulier aux droits du créancier, peut-elle user de la convention par laquelle le débiteur s'étoit obligé envers elle au rachat ? *id.* p. 423. — *Quid,* si la rente étoit tombée au lot de ses co-héritiers ? *id.* p. 423. — *Quid,* lorsqu'elle n'est devenue héritière que pour partie ? *id.* p. 425. — Lorsque la caution qui est devenue propriétaire de la rente cesse de l'être, son cautionnement revit-il ? *id.* p. 426. — La caution qui a racheté la rente, et s'est fait subroger aux droits du créancier, a l'option ou d'user de la subrogation, en se fai-

sant continuer la rente, ou de se faire rembourser des deniers du rachat, *id.* p. 426. — La caution qui a payé sans subrogation a-t-elle quelqu'action de son chef contre ses co-fidéjusseurs ? *id.* p. 428-429. — A-t-elle quelqu'action contre eux avant que d'avoir payé ? *id.* p. 430. — Une caution qui a payé a-t-elle action contre les certificateurs de ses co-fidéjusseurs ? *id.* p. 431.

Caution. (Vente.) L'acheteur, en cas de trouble en sa possession, peut, en payant le prix, exiger une caution ; mais s'il l'a payé, il ne peut demander caution, t. III, p. 174. — L'exception de garantie a lieu contre les cautions du vendeur, *id.* p. 111.

Caution. Caution d'une rente viagère ne peut demander sa décharge, t. IV, p. 128.

Caution. (Douaire.) Quelle caution doit donner la douairière, t. IX, p. 150-151. — Dans les cas où elle doit donner caution fidéjussoire, que faudroit-il faire si elle ne pouvoit trouver des fidéjusseurs ? *id.* p. 151-152. — Douairière à qui on a donné quelque chose en propriété pour son douaire, est-elle obligée de donner caution ? *id.* p. 153.

Caution. (Don mutuel.) Le donataire mutuel doit donner caution, et il est saisi, du jour qu'il en a présenté une, t. IX, p. 423. — *Quid,* s'il n'en trouvoit point ? *id.* p. 424. — Les conjoints ne peuvent, par le don mutuel, se décharger de la caution, *id.* p. 424. — Les héritiers du prédécédé peuvent bien en décharger le donataire mutuel ; mais leur décharge n'empêche pas les légataires particuliers qui ont intérêt à la conservation du don mutuel, de la demander, *id.* p. 425. — Différence entre la coutume de Paris et celle d'Orléans, sur la caution requise pour le don mutuel, *id.* p. 426. — Est-elle nécessaire pour le don mutuel de la coutume de Dunois, et les conjoints peuvent-ils s'en décharger par le contrat? *id.* p. 499.

Caution. (Garde-noble.) Le gardien noble doit donner caution, t. XII, p. 92. — Celui qui a la garde bourgeoise doit la donner dans la coutume de Paris, *id.* p. 91. — La gardienne noble qui se remarie, doit donner caution dans la coutume d'Orléans, *id.* p. 92.

Caution. Ce que c'est, t. XIV, p. 205. — Ce que doit faire la partie qui est tenue de donner caution, *id.* p. 205. — Quelle caution peut être valablement contestée? *id.* p. 206. — Procédure sur la contestation de la caution, *id.* p. 206.

CEDULE, ou promesses privées qui sont écrites d'une autre main que de celle du débiteur qui les a signées, ne sont valables si le débiteur n'a pas écrit au bas, de sa main, bon pour telle somme, t. II, p. 190. — Exception à l'égard de certaines personnes, *id.* p. 190. — Lorsque la somme contenue dans le corps de la cédule, et celle exprimée par le *bon* sont différentes, laquelle est due, *id.* p. 191. — Cédule qui se trouve entre les mains du débiteur est présumée payée ou remise, *id.* p. 192.

CENS. Censive. Seigneur de censive; ce que c'est ; t. XV; p. 317. — Droits des seigneurs de censive? *id.* p. 317. — Actions desdits seigneurs, *id.* p. 325. — Nature du cens, *id.* p. 318-319. — Différentes espèces de cens et de censives, *id.* p. 319-330 - 344. — Censives requérables, *id.* p. 352. — Cens sur cens n'a lieu, *id.* p. 344. — (*V.* SAISIE CENSUELLE. VENTE.)

Cens. Ce que c'est que le contrat de bail à cens, t. XII, p. 1. — Ce que c'est que le cens, *id.* p. 1. — Ce que c'est que seigneur de censive, *id.* p. 1. — Différence du cens et de la rente foncière, *id.* p. 2.

Cens sur cens n'a lieu, *id.* p. 3. — De la nature du cens; de la foncialité du cens, *id.* p. 5. — Si le cens est divisible ou indivisible, *id.* p. 5-6. — Est divisible dans la coutume d'Orléans, *id.* p. 6. — De l'imprescriptibilité du cens, *id.* p. 6. — Les arrérages sont sujets à la prescription ordinaire, *id.* p. 8. Le cens n'est pas sujet à compensation, *id.* p. 8. — La saisie-arrêt faite sur le censitaire par le créancier du seigneur de censive, ne dispense pas le censitaire d'aller au lieu indiqué pour la réception des cens, *id.* p. 9. — Différentes divisions du cens, *id.* p. 10. — Du cens portable, *id.* p. 10. — Du cens requérable, *id.* p. 11. — Défaut faute de paiement de cens. (*V.* DÉFAUT. Cens.) — Qui doit payer le cens, du possesseur ou du propriétaire de l'héritage censuel qui ne possède pas? *id.* p. 15. — Des profits censuels (*V.* PROFIT). — De la reconnoissance sensuelle, *id.* p. 31. — Chaque nouveau censitaire doit cette reconnaissance, *id.* p. 31. — A ses frais, tant pour l'acte que pour l'expédition, *id.* p. 31. — De quelques espèces de censives particulières dans la coutume d'Orléans, *id.* p. 39. — Censive à droit de ventes, *id.* p. 39. — Censives à droit de relevoisons. (*V.* RELEVOISONS.)

CENTIÈME - DENIER, par qui est-il dû et quand? t. IX, p. 449.

CESSION *d'action.* Tout débiteur qui paie ce qu'il doit pour un autre ou avec un autre, a droit d'exiger que le créancier lui cède ses actions, et tous les droits qu'il a contre les autres débiteurs, t. II, p. 34-35. — Il suffit que cette cession soit requise, quand même le créancier la refuseroit; la loi subroge le débiteur qui l'a requise en toutes les actions du créancier, t. I, p. 263; t. II, p. 35-36. — Elle ne peut être requise, ni même accordée, que lors du paiement contre les débiteurs d'une même dette, *id.* p. 42. — Elle peut l'être *ex intervallo*, lorsque la dette procède d'une cause différente, *id.* p. 34. — Dumoulin pensoit que le débiteur qui avoit droit de demander la subrogation, étoit subrogé de plein droit, quoiqu'il ne l'eût pas demandée; mais son opinion n'a pas été suivie, t. I, p. 264. — Cas auxquels la subrogation a lieu sans être requise, t. II, p. 43-44. — Un étranger qui paie la dette d'un autre qu'il n'a pas intérêt d'acquitter, ne peut obliger le créancier à lui céder ses actions, *id.* p. 36. —

Le créancier qui s'est mis hors d'état de pouvoir céder ses actions, perd-il son droit de solidité et son droit contre les cautions? *id.* p. 36 et suiv. (*V.* EXCEPTION *cedendarum actionum.*)

CESSION. *Bénéfice de cession*, n'a lieu pour fermages, t. IV, p. 401.

Cession. Bénéfice de cession, ce que c'est et son origine, t. XIV, p. 372. — Il n'y a que les Français naturels ou naturalisés qui puissent y être admis, *id.* p. 372. — Ceux qui ont perdu la vie civile ne doivent pas y être reçus, *id.* p. 373. — N'a pas lieu pour dettes qui procèdent de crime ou dol, *id.* p. 373. — Ni en faveur des dépositaires ou administrateurs ou tuteurs, *id.* p. 373. — N'a pas lieu en matière criminelle pour réparation civile, *id.* p. 374. — Ni pour marchandise achetée en marché public ou à l'encan, *id.* p. 374. — Ni pour dettes de deniers royaux, *id.* p. 375. — Ce bénéfice peut être obtenu par le débiteur, soit avant, soit après qu'il est emprisonné, *id.* p. 375. — Ce que doit faire le débiteur pour y être admis, *id.* p. 376. — Est tenu de comparoir en personne à l'audience, *id.* p. 376. — *Quid*, de la condition de porter le *bonnet vert*? *id.* p. 376. — Effet de la cession de biens, *id.* p. 377. — Elle n'emporte aucune infamie de droit, mais exclut des charges et fonctions publiques, *id.* p. 378. (*V.* BÉNÉFICE *de cession*, ABANDON *de biens.*)

CESSIONNAIRES. (Successions.) *Cessionnaires de droits successifs* tenus des dettes et charges des successions, même de celles acquittées avant la cession, t. XII, p. 608. — Le cessionnaire tenu de ce que le défunt devoit à son cédant, *id.* p. 608. — Mari à cause de sa communauté semblable à un cessionnaire de droits successifs par rapport aux successions échues à sa femme, *id.* p. 608-609.

Cessionnaires de droits successifs. Diffère du cessionnaire des prétentions à une succession, t. X, p. 216-217.

CHAINES. Ce que c'est, t. V, p. 224.

CHAMPART, t. XV, p. 359.

Champart. Le fermier en est-il tenu sans convention? t. IV, p. 394.

Champart. Ce que c'est, t. XII, p. 55. — Est seigneurial lorsqu'il est la première redevance dont l'héritage soit chargé, *id.* p. 55. — Mais si l'héritage est chargé d'un cens, il n'est pas seigneurial, mais une simple rente foncière, *id.* p. 56. — Lorsque le champart est seigneurial, il a les prérogatives des redevances seigneuriales, *id.* p. 56. — Conséquences, *id.* p. 56. — Disposition de l'article 143 de la coutume d'Orléans, *id.* p. 56. — *Quid*, lorsque le champart n'est pas seigneurial? *id.* p. 56. — Ce sont les titres et la possession qui déterminent la quotité, *id.* p. 57. — La dîme se lève avant le champart : le champart est requérable et ne s'arrérage pas, *id.* p. 57. — Sur quelles terres il se perçoit, *id.* p. 57. — Les terres tenues en fief ne sont point sujettes au champart, *id.* p. 58. — Le champart est aussi dû pour les accrues, *id.* p. 58. — Le détenteur des terres sujettes à champart doit donner avis au seigneur avant d'enlever, *id.* p. 58. — Cet avertissement se fait verbalement, *id.* p. 59. — Le redevable doit prendre des témoins pour faire compter ses gerbes avant que de les enlever, *id.* p. 59. — Les possesseurs des terres sujettes au champart, doivent les cultiver, *id.* p. 60. — Punition du tenancier qui laisse ses terres incultes, *id.* p. 60. — Les propriétaires des terres à champart peuvent-ils en changer la forme? *id.* p. 61. — Indemnité due au seigneur en ce cas, comment se règle, *id.* p. 61. — Le seigneur de champart n'a que la voie d'action pour se faire payer, tant du champart que de l'amende, *id.* p. 62. — Le seigneur de champart peut-il demander des reconnoissances de ce droit? *id.* p. 62. — Le seigneur qui justifie de la possession annale, doit être maintenu par provision, *id.* p. 63. — Comment le droit s'établit au pétitoire, *id.* p. 63.

CHANGE. *Billet de change.* Ce que c'est, t. IV, p. 264. — Deux espèces de billets de change, *id.* p. 265. — *Billets de change pour lettres fournies.* Ce que c'est. Sa forme, *id.* p. 265. — Peine du défaut de forme, *id.* p. 266. — *Billet de change pour lettres à fournir.* Ce que c'est. Sa forme, *id.* p. 265-266. — Troisième espèce de billets de change, *id.* p. 266. — *Billets de change* sont ou payables à une personne déterminée ou à ordre, *id.* p. 267. — Lorsqu'ils sont à ordre, ils se négocient comme les lettres de change : leur endossement produit les mêmes obligations et actions, *id.* p. 267. — Différence sur l'espèce de diligence à laquelle est tenu le porteur en cas de refus de paiement, *id.* p. 268.

Contrat de change. Définition de ce contrat, t. IV, p. 145-146. — Etoit-il connu aux Romains? *id.* p. 147-148. — Son origine, *id.* p. 148. — Le contrat qui intervient entre le tireur et le donneur de valeur, est le contrat de change, *id.* p. 168-169. —Différence de ce contrat et du prêt, *id.* p. 169-170. — Il faut qu'il y ait sérieusement remise de place en place pour que le contrat soit un vrai contrat de change, et non un prêt d'argent déguisé, *id.* p. 174-176. — Le contrat appelé *il cambio con la ricorsa*, est-il un vrai contrat de change? *id.* p. 176.—Obligations qui naissent du contrat de change. (*V.* Tireur, Donneur de valeur, Accepteur.) — Le contrat de change ne peut se résoudre ni recevoir de changement sans le consentement des parties, *id.* p. 186. — Le contrat qui intervient entre l'endosseur et celui au profit de qui il passe son ordre, et de qui il reçoit la valeur, est aussi contrat de change, *id.* p. 187. — *Droit de change.* Ce que c'est, *id.* p. 170-171.— Quelle espèce d'injustice peut se commettre à l'égard du droit de change, *id.* p. 172 et suiv. — *Lettre de change.* Sa définition, *id.* p. 145-146. — Ses différentes espèces. Première division, *id.* p. 148-149.—Seconde

division, *id.* p. 150-151. — Combien de personnes interviennent dans la négociation de la lettre de change, *id.* p. 152-153. — Qualité qu'elles doivent avoir, *id.* p. 156-157. (*V.* Agens de change, Ecclésiastiques, Mineurs, Femmes sous puissance de mari.) — Ce qui constitue l'essence de la lettre de change, *id.* p. 159. — Sa forme, *id.* p. 159-160. — Quatre choses que requiert l'ordonnance pour la forme de la lettre de change : 1° nom de celui qui tire la lettre, de celui sur qui elle est tirée, de celui à qui elle est payable, *id.* p. 159; 2° temps du paiement; peine de ce défaut, *id.* p. 160 ; 3° nom de celui qui en a donné la valeur, *id.* p. 160 ; 4° expression de l'espèce de valeur; peine de ce défaut, p. 160-161.—Omission de la date ou du lieu du paiement ; par qui peut-elle être opposée? *id.* p. 162. — On peut fournir plusieurs exemplaires d'une lettre de change, *id.* p. 162. — Le propriétaire peut exiger un second exemplaire lorsqu'il a égaré le premier, *id.* p. 162. — Comment, *id.* p. 215-216. — Caution qu'il doit donner pour être payé sur le second exemplaire, *id.* p. 216. (*Voy.* concernant les matières relatives au contrat de change, les mots Acceptation *de la lettre de change,* Actions *qui naissent de la lettre de change,* Aval, Billets, Compensation, Confusion (Change), Contrainte par corps, Endossement, Paiement (Change) Prescription (Change), Protêt, Provision.)

Change ou intérêt dû pour la

partie de la somme donnée à la grosse, pour laquelle le contrat ne subsiste pas ; t. VI, p. 396. (*V.* Prêt a la grosse.)

CHANGEMENT *de route, de voyage, de vaisseau.* L'assureur est-il chargé des risques dans ces cas? t. VI, p. 298.

CHAPEAU ou *chausse* du maître, t. IV, p. 569.

CHAPELAINS des hôpitaux peuvent-ils recevoir des testamens? t. XIII, p. 74.

CHAPELLE. Ornemens de chapelle dans un château sont-ils meubles ou immeubles? t. VIII, p. 43.

CHARGES *réelles de l'héritage.* Le fermier n'en est tenu, t. IV, p. 393 et suiv.

Charges du don mutuel. Le donataire mutuel doit avancer les frais funéraires du prédécédé, et la portion des dettes mobilières de la communauté, dont la succession du prédécédé est tenue, t. IX, p. 433.—Soit qu'elles aient été contractées avant ou depuis le don mutuel, *id.* p. 435.—Soit qu'elles soient dues à des tiers, soit qu'elles soient dues aux conjoints, *id.* p. 435.—Même pour ce dont les héritiers aux propres du prédécédé doivent contribuer, *id.* p. 436-437.— N'est pas tenu des autres dettes mobilières de la succession, qui ne sont pas dettes de communauté, si ce n'est hypothécairement, mais sauf son recours, *id.* p. 435.— Le donataire mutuel doit avancer les frais d'inventaire et de liquidation, *id.* p. 436, — il n'est pas tenu d'avancer les legs, *id.* p. 438. — Sauf dans quelques coutumes les legs mo-

diques, *id.* p. 439. — On suit à cet égard la coutume du lieu qui régissoit les biens compris au don mutuel au temps du contrat, *id.* p. 440.— Le donataire mutuel est obligé aux réparations de son temps. (*V.* Réparations.) Il est tenu d'acquitter, sans répétition, les arrérages des rentes foncières et ceux des rentes constituées dues par la communauté, courues pendant tout le temps que dure son usufruit, *id.* p. 442. (*V.* Rachat, Relevoison, Franc-fief, Centième-denier, Office.)

CHARTE-PARTIE, t. IV, p. 541. — Son étymologie, *id.* p. 541.—Sa définition, *id.* p. 542. — Différentes espèces, *id.* p. 542. — Trois choses forment la substance de ce contrat, *id.* p. 543.— Sa forme, *id.* p. 547 et suiv.—Ce que renferme l'acte de charte-partie, *id.* 548. — Obligations qui en naissent. (*V.* Obligation (Charte-partie.)— Comment se résout-il? *id.* p. 588 et suiv. — Interdiction de commerce la résout-elle avant le départ du bâtiment? *id.* p. 588-589. — L'arrêt du prince interrompt-il cette charte? *id.* p. 590. (*V.* Action *ex conducto des affréteurs,* etc. Avaries, Fret et Contribution, Loyers *des matelots,* Matelots, Marchandises, Obligations *du maître du navire.*)

Charte - partie considérée comme *locatio operis transvehendarum mercium,* *id.* p. 591-592.

Charte-partie. Ce que c'est, t. X, p. 65.

CHASSE. Droit de chasse, peut-il se louer? t. IV, p. 291.

profit, est mal-à-propos condamné par l'auteur des Conférences, *id.* p. 261. — Il est autorisé par les Coutumes, *id.* p. 264 et suiv. — Réponses aux autorités des conciles alléguées contre les cheptels, *id.* p. 272. — Cheptel peut n'être pas licite dans certaines provinces, *id.* p. 273. — Ni à l'égard de toutes sortes d'animaux, *id.* p. 273.

Cheptel à moitié, t. V, p. 303 et suiv.

Cheptel de fer, t. V, p. 307. — Le bailleur conserve-t-il la propriété des bêtes dans le cheptel de fer? *id.* p. 307 et suiv. — Cheptel de fer, mal-à-propos condamné par l'auteur de la morale de Grenoble, *id.* p. 312 et suiv. — Espèces particulières de cheptel de vaches, usité dans le vignoble d'Orléans, *id.* p. 313. — Lorsqu'il n'y a pas de temps limité pour la durée du cheptel, la vache néanmoins ne peut être retirée par le bailleur ni rendue par le preneur, que *tempore opportuno*, *id.* p. 315. — Peut-on licitement charger le preneur du risque pour moitié, en lui donnant la moitié des veaux? *id.* p. 316. — Clauses illicites dans les contrats de cheptel, *id.* p. 274 et suiv. — Clause de pouvoir demander le partage toutes fois et quantes bon semblera, est-elle valable lorsqu'elle n'est pas réciproque? *id.* p. 297-298. — Comment s'entend cette clause, *id.* p. 298. — Quelles sont les obligations tant du bailleur que du preneur, dans le contrat de cheptel. (*V.* OBLIGATIONS. (Cheptel.) — De quelles fautes est tenu le preneur. (*V.* FAUTE.

(Cheptel.) — Comment s'exerce le partage du cheptel. (*V.* PARTAGE DU CHEPTEL.) — Droit de suite qu'a le bailleur. (*V.* TACITE RENOUVELLEMENT.) — Temps de la durée du cheptel. (*V.* TEMPS. (Cheptel.) — Le preneur peut-il s'opposer à la saisie du cheptel faite par les créanciers du bailleur. (*V.* SAISIE (Cheptel.)

CHEVAL DE SERVICE, t. XV, p. 302.

CHOSES. Division des choses, t. XV, p. 15 et suiv.

Choses sont corporelles ou incorporelles, t. XIII, p. 472. — Les choses corporelles sont meubles ou immeubles, *id.* p. 472. — (*V.* MEUBLES, IMMEUBLES.) — Division des choses incorporelles en meubles et immeubles, *id.* p. 472. — Choses qui ont une situation, *id.* p. 487. — Meubles n'ont point de situation, et sont régis par la loi du domicile, *id.* p. 487. — Droits incorporels réels ont la même situation que l'héritage, *id.* p. 487.

Chose jugée. Présomption *juris et de jure* qui résulte de l'autorité de chose jugée, t. II. p. 262 et suiv. — Quels jugemens ont l'autorité de chose jugée, *id.* p. 262 et suiv. — (*V.* JUGEMENS.) — Quelle est l'autorité de la chose jugée? *id.* p. 283. — A l'égard de quelles choses a lieu l'autorité de la chose jugée, *id.* p. 285. — Il faut que ce soit *eadem res., id.* p. 286 et suiv. — *Eadem causa petendi*, *id.* p. 289 et suiv. — *Eadem conditio personarum*, *id.* p. 292. — N'importe que ce soit *eodem an diverso genere judicii, id.* p. 295. — Entre quelles personnes a lieu l'autorité de la chose jugée ? p. 294 et suiv.

CITOYENS. Vrais et naturels français, qui sont-ils ? t. XIII, p. 390. — *Quid*, des enfans nés dans un pays étranger, d'un père Français ? *id.* p. 390. — *Quid*, de ceux qui sont nés dans des provinces réunies à la couronne, ou qui en ont été démembrées, ou qui ont été rendues par un traité de paix ? *id.* p. 390-391. — *Quid*, de ceux qui sont nés dans un pays sur lequel nos rois ont des droits ? *id.* p. 391.* — Pour qu'un enfant né en pays étranger soit français, faut-il que le père et la mère soient français ? *id.* p. 392. — *Quid*, des enfans qui ne sont pas nés en légitime mariage ? *id.* p. 392. — Comment les Français perdent les droits de regnicoles, *id.* p. 406. — Disposition de l'ordonnance de 1669, à l'égard de ceux qui s'établissent sans permission en pays étrangers, *id.* p. 407. — *Quid*, des enfans nés hors de France, de Français expatriés ? *id.* p. 407.

CLAUSE *de constitut*, ce que c'est, t. X, p. 116-117.

Clause de dessaisine-saisine. Ce que c'est, t. X, p. 118.

CLOAQUE, ce que c'est, t. V, p. 227. — A quelle distance doit-elle être du mur mitoyen ? *id.* p. 227.

CODICILES. Formes des codiciles, t. XIII, p. 79.

COMBAT DE FIEF, t. XV, p. 305.

Combat de fief. Ce que c'est, t. XI, p. 56. — Dispositions des coutumes de Paris et d'Orléans,

id. p. 57. — Quand il y a lieu à la disposition de ces articles, *id.* p. 57. — Le vassal peut-il se pourvoir avant que d'avoir été interpellé par aucun, s'il a juste sujet de croire qu'il le sera? *id.* p. 58. — *Quid*, si l'un des deux seigneurs justifioit être en possession de la mouvance, *id.* p. 58. — Exception à l'égard du roi, *id.* p. 58. — Est-ce combat de fief lorsqu'il n'est pas contesté que le fief relève de certaine seigneurie, mais que la propriété de cette seigneurie est contestée entre deux personnes? *id.* p. 59. — Le vassal doit, en ce cas, porter la foi à celui qui est en possession du fief dominant, *id.* p. 59. — *Quid*, si la possession du fief est contestée entre deux personnes? *id.* p. 60. — Quel bénéfice la coutume accorde au vassal dans le cas du combat du fief, et sous quelles conditions, *id.* p. 60. — La coutume d'Orléans accorde deux bénéfices : la main-levée provisionnelle, et la réception par main souveraine, *id.* p. 61. — La coutume n'accorde la main-levée au vassal qu'en consignant, *id.* p. 64. — Si le vassal avoit payé les profits à l'un des seigneurs, seroit-il obligé de les consigner de nouveau sur la saisie de l'autre? *id.* p. 65.

COMMENCEMENT DE PREUVES. (*V.* PREUVES.)

COMMETTANT. Est tenu des obligations de son préposé, lorsqu'il a contracté pour les affaires auxquelles il étoit préposé, et qu'il n'a pas excédé les bornes de la commission, t. I, p. 439-440. — Il en est tenu quoiqu'il n'en ait pas profité, le préposé ayant diverti les deniers, *id.* p. 440. — Il est tenu des délits de son préposé commis dans les fonctions auxquelles il est préposé, *id.* p. 443. — Plusieurs commettans sont tenus solidairement sans division ni discussion, *id.* p. 444. (*V.* Préposé.)

COMMISE. Quand le droit de commise est-il acquis au seigneur de fief? t. XV, p. 100. — A quoi s'étend-il? *id.* p. 101. — Sous quelles charges, *id.* p. 103. — Comment s'exerce la commise ; de l'action de commise, et des manières dont cette action s'éteint, *id.* p. 105 et suiv. (*V.* Désaveu, Félonie.)

Commise. Héritage qu'un seigneur a eu par droit de commise est acquêt, et non conquêt, t. VIII, p. 83.

Commise. Ce que c'est que le droit de commise, t. XI, p. 117. — De la commise par désaveu. (*V.* Désaveu.) — La commise ne se fait point *ipso jure*, et de l'action de commise, *id.* p. 129-130. — Elle s'éteint si le seigneur est mort avant qu'elle ait été intentée, *id.* p. 130. — *Quid*, si le seigneur avoit légué l'action de commise ? *id.* p. 130. — A quelles choses s'étend la commise? *id.* p. 131. — La commise s'étend-elle aux alluvions? *id.* p. 131. — Le vassal ne pourroit-il pas enlever ce qu'il a bâti sur le fief? *id.* p. 131. — De quel jour sont dus au seigneur les fruits du fief sujets à la commise? *id.* p. 133. — Si les charges réelles et les hypothèques imposées par le vassal s'éteignent par la commise, *id.* p. 134. — *Quid*, si les charges n'avoient

été imposées que depuis le désaveu? *id.* p. 136. — Si la commise a lieu au préjudice des créanciers chirographaires et engagemens personnels du vassal, *id.* p. 136. — Le seigneur qui a acquis par droit de commise est-il tenu d'entretenir les baux faits par le vassal? *id.* p. 138. — Au profit de qui est la commise quand le mari a été désavoué pour le propre de sa femme, le titulaire pour la seigneurie de son bénéfice, le seigneur pour le fief saisi féodalement, *id.* p. 138-139. — De la commise pour félonie. (*Voy.* Félonie.)

COMMISSAIRES aux saisies réelles, t. XVII, p. 333. — Leurs fonctions et obligations, *id.* p. 335-337.

Commissaire aux fruits saisis. Ce que c'est, t. XIV, p. 227. — Ce qu'il est chargé de faire, *id.* p. 227. — Commissaires aux saisies réelles établis en titre d'office, *id.* p. 270. — Leur première fonction est d'enregistrer la saisie réelle, *id.* p. 271. — La seconde, de faire procéder aux baux, *id.* p. 272. (*V.* Bail judiciaire.) — La troisième, de faire payer les fermes et loyers, *id.* p. 272. — La quatrième, de payer suivant qu'il est ordonné, *id.* p. 273. — La cinquième, de porter la foi ou demander souffrance, *id.* p. 273. — La sixième, de rendre compte, *id.* p. 274.

COMMISSION, est nécessaire pour saisir féodalement, même dans les coutumes qui semblent supposer que la saisie féodale peut se faire sans cela, telle qu'est la coutume d'Orléans, t.

XI, p. 85.—Doit être spéciale, *id.* p. 85. — Le défaut de sceau n'est pas une nullité, *id.* p. 85.

COMMISSIONNAIRES qui font assurer les effets des négocians, s'obligent-ils en leur nom? t. VI, p. 329. (*V.* COMMETTANT, PRÉPOSÉ.)

COMMISSOIRE. (*V.* PACTE COMMISSOIRE.)

COMMUNAUTÉ de biens entre mari et femme. — Ce que c'est, t. XVI, p. 1. — Deux espèces, *id.* p. 1. — De quels biens est composée la communauté coutumière, *id.* p. 3 et suiv. — S'étend-elle à ceux acquis dans les provinces où elle n'est pas admise ? *id.* p. 2. — Ses charges, *id.* p. 10 et suiv., 82. — De la communauté conventionnelle, *id.* p. 15. — Des différentes clauses qui l'étendent, la restreignent, la modifient, *id.* p. 18 et suiv. — Clause d'exclusion de communauté, *id.* p. 33. — Pouvoir du mari sur les biens de la communauté, *id.* p. 66-67-89-90. — De la dissolution de la communauté ? *id.* p. 36-37.—Acceptation de la communauté, *id.* p. 37-38.—Renonciation à la communauté, *id.* p. 38-100. — Du cas auquel l'un des héritiers de la femme accepte et l'autre renonce, *id.* p. 41. — Partage de la communauté, *id.* p. 41-42.—Créances des conjoints contre la communauté, *id.* p. 44-49. — Dettes des conjoints envers la communauté, *id.* p. 50. — Dettes de la communauté ; comment les conjoints en sont-ils tenus entre eux lors de la dissolution? *id.* p. 58-61-82-83.— Comment le mari en est tenu vis-à-vis des

créanciers, *id.* p. 59. — Comment la femme en est-elle tenue? *id.* p. 60-82-83.

Continuation de communauté entre le survivant des deux époux et les héritiers du prédécédé ; sa nature et son origine, *id.* p. 109-110. — Entre quelles personnes et auquel cas a-t-elle lieu? *id.* p. 132-133. — Choses dont elle est composée, *id.* p. 113-135. — Ses charges, *id.* p. 114. — Pouvoir du survivant, *id.* p. 112. — De la dissolution de cette société, *id.* p. 115-116. — Du partage, *id.* p. 116. — Prélèvemens et rapports, *id.* p. 116 et suiv. — Comment les associés sont-ils tenus des dettes lors de la dissolution? *id.* p. 119-120. — Si les héritiers du prédécédé peuvent renoncer à cette continuation de communauté, comment se fait cette renonciation, et son effet? *id.* p. 120-121. — Du cas auquel les uns l'acceptent, et les autres y renoncent, *id.* p. 121. — *Continuation de communauté composée ou tripartite,* qui a lieu lorsque le survivant se remarie, *id.* p. 122. — Des choses dont elle est composée, *id.* p. 123. — Ses charges, *id.* p. 125. — Qui en est le chef, et son pouvoir? *id.* p. 123. — Sa dissolution, *id.* p. 125. — Le partage, les prélèvemens et rapports, *id.* p. 126. — Comment chacun des associés est tenu des dettes, *id.* p. 128. — Renonciation à cette communauté, *id.* p. 129. — Lorsque l'homme s'est obligé, par le contrat du second mariage, à faire inventaire, les enfans héritiers de leur père peuvent-ils demander à leur belle-

mère le partage par tiers? *id.*
p. 130.

Communauté. La clause d'exclusion de communauté ne dispense pas la femme de l'autorisation pour aucun acte, t. IX, p. 443. — Elle ne prive en rien le mari de ses droits sur les propres de sa femme, *id.* p. 479.

Communauté. Sa définition, son fondement, t. VIII, p. 11. — En quoi exorbitante des sociétés ordinaires? p. 11-12. — Quatre espèces de lois en France par rapport à la communauté, *id.* p. 12-13. — Deux espèces de communauté; 1° la conventionnelle, *id.* p. 13. (*V.* CONVENTIONS MATRIMONIALES.) — 2° La légale et la coutumière; celle-ci renferme une convention implicite : conséquence de ce principe, *id.* p. 14. — Quelle loi doit prévaloir, lorsque les parties ne se sont pas expliquées sur la communauté et sont de différentes provinces? *id.* p. 17. — Entre quelles personnes la communauté conjugale peut-elle être contractée? *id.* p. 25-26. — Quand commence-t-elle? *id.* p. 26. — Trois espèces de choses dont la communauté est composée en actif, meubles, conquêts et fruits des propres, *id.* p. 27. — Meubles entrent en communauté, tant ceux que chacun des conjoints avoit lors du mariage, que ceux acquis à quelque titre que ce soit, *id.* p. 28. (*V.* MEUBLES.) — Créances mobilières, sont comprises sous le terme de meubles, et entrent en communauté, *id.* p. 28. — Créances personnelles des conjoints, d'où tirent-elles leurs

qualités de mobilières ou immobilières? (*V.* CRÉANCES PERSONNELLES.) — Dettes, quand sont-elles meubles ou immeubles? (*V.* DETTES. Communauté.) — Les créances mobilières entrent en communauté, quand même elles seraient propres fictifs pour le cas de la succession du conjoint, *id.* p. 53. — Meubles provenus de l'héritage propre de l'un des conjoints, sans en être des fruits, n'entrent pas en communauté, *id.* p. 65-68. — Choses meubles substituées à un propre de communauté, n'entrent en communauté, *id.* p. 68-70. — Meubles donnés à la charge qu'ils n'entreront point en communauté, n'y entrent pas, *id.* p. 70. — Mobilier d'un mineur qui se marie *de suo*, n'y entre que jusqu'à concurrence du tiers de ses biens, *id.* p. 70. — La communauté est aussi composée des conquêts. (*V.* CONQUÊTS. (Communauté.) — Des fruits des propres. (*V.* FRUITS. (Communauté.) — La communauté est composée en passif, 1° des dettes mobilières de chacun des conjoints, antérieures au mariage, *id.* p. 153. — Quand même elles excéderoient son bien, *id.* p. 158. — Première exception à l'égard de celles qui ont pour cause le prix d'un propre, *id.* p. 155. — Seconde exception à l'égard des dettes qui sont relatives à un corps certain qui n'est point entré en communauté, *id.* p. 157. — Dettes immobilières de chacun des conjoints n'entrent en communauté, *id.* p. 157-158. — *Quid*, si le conjoint étoit en outre débiteur d'une somme d'argent ou de fruits, par rapport à cette dette immobilière? *id.* p. 159. — *Quid*, d'une dette alternative? *id.* p. 159.—Rentes dont les conjoints étoient débiteurs avant leur mariage, *id.* p. 159-160. — Arrérages de ces rentes, *id.* p. 160.— *Quid*, des rentes foncières et de leurs arrérages? *id.* p. 160-161. — 2º Dettes que le mari contracte durant le mariage, sont charges de la communauté, *id.* p. 161. — Première exception à l'égard de celles qu'il a contractées pour quelqu'un des enfans d'un autre lit ou de ses héritiers présomptifs, *id.* p. 163-164.—Troisième exception à l'égard de la dette de garantie qu'il contracte, en vendant les propres de sa femme, *id.* p. 165. — La communauté est-elle tenue des dettes contractées par la femme durant la communauté? *id.* p. 167.— La communauté est-elle tenue des dettes pour délits du mari? (*V.* DÉLITS, CONFISCATION.)— *Quid,* des dettes d'une femme par billet et sous seing-privé, daté avant le mariage? *id.* p. 169.— Comment la communauté est-elle tenue des dettes des successions échues à l'un des conjoints? *id.* p. 170. — De celles contractées durant la communauté. (*V.* DETTES DE COMMUNAUTÉ.) — Autres charges de la communauté, *id.* p. 177. (*V.* ALIMENS, ENTRETIEN, RÉPARATION, INVENTAIRE, FRAIS FUNÉRAIRES, FRAIS D'INVENTAIRE.)— Quelles sont les différentes manières dont se dissout la communauté, *id.* p. 333-352.—En quel cas la femme est-elle ex-

clue de demander part à la communauté? *id.* p. 335-352. — Par qui et comment s'accepte la communauté. (*V.* ACCEPTATION DE COMMUNAUTÉ.)— Renonciation à la communauté. (*V.* RENONCIATION.)—Créances que chacun des conjoints peut avoir contre la communauté, *id.* p. 396. —Principe général sur ces créances. Exemples, *id.* p. 397. (*V.* REMPLOI.) — Différence entre l'homme et la femme, par rapport à leurs créances contre la communauté, *id.* p. 398. — Dettes de chacun des conjoints envers la communauté, *id.* p. 400. — Partage de la communauté. (*V.* INVENTAIRE, COMPTE MOBILIER, RÉCOMPENSE, LIQUIDATION, PARTAGE.) — Pouvoir du mari sur les biens de la communauté. (*V.* MARI.)

Exclusion de communauté. Ce que renferme la clause d'exclusion de communauté, *id.* p. 305.

Communauté conventionnelle. Qu'est-ce que la communauté conventionnelle? *id.* p. 180. — On peut apporter un terme ou une condition à la convention de communauté, *id.* p. 180. —Quand commence la communauté conventionnelle? *id.* p. 180. — C'est au temps de la célébration du mariage qu'on a égard pour régler ce qui est de nature à y entrer, *id.* p. 180-181. — Les conjoints peuvent-ils, dans le temps intermédiaire du contrat de mariage et de la célébration, convertir leurs immeubles en meubles, *aut vice versâ*? *id.* p. 181-182. — Héritage donné à l'un des conjoints dans le temps intermédiaire, entre-t-il en communauté? *id.*

p. 181. (*V.* concernant les ma-
tières qui se rattachent à la
communauté conjugale, AMEU-
BLISSEMENT, APPORT, CONQUÊTS,
DOT, FRANC ET QUITTE, FRUITS,
GARANTIE DE PARTAGE, HYPO-
THÉQUE *de la femme*, IMMEUBLES,
MEUBLES, PARTAGE (Commu-
nauté), PRÉCIPUT, PROPRE DE
COMMUNAUTÉ, REALISATION, SÉ-
PARATION *de dettes*, *séparation
contractuelle*, *séparation judi-
ciaire.*)

Continuation de communauté.
Continuation simple, continuation composée, *id.* p. 494. —
Disposition de la coutume de
Paris sur la continuation de
communauté, étendue aux coutumes qui ne s'en sont pas expliquées, *id* p. 494-495. — Ce
que c'est que cette continuation
de communauté; est-ce la même
qui étoit entre les conjoints, qui
continue sous certaines modifications? *id.* p. 496. — *Secùs*,
dans la coutume d'Orléans, *id.*
p. 499. — Quelle coutume doit
régler la continuation de communauté? *id.* p. 501. — Pour
qu'il y ait lieu à la continuation
de communauté, suivant la coutume de Paris, il faut 1° qu'il y
ait eu, au temps de la mort du
prédécédé des conjoints, une
communauté subsistante, *id.* p.
504. — *Quid*, s'il y avoit une
sentence de séparation qui n'eût
reçu aucune exécution? *id.* p.
505. — Il faut 2° que le prédécédé ait laissé pour héritier ou
successeur universel, quelqu'enfant mineur, et qu'il n'ait pas
renoncé à la communauté, *id.*
p. 505. — Il suffit que l'enfant
fût mineur lors de la mort du
prédécédé, quoiqu'il soit de-

venu majeur peu de jours après,
id. 507. — Quoiqu'il fût majeur
de majorité coutumière, ou marié, même à un mari majeur,
id. p. 506. — Y a-t-il lieu à la
continuation de communauté
lorsque le prédécédé a laissé
pour héritier un enfant majeur,
mais en démence? *id.* p. 507.
— *Quid*, si par contrat de mariage les héritiers du prédécédé
n'avoient à prétendre qu'une
certaine somme pour tout droit
de communauté? *id.* p. 509. —
Cas auquel on a mal-à-propos
prétendu que l'enfant d'un précédent mariage pouvoit demander continuation de communauté, *id.* p. 509-510. — Suivant la coutume d'Orléans, la
continuation de communauté a
lieu avec les héritiers du prédécédé, quels qu'ils soient, majeurs ou mineurs, enfans ou collatéraux, *id.* p. 519. — Y a-t-il
lieu à la continuation de communauté lorsque le survivant est
donataire des meubles du prédécédé? *id.* p. 310. — La clause
que l'enfant doté ne pourra demander inventaire n'exclut pas
la continuation de communauté,
id. p. 512. — Il faut 3° que le
survivant n'ait point fait inventaire, *id.* p. 513. — En est-il de
même dans la coutume d'Orléans? *id.* p. 341. (*V.* INVEN-
TAIRE.) — La garde-noble empêche-t-elle la continuation de
communauté? (*V.* GARDE-NOBLE.)
— Il faut 4° pour qu'il y ait lieu
à la continuation de communauté, dans la coutume de Paris, qu'elle ait été demandée
par le mineur ou par ceux qui
sont à ses droits, *id.* p. 518. —
Secùs, à Orléans, *id.* p. 524. —

Pourvû qu'il y ait eu un enfant mineur du mariage qui ait demandé la continuation de communauté, les autres enfans, quoique majeurs ou quoique d'un autre lit, y concourent avec lui, *id.* p. 525. — Pour qu'il y ait lieu à cette disposition, suffiroit-il qu'il y ait eu un enfant mineur au temps de la mort du prédécédé, quoiqu'il fût mort sans demander la continuation? *id.* p. 528. — De quelle chose est-elle composée? *id.* p. 529. — Les conquêts de la communauté ne tombent pas, quant à la propriété, dans la continuation, *id.* p. 530. — A quel temps doit-on avoir égard pour décider si les rentes appartenantes à la communauté doivent tomber comme meubles dans la continuation, ou en être exclues comme immeubles? *id.* p. 530. — Les propres conventionnels n'y tombent point, ni le préciput du survivant, *id.* p. 531. — Tout le mobilier que le survivant acquiert ou qui lui advient à quelque titre que ce soit, durant la continuation de communauté, y tombe, *id.* p. 531. — Les immeubles qu'il acquiert autrement que par succession ou titre équipollent, y tombent, *id.* p. 532. — Les clauses du contrat de mariage pour faire entrer quelque chose en communauté ou pour l'exclure, ne s'étendent aux choses qui adviennent au survivant durant la continuation, *id.* p. 532. — Rien de ce que les enfans acquièrent durant la continuation n'y entre, ni même de ce qu'ils avoient lorsqu'elle a commencé d'ailleurs que de la succession

du prédécédé, *id.* p. 533. — Suivant la coutume d'Orléans, tout ce qui advient au survivant pendant la continuation, soit en meubles, soit en immeubles, par succession, don ou legs, n'y tombe pas, sauf en un cas, *id.* p. 534. — Les dettes de la communauté deviennent dettes de la continuation de communauté, tant celles dont elle étoit tenue envers l'un ou l'autre des conjoints, *id.* p. 538. (*V.* DETTES DE CONTINUATION DE COMMUNAUTÉ.) — Elle n'est point chargée de celles qui étaient dettes propres de chacun des conjoints, ni des frais funéraires du prédécédé, *id.* p. 539. — Ni des legs par lui faits, sauf des arrérages courus pendant la continuation de communauté, *id.* p. 539-540. — Les dettes que le survivant contracte pendant la continuation de communauté, en sont encore une charge, *id.* p. 540. — Excepté 1° celles que le survivant auroit contractées pour affaires qui lui sont particulières, 2° Les dettes qui ont pour cause une pure donation, *id.* p. 540-541. — La continuation de communauté n'est pas tenue des dettes contractées par les héritiers du prédécédé, *id.* p. 543. — Différence pour les charges entre la coutume d'Orléans et celle de Paris, résultante de ce que, dans la seconde, tous les conquêts, meubles, immeubles, entrent dans la continuation de communauté, tandis que dans l'autre il n'entre que ce que le survivant acquiert du fonds commun, *id.* 542. — Comment est-elle tenue des alimens des enfans, des réparations et frais d'entretien et frais d'inventaire? *id.* p. 543. — Pouvoir du survivant sur les biens de la continuation de communauté, ,*id.* p. 544. — La dissolution de la continuation de communauté peut être demandée soit par les enfans, soit par le survivant, *id.* p. 545. — Elle se dissout par un inventaire, du jour qu'il est parachevé, pourvu qu'il soit clos dans les trois mois, *id.* p. 546. (*V.* INVENTAIRE.) — Lorsque tous les enfans sont devenus majeurs, elle peut se dissoudre par le consentement seul des parties, *id.* p. 546-547. — Elle se dissout par la mort du survivant, *id.* p. 547. — Elle ne se dissout pas par le mariage et la dotation des enfans, fussent-ils majeurs? *id.* p. 548. — La mort de l'un des enfans ne la dissout pas. (*V.* ACCROISSEMENT) Lorsque tous sont morts, laissant le survivant pour leur héritier, elle est censée dissoute, *id.* p. 547. — Manière dont se dissout la continuation de communauté suivant la coutume d'Orléans, *id.* p. 549. — La continuation de communauté ne peut s'accepter que pour tout le temps qu'elle a duré, *id.* p. 555. — Le droit de demander continuation de communauté est-il personnel aux enfans, ou est-ce un droit disponible qui passe à leurs successeurs universels, qui tombe dans leur communauté, et puisse être exercé par leurs créanciers? *id.* p. 555. — Est-il sujet à prescription? *id.* p. 557. — Est-ce de même à Orléans? *id.* p. 558. — Quelle part ont les enfans au partage des biens de la continuation de communauté, et

quelle part y a chacun d'eux dans la subdivision? *id.* p. 558-559. — De la renonciation à la continuation de la communauté, *id.* p. 559. — Si entre les enfans les uns ont accepté la continuation de communauté, les autres y ont renoncé, quelle part ont les acceptans dans la coutume de Paris? *id.* p. 562. — Lorsqu'un enfant renonce à la continuation de communauté pour s'en tenir à la part qu'il avoit dans la communauté, en l'état où elle étoit lors de la mort du prédécédé, comment fixer cet état? *id.* p. 560. — Principes de la coutume d'Orléans sur la renonciation à la communauté, *id.* p. 565. — Partage de la continuation de communauté. (*V.* PARTAGE (Communauté.)

Continuation de communauté composée, ou communauté tripartite. Son fondement et sa nature, *id.* p. 576-577. — Quelles sont les choses qui y entrent ou qui n'y entrent pas. Règle générale : la personne qui se marie avec le survivant fait entrer dans la communauté tripartite tout ce qu'elle fait entrer dans la communauté du survivant ; le survivant ne fait entrer dans la communauté tripartite que les choses qui entrent dans la continuation de la communauté? *id.* p. 578. — Quelles en sont les dettes et les charges. Règle générale : les charges de la communauté tripartite sont celles qui appartiennent tant à l'une qu'à l'autre des deux communautés qui la composent? *id.* p. 583. — Quel est le chef? *id.* p. 587. — Quel est son pouvoir?

id. p. 587. — De quel manière se dissout-elle ? *id.* p. 588. — Qui sont ceux qui peuvent y renoncer dans le cas où c'est l'homme qui se remarie ? *id.* p. 589. — Les enfans peuvent-ils renoncer à l'une des communautés sans renoncer à l'autre ? *id.* p. 589. — Quel est l'effet de la renonciation des enfans ? *id.* p. 590. — Quel est l'effet de la renonciation de la femme ? *id.* p. 590. — L'homme peut-il y renoncer lorsque c'est la femme qui se remarie ? *id.* p. 591. — Quand la femme peut-elle y renoncer ? *id.* p. 591. — Quel est l'effet de cette renonciation ? *id.* p. 592. — Du partage de cette communauté ; des prélèvemens et des rapports qui y sont à faire ; *id.* p. 592. — Comment chacune des parties est-elle tenue des dettes de cette communauté, soit entre elles, soit vis-à-vis des créanciers ? *id.* p. 599-601. — La clause portée au contrat du second mariage, par laquelle l'homme s'oblige de dissoudre incessamment sa communauté avec l'enfant de son premier lit, empêche-t-elle cet enfant, héritier de son père, qui n'y a pas satisfait, de demander son tiers de son chef, dans les biens acquis pendant le second mariage ? *id.* 601.

Communauté. L'acceptation faite par la femme ne donne point lieu au rachat, t. XI, p. 313-314. — *Quid*, si par le partage de la communauté le fief conquêt échet en entier à la veuve ? *id.* p. 314. — *Quid*, si par le partage le fief conquêt tombe en entier aux héritiers du mari ? *id.* p. 316. — Ce qui a été dit du partage reçoit son application dans le cas de la licitation, *id.* p. 316. — La renonciation que la femme ou ses héritiers font à la communauté, ne donne lieu à aucun rachat, *id.* p. 317. — *Quid*, si la femme qui a renoncé se fait adjuger des conquêts pour ses reprises ? *id.* p. 317.

Communauté négative. État de communauté négative ? t. X, p. 14. — Choses qui sont restées dans l'état de communauté négative, et qui sont acquises au premier occupant ? *id.* p. 15. — Choses qui n'appartiennent à personne, et dont on n'a pas pour cela le droit de s'emparer, *id.* p. 15.

Communauté sans société forme un quasi-contrat, t. V, p. 210. — En quoi diffère de la société, et en quoi conviennent-elles ? *id.* p. 210-211. — Obligations qui en naissent. (*V.* Obligations. (Société.) Comment finit-elle ? *id.* p. 216. — Compte de communauté ? *id.* p. 218.

Communauté de mur.. (*Voy.* Mur.)

COMMUNAUTÉS établies suivant les lois du royaume, sont considérées comme tenant lieu de personnes, t. XIII, p. 459. — Il est de la nature de ces établissemens, d'avoir un ou plusieurs procureurs ou syndics, par l'organe desquels ils agissent, *id.* p. 460. — Ont ordinairement un receveur, *id.* p. 460. — Peuvent se faire des statuts pour leur police et discipline, *id.* p. 460. — En quelles choses ces corps ont moins de droit que les particuliers ? *id.* p. 461. — Contrats à fonds perdu,

de l'ordonnance, t. XIV, p. 128. — Pour quelle chose elle a lieu, *id.* p. 129. — N'a lieu pour choses mobilières, mais pour universalité de meubles, *id.* p. 129. — Pour quelle espèce de possession, *id.* p. 130. — Deux espèces de troubles à la possession; trouble de droit et trouble de fait, *id.* p. 131. — La complainte doit être intentée dans l'année du trouble, *id.* p. 131. — Procédure sur cette action, *id.* p. 131. — Appointement à vérifier sur la posssession contestée, *id.* p. 132. — Jugement sur la possession, *id.* p. 133.

Complainte en matière bénéficiale, t. XIV, p. 139. — En quoi elle diffère de la complainte en matière profane, *id.* p. 139. — Est du ressort de la puissance séculière, *id.* p. 140. — Doit être portée devant le juge royal du lieu où le bénéfice est situé, *id.* p. 140. — Mineur de vingt-cinq ans pourvu d'un bénéfice, peut la former, *id.* p. 141. — Procédure particulière à ces complaintes, *id.* p. 141. — Nécessité d'exprimer le titre de la possession dans la demande, et de donner copie des titres et capacités, *id.* p. 142. — Le défendeur doit de même, par ses défenses, expliquer le titre de sa possession, et donner copie de ses titres et capacités, *id.* p. 143. — Cas où les juges rendent une sentence de récréance. Ce que c'est, *id.* p. 143. — S'exécute nonobstant l'appel, *id.* p. 144. — Comment la procédure se continue, dans le cas où l'une des parties a résigné, *id.* p. 144.

COMPTABLE. Somme dont ils sont crus sans quittance, t. XVI, p. 419.

COMPTE. (Propriété.) Compte que doit rendre le possesseur à l'héritier qui a obtenu sur la pétition d'hérédité, t. X, p. 243. — Le possesseur, même de bonne foi, doit compte à l'héritier de tout le profit qui lui est revenu des biens de la succession, *id.* p. 243. — Même des profits déshonnêtes, *id.* p. 245. — Différences sur ce compte entre le possesseur de mauvaise foi et le possesseur de bonne foi, *id.* p. 246-247. — *Première différence.* Le possesseur de mauvaise foi est tenu de compter de tout ce qui lui est parvenu des biens de la succession, quoiqu'il n'en ait pas profité. Le possesseur de bonne foi n'en est tenu qu'autant qu'il en a profité, *id.* p. 247. — Est-il censé en avoir profité s'il l'a donné? *id.* p. 248. — S'il l'a consommé dans son ménage, il n'est censé profiter que jusqu'à concurrence de ce qu'il a épargné du sien, *id.* p. 248. — Le possesseur de bonne foi, qui est lui-même héritier pour une part, fait porter la perte de ce qu'il a dissipé du bien de la succession, tant sur sa part que sur celle qu'il doit rendre, *id.* p. 250. — A quel temps a-t-on égard pour juger si le possesseur de bonne foi a profité des biens de la succession? *id.* p. 250. — A qui est-ce à justifier que le possesseur de bonne foi n'a pas profité de ce qui lui est parvenu des biens de la succession? *id.* p. 252. *Seconde différence par rapport aux fruits.* Le possesseur de mauvaise foi compte tant de ceux qu'il a perçus, que de ceux qu'il a manqué de percevoir ; le possesseur de bonne foi n'est tenu que de ceux qu'il a perçus, jusqu'à concurrence de ce qu'il en a profité, *id.* p. 253-254. — *Troisième différence* par rapport aux intérêts, *id.* p. 255. — *Quatrième différence* par rapport aux dégradations, *id.* p. 256. — Le possesseur de mauvaise foi est-il tenu des prescriptions et des insolvabilités des débiteurs de la succession? *id.* p. 257. — Différence qui subsiste, même après la litis contestation, entre le possesseur de bonne foi et le possesseur de mauvaise foi, *id.* p. 251.

Compte, obligation de le rendre, t. XIV, p. 121. — Action en reddition de compte, *id.* p. 121. — Devant quel juge elle peut être donnée, *id.* p. 121. — Deux défauts à obtenir sur cette action, *id.* p. 122. — Jugement qui condamne à rendre compte, *id.* p. 122. — Devant qui le compte doit être rendu, *id.* p. 123. — Procédure pour la présentation de compte, *id.* p. 123. — Affirmation du compte, *id.* p. 124. — Signification du compte et communication des pièces justificatives, *id.* p. 125. — Appointement pour fournir les débats et soutennemens, *id.* p. 126. — Dans quels délais ils doivent être fournis, *id.* p. 126. — Jugement sur le compte, *id.* p. 127. — Action du comptable contre l'oyant, *id.* p. 127. — *Quid*, si le compte doit être rendu à un absent du royaume? *id.* p. 127.

COMPOSITION. Choix qu'ont

les assureurs de prendre pour leur compte la composition faite avec un corsaire, ou de payer la somme assurée, t. VI, p. 349.

COMPULSOIRE, ce qu'on appelle compulser, t. XIV, p. 58. — De quels actes on peut demander le compulsoire, *id.* p. 58. — Procédure pour y parvenir, *id.* p. 59. — Compulsoire se fait par un huissier ou un sergent, *id.* p. 59. — Condamnation contre la partie qui a requis le compulsoire et qui ne paroît pas, *id.* p. 60.

CONCILES. Réponse aux autorités des conciles alléguées contre les cheptels, t. V, p. 272.

CONCLUSIONS définitives (Procédure criminelle) du procureur du roi ou fiscal; quand et comment elles se donnent, t. XIV, p. 522. — Sont remises cachetées au greffe, *id.* p. 522.

CONCUBINAGE. Homme et femme qui vivent ou ont vécu en concubinage, ne peuvent se faire de donations, t. IX, p. 315. — Sauf par leur contrat de mariage : par qui peuvent-elles être débattues si elles sont excessives? *id.* p. 315-316.

CONCUBINATUS. Espèce de mariage des Romains, t. VII, p. 4. — Effets de ce mariage; sa différence d'avec les mariages appelés *justæ nuptiæ et matrimonium*, et d'avec celui des esclaves qu'on appeloit *contubernium*, *id.* p. 4-8. — A encore lieu en Allemagne, *id.* p. 7. — Est rejetée en France, *id.* p. 7.

CONCUBINES. Sont incapables de recevoir par donation, t. XIII, p. 239. — Si ce n'est des donations modiques pour aliment., p. 240.

CONDAMNATION.(Procédure criminelle.) Quand elle peut être portée, t. XIV, p. 538. — Juges inférieurs doivent exprimer le crime, *id.* p. 538. — Différens genres de peines, capitales ou non capitales, afflictives ou infamantes, *id.* p. 538.—Lorsqu'il est rendu sentence de bannissement, il doit être ajouté qu'il sera fait lecture des réglemens concernant l'infraction du ban, *id.* p. 540. — Amende honorable est-elle afflictive? *id.* p. 540. — Peines non infamantes, *id.* p. 540. — Condamnation envers la partie civile. — Quand elle a lieu, *id.* p. 541.

CONDAMNÉS à peine capitale perdent le droit de tester, t. XIII, p. 104. — Exceptions, *id.* p. 104.

CONDICTIO INDEBITI. Qui sont ceux qui ont cette action? t. V, p. 493.—Cas auquel cette action appartient à un autre qu'à celui qui a fait le paiement, *id.* p. 495. — Cette action a lieu contre celui à qui le paiement a été fait, soit à lui-même, soit à un autre qui avoit pouvoir de recevoir pour lui, *id.*, p. 497. — L'objet de cette action, lorsque c'est de l'argent ou des choses fongibles, ou des services appréciables qui ont été payés par erreur, est la restitution de la somme dont celui qui l'a reçue par erreur a profité, *id.* p. 497. — Lorsque la chose n'est pas du nombre des choses fongibles, l'objet de l'action est la restitution de cette chose, telle qu'elle se trouve par devers celui à qui

elle a été payée, et des fruits, *id.* p. 498. — *Quid*, des détériorations arrivées à la chose? *id.* p. 498. — Distinguer si le possesseur est de bonne ou de mauvaise foi, *id.* p. 499. — *Quid*, des augmentations? *id.* p. 500. — *Quid*, lorsque cette chose n'est plus par-devers celui à qui elle a été payée? *id.* p. 504. (*V.* PAIEMENT. Condictio indebiti.) — Quel est l'objet de cette action lorsqu'on a donné un héritage en paiement d'une somme qu'on croyoit plus grande que celle qui étoit due? *id.* p. 501. — *Quid*, si l'on a donné des choses fongibles? *id.* p. 501. — *Quid*, si la chose vient à périr? *id.* p. 503.

CONDITION. Ce qui fait condition ou non dans les legs, t. XVI, p. 322-326. — Quand et comment une condition doit-elle être accomplie ou réputée pour accomplie, pour donner ouverture au legs? *id.* p. 326-329. — Lorsqu'il y en a plusieurs, suffit-il qu'une seule soit accomplie? *id.* p. 321-322.—Effet de la condition *in non faciendo*, *id.* p. 333. (*V.* LEGS.)

Condition. Condition suspensive. Définition de la condition suspensive, t. I, p. 208. — Différentes espèces de conditions, *id.* p. 209. — La condition doit être d'une chose future, *id.* p. 209. — D'une chose qui peut arriver ou ne pas arriver, *id.* p. 210. — Sauf dans les testamens et substitutions où une chose qui arrivera certainement, peut faire condition, pourvu qu'il soit incertain quand elle arrivera, et si ce sera du vivant de celui au profit de qui est faite la disposition, *id.* p. 210 et suiv. — D'une chose possible et honnête, *id.* p. 211. — On ne peut apposer pour condition la pure et simple volonté de celui qui promet; mais on peut apposer pour condition celle d'un tiers, *id.* p. 212 — Quand une condition est-elle censée accomplie? *id.* p. 213 et suiv. — Doivent-elles s'accomplir *in formâ specificâ*, et peuvent-elles l'être *per æquipollens*? *id.* p. 213. — La condition d'un fait peut-elle être accomplie par un autre que par celui à qui il a été imposé de l'accomplir? *id.* p. 214. — Les conditions peuvent-elles s'accomplir après la mort de celui envers qui l'obligation est contractée? *id.* p. 215. — Du temps dans lequel les conditions doivent s'accomplir, *id.* p. 217. — Une condition est réputée pour accomplie lorsque c'est par le fait du débiteur obligé qu'elle ne l'a pas été, *id.* p. 218. — Quand les conditions *potestatives* et les *mixtes* sont-elles réputées pour accomplies dans les testamens, et si ces règles peuvent s'étendre aux actes entre-vifs? *id.* p. 220. — Indivisibilité de l'accomplissement d'une condition, *id.* p. 221. — De l'effet des conditions, *id.* p. 223. — Lorsqu'une obligation a été contractée sous plusieurs conditions, est-il nécessaire que toutes s'accomplissent? *id.* p. 225. — Leur accomplissement a un effet rétroactif dans les actes entre-vifs. — *Secùs*, dans les testamens et substitutions, *id.* p. 224. — Créancier conditionnel peut faire les actes conservatoires, *id.* p. 224. — Con-

ditions résolutoires; leurs effets, *id.* p. 226; t. II, p. 143.

Conditions. Quelles conditions les conjoints peuvent-ils apposer à leur don mutuel? t. IX, p. 420.

Conditions dans un testament. Conditions contraires à la nature des dernières volontés, t. XIII, p. 97-98. — Condition *si hœres voluerit*, *id.* p. 97. — Différence entre le legs *si volueris*, et celui *nisi hœres meus noluerit*, *id.* p. 98. — Autres conditions qui annulent les dispositions, *id.* p. 99 et suiv.

CONDUITE. (*V.* Frais de conduite.)

CONFESSION. Confession est ou judiciaire, ou extra-judiciaire, t. II, p. 247. — Quelle foi fait la confession extra-judiciaire? *id.* p. 250 et suiv. — Foi que fait la confession judiciaire, *id.* p. 248. — Ne peut se diviser lorsqu'il n'y a pas d'autre preuve du fait confessé, *id.* p. 248. — Confession fait foi contre la personne qui l'a faite, ses héritiers et ses successeurs, lorsque cette personne est capable de contracter, *id.* p. 253. — Confession des dettes envers une personne à qui les lois me défendent de donner, ne fait preuve contre mes héritiers, si la cause n'en est pas bien circonstanciée et vraisemblable, *id.* p. 253. — Celui qui fait la confession peut détruire la preuve qui en résulte, en justifiant de l'erreur qui y a donné lieu, *id.* p. 248. — Pourvu que ce ne soit pas une erreur de droit, *id.* p. 249. — La provision est due à la confession quoiqu'erronnée, jusqu'à ce que l'erreur soit prouvée, *id.* p. 249. — Le paiement est une confession tacite de la dette, qui exclut de la répétition celui qui a payé, s'il ne justifie de l'erreur, *id.* p. 253.

CONFISCATION. A qui appartient le droit de confiscation, t. XVII, p. 57-94-95. — Le mari confisque-t-il les biens de la communauté? t. XVI, p. 104-105. — *Quid*, de la femme? *id.* p. 105.

Confiscation. Mari condamné ne confisque que sa part des biens de la communauté, t. VIII, p. 312-313. — Femme condamnée n'en confisque rien, sa part recroît au mari, *id.* p. 329. — Dans quelques coutumes elle passe aux héritiers de la femme, *id.* p. 331. — Le seigneur confiscataire ne peut même priver le mari des fruits des propres confisqués jusqu'à la mort naturelle de la femme, *id.* p. 332.

Confiscation. Si la remise de la confiscation fait des propres ou des acquêts, t. XIII, p. 18. — *Quid*, lorsque la remise est faite aux parens du condamné? *id.* p. 18.

Confiscation. Si elle donne lieu au profit de rachat, t. XI, p. 302. — *Quid*, si le seigneur met hors de ses mains dans l'année? *id.* p. 302. — Les enfans du condamné auxquels le roi ou le seigneur fait don des biens confisqués, doivent-ils profit? *id.* p. 306.

CONFRONTATION *des témoins.* (Procédure criminelle.) Ce que c'est, et sa nécessité, t. XIV, p. 509. —Exception pour le cas de contumace, *id.* p. 509.

— *Quid*, si le contumace se représente? *id.* p. 509. — Quels témoins doivent être confrontés? *id.* p. 510. — Confrontation d'un accusé à d'autres accusés, *id.* p. 510.— La confrontation ne se peut faire qu'après qu'elle a été ordonnée par le règlement à l'extraordinaire, *id.* p. 511. — Témoins doivent être assignés pour être confrontés, *id.* p. 511. — Accusé prisonnier ne doit être assigné, mais mandé, *id.* p. 511. — Les autres accusés doivent être assignés, *id.* p. 512. — *Quid*, si l'accusé ne comparoît pas? *id.* p. 512. — Accusé originairement décrété de prise-de-corps, doit se rendre prisonnier pour la confrontation, *id.* p. 513. — Où doit se faire la confrontation? *id.* p. 513. — Forme de la confrontation, *id.* p. 513. — *Quid*, lorsqu'un accusé est confronté à un co-accusé? *id.* p. 514. — Ce qui doit être statué par le juge sur les reproches, *id.* p. 514. — Ce que doit contenir l'acte de la confrontation, *id.* p. 515. — Confrontation littérale; ce que c'est, et quand elle a lieu, *id.* p. 516. — Elle n'a point lieu quand le témoin est décédé avant le récollement, *id.* p. 516.

CONFUSION. Ce que c'est, t. II, p. 118. — Il se fait confusion de la dette lorsque le créancier devient héritier pur et simple du débiteur, *aut vice versâ*, ou lorsqu'un tiers devient héritier de l'un et de l'autre, *id.* p. 119. —L'acceptation de succession sous bénéfice d'inventaire n'opère aucune confusion, *id.* p. 119. — La confusion décharge de la dette la personne en qui se fait la confusion, et opère l'extinction de la dette lorsqu'il n'y a pas d'autre débiteur, *id.* p. 120. — La confusion de la dette qui se fait dans la personne d'un débiteur principal décharge ses cautions, *id.* p. 120. — *Non vice versâ, id.* p. 121. — La confusion qui se fait dans la personne du débiteur solidaire, ne décharge pas les autres, *id.* p. 122. — Y a-t-il confusion lorsque le créancier qui a transporté sa créance devient, depuis le transport, mais avant la signification, héritier du débiteur? *id.* p. 122. — Y a-t-il confusion lorsque le créancier devient héritier de celui qui étoit obligé d'acquitter le débiteur? *id.* p. 123. — Pour que la confusion éteigne totalement la dette, il faut que la même personne réunisse la qualité de créancier et de débiteur du total de la dette; et pour cela il faut qu'il soit unique héritier, sinon la confusion n'a lieu que pour partie, *id.* p. 123.

Confusion. Droits que l'acheteur avoit dans l'héritage, et dont il s'étoit fait confusion par son acquisition, revivent par le retrait, t. III, p. 612-613.

Confusion. La dette de la lettre de change s'éteint par la confusion, lorsque le propriétaire de la lettre devient héritier de l'accepteur, *aut vice versâ,* t. IV, p. 257. — Elle se fait de plein droit, dès l'instant de la mort de l'accepteur, auquel le propriétaire de la lettre succède, et tous les endossemens faits depuis sont nuls, *id.* p. 258. — Cette confusion libère de la

dette de la lettre de change les endosseurs et le tireur, *id.* p. 258-259. — Non de l'obligation de remettre les fonds, *id.* p. 258. — La confusion qui se fait lorsque le propriétaire de la lettre devient l'héritier du tireur, libère les endosseurs. Quand libère-t-elle aussi l'accepteur? *id.* p. 259. — *Quid,* de celle qui se fait lorsque le propriétaire de la lettre devient l'héritier d'un endosseur? *id.* p. 259. — L'héritier pour partie ne confond que pour partie: l'héritier bénéficiaire ne fait aucune confusion, *id.* p. 260.

Confusion. (Propriété.) Manière d'acquérir une chose formée de plusieurs matières appartenantes à différentes personnes, t. X, p. 107.

CONGÉ D'ADJUGER. (*V.* Appointement a décréter.)

Congé. Droit de congé, visite, rapport, t. IV, p. 622. (*V.* Droits de congé.)

Congé. Ce que c'est, t. XIV, p. 114. — Congé faute de se présenter, *id.* p. 114. — Le juge pour le profit doit toujours donner congé de la demande, *id.* p. 116.

Congé d'adjuger. Ce que c'est, t. XIV, p. 300. — Procédure pour y parvenir, *id.* p. 300. — Quand il peut être rendu, *id.* p. 300. — Doit être rendu à l'audience, *id.* p. 301. — S'il y a appel, ne peut s'exécuter par provision, *id.* p. 302. — Procédure en exécution du congé, jusqu'à l'adjudication, *id.* p. 302. — Enchère et adjudication sauf quinzaine, *id.* p. 303. (*V.* Enchère.)

CONJOINTS, *re et verbis,* ou

re tantùm, verbis tantùm, t. XVI,
p. 366-367.

CONNOISSEMENT. Ce que
c'est, t. IV, p. 549. — Sa forme
et ce qu'il doit contenir, *id.* p.
549. — Lorsque les deux exemplaires sont différens, lequel fait
foi, *id.* p. 560-561.

Connoissement. Ce que c'est,
t. VI, p. 355.

Connoissement. Ce que c'est,
t. X, p. 65.

CONQUÊTE. Droit de con-
quête, t. X, p. 50.

CONQUÊTS. (Communauté.)
Quels immeubles sont conquêts?
t. XVI, p. 4. — Les conquêts
échus à la femme sont hypothéqués aux dettes du mari, *id.*
p. 85. — De l'extension de
l'édit des secondes noces aux
conquêts, *id.* p. 79-80. — Le
père ou la mère survivant succède à l'usufruit des conquêts
acquis par eux, et trouvés dans
la succession de leurs enfans,
t. XVII, p. 80-81. (*V.* COMMU-
NAUTÉ.)

Conquêts. (Retrait.) Vente
d'un conquêt faite par le mari
donne-t-elle lieu au retrait pour
une part au profit de la famille
de la femme, ès-lieux où les acquêts sont sujets au retrait? t.
III, p. 464. — Héritage retiré
par retrait seigneurial ou conventionnel est conquêt, *id.* p.
705.

Conquêts. Réfutation de l'o-
pinion de Borjon, qui dit que
la seconde femme ne peut avoir
la jouissance de la moitié de la
part du mari dans les conquêts
du premier mariage, au préjudice des portions qu'y doivent
avoir les enfans du premier, t.
IX, p. 32.

Conquêts. (Mariage.) Extension que l'article 279, de Paris,
a faite à l'édit par rapport aux
conquêts des précédentes communautés de la femme qui con-
vole, t. VII, p. 402. — Différence des dispositions de cet
article et de celle du second
chef, *id.* p. 402-417. — Les
meubles d'une première communauté sont compris sous le
terme conquêts aussi bien que
les immeubles, *id.* p. 403-407.
— Le mobilier que la femme
avoit apporté pour composer sa
première communauté est-il
compris? *id.* p. 408. — *Quid,*
d'un héritage qui auroit été
ameubli? *id.* p. 409.—Des conquêts de la continuation de
communauté, *id.* p. 410. —
De la somme à laquelle a été
fixée, par le contrat du premier
mariage, la part de la femme
en communauté, *id.* p. 412. —
La donation n'est-elle nulle que
pour la portion à revenir aux
enfans du premier mariage, ou
est-elle nulle pour le tout? *id.*
p. 412.—Des actions qu'ont les
enfans du premier mariage pour
se faire délaisser les conquêts
donnés au second mari, et comment ils les partagent entr'eux,
id. p. 415. — Interdiction de
disposer envers quelque personne que ce soit, bornée aux
portions des enfans du premier
mariage, *id.* p. 418-419. —
Quelles espèces d'aliénations
sont interdites? *id.* p. 419. —
La femme peut-elle prendre
une part de ses biens pour former une communauté avec son
second mari? *id.* p. 420. —
Quand le droit qu'ont les enfans
du premier mariage, de faire

infirmer l'aliénation du conquêt pour les portions qu'ils y amendent, est-il ouvert? *id.* p. 420. — Est-il nécessaire pour cela qu'ils soient héritiers de la mère? *id.* p. 421. — Les enfans du second mariage peuvent-ils attaquer l'aliénation de leur mère? *id.* p. 424. — Quand cesse cette interdiction? *id.* p. 425. — L'article de la coutume de Paris s'étend-il à l'homme qui s'est remarié? *id.* p. 425. — Ou aux coutumes qui ne s'en sont pas expliquées? *id.* p. 425. — A quelle coutume doit-on avoir égard? *id.* p. 427.

Conquêts. (Communauté.) Qu'est-ce qu'un conquêt en matière de communauté? t. VIII, p. 72.—Qu'est-ce qu'un propre en matière de communauté? *id.* p. 72.—Qu'est-ce qu'un propre de succession? *id.* p. 74.—Les choses qui sont propres de succession sont propres de communauté, *id.* p. 72.—*Non vice versâ, id.* p. 72. — Ce qui est nécessaire pour qu'un héritage soit propre de succession, *id.* p. 74-84. — Héritages donnés à l'un des conjoints pendant le mariage sont conquêts, excepté, 1° dans le cas auquel l'héritage auroit été donné par un parent de la ligne directe ascendante; 2° lorsque la donation précède le temps du mariage, quoiqu'elle soit faite en faveur du mariage et par le contrat de mariage; 3° lorsque la donation est faite à la charge que les choses données seront propres au donataire, 107-108-116-84-91-70-103. — L'exception a lieu quand même la donation auroit été faite aux deux futurs conjoints. Effets de cette clause, *id.* p. 108-109.—Néanmoins, si le père ou la mère, dans l'acte de donation, avoit déclaré que l'héritage seroit conquêt, cette clause seroit valable, p. 110-111.—Clause que l'objet donné n'entrera pas en communauté, doit être apposée dans l'acte, *id.* p. 113.—Doit être expresse, *id.* p. 114. — On peut aussi stipuler que les revenus n'entreront pas en communauté, *id.* p. 115. — Les dons ou legs ne tombent pas en communauté lorsqu'ils sont de nature à ne pouvoir subsister que dans la personne du conjoint à qui ils ont été faits, *id.* p. 116.—Héritage donné pendant le mariage à un parent de la ligne directe ascendante est conquêt, *id.* p. 111-112. — Héritage dont on ne trouve pas le titre d'acquisition, et qu'on ne peut prouver avoir été possédé par l'un des conjoints avant le mariage, est conquêt, *id.* p. 132. (*V.* Propre.)

CONSEIL. Simple conseil n'oblige s'il n'y a dol, t. I, p. 345-346.

Conseil. Diffère du mandat, t. VI, p. 94.—*Quid*, si le conseil étoit de mauvaise foi? *id.* p. 95.

CONSENTEMENT des parties contractantes pour leur mariage. (*V.* Erreur, Rapt, Séduction, Contrainte.)

Consentement des père et mère et des tuteurs. (*V.* Père, Tuteur.)

Consentement du roi pour le mariage des princes du sang. (*V.* Princes du sang.)

Consentement. (Vente.) Lorsque le marché se fait entre absens, il faut, pour qu'il y ait consentement, que la volonté de la partie qui a proposé le marché, dure jusqu'à ce que l'autre l'ait accepté, t. III, p. 20 et suiv. — Le consentement peut-il se faire entre présens verbalement et sans écrit? p. 21. — Le consentement doit intervenir sur la chose, *id.* p. 22. — Sur le prix, *id.* p. 23. — Sur la vente même, *id.* p. 23. — Contrats déguisés sous la forme de vente ne sont pas contrats de vente, *id.* p. 24 et suiv.

Consentement. Sur quoi doit-il intervenir dans le bail à rente? t. V, p. 18.

Consentement dans le contrat de louage. Comment doit-il être interposé? t. IV, p. 306. — Il doit intervenir sur la chose et sur ses qualités substantielles, *id.* p. 307. — Sur l'espèce d'usage pour lequel la chose est louée, *id.* p. 307. — Sur le prix, *id.* p. 308.

Consentement. Le consentement des joueurs doit être parfaitement libre pour que le contrat soit valable, t. VI, p. 430.

Consentement du mari, n'équivaut pas à autorisation, t. VII, p. 438-467.

CONSIGNATION. En quoi convient avec le paiement, et en quoi elle en diffère, t. XVII, p. 352-353-354. — Aux risques de qui sont les espèces consignées par l'adjudicataire des biens décrétés, *id.* p. 353.

Consignation. Définition de la consignation, t. II, p. 55. — Equipolle à paiement, quoiqu'elle ne soit pas un paiement, *id.* p. 55. — La consignation, pour être valable, doit avoir été

précédée d'offres qui aient mis le débiteur en demeure, *id.* p. 55. (*V.* OFFRES.) — Procédure pour parvenir à la consignation, *id.* p. 56. — Comment se fait-elle? *id.* p. 57. — Effet de la consignation; elle libère le débiteur, *id.* p. 57. — L'augmentation ou la diminution, qui depuis la consignation survient sur les espèces consignées, est au profit ou à la perte du créancier, lorsque la consignation est jugée valable, *id.* p. 58. — Le débiteur qui a consigné, n'est pas en ce cas recevable à en soutenir la nullité, *id.* p. 58. — Le débiteur, en retirant volontairement les espèces consignées, après une consignation valablement faite, fait-il revivre la dette au préjudice des cautions? *id.* p. 58-59.

Consignation (Retrait) de pièces de monnoie pour la validité de la demande, t. III, p. 536.

Consignation requise pour l'exécution du retrait, doit être précédée d'offres valables, t. III, p. 586. — Doit être faite, partie appelée, *id.* p. 587. — N'est pas besoin de permission du juge, *id.* p. 587. — Doit être intégrale, *id.* p. 587. — Doit être faite dans les espèces qui ont été offertes, *id.* p. 588. — Quoiqu'augmentées ou diminuées depuis les offres, *id.* p. 588. — La consignation doit être signifiée à l'acheteur dans vingt-quatre heures, *id.* p. 589. — La consignation faite, le retrayant assigne l'acheteur pour la voir déclarer valable, *id.* p. 589. — L'acheteur peut prévenir et l'assigner pour la déclarer nulle, *id.* p. 589. — En attendant le jugement, aux risques de qui est la consignation, *id.* p. 589. — *Quid*, si le retrayant retire les espèces consignées? *id.* p. 590.—Le retrayant, après avoir consigné, peut-il être contraint par l'acquéreur à reprendre le marché? p. 590.

Consignation. Quand tient-elle lieu du rachat de la rente? t. IV, p. 117.

Consignation. Quand le débiteur perd-il le domaine des choses ou sommes qu'il a consignées? t. X, p. 153.

CONSOLIDATION. Comment elle éteint la rente foncière, t. V, p. 101.

CONSOMPTION. Faite de bonne foi, rétablit le contrat *mutuum*, t. V, p. 381-390.

CONSTITUT. (*V.* TRADITION.)

CONSTITUTION DE RENTE. *Contrat de constitution de rente perpétuelle.* Sa définition, t. IV, p. 1.—Ce contrat est unilatéral, *id.* p. 2. — Diffère du contrat de vente ordinaire, *id.* p. 3.—Diffère du prêt à intérêt, quoiqu'il y ait quelque rapport, *id.* p. 3. — Est légitime, *id.* p. 3. — Quand a-t-il été en usage? *id.* p. 4. — Règles auxquelles il est assujéti, *id.* p. 6.—A quel taux les rentes doivent-elles se constituer? (*V.* TAUX (Constitution de rente.) — Ne peuvent plus se constituer qu'en argent et non en espèces, *id.* p. 20. — Peuvent se constituer pour le prix d'une somme d'argent que le constituant doit à l'acquéreur, et la quittance qu'il en donne au constituant tient lieu de tradition, *id.* p. 22. — Même en

paiement d'une somme due par le constituant tient lieu de tradition, *id.* p. 22. — Même en paiement d'une somme due par le constituant à un tiers, que l'acquéreur s'oblige d'acquitter, *id.* p. 26. — Peuvent-elles l'être en paiement du prix de marchandises? *id.* p. 22. — Ne peuvent se constituer pour des intérêts, *id.* p. 26.—Quelles personnes peuvent constituer des rentes, *id.* p. 33. — Aux frais de qui est le contrat de la constitution? *id.* p. 36. —Un contrat de constitution est nul, si le principal n'est aliéné, *id.* p. 27. — Les mineurs ne sont exceptés de cette règle, *id.* p. 27. — Clause, dans un contrat de vente ou dans un partage, que le constituant sera tenu de rembourser la rente créée pour le prix de la vente ou pour le retour du partage, est valable, *id.* p. 28. — Quand le débiteur peut-il être forcé au remboursement? *id.* p. 29.

Contrat de constitution de rente viagère, est quelquefois contrat de vente, intéressé et aléatoire, *id.* p. 122.—Est quelquefois donation, *id.* p. 123. — Ne requiert pas les formes des donations, *id.* p. 123. — Est contrat réel, *id.* p. 123. — Unilatéral, *id.* p. 124. — Il est de l'essence de ce contrat qu'il y ait, lors du contrat, une personne vivante, sur la tête de qui la rente soit constituée, *id.* p. 124. — *Quid*, si elle étoit lors malade, d'une maladie dont elle est morte, ignorée des parties? *id.* p. 124.—Sur la tête de quelle personne la rente viagère peut-elle être constituée? *id.* p. 124.

— Dans le contrat de constitution de rente viagère, le constituant n'a pas la faculté de rachat, *id.* p. 128. — Ce contrat
n'est assujéti à aucun taux pour
les arrérages, *id.* p. 128.—On
peut constituer des rentes viagères en grains ou autres espèces, *id.* p. 129. — Et pour
prix de marchandises, *id.* p. 129.
— Non pour des intérêts, *id.* p.
129. — Ce contrat est interdit
aux gens de main-morte, si ce
n'est que la rente n'excédât pas
le taux de l'ordonnance, *id.* p.
129.—Pouvons-nous donner de
l'argent à rente viagère, à ceux
à qui les lois nous défendent de
donner, lorsque la rente n'excède pas le taux de l'ordonnance? *id.* p. 130. — L'aliénation du prix payé pour la constitution d'une rente viagère est
de l'essence de ce contrat et est
plus parfaite que celle qui se
fait par le contrat de constitution de rente perpétuelle, *id.*
p. 125. — Cas particuliers auxquels le créancier d'une rente
viagère peut répéter ce prix en
demandant la résolution du contrat, *id.* p. 125-126. — Du jour
qu'elle est ordonnée, les arrérages ne courent plus qu'au taux
de l'ordonnance, *id.* p. 127.—
Si la rente s'éteint par la mort
de celui sur la tête de qui elle
étoit créée, avant que la résolution du contrat ait été prononcée, on ne peut plus ordonner
cette résolution, *id.* p. 126.

*Contrat de constitution de rente
viagère*, peut être fait par acte
sous signature-privée, *id.* p.
133.

*Clauses qui peuvent entrer
dans le contrat de constitution*

de rente. Clause de passer acte
devant notaire, *id.* p. 37. — Se
supplée-t-elle? *id.* p. 39. —
Clause d'assignat, *id.* p. 39. —
Clause d'emploi, *id.* p. 40. —
Quid, si le constituant, avant
d'être mis en demeure de faire
l'emploi convenu, avoit, par une
force majeure, perdu les derniers prix de la constitution? *id.*
p. 43. — Clause de donner sûreté équipollente en cas de perte
de quelque hypothèque, *id.* p.
44.—Clause que le constituant
donnera caution, *id.* p. 45. —
Clause qu'un héritage que le
constituant hypothèque à la
rente, est franc d'autres hypothèques, *id.* p. 46. — Clauses
qui dérogent à la faculté qu'a le
débiteur de faire déduction des
dixièmes, vingtièmes, etc., *id.*
p. 51. — Clause de payer par
demi-terme ou d'avance, *id.* p.
53. — Autres clauses qui concernent les arrérages, *id.* p. 54.
— Clauses qui concernent le
rachat de la rente, *id.* p. 56.—
Clauses que le rachat pourra se
faire en plusieurs paiemens, *id.*
p. 57. — Clause que le rachat
d'une portion ne diminuera pas
la rente, *id.* p. 58. — Clauses
que le rachat ne pourra se faire
qu'en une certaine monnaie, *id.*
p. 60.

*Clauses dans un contrat de
rente viagère.* Clause qu'après
la mort de l'acquéreur la rente
sera continuée à un tiers, est
valable, *id.* p. 132. — *Quid*, si
ce tiers étoit une personne à
qui la loi ne permettoit pas à
l'acquéreur de donner? *id.* p.
132. — Clause dans un contrat
de rente viagère, qu'après la
mort de celui à qui elle est con-

stituée, on rendra aux héritiers une certaine somme, *id.* p. 134. — Ou qu'on leur continuera une certaine rente perpétuelle, *id.* p. 134. — Clause dans un contrat de rente viagère qu'elle sera payée d'avance, *id.* p. 136.

CONSULAT. Ce que c'est, t. XIV, p. 148. — Procédure particulière à cette juridiction, *id.* p. 148. — On y plaide sans ministère de procureur, *id.* p. 148. — Preuve par témoins y est admise, quoique la demande excède 100 livres, *id.* p. 149. — Les enquêtes s'y font sommairement, *id.* p. 149. — Les consuls jugent définitivement, nonobstant tous déclinatoires, ou appel d'incompétence , *id.* p. 150.

CONSULTATIONS D'AVOCATS (Retrait.) sur l'acquisition de l'héritage. Ces frais entrent-ils en loyaux coûts en cas de retrait? t. III, p. 557.

CONTENANCE. Pour connoître si un héritage a la contenance portée par le contrat, on ne comprend que ce qui fait partie de cet héritage, à moins qu'on ne soit convenu du contraire, t. III, p. 159. — On y comprend les haies et fossés, *id.* p. 159. — Vendeur doit faire raison du défaut de contenance, mais il ne peut prétendre qu'il lui soit fait raison de l'excès de contenance, *id.* p. 159. — Cependant si cette portion étoit évincée à l'acheteur, seroit-il tenu de l'éviction? *id.* p. 159. — Lorsque deux héritages ont été vendus pour un même prix, l'excès de la contenance de l'un se compense-t-il avec le défaut de la conte-

nance de l'autre? *id.* p. 160. — Sur quelle mesure doit-on mesurer la contenance? *id.* p. 161. — Comment doit se régler la contenance des choses mobilières? *id.* p. 162. — En quoi consiste l'action du demandeur pour défaut de contenance, *id.* p. 162.

CONTESTATION EN CAUSE. Dans le retrait, défauts de formalités ne se couvrent pas par la contestation en cause, et peuvent être opposés jusqu'à la sentence définitive, t. III, p. 538-539.

Contestation en cause. Ce que c'est, t. V, p. 84.

Contestation en cause. Procédure qui se tient pour y parvenir, t. XIV, p. 51. — Causes inscrites sur le rôle pour y venir à leur tour, *id.* p. 51. — La cause est tenue pour contestée par le premier réglement, appointement ou jugement qui intervient après les défenses fournies? *id.* p. 52. — Jugement rendu par défaut, forme la contestation en cause , *id.* p. 53. — *Quid*, s'il y est formé opposition? *id.* p. 53.

Contestation entre deux saisissans sur la préférence. Règle qui s'observe à cet égard, *id.* p. 294. — Exception, si la seconde saisie est plus ample, *id.* p. 294.

CONTRAINTE. Quelle espèce de contrainte détruit le consentement requis pour le mariage, t. VII, p. 193. — Pendant quel temps est-on reçu à se pourvoir contre le mariage? *id.* p. 195. — Peines de l'ordonnance de Blois contre les seigneurs qui emploient la violence et la contrainte pour que les tuteurs ou

il doit y procéder? *id.* p. 366.
— Acte d'écrou qu'il doit faire, et ce qu'il doit contenir, *id.* p. 366. (*V.* Empoisonnement.)

CONTRAT. *Quasi-contrat*, t. XV, p. 61.

Contrat. Ce que c'est, t. I, p. 80. — Quelle espèce de promesse forme un contrat, *id.* p. 81. — En quoi diffère-t-il de la pollicitation? *id.* p. 81. (*V.* Pollicitation.) — Ce qui est de l'essence d'un contrat, *id.* p. 82. — Ce qui est de la nature du contrat, *id.* p. 84. — Choses accidentelles au contrat, *id.* p. 84-86. — Division des contrats reçue dans notre droit, en synallagmatiques et unilatéraux, *id.* p. 86. — Contrats *consensuels*, contrats *réels*, *id.* p. 88. — Contrats de bienfaisance, intéressés ou mixtes, *id.* p. 89. — Commutatifs, aléatoires, *id.* p. 90. — Contrats qui se règlent par le seul droit naturel, et contrats assujétis à des règles ou formes de droit civil, *id.* p. 91. — Contrats principaux et accessoires, *id.* p. 90. — Il faut distinguer ce qui est requis pour la forme, de ce qui est requis séulement pour la preuve, *id.* p. 91. — Vices des contrats, *id.* p. 91. (*V.* Dol, Lésion, Violence, Cause, Lien, Crainte, Erreur.) — Des personnes qui sont capables ou non de contracter, *id.* p. 113 et suiv. (*V.* Femmes, Mineurs, Interdits.) — De ce qui peut être l'objet des contrats. (*V.* Obligations.) — Nous contractons non-seulement par nous-mêmes, mais par ceux qui ont qualité ou pouvoir de contracter pour nous, *id.* p. 134. — Les mineurs, les interdits,

les corps, les communautés, les hôpitaux, les fabriques, etc., sont censés contracter par le ministère de leurs tuteurs, curateurs, administrateurs, lorsque le contrat n'excède pas le pouvoir de ces personnes, *id.* p. 135. — Nous sommes censés avoir contracté par celui qui a contracté en notre nom, s'il avoit procuration de nous, ou si nous avons depuis ratifié le contrat, *id.* p. 135. (*V.* Procureur.) — Un commettant est censé contracter par ses préposés, *id.* p. 137. — Les associés par leur associé, *id.* p. 138-139. — (*V.* Associé, Préposé.) — Une femme commune par son mari, *id.* p. 139. — Contrats et toutes conventions n'ont d'effet qu'à l'égard des choses qui en ont été l'objet, *id.* p. 139. — Et à l'égard des seules personnes qui y ont été parties, *id.* p. 140. — Limitation de cette règle, *id.* p. 140-141.

Contrat pignoratif. Ce que c'est, t. XII, p. 205. — Est différent de l'antichrèse et de la vente à faculté de réméré, *id.* p. 205. — L'engagiste ne peut exercer les actes domaniaux, *id.* p. 206. — Exemples de contrats pignoratifs entre le roi et les particuliers qui tiennent par engagement différens biens du domaine, *id.* p. 206. — Est-il permis entre particuliers? *id.* p. 206.

Contrats de mariage sont susceptibles de toutes conventions, même de celles qui ne seroient pas admises ailleurs, t. VIII, p. 1-2. — Il faut en excepter celles qui blessent la bienséance publique, *id.* p. 2-3.

—Celles qui tendent à éluder quelque loi prohibitive, *id.* p. 3-5. (*V.* CONVENTIONS MATRIMONIALES.)

Contrats entre conjoints, qui renferment des avantages indirects, étoient-ils nuls pour le tout dans le Droit romain? t. IX, p. 340-341.—Dans notre Droit, tous contrats défendus entre homme et femme pendant le mariage, dans la crainte d'avantages indirects, *id.* p. 342.

CONTREBANDE, les associés d'un individu qui a fait la contrebande dans une société *universorum bonorum,* ont-ils action pour lui faire mettre en société le gain qu'il a fait? t. V, p. 131.

Contrebande. Les assureurs sont-ils tenus de la perte des marchandises confisquées, comme étant chargées en contrebande? t. VI, p. 302.

CONTRE-FEU est immeuble lorsqu'il est attaché contre la cheminée avec des pattes de fer, t. VIII, p. 42.

CONTRE-LETTRES contre les contrats de mariage. Quels actes peuvent passer pour contre-lettres, par qui doivent-elles être signées? t. VIII, p. 5-6.

CONTRE-MAITRE, t. IV, p. 629.

CONTRE-MUR. Quand est-il requis? t. V, p. 225 et suiv.

CONTRIBUTION. (Charte-partie.) De l'action qu'ont ceux qui ont souffert l'avarie commune contre le maître pour parvenir à la contribution, et de celle qu'a le maître contre les contribuables, t. IV, p.605. —Comment se fait la contribution, *id.* p. 605 et suiv.

—De la réformation de la contribution, lorsque les propriétaires des effets jetés à la mer en ont recouvré partie, *id.* p. 610-611.

CONTROLE DES EXPLOITS. Ce que c'est, t. XIV, p. 11.— Dans quel temps l'exploit doit être contrôlé? *id.* p. 12.

CONVENTION. Ce que c'est, t. I, p. 80. — A quoi s'étendent-elles? *id.* p. 142. (*V.* INTERPRÉTATION.)

Conventions matrimoniales. Par quel acte doivent-elles être faites, et quand? t. XVI, p. 15-97. — Quelles conventions ne sont valables? *id.* p. 16.

Conventions matrimoniales. Quand doivent-elles être faites? t. VIII, p. 4. — Peuvent-elles être faites sous signatures privées? *id.* p. 5. — Caractères des conventions matrimoniales; elles sont censées faites sous la condition tacite, *si nuptiæ sequantur,* *id.* p. 7-8. — Aussitôt qu'elles ont été confirmées par la célébration du mariage, les parties n'ont plus la faculté d'y déroger, même par un consentement mutuel, et elles ne pourroient pas se la réserver par leur contrat de mariage, *id.* p. 8-9.

Convention. (Donations entre époux.) Convention portée par le contrat de mariage de l'enfant doté par ses père et mère, qu'il laissera jouir le survivant de la portion du prédécédé dans les biens de la communauté, renferme un don mutuel entre les conjoints, que l'art. 281 de la Coutume de Paris permet, t. IX, p. 453-454.—Lorsque cette convention n'est pas valable, à l'effet de renfermer un don mutuel, faute de réciprocité ou d'égalité, elle ne laisse pas d'être valable, comme condition apposée à la dot fournie par le survivant, à l'effet que si l'enfant lui demande un partage, il soit tenu d'imputer sa dot entière sur la succession du pré-décédé, *id.* p. 455. — Cette convention n'est valable à l'effet de renfermer le don mutuel indirect, que lorsqu'elle est faite par le contrat de mariage de l'enfant, *id.* p. 459-460. — Il faut aussi pour cet effet que l'enfant, par le contrat de mariage, ait reçu une dot de ses père et mère, *id.* p. 461. — L'art. 281 s'étend au cas auquel l'aïeul et l'aïeule marient et dotent un petit-enfant d'un pré-décédé, *id.* p. 463-464. — Et pareillement au cas auquel l'aïeul et l'aïeule ayant un fils et un petit-fils de ce fils, marient et dotent le petit-fils, en convenant avec le fils, qu'au moyen de cette dot le fils laissera jouir le survivant, *id.* p. 465-466. — Cette convention n'est pas permise à l'égard de l'enfant que l'un des conjoints a d'un autre mariage, *id.* p. 466. — Le don mutuel qui résulte de la convention permise par l'art. 281 est révoqué par le convol du survivant en secondes noces, *id.* p. 467. — Le don mutuel est-il résolu pour l'avenir seulement? *id.* p. 467-468. — Mais la convention ne laisse pas de subsister comme condition apposée à la dot fournie par le survivant, *id.* p. 469. — La convention permise par l'art. 281 doit être bornée à la jouissance des biens de la communauté;

si elle s'étend plus loin elle est nulle entièrement, *id.* p. 470-471. — Elle vaut seulement comme condition apposée à la dot du survivant, *id.* p. 471. — L'obligation que l'enfant marié, avec la convention permise par l'art. 281, a contractée, passe aux petits enfans qui le représentent, *id.* p. 472-473. — S'il étoit enfant unique, ses enfans qui viennent de leur chef, n'en sont tenus que lorsqu'ils ont été ses héritiers, *id.* p. 473. — L'enfant qui a été marié avec la convention permise par l'art. 281, est-il obligé de laisser jouir le survivant de sa portion dans les biens de la communauté de la succession du prédécédé, lorsqu'il y a d'autres enfans non dotés qui en demandent le partage au survivant, *id.* p. 474. — L'enfant marié avec cette convention, que le prédécédé a fait légataire universel, est-il tenu de laisser jouir le survivant de tous les biens de la communauté compris en son legs universel? *id.* p. 477. — Dans les autres Coutumes, quel est l'effet de la convention portée au contrat de mariage d'un enfant, qu'il ne pourra demander inventaire ni partage au survivant, *id.* p. 477.

COPIES. Les copies ne font foi de ce qui ne se trouve pas dans le titre original, lorsque le titre original subsiste et est rapporté, t. II, p. 203. — Copies tirées par un notaire ou autres personnes publiques, sont de trois sortes, *id.* p. 203. — 1° Copies faites par autorité du juge, partie présente ou dûment appelée, font, contre cette partie, ses héritiers et successeurs, la même foi que l'original, *id.* p. 203. — L'énonciation qui s'y trouve de l'ordonnance du juge, et de l'assignation donnée, ne fait foi de l'observation de ces formalités, que lorsque la copie est ancienne ; quel temps faut-il pour les réputer anciennes ? *id.* p. 204. — 2° Copie faite en présence des parties, mais sans l'autorité du juge, fait aussi foi contre cette partie et ses successeurs, pourvu que ce fût sur choses dont elle eût l'entière disposition, *id.* p. 205. — 3° Copie faite sans présence de partie, et sans qu'elle y ait été appelée en vertu de l'ordonnance du juge, ne fait pas foi contre elle, quand même elle auroit été tirée par le même notaire qui a reçu l'original, *id.* p. 206. — Exceptions à l'égard des copies anciennes, *id.* p. 207. — Copies informes, c'est-à-dire qui n'ont pas été tirées par une personne publique, ou qui ont été tirées par une personne publique qui n'a pas instrumenté dans la forme dans laquelle elle doit instrumenter, ne font pas foi, quoique anciennes, si ce n'est contre celui qui les produit, *id.* p. 209. — Quelle foi font les copies inscrites sur les registres des insinuations? *id.* p. 208. — Copie de copie; quelle foi fait-elle? *id.* p. 209.

CORBEAUX. Ce que c'est, t. V, p. 221.

CORSAIRE, t. X, p. 52.

CORVÉES. Ce que c'est, t. XV, p. 235. — Corvées réelles, corvées personnelles, *id.* p. 235. — Corvées illimitées; combien en peut-on demander? *id.* p. 235. — Sont-elles cessibles? *id.* p. 236. — Doivent être demandées si elles ne sont abonnées, *id.* p. 236. — Où peuvent-elles être exigées? *id.* p. 237. — Le corvéable doit-il se nourrir? *id.* p. 237. — Comment s'établit le droit de corvées? *id.* p. 237.

Corvée. Obligation d'une corvée est indivisible, t. I, p. 187.

COURSES. Qui sont ceux qui ont droit de faire des courses sur les vaisseaux ennemis? t. X, p. 52.

COUSINS GERMAINS. Théodose a défendu le premier le mariage entre cousins germains, t. VII, p. 85. — Ce mariage n'étoit pas défendu du temps de Saint-Augustin, *id.* p. 85. — Plusieurs s'en faisoient scrupule même avant cette loi, *id.* p. 85. — Sort de cette loi, *id.* p. 86. — Discipline de l'église depuis le sixième siècle sur ces mariages et ceux entre cousins issus de germains, *id.* p. 88. — Quand doit-on accorder dispense pour le mariage des cousins germains? *id.* p. 168.

CRAINTE. Convention faite sous l'impression de la crainte est vicieuse, t. I, p. 96 et suiv. — Il faut que ce soit la crainte d'un grand mal, et non une vaine crainte, ni celle qu'on appelle révérentielle, ni celle des voies de droit, *id.* p. 99-101.

CRÉANCES PERSONNELLES. Tirent leur qualité de mobilières ou d'immobilières de la chose due. Qui en est l'objet? t. VIII, p. 47. — On ne doit pas considérer la cause d'où elle procède, *id.* p. 51-52.—Créance de plusieurs choses, dont l'une est immeuble, les autres meubles, de quelle nature est-elle ? *id.* p. 49. — Créance alternative, *id.* p. 49. — Créance d'une chose avec faculté d'en payer une autre à la place, *id.* p. 50. — Créance d'une somme d'argent est meuble, quoiqu'elle soit hypothécaire, *id.* p. 51.

CRÉANCIER. (Nantissement.) Droit qu'acquiert le créancier sur la chose qui lui est donnée en nantissement, t. VI, p. 250. —Que faut-il pour qu'il acquière le droit de gage ? *id.* p. 252. (*V.* PRIVILÈGE.) — Les obligations du créancier sont de rendre la chose, de la conserver, *id.* p. 253. (*V.* FAUTE, FORCE MAJEURE (Nantissement.) — 2° De compter des fruits, *id.* p. 256. — Est-il tenu *de percipiendis* ? *id.* p. 256. — 3° Lorsqu'il a vendu la chose, de compter du prix, *id.* p. 257.

CRÉDIT. Lettres de crédit, t. IV, p. 281.

CRIÉES. Où doivent se faire les criées d'une rente, t. XVII, p. 382-383. — D'un office, *id.* p. 333-377. — Doit précéder l'appointement à décréter, *id.* p. 333.

Criées. Ce que c'est, t. XIV, p. 284. — En quels jours et en quel lieu elles doivent se faire ? *id.* p. 284. — *Quid*, lorsque l'héritage s'étend dans plusieurs paroisses ? *id.* p. 284. — Combien il en doit être fait, *id.* p. 285. — Combien dans la coutume d'Orléans, *id.* p. 285. — L'appel des criées n'en empêche point la continuation, *id.* p. 285. — Comment se font les

criées, et ce qu'elles doivent contenir, *id.* p. 286. — Certification des criées. Ce que c'est, *id.* p. 287. — Où elle doit se faire, *id.* p. 287.

CRIMES. Compétence de certains juges à l'égard de quelques crimes, t. XIV, p. 457. — Crime de vie vagabonde, *id.* p. 457. — Crime d'adultère, est de la compétence du juge du domicile des époux, *id.* p. 457. — Crime de rébellion au mandement d'un juge, quel juge est compétent pour en connoître, *id.* p. 457. — Exception à l'égard de certains juges, *id.* p. 458. — Quel juge doit connoître des malversations des officiers ? *id.* p. 458. — Juge qui a la connoissance du crime capital, a la connoissance des crimes accessoires, *id.* p. 458. —Tout juge est compétent pour connoître du faux incident aux affaires pendantes devant lui, *id.* p. 459. — Le juge qui connoît d'un crime, peut-il aussi connoître des autres crimes commis par l'accusé hors de son ressort ? *id.* p. 459.

Crimes prévôtaux. Sont tels, ou par la qualité de la personne de l'accusé, ou par la nature du crime, t. XIV, p. 452.—Crimes prévôtaux par la qualité de l'accusé, *id.* p. 452. — S'il y a plusieurs accusés, et qu'un seul ne soit pas de la qualité requise, le cas n'est pas prévôtal, *id.* p. 453. — Crimes prévôtaux par la nature du crime, *id.* p. 453. — Quelle effraction rend le crime prévôtal ? *id.* p. 454. — Les crimes prévôtaux cessent d'être de la compétence du prévôt, en trois cas, *id.* p. 455.

— Cas où le juge naturel peut prévenir le prévôt, *id.* p. 455.
— Cas où les présidiaux, et même les baillis royaux, peuvent le prévenir, *id.* p. 455.— *Quid,* si le cas est royal, et que le juge inférieur ait décrété? *id.* p. 456.

CURATELLE. Curateurs donnés aux *sourds, muets, fous, prodigues,* t. XIII, p. 455.— Leur pouvoir et leurs obligations semblables à celles des tuteurs, *id.* p. 456. — Comment l'interdit peut être relevé de son interdiction? *id.* p. 456. — Curateurs donnés aux mineurs émancipés, appelés *Curateurs aux causes, id.* p. 457.— Curateurs aux ventres, en quel cas ils ont lieu? *id.* p. 458. — Curateurs à une succession vacante, *id.* p. 458.

CURÉ. Les conciles et les ordonnances requièrent pour la validité du mariage, qu'il ne puisse être célébré que par le propre curé des parties, si ce n'est par sa permission ou celle de l'évêque, t. VII, p. 226-230.
— La présence du curé, qui est requise, n'est pas une présence purement passive; elle renferme un ministère, *id.* p. 226. — Comment se pourvoir contre le curé qui refuse? *id.* p. 226. — Quel est le curé compétent? *id.* p. 227. — Quel est le curé, en cas de translation de domicile? *id.* p. 228.

— Lorsque les parties sont mineures, *id.* p. 228. — Nullité du mariage fait par un prêtre étranger sans la permission du curé ou de l'évêque, *id.* p. 229. — Quelle espèce de nullité, *id.* p. 231. — Si le mariage avoit été célébré par des Français en pays étranger, *id.* p. 232. — Peine contre le prêtre qui le célèbre, *id.* p. 232. — Si, lorsque les parties sont de différentes paroisses, le curé de l'une des parties peut valablement célébrer le mariage sans le concours du curé de l'autre, *id.* p. 234.

Curés (Devoirs des). Lorsqu'il marie une personne qui l'a déjà été, doit se faire représenter l'acte mortuaire du précédent mari ou de la précédente femme; s'il n'y en a pas, quels autres actes en peuvent tenir lieu, *id.* p. 60.

Curés. Peuvent recevoir des testamens dans leurs paroisses, t. XIII, p. 71. — Même les curés réguliers, *id.* p. 71. — Curé interdit par un supérieur ecclésiastique, peut-il recevoir un testament? *id.* p. 71-72. — Prêtre commis à la desserte d'une cure par l'évêque, a droit de le recevoir, *id.* p. 73. — Curé, peut-il recevoir un testament par lequel il est fait des legs à la fabrique de son église? *id.* p. 75.

D.

DAMNUM EMERGENS. (*V.* INTÉRÊTS COMPENSATOIRES.)

DATE. (Obligations.) Acte sous seing-privé, ne fait foi de sa date contre des tiers, t. II, p. 192.

DATION EN PAIEMENT donne lieu au profit de gain, t. XV, p. 134. — Au retrait, t. XVII, p. 181.

Dation en paiement. Ce que c'est, t. III, p. 360. — Ressemble à la vente, *id.* p. 360. — Ses différences avec la vente, *id.* p. 360-361. — Celui qui a reçu une chose en paiement a, en cas d'éviction, une action semblable à l'action *ex empto*, *id.* p. 362. — Il a le choix d'exercer en la place l'action que lui donne sa créance, qui, au moyen de l'éviction, n'est pas acquittée, *id.* p. 363. — Celui qui a reçu une chose en paiement, a non-seulement, en cas d'éviction, mais dans tous les cas, les mêmes actions qu'à un acheteur, *id.* p. 363. — La bonne-foi impose aux parties, dans la dation en paiement, les mêmes obligations que dans le contrat de vente, *id.* p. 363. — Dation en paiement donne lieu aux profits et aux retraits, *id.* p. 364.

Dation en paiement, est un acte équipollent à vente, et donne lieu aux retraits, t. III, p. 431. — *Quid*, d'un héritage donné en paiement pour cause de dot? *Quid*, d'un héritage mis

en communauté par le mari, et pris par la femme en paiement de ses reprises? *id.* p. 431.

Dation en paiement, donne lieu au retrait féodal, quand un fief est donné en paiement, t. XI, p. 378. — *Quid*, si c'est un héritage qui étoit dû? *id.* p. 379. — *Quid*, si le fief est donné en paiement d'une rente? *id.* p. 379.

DÉCHARGE de rendre compte de la succession du prédécédé n'est valable, comme suspecte d'avantage, t. IX, p. 351.

DÉCISOIRE. Serment décisoire. (*V.* SERMENT.)

DÉCLARATION DE GUERRE. L'assureur est-il tenu des risques auxquels une déclaration de guerre donne lieu? t. VI, p. 305. — Doit-elle faire augmenter la prime? *id.* p. 321. — *Quid*, si la police n'étoit intervenue que depuis les hostilités? *id.* p. 322.

DÉCLINATOIRE. (Procédure criminelle.) Ce que c'est que cette exception, t. XIV, p. 501. — A qui appartient de statuer sur le déclinatoire? *id.* p. 502. — *Quid*, si l'accusé est débouté du renvoi? *id.* p. 502.

DÉCRET. Droits que le décret purge, t. XVII, p. 355-356-357. — Droits qu'il ne purge pas, *id.* p. 356-357-179. — De l'appel du décret et des autres voies de se pourvoir contre, *id.* p. 363-365. — Décret volontaire, *id.* p. 368. — Quand de-

puisse connoître d'ailleurs en faveur de qui la défense est faite, *id.* p. 249. — La simple défense de tester, faite à l'héritier ou légataire, renferme une substitution en faveur de ses plus proches parens, *id.* p. 249. — *Quid*, si la défense d'aliéner est faite sans désigner personne, mais à peine de nullité? *id.* p. 250. — Dans le cas de la défense d'aliéner, c'est l'aliénation, hors la famille seulement qui donne ouverture à la substitution, *id.* p. 250-251. — Il y a ouverture à la substitution lorsque le grevé aliène à quelque titre que ce soit, ou onéreux ou gratuit, *id.* p. 251. — *Quid*, s'il étoit seulement défendu à l'héritier d'aliéner pendant sa vie? *id.* p. 252 — La défense de vendre ne doit pas s'étendre à la donation, *nec vice versâ*, *id.* p. 252. — Elle ne comprend pas les aliénations nécessaires, *id.* p. 252. — *Quid*, si les biens sont vendus pour acquitter les dettes du testateur? *id.* p. 253. — Il n'y a pas ouverture à la substitution lorsque le légataire à qui cette défense est faite, la transmet, dans sa succession *ab intestat*, à des héritiers qui ne sont point de la famille du testateur, *id.* p. 253. — Ce sont ceux qui se trouvent les plus proches, lors de l'aliénation, qui doivent recueillir la substitution, *id.* p. 254.

Défenses qui doivent être signifiées par le défendeur, t. XIV, p. 16. — Dans quelle justice, et dans quels cas il n'est pas nécessaire de les signifier? *id.* p. 16. — Ce qu'on entend en général par défenses, et ce qu'elles signifient plus spécialement, *id.* p. 16.

DÉGRADATIONS. L'acheteur est tenu des dégradations survenues par sa faute en l'héritage qui est retiré sur lui, t. III, p. 604. — Non de celles qui sont un effet nécessaire de l'usage, *id.* p. 605. — De quelle faute est-il tenu? *id.* p. 604. — Tiers acquéreur en est tenu indirectement, *id.* p. 606. — Dans le retrait conventionnel, l'acquéreur n'en est tenu s'il a ignoré la charge, *id.* p. 598.

Dégradation. Le garant est-il tenu d'acquitter l'acheteur des condamnations pour raison de dégradations? t. III, p. 75.

DÉGUERPISSEMENT *pour rentes foncières.* Ce que c'est, t. XVII, p. 213. — Quelles personnes peuvent déguerpir? t. XV, p. 354; t. XVII, p. 213. Que doit-on déguerpir? *id.* p. 214. — Comment se fait le déguerpissement, *id.* p. 215. — A qui, *id.* p. 216. — Des conditions sous lesquelles y est admis le preneur, *id.* p. 216-217-238-239. — Le tiers détenteur qui a acquis à la charge de rente, *id.* p. 219-221-240. — Sous quelles conditions y est admis celui qui n'en a eu connoissance? *id.* p. 221-224-237. — De l'effet du déguerpissement, *id.* p. 224. — Si les droits réelles et hypothèques que le déguerpissant avoit avant son acquisition revivent, *id.* p. 224-225. — Quel droit donne le déguerpissement au seigneur de rente à qui il est fait? *id.* p. 227. — Lorsqu'il est fait à des seigneurs de rentes différentes,

Lorsque le détenteur n'a eu connoissance de la rente avant la demande, et qu'il déguerpit avant la contestation en cause, il n'est tenu ni des arrérages ni des dégradations, *id*. p. 81. — Quand est-il réputé n'en avoir pas connoissance ? *id*. p. 82. — Est-il besoin pour cela qu'il ait sommé le garant ? *id.* p. 83. — A quoi est tenu celui qui ne déguerpit qu'après contestation ? *id*. p. 83. — *Quid*, de celui qui ne déguerpit qu'après la sentence, *id*. p. 84. — Si c'étoit une sentence par défaut, à laquelle il fût reçu opposant ? *id*. p. 85. — A quoi est tenu le déguerpissant qui n'a eu connoissance de la rente que depuis son acquisition, mais avant la demande ? *id.* p. 85. — Effet du déguerpissement, *id*. p. 86. N'opère la résolution du bail à rente que pour l'avenir, *id*. p. 87. — Fait-il revivre les droits que le déguerpissant avoit dans l'héritage avant son acquisition ? *id*. p. 87. — Lorsque le déguerpissant n'étoit possesseur que d'une partie de l'héritage, jusqu'à quelle concurrence s'éteint la rente ? *id*. p. 91. — Qu'acquiert par le déguerpissement celui à qui il est fait ? *id*. p. 90. — Droits du déguerpissant ne sont point sujets à la prescription pendant tout le temps qu'ils possèdent, quelque longue que soit la possession, *id*. p. 89. — Lorsque le déguerpissement est fait à des créanciers de différentes rentes, lequel est préféré pour rentrer dans l'héritage, *id*. p. 94. — Le déguerpissement éteint-il les droits de servitudes et d'hy-

pothèques créées depuis le bail ? *id*. p. 95. — Exceptions que le créancier qui est rentré peut opposer contre lesdits droits, *id*. p. 96. — Cas dans lesquels le créancier a intérêt de ne pas accepter le déguerpissement, *id*. p. 93. — Clauses qui empêchent le déguerpissement. (*V*. BAIL A RENTE.) — Excluent-elles le tiers-acquéreur ? *id*. p. 97.

Déguerpissement que le mari fait à un seigneur de rente foncière, est une aliénation volontaire qui ne purge pas le douaire auquel il est sujet, t. IX, p. 57.

Déguerpissement d'un héritage chargé d'une rente foncière, fait pour se décharger de la rente, fait perdre le domaine de propriété aussitôt que ce déguerpissement a été fait en règle, t. X, p. 153.

DELAIS sur les assignations, t. XIV, p. 13. — Sont différens, suivant les différentes juridictions, et la distance du domicile de l'adjourné, *id*. p. 13. — Ce qu'on doit faire dans les actions qui requièrent grande célérité, *id*. p. 13.

Délai pour faire enquête, t. XIV, p. 76. (*V*. ENQUÊTE.)

Délai pour faire vendre les meubles saisis, t. XIV, p. 234.

DELAISSEMENT de l'héritage dont le retrait a été adjugé ou reconnu, doit être fait avec tout ce qui est accru, t. III, p. 591. — Porté à retrait peut-il être différé jusqu'après la liquidation qui est à faire des sommes que le retrayant doit rembourser ? *id*. p. 592.

Délaissement que l'assuré doit faire de ce qui lui reste de ses droits aux assureurs, t. VI, p. 347. — Ce délaissement transfère aux assureurs une propriété irrévocable des effets et droits délaissés, *id.* p. 351. — Temps dans lequel le délaissement doit être fait? *id.* p. 361.

DÉLÉGATION. Définition de la délégation, t. II, p. 73. — Il faut, pour la délégation, le concours de trois personnes, quelquefois il en intervient une quatrième, *id.* p. 73. — La volonté de décharger l'ancien débiteur, doit être marquée, *id.* p. 74. — Effet de la délégation; elle contient la novation de la dette du déléguant envers le créancier à qui la délégation est faite, et quelquefois celle de la personne déléguée envers le déléguant, *id.* p. 74. — La personne déléguée est valablement obligée envers le créancier du déléguant, quoiqu'elle ne se soit obligée que dans la fausse persuasion qu'elle étoit débitrice du déléguant, *id.* p. 75. — Il en seroit autrement si la personne à qui elle a été déléguée n'étoit pas créancière du déléguant, *id.* p. 75. — Lorsque la personne déléguée n'est obligée que sous condition, tout l'effet de la délégation est en suspens jusqu'à l'accomplissement de la condition, *id.* p. 76. — Le déléguant n'est pas tenu de l'insolvabilité du délégué, *id.* p. 76. — Exception, si ce n'est que par une cause expresse la délégation se fût faite aux risques du déléguant, *id.* p. 76. — Cujas apporte une seconde exception; savoir, lorsque dès le temps de la délégation le délégué étoit insolvable, et son

insolvabilité ignorée du créancier: cette exception est-elle suivie *in praxi? id.* p. 77. — Différence de la délégation et du transport, *id.* p. 79. — Différence de la novation et de la simple indication, *id.* p. 79.

Délégation. Sa différence d'avec le transport-cession, t. III, p. 510.

Délégation. Délégation pour le paiement des arrérages dans un contrat de constitution qui est son effet, t. IV, p. 50.

'DÉLITS. Ce que c'est, t. I, p. 158. — Les enfans, les fous, les insensés ne sont capables de délits ni de quasi-délits, *id.* p. 158. — L'ivresse n'excuse pas, *id.* p. 159. — Interdiction pour prodigalité ne soustrait à la réparation du tort, *id.* p. 159. — Pères, mères, tuteurs, maîtres, responsables des délits des personnes qui leur sont soumises, *id.* p. 159-160. — L'un de plusieurs débiteurs d'une condamnation pour délits, qui a payé, a-t-il recours contre ses complices? *id.* p. 271.

Délits. La communauté tenue des délits du mari, t. VIII, p. 162. — Exception pour les amendes par suite d'une condamnation à une peine capitale, *id.* p. 162. (*V.* CONFISCATION.)

DÉLIVRANCE du legs doit être demandée par le légataire à l'héritier, t. XIII, p. 149. — Quelle délivrance doit être faite, si c'est un legs de corps certain? *id.* p. 157. — L'héritier doit-il racheter l'usufruit quand la chose léguée en est grevée? *id.* p. 157. — *Quid,* lorsqu'un héritage a été léguée à l'église? *id.* p. 158. — *Quid,* lorsque le legs est d'un corps indéterminé ou d'une quantité? *id.* p 159. — En quel état la chose léguée doit-elle être délivrée? *id.* p. 159. — De quelle faute la personne grevée est tenue? *id.* p. 160. — Quand la chose léguée doit-elle être délivrée? *id.* p. 161. — *Quid*, si le legs renferme quelque charge imposée au légataire? *id.* p. 161. — Où la chose léguée doit-elle être délivrée? *id.* p. 162. — L'héritier doit délivrer, avec la chose léguée, celles qui en sont les accessoires nécessaires, *id.* p. 162. — *Quid*, à l'égard des fruits de la chose léguée? *id.* p. 163. — Lorsque le legs consiste dans quelque somme d'argent, les intérêts sont dus du jour de la demande, *id.* p. 164. — En quel cas l'estimation de la chose léguée doit-elle être donnée au légataire? *id.* p. 164.

DÉLOYAUTÉ du seigneur. Quelle peine entraîne-t-elle? t. XV, p. 108.

Déloyauté du seigneur envers son vassal, qui donne lieu à la privation de la dominance, t. XI, p. 157. — Les mêmes injures qui, étant commises par le vassal, donnent lieu à la commise, peuvent donner lieu à la privation de la directe, lorsqu'elles sont commises par le seigneur, *id.* p. 157-158. — Le vassal est affranchi de la dépendance du seigneur déloyal, *sed non à condictione feudali*, *id.* p. 158. — La punition du seigneur déloyal s'étend-elle à tous les droits qu'il a sur le fief de son vassal? *id.* p. 159. — *Quid*, des redevances seigneuriales, des servitudes, *id.* p. 159.

DEMANDES. Formes d'intenter les demandes en justice, t. XIV, p. 1. (*V.* AJOURNEMENT.) — Demandes incidentes. Comment se forment-elles? *id.* p. 48. — Dispositions de l'ordonnance au sujet des demandes incidentes, *id.* p. 48. (*V.* RECONVENTION.)

DÉMEMBREMENT *de fief*: trois espèces, t. XV, p. 197. — Comment s'entendent les coutumes qui le défendent? *id.* p. 198.

Démembrement. Trois espèces différentes, t. XI, p. 428. — Disposition de la coutume de Paris sur le démembrement qui consiste à faire, d'un fief, deux ou plusieurs fiefs distincts, *id.* p. 430. — Peine contre le démembrement fait sans le consentement du seigneur, *id.* p. 431. — Le vassal peut-il, dans la coutume d'Orléans, démembrer son fief sans le consentement de son seigneur? *id.* p. 432.

DÉMENCE. La démence du mari ne dispense pas la femme de se faire autoriser par le juge, t. VII, p. 445.

DEMEURE. Quand un débiteur est-il censé en demeure? t. I, p. 172; t. II, p. 131. — Comment se purge la demeure? t. I, p. 172; t. II, p. 132. — Effets de la demeure, t. I, p. 173. — Demeure de l'un des débiteurs solidaires préjudicie aux autres, *ad perpetuandam et conservandam eorum obligationem, non ad augendam*, *id.* p. 251.

DEMI POUR CENT. En quel cas est-il dû aux assureurs par le marchand qui a fait assurer? t. VI, p. 374.

expresse, soit tacite, *id.* p. 182. — Le dénombrement fait foi contre le vassal, vis-à-vis du seigneur, dès qu'il est présenté, *id.* p. 183. — Il fait foi contre le seigneur vis-à-vis du vassal, quand il est reçu ou réputé reçu, *id.* p. 183. — Si le titre d'inféodation doit l'emporter sur un ou plusieurs dénombremens, *id.* p. 184. — *Quid,* si les derniers dénombremens formoient une possession centenaire ? *id.* p. 185. — Les dénombremens ne font pas foi à l'égard des tiers, et cependant peuvent servir à prouver la quasi - possession centenaire, *id.* p. 187-188. — De la saisie féodale faute de dénombrement. (*Voy.* SAISIE FÉODALE.)

DENONCIATION. Ce que c'est, t. XIV, p. 462. — Qui peut se rendre dénonciateur, et dans quelle forme ? *id.* p. 463. — Engagement qui en résulte, *id.* p. 463.

DÉPENS. Quand le garant peut-il se dispenser d'acquitter l'acheteur des dépens? t. III, p. 78.

Dépens. Condamnation de dépens doit être portée contre celui qui succombe, t. XIV, p. 191. — La disposition de l'ordonnance a-t-elle toujours lieu? *id.* p. 192. — Exception à l'égard des causes où le ministère public est seul partie, *id.* p. 193. — Siéges où les dépens sont taxés par une déclaration de dépens, *id.* p. 194. — Frais qui doivent y être compris, *id.* p. 195. — Ecritures pour le ministère des avocats, comment y sont comprises, *id.* p. 195. — Frais de voyage et

de séjour de la partie, *id.* p. 196. — Offres que doit faire la partie condamnée ? *id.* p. 197. — Comment on procède à la taxe, *id.* p. 197. — Par qui elle doit être faite? *id.* p. 197. — Comment il se fait par le procureur tiers? *id.* p. 197. — Taxe arrêtée par le juge, *id.* p. 198. — Appel de la taxe des dépens; comment s'instruit et se juge, *id* p. 199. — Distraction de dépens au profit du procureur, *id.* p. 200.

DEPOT. N'est sujet à contribution, t. XVII, p. 315.

Dépôt. En matière de dépôt, il n'y a lieu à la compensation, t. II, p. 98. — Mais le dépositaire a le droit de rétention pour ce qui lui est dû, lorsque la créance procède du dépôt, *id.* p. 98-99.

Dépôt du contrat porté à retrait, requis dans la coutume de Paris, pour faire courir le temps du retrait, t. III, p. 576. — Est-il nécessaire que le retrayant poursuive l'acquéreur après ce dépôt? *id.* p. 589. — Le dépôt est-il nécessaire à Orléans, et *quatenus?* *id.* p. 587

Dépôt. Contrat de dépôt. Sa définition, t. VI, p. 1. — Etymologie, *id.* p. 1. — Deux principales espèces de dépôt, *id.* p. 1-2. — Quelles choses peuvent être la matière de ce contrat? *id.* p. 2-3. — Entre quelles personnes peut-il intervenir ? *id.* p. 5. — Pour former le contrat de dépôt, il faut, 1° qu'il intervienne une tradition réelle de la chose, à moins qu'elle ne fût déjà pardevers celui à qui on l'a donné en dépôt, *id.* p. 6. — Il faut 2° que la principale fin

pour laquelle la tradition intervient, soit la garde de la chose,
id. p. 7. — Il faut 3° que celui
qui reçoit la chose, se charge
gratuitement de la garde., *id.*
p. 11. — Il faut 4° le consentement des parties. Sur quoi doit-
il intervenir? *id.* p. 11. — A
quelles classes de contrats appartient le contrat de dépôt?
id. p. 14. — Sur les actions qui
en naissent. (*V.* ACTION *depositi directa,* ACTION *depositi contraria.*)

Dépôt d'hôtellerie, t. VI, p.
49. — Quand est-il censé intervenu? *id.* p. 51. — La preuve
par témoins en est reçue, *id.* p.
52. — L'aubergiste est tenu de
la faute légère, *id.* p. 50.

Dépôt irrégulier. Ce que c'est,
t. VI, p. 53. — Tient fort du
contrat *mutuum ;* en quoi en
différoit-il? *id.* p. 54.

Dépôt judiciaire. (Dépôt de
meubles saisis.) Quelle espèce
de contrat renferme l'établis-
ment d'un gardien aux meubles
saisis ; entre qui est-il censé intervenir, à quoi et envers qui
le gardien s'oblige-t-il? *id.* p.
59 et suiv. — Lorsque le saisi
donne un dépositaire, quelle
espèce de contrat intervient-il,
en quoi diffère-t-il du précédent? *id.* p. 61. — Le dépositaire, comme gardien, s'oblige
par corps, *id.* p. 63. — (*V.* GAR-
DIENS, SÉQUESTRE.)

*Autre espèce de dépôt judi-
ciaire.* Celui fait par le débiteur,
sur le refus fait par le créancier
de recevoir ; fait de l'autorité
du juge qui l'ordonne, ou qui
le confirme après qu'il est fait,
t. VI, p. 65.

Dépôt nécessaire. Ce que c'est,

et ce qu'il y a de particulier à
l'égard de ce dépôt, t. VI, p. 48.

Déposant. Ses qualités, quel
est-il? t. VI, p. 1-11-34-40-41.
Il contracte envers le dépositaire l'obligation de l'indemniser, *id.* p. 46. — *Quid,* s'il y
avoit faute de sa part? *id.* p. 46.
— Premier chef de l'obligation
du dépositaire ; fidélité à garder
le dépôt, *id.* p. 15. — Pourroit-
on convenir qu'il ne seroit pas
tenu du défaut de fidélité? *id.*
p. 16. — A quel soin cette fidélité oblige-t-elle le dépositaire?
id. p. 15. (*V.* FAUTE.) — Cette
fidélité l'oblige à ne pas se servir des choses qui lui ont été
données en garde sans le consentement, au moins présumé,
de celui à qui elles appartiennent, *id.* p. 24. — Cette fidélité
doit empêcher le dépositaire de
chercher à connoître les choses
qui lui ont été données en garde,
lorsque celui qui les a données
a voulu qu'elles fussent cachées,
id. p. 27-28. — Le second objet
de l'obligation du dépositaire
est la restitution des choses
déposées qui se trouvent pardevers lui, *id.* p. 29. — Il les
rend en l'état où elles se trouvent, *id.* p. 30. — Il ne doit
les intérêts de l'argent qui lui
a été donné en dépôt, que du
jour qu'il a été mis en demeure,
id. p. 33. — *Quid,* lorsque le
dépositaire n'a plus les choses
pardevers lui? *id.* p. 31. — A
qui la chose donnée en dépôt
doit-elle être rendue? *id.* p. 34.
Que doit faire le dépositaire
lorsqu'il apprend que la chose
est un effet volé? *id.* p. 35. —
Où doit se faire la restitution du
dépôt? *id.* p. 38. — Quand? *id.*

p. 39. — Pour quelles causes cette restitution peut-elle être retardée ? *id.* p. 39.

Dépôt nécessaire. Ce que c'est, t. XIV, p. 350. — Entraîne la contrainte par corps , *id.* p. 350.

Dépôt judiciaire. Trois espèces de dépôts judiciaires, t. XIV, p. 350.—Entraîne la contrainte par corps , *id.* p. 350.

DEPRI , t. XV , p. 322.

Dépri. Ce que c'est que déprier., t. XII, p. 22. — Comment se fait le dépri , *id.* p. 22-23. — Le temps court du jour du contrat , *id.* p. 23. — De l'amende faute d'avoir déprié , *id.* p. 23.

DESSAISINE SAISINE. (*V.* TRADITION.)

DESAVEU. Plusieurs genres. Quand il donne lieu à la commise, t. XV, p. 92-300. (*V.* COMMISE.)

Désaveu. (Mandat.) Comment le procureur désavoué peut-il justifier de son mandat ? t. VI , p. 167.— Peut-on désavouer un procureur après sa mort? *id.* p. 168.

Désaveu. Quelles espèces de désaveux donnent lieu à la commise, t. XI, p. 117. — Le désaveu, *rei tantùm,* n'y doit pas donner lieu? *id.* p. 117. — *Quid,* si le vassal , en déniant relever de la seigneurie d'où son fief relève , reconnoît le même seigneur pour la raison d'une seigneurie qu'il ne possède pas ? *id.* p. 118. — Le désaveu *personæ tantùm* , ne donne pas lieu à la commise , *id.* p. 120. — *Quid,* si le vassal prétend posséder en franc-aleu? *id.* p. 121. — *Quid,* si le vassal dé-

nioit tenir à titre de fief, mais soutenoit tenir à cens du même seigneur ? *id.* p. 122. — Il n'y a que le désaveu qui est inexcusable, qui donne lieu à la commise, *id.* p. 123. — Le désaveu dont le vassal s'est désisté avant la sentence , doit-il être excusable? *id.* p. 125. — Le désaveu extra-judiciaire donne-t-il lieu à la commise? *id.* p. 126.—Quelles personnes peuvent commettre leur fief par désaveu? *id.* p. 126. — Il n'y a que les personnes qui peuvent aliéner qui commettent leur fief, *id.* p. 126. — *Quid,* si le mineur a désavoué *tutore auctore?* *id.* p. 126. — *Quid,* du désaveu fait par une femme non autorisée de son mari? *id.* p. 127. — *Quid,* du désaveu formé par un tutélaire d'un bénéfice? *id.* p. 127. — *Quid,* du désaveu d'un mari par rapport aux propres de sa femme? *id.* p. 128.

DESCENTE DE JUGE. Cas où elle a lieu et où elle peut être ordonnée d'office, t. XIV, p. 65. — Par quel juge elle peut être faite? *id.* p. 66. — Le commissaire peut être récusé pour les mêmes causes qu'un juge , *id.* p. 67. — Les parties doivent s'y trouver au jour indiqué avec leur procureur; si non est donné défaut , *id.* p. 67. — Ce que le procès-verbal de commissaire doit contenir? *id.* p. 67. — Le rapport des experts doit y être attaché, *id.* p. 67. — Comment le jugement se poursuit ensuite? *id.* p. 68.

DESHÉRENCE , t. XVII, p. 57-101.

Deshérence. L'héritage qu'un seigneur a par deshérence lui

est-il propre comme sa seigneurie, ou n'est-il qu'acquêt? t.
VIII, p. 82.

Deshérence. Ce que c'est, si
elle donne lieu au rachat en la
personne du seigneur qui succède à titre de déshérence, t.
XI, p. 301. — *Quid*, si le seigneur met hors de ses mains
dans l'année? *id.* p. 302. —
Quid, s'il met hors de ses mains
par une donation qu'il fait à un
de ses descendans ou ascendans,
id. p. 303. *Quid*, s'il ne mettoit
hors de ses mains qu'après l'année, mais avant d'avoir fait acte
de vassal, *id.* p. 304. — De quel
jour le rachat est censé dû quand
le seigneur conserve, *id.* p. 304.
— Dans la Coutume de Paris et
autres qui ne s'en expliquent pas,
le justicier doit avoir l'année,
id. p. 305.

DESISTEMENT DE VENTE.
Quand fait-il des acquêts ou des
conquêts? t. VIII, p. 120.

DESTINATION. Conserve la
qualité d'immeubles aux échalas
qui sont détachés de la vigne, et
aux matériaux qui sont détachés
d'un bâtiment pour y être re-
placés; mais elle ne donne pas
cette qualité à ceux qui y sont
attachés, t. XV, p. 16-17.

Destination du père de famille en matière de servitudes,
t. XVI, p. 174.

Destination d'une somme d'argent en achat d'héritages, la
réalise, t. XVII, p. 103.

Destination (du propriétaire).
Conserve la qualité d'immeuble
aux choses détachées d'un héritage, ne la donne pas à celles
qui n'y ont pas encore été attachées, t. VIII, p. 32-33, 43-44.

Destination d'emploi en achat

d'héritage, t. XIII, p. 55. —
Effets de cette clause, *id.* p. 55.
— Si le mari s'est obligé formel-
lement à faire emploi, *id.* p. 56.

DETENTEUR *de l'héritage.*
Ce mot ne comprend pas ies
fermiers-locataires, t. V, p.
49.

DETERIORATIONS. (Prêt à
usage.) L'emprunteur est-il tenu
des détériorations de la chose
prêtée? t. V, p. 338.

DETTES. (Communauté.)
Quelles dettes sont mobilières,
et comment tombent-elles à la
charge de la communauté? t.
VIII, p. 154-155. — Dettes de
plusieurs choses, dont la principale est immeuble, les autres
meubles, comment tombent-
elles dans la communauté? *id.*
p. 159.

Dettes alternatives, t. VIII,
p. 159.

Dettes actives appartenant aux
conjoints, quand s'imputent-
elles sur la somme promise? Différence à cet égard entre celles
du mari et celles de la femme,
t. VIII, p. 186.

Dettes de communauté. Le mari, après la dissolution de communauté, continue d'être tenu
vis-à-vis des créanciers, pour le
total de celles qui procèdent de
son fait, t. VIII, 469-470. — De
celles qu'il a contractées durant
la communauté, seul ou conjointement avec sa femme, *id.* p.
470-471. — N'est tenu que pour
sa part de celles qui ne procèdent que du chef de sa femme,
id. p. 471-472. — Différence
entre les dettes qu'on contracte
en une certaine qualité, et celles
que l'on contracte en son propre
nom, *id.* p. 472. — La femme

est tenue, vis-à-vis des créanciers, pour le total de celles qui procèdent de son chef ; n'est tenue des autres que pour sa part, *id.* p. 473. — Est tenue envers les créanciers même, en cas de renonciation à la communauté, *id.* p. 473. — *Secùs*, lorsqu'elle n'a contracté que comme commune, *id.* p. 473. — Privilége que la femme et ses héritiers ont de n'être tenus des dettes de la communauté que jusqu'à concurrence de ce qu'ils amendent, *id.* p. 474. — Ce privilége ne fait pas perdre à la femme la qualité de commune, c'est pourquoi elle ne peut exercer la reprise de son apport, *id.* p.475. — Va-t-il jusqu'à donner à la femme la répétition contre les créanciers de ce qu'elle a payé de plus par erreur ? *id.* p. 475. — En quoi diffère-t-il du bénéfice d'inventaire ? *id.* p. 476. — La femme a ce privilége contre les héritiers du mari, même à l'égard des dettes qui procéderoient de son chef ; elle ne l'a vis-à-vis des créanciers qu'à l'égard de celles dont elle n'est tenue que comme commune, *id.* p. 477. — La femme a également ce privilége à l'égard des dettes dont la communauté est débitrice envers elle, *id.* p. 477. (*Voy.* COMMUNAUTÉ, INDEMNITÉ.)

Dettes de la continuation de communauté. Comment le serviteur en est-il tenu vis-à-vis des créanciers, soit pendant que la continuation de la communauté dure, soit après sa dissolution ? *id.* p. 573. — Comment en sont tenus les héritiers du prédécédé ? *id.* p. 574. — Lorsque les im-

meubles tombés dans leur lot sont hypothéqués à la dette, peuvent-ils être poursuivis pour le tout ? *id.* p. 574. — Les enfans ont-ils le privilége de n'en être tenus que jusqu'à concurrence de ce qu'ils amendent ? *id.* p. 575.

Dettes et charges des successions, t. XII, p. 596. — Ce qu'on entend par dettes de la succession, *id.* p. 596. — Dettes de la succession qui ne naissent qu'à la mort, *id.* p. 596. — Rentes foncières, profits, centième denier, sont charges des héritages, *id.* p. 596. — Ceux qui sont tenus des dettes, *id.* p. 597. (*Voy.* HÉRITIERS, CESSIONNAIRES, DONATAIRES, LÉGATAIRES.)

Dettes indivisibles. Comment chaque héritier ou successeur universel en est tenu, t. XII, p. 619. — *Quid*, des obligations indivisibles dans leur principe, mais dont l'inexécution se convertit en dommages et intérêts ? *id.* p. 620.

DEUIL de la veuve fait partie des frais de succession du mari, t. XVI, p. 14.

Deuil dû aux veuves est supporté par les héritiers du mari, t. VIII, p. 440. — N'en est pas dû aux hommes, p. 440.

DÉVOLUT. Cas où il y a lieu d'obtenir un bénéfice par dévolut, t. XIV, p. 145. — L'audience est déniée au dévolutaire jusqu'à ce qu'il ait donné caution de 500 livres, *id.* p. 145. — Quand les dévolutaires doivent prendre possession et former la complainte, *id.* p. 146.

DIMES. Sont-elles sujettes à retrait ? t. III, p. 409.

doient les dispenses pour les empêchemens de mariage qu'ils avoient établis, t. VII, p. 158. — Le supérieur ecclésiastique accorde les dispenses des empêchemens de discipline ecclésiastique, *id.* p. 159. — Le pape a-t-il un droit exclusif aux évêques pour les accorder? *id.* p. 160. — Les vicaires-généraux peuvent-ils accorder ces dispenses? *id.* p. 164. — L'official, *id.* p. 165. — Les abbés et autres qui ont une juridiction quasi-épiscopale? *id.* p. 165. — Espèces d'empêchemens de mariage pour lesquels on peut ou on ne peut pas accorder de dispense, *id.* p. 165-172. — L'accorde-t-on pour les ordres sacrés? *id.* p. 166. — Le pape peut-il valablement l'accorder à un religieux, en le dispensant de ses vœux? *id.* p. 166.—Pour quelles parentés? *id.* p. 167. — Pour quelles affinités? *id.* p. 168. — Pour l'alliance spirituelle et pour l'empêchement d'honnêteté publique, *id.* p. 170.—Pour l'empêchement du crime, *id.* p. 171.—Empêchement entre les catholiques et les protestans, *id.* p. 171.—Nature du pouvoir qu'a le supérieur ecclésiastique, d'accorder les dispenses : en quoi ce pouvoir diffère de celui du souverain, *id.* p. 172. — Premier exemple de dispense accordée par le pape Innocent III, *id.* p. 174. — Règles du concile de Trente sur les dispenses de mariage, *id.* p. 174. —Raisons pour excuser la facilité des dispenses pour le mariage des cousins, *id.* p. 175.— On doit, pour accorder les dispenses, distinguer si le mariage

n'a pas encore été célébré, ou s'il l'a été nonobstant l'empêchement, *id.* p. 171-175. — Causes qu'on a coutume d'exposer pour obtenir les dispenses, *id.* p. 177. — Forme des dispenses, *id.* p. 179. — Ce que doit contenir la supplique, *id.* p. 181-182.—Fulmination des dispenses, *id.* p. 185.

DISTRACTION. (Mandat.) Un procureur peut demander la distraction à son profit des dépens adjugés à sa partie, lorsqu'il les a avancés. Effet de cette distraction, t. VI, p. 173.

DISTRIBUTION. Dans la distribution des biens de quelqu'un qui est tenu de la dette d'une lettre de change, comment sont colloqués le propriétaire de la lettre et ceux qui sont créanciers pour la garantie de la lettre? t. IV, p. 235.

Distribution du prix des meubles vendus, comment elle doit se faire, t. XIV, p. 237. — Créanciers privilégiés doivent être payés suivant l'ordre de leurs privilèges, *id.* p. 237. (*V.* PRIVILÉGE.) — Ce qui reste du prix après les créanciers privilégiés acquittés, se distribue au marc la livre entre tous les autres créanciers, *id.* p. 242.

DIVIDUELLE. (Obligation.) Une obligation dividuelle est celle qui peut se diviser, et jusqu'à sa division elle est indivisée, t. 1, p. 278. — On ne doit pas confondre l'indivision et l'indivisibilité, *id.* p. 289. — Une obligation est dividuelle lorsque la chose due qui en fait l'objet est susceptible de parties au moins intellectuelles, *id.* p. 279. — Les obligations *in fa-*

7*

ciendo et *in non faciendo*, peuvent être divisibles aussi bien que les obligations *in dando*, lorsque le fait qui en est l'objet peut se faire par partie, *id.* p. 281. — L'obligation se divise, ou de la part du créancier, ou de la part du débiteur, lorsque l'un ou l'autre laisse plusieurs héritiers, *id.* p. 289. — Effets de cette division de la part des héritiers du créancier, *id.* p. 289. — Premier effet de la division de la dette du côté du débiteur, que chaque héritier n'en est tenu que pour sa part héréditaire, *id.* p. 289. — Première limitation. A l'égard des dettes hypothécaires, chaque héritier possesseur des biens qui y sont hypothéqués, en est tenu hypothécairement pour le total, quoiqu'il n'en soit tenu personnellement que pour sa part, *id.* p. 290. — Deuxième limitation. A l'égard des dettes d'un corps certain, il n'y a que l'héritier du patrimoine dans lequel se trouve ce corps certain qui en soit tenu, les héritiers des autres espèces de biens n'en sont pas tenus, *id.* p. 290. — Troisième limitation. Entre plusieurs héritiers qui ont succédé au patrimoine dans lequel est le corps certain dû par le défunt, on peut le demander pour le total à celui dans le lot duquel il est tombé, en le faisant ordonner avec les autres héritiers, et sans que ceux-ci soient déchargés de la dette pour la part dont ils en sont tenus, *id.* p. 291. — Quatrième limitation. A plus forte raison, lorsque la dette consiste dans la simple restitution qui est due, de la possession d'un corps cer-

tain que le défunt n'avoit qu'à titre de dépôt ou de prêt, ou autre titre semblable, celui pardevers qui il se trouve peut être poursuivi pour la restitution de la chose pour le total, *id.* p. 292. — Cinquième limitation. A l'égard des dettes de corps certain, celui d'entre les héritiers, par le fait ou la faute duquel la chose est périe, est tenu de la dette pour le total, et les autres sont libérés, à moins qu'il n'y eût une peine stipulée, *id.* p. 293 et suiv. — Si elle est périe par le fait de plusieurs, chacun de ceux par le fait desquels elle est périe, est tenu solidairement, *id.* p. 296. — Sixième limitation. L'un de plusieurs héritiers du débiteur, entre lesquels la dette s'est divisée, peut être tenu du total, soit par le testament du défunt, ou par convention entre eux, ou *officio judicis familiæ erciscundæ*, *id.* p. 297. — Hors ces cas, l'héritier n'est tenu de la dette que pour sa part, et non du surplus, même en cas d'insolvabilité des autres, *id.* p. 298. — Exceptions de cette règle, *id.* p. 299. — Second effet de la division de la dette entre les héritiers du débiteur ; chacun peut la payer pour sa part, *id.* p. 300. — Première exception de cette règle à l'égard des dettes alternatives et des dettes indéterminées, *id.* p. 301. — Second cas d'exception, lorsqu'on est expressément convenu que la dette ne pourroit se payer par parties, *id.* p. 302. — Cette convention n'empêche pas qu'elle ne puisse être payée par parties aux différens héri-

tiers des créanciers, *id.* p. 303.
— Troisième cas d'exception,
lorsque, par la nature de l'engagement ou de la chose qui en
fait l'objet, ou de la fin que les
parties se sont proposée, il
paroît que l'esprit des contractans a été que la chose ne pût
se payer par parties, *id.* p. 304.
— Effets des obligations qui,
quoique divisibles *obligatione*,
sont indivisibles *solutione*, *id.* p.
304. — Effet de la division de la
dette lorsqu'elle se fait tant de
la part du créancier que de
la part du débiteur, *id.* p. 306.
— Dette qui s'est divisée, soit
entre les héritiers du créancier, soit entre ceux du débiteur, redevient indivise lorsque
les parts de ceux à qui ou par
qui elle étoit due, se réunissent
en une même personne, *id.* p.
307 et suiv. — *Secùs*, lorsque
la dette a été *ab initio* contractée divisément, *id.* p. 309. —
Différence de la dette de plusieurs corps certains et celle de
plusieurs choses indéterminées,
touchant leur division, *id.* p.
309.

DIVISIBLE. Action *ex conducto*, est divisible ou indivisible, t. IV, p. 313.

DIVISION. Exception de division accordée aux cautions par
Adrien, t. I, p. 402. — Quelles
cautions n'ont pas l'exception
de division, *id.* p. 402. — La
caution ne peut demander la division de son obligation qu'entre
elle et ceux de ses cofidéjusseurs, qui sont solvables et de-
meurans dans le royaume; mais
la dette une fois divisée, la
caution n'est plus tenue de
l'insolvabilité de ses cofidéjus-

seurs, *id.* p. 403-404. — Une
caution peut-elle demander la
division de son obligation entre
elle et ses cofidéjusseurs, lorsque la condition sous laquelle
ils se sont obligés, ou les termes
auxquels ils doivent payer, ne
sont pas encore échus? *id.* p.
404. — Peut-elle la demander
entre elle et ses cofidéjusseurs
qui ne sont pas valablement
obligés, ou qui se sont fait restituer contre leur obligation
pour cause de minorité? *id.* p.
404 et suiv. — Quand l'exception de division peut-elle être
opposée? *id.* p. 407 et suiv. —
Effet de l'exception de division,
id. p. 409. — La caution qui obtient la division est-elle admise
à imputer, sur la part qu'elle
doit porter de la dette, ce qu'elle
en a payé avant la division? *id.*
p. 410.

Division. L'un des détenteurs
de l'héritage sujet à la rente,
peut-il opposer contre les autres
détenteurs l'exception de division? t. V, p. 44-45.

DIVORCE, étoit censé, par
les lois romaines, rompre le
lien du mariage, t. VII, p. 299.
— Les empereurs chrétiens ne
l'avoient pas aboli; mais, quoiqu'il soit valable dans le for extérieur, l'église privoit de la
communion ceux qui le prati-
quoient, *id.* p. 300. — Le divorce n'est pas reçu en France;
il l'est dans quelques états protestans, *id.* p. 301.

DIXIÈME ET VINGTIÈME.
Ce que c'est, t. IV, p. 76. —
Le débiteur de la rente constituée peut-il les retenir? *id.* p.
76.

DOL. Vices de conventions,

lorsque celui avec qui j'ai contracté l'a commis ou en a été
participant, t. I, p. 101. —
Quel *dol?* distinction entre le
for extérieur et celui de la conscience, *id.* p. 101.

Dol. Quand y a-t-il dol de la
part du porteur de la lettre de
change pour la faire accepter ?
t. IV, p. 209.

Dol. Ce que c'est, t. XIV, p.
397. — Donne lieu à la restitution en faveur des majeurs et
des mineurs, *id.* p. 397.

DOMAINE *de propriété*, t.
XV, p. 51. — Comment il s'ac-
quiert, *id.* p. 53 et suiv. (*V.*
TRADITION.)

Domaine de supériorité, *id.*
p. 56.

Domaine direct, *domaine
utile*, *id.* p. 57-67.

Domaine de Propriété. Ce que
c'est et ce qu'il renferme, t. X,
p. 3. — Défauts dans la personne du propriétaire le privent,
non du fonds, mais de l'exercice de ce droit, *id.* p. 4-5. —
Imperfection dans le droit de
propriété. Différentes espèces
d'imperfections, *id.* p. 6. — Le
droit de disposer que donne la
propriété parfaite, et sans donner atteinte aux droits d'autrui
ni aux lois, *id.* p. 9. — Le domaine de propriété suppose un
propriétaire ; il n'est pas nécessaire que ce soit une personne naturelle, *id.* p. 9. —
Deux personnes ne peuvent être
propriétaires d'une même chose,
chacune pour le total. Comment
cela s'étend-il ? *id.* p. 10. — On
ne peut être propriétaire d'une
même chose *ex pluribus causis*,
id. p. 11-12. — Manière d'acquérir le domaine par le droit

naturel. (*V.* OCCUPATION, Ac-
CESSION, TRADITION, INVENTION.)
— Le domaine par le droit civil s'acquiert à titre universel
par succession, *id.* p. 141. —
Ou par legs universel, *id.* p.
142. — S'acquiert à titre singulier, par legs ou fidéicommis,
adjudication, prescription, *id.*
p. 142. — Par le Droit romain
nous acquérions non-seulement
par nous-mêmes, mais encore
par ceux que nous avions en
notre puissance. Dans nos provinces qui ne sont pas régies
par le Droit écrit, nous n'acquérons proprement que par
nous-mêmes, *id.* p. 143. — Nous
acquérons par nous-même quoique par le ministère d'un autre
qui acquiert en notre nom, ayant
pouvoir et qualité, *id.* p. 146.
— Ou par la ratification de ce
qui a été fait en notre nom, *id.*
p. 147. — Nous ne pouvons acquérir le domaine que par notre
volonté de l'acquérir, ou par la
volonté de ceux qui ont qualité
pour suppléer la nôtre, *id.* p.
147-148. — Trois exceptions
au principe, *id.* p. 148. — La
volonté d'acquérir doit être ac-
compagnée d'une préhension
corporelle de la chose, *id.* p.
149. — Nous perdons le domaine
d'une chose par notre volonté,
par la tradition, *id.* p. 150. —
Par l'abandon que nous en fai-
sons, *id.* p. 151. (*V.* ABANDON,
CONSIGNATION, DÉGUERPISSE-
MENT.) — Comment le perdons-
nous malgré nous ? Quatre manières, *id.* p. 154-155. — Nous
ne perdons pas le domaine des
choses dont nous perdons la
possession, *id.* p. 155. — Exception à l'égard des animaux

sauvages et des autres choses qui sont de nature à être dans la communauté négative, *id.* p. 156. (*V.* COMMUNAUTÉ NÉGA-TIVE.)

Domaine direct, t. X, p. 3.

Domaine utile, t. X, p. 3.

DOMESTIQUES. S'ils peuvent être témoins ; qui sont ceux compris sous ce nom, t. II, p. 244. (*Voy.* MAÎTRES.)

DOMICILE. Ce que c'est, t. XV, p. 3. — Quel est le domicile de la femme et des enfans ? *id.* p. 4. — Les mineurs suivent-ils le domicile de leur mère, lorsqu'après la mort de son mari elle le transfère ailleurs ? *id.* p. 7. — Suivent-ils celui de leur tuteur ? *id.* p. 6-7. — Comment s'acquiert et se transfère le domicile ? *id.* p. 5-6. — Comment se retient, *id.* p. 4. — Règles pour connoître le domicile, *id.* p. 7-8.

DOMMAGES ET INTÉRÊTS. Ce que c'est, t. I, p. 180. — Hors le cas du dol, le débiteur n'est tenu que de ceux qui ont pu être prévus, le débiteur étant présumé ne s'être soumis qu'à ceux-ci, *id.* p. 181. — Ordinairement le débiteur est censé ne s'être soumis qu'aux dommages soufferts *propter rem ipsam non habitam*, et à ceux qui sont intrinsèques, *id.* p. 181 et suiv.—Il est tenu même des extrinsèques, s'il paroît par les circonstances s'y être soumis, jusqu'à concurrence néanmoins de ce à quoi il s'est soumis, *id.* p. 183 et suiv. — Hors le cas du dol, le débiteur n'est tenu des dommages et intérêts que jusqu'à concurrence de la somme à laquelle on a pu pré-

voir qu'ils pourroient monter au plus haut, *id.* p. 186 et suiv. —En cas de dol, le débiteur est tenu de tous les dommages et intérêts, même de ceux qui n'ont pu être prévus, *id.* p. 189 et suiv. — N'est pas néanmoins tenu de ceux qui ne sont qu'une suite éloignée et non nécessaire du dol, *id.* p. 189. —Le débiteur est tenu des dommages et intérêts, non-seulement en cas d'inexécution, mais même en cas de retard à l'exécution, *id.* p. 192. — Quels sont les dommages et intérêts, en cas de retard au paiement d'une somme d'argent due, *id.* p. 192.—Différence à cet égard entre le for extérieur et celui de la conscience, *id.* p. 193-194.

Dommages et intérêts. Les dommages et intérêts dont est tenu le vendeur en cas de défaut de tradition ou d'éviction, ne sont ordinairement que ceux que l'acheteur a soufferts *propter ipsam rem non habitam*, t. III, p. 46-47.—En quoi consistent-ils ? *id.* p. 79. — S'il étoit survenu une augmentation immense de prix, *id.* p. 80. — Quand est-il tenu de ceux que l'acheteur a soufferts extrinsèques ? *id.* p. 47-48. — Dommages et intérêts dus par le vendeur pour sa demeure, et le retard qu'il a apporté à la tradition, en quoi consistent-ils ? *id.* p. 48 et suiv.

Dommages et intérêts faute de tradition, t. IV, p. 318. — En quoi consistent ces dommages et intérêts ? *id.* p. 319. — Différence à cet égard entre le locateur de bonne foi et celui de mauvaise foi, *id.* p. 320-322.

en santé: comment cela s'entend-il ? *id.* p. 386. (*V.* MALADIE.) — Sur les autres qualités qui doivent se trouver dans les conjoints qui se font don mutuel (*V.* AGE, ENFANS, ETRANGERS, INTERDITS, MINEURS.) — De quelles choses le don mutuel peut - il être composé ? *id.* p. 395 et suiv. (*V.* APPORTS, PROPRES AMEUBLIS, RÉCOMPENSES, RENONCIATIONS.) Le don mutuel qui comprend plus que ce que la Coutume permet est entièrement nul, *id.* p. 403. — Forme du don mutuel; doit être fait par acte devant notaires, *id.* p. 405. — Peut-il être fait par des actes séparés? *id.* p. 405-406. — Est sujet à l'insinuation (*V.* INSINUATION). N'est pas sujet aux autres formalités ni aux règles observées dans les donations entre-vifs ordinaires, *id.* p. 411. — N'est pas susceptible de tradition. La femme, pour le faire, doit être autorisée, *id.* p. 411. — Don mutuel, est-il ouvert par la mort civile de l'un des conjoints? *id.* p. 412. — Est sujet à la délivrance, *id.* p. 421-422. — Le survivant donataire doit donner caution, *id.* p. 422. (*V.* CAUTION.) Dans quelles Coutumes le donataire est saisi de plein droit; on doit suivre à cet égard la Coutume qui régit les biens compris au don mutuel, *id.* p. 426. — En quoi consiste l'usufruit du donateur mutuel, et quelles en sont les charges (*V.* USUFRUIT, QUASI-USUFRUIT, RENTE VIAGÈRE, PRISÉE, CHARGES DU DON MUTUEL) — Comment s'éteint-il? et de la restitution qui doit être faite après son extinction, *id.* p. 451-452.

Don mutuel indirect qui ré-sulte de la convention permise par l'article 1281 de la Coutume de Paris. Quelle est cette convention? *id.* p. 454. — En quoi convient-il avec le don mutuel direct? *id.* p. 454-455. — En quoi diffère-t-il? *id.* p. 458. (*V.* CONVENTION, DONATIONS ENTRE ÉPOUX.)

Don mutuel de la Coutume de Dunois. Disposition de cette Coutume, *id.* p. 478-479. — Nature de ce don mutuel, *id.* p. 484. — Est révocable, *id.* p. 485. — Pourvu que la révocation ne soit pas faite *in extremis*, *id.* p. 485. — Et qu'elle soit notifiée à l'autre conjoint, *id.* p. 486. — Ce don mutuel ne peut se faire pendant la dernière maladie dont l'un des conjoints est décédé, *id.* p. 488. — A moins que les conjoints n'eussent été l'un et l'autre dans un danger de mort égal ou presque égal, *id.* p. 489. — Les conjoints qui ne sont pas communs en biens, peuvent-ils se faire don mutuel dans la Coutume de Dunois? *id.* p. 490-491. — Les étrangers n'en sont pas capables, sauf à Marchenoir, *id.* p. 488. — La Coutume de Dunois fait, par rapport au don mutuel, deux classes de biens : celle des biens de communauté, dont elle permet le don mutuel en propriété; celle des autres biens, dont elle permet le don mutuel en usufruit, *id.* p. 492 et suiv. (*V.* ACQUÉREMENS - IMMEUBLES, HÉRITAGES PROPRES.) — Don mutuel est nul lorsque l'un des conjoints donne la propriété, et l'autre ne donne qu'en usufruit, *id.* p. 495. — Dans la Coutume de Dunois, les conjoints qui ont des parts inégales

250. — Exceptions, *id.* p. 251.
— Ne donne lieu au profit de
ventes pour les héritages en
censives à droit de ventes, *id.*
p. 340.—Ni au rachat, t. XVII,
p. 173. — Donations rémunératoires, onéreuses, équipollent
à vente, t. XV, p. 133-341-
348.—Donation en avancement
de succession. (*V.* AVANCEMENT
DE SUCCESSION, RAPPORTS.) —
Donation de part d'enfant. (*V.*
EDIT DES SECONDES NOCES.)

Donation entre-vifs. Ce que
c'est, t. XIII, p. 225. — Est ou
directe ou fidéicommissaire, *id.*
p. 225.—Quelles personnes peuvent donner? *id.* p. 227. (*Voy.*
RELIGIEUX, FEMMES, MINEURS.)
— Un sourd et muet peut-il
donner? *id.* p. 228. — Quelles
personnes peuvent recevoir des
donations entre-vifs? *id.* p. 235.
(*V.* AUBAINS, MINEURS, RELI-
GIEUX, COMMUNAUTÉS, MARIS ET
FEMMES, TUTEURS.) —Extension
de l'ordonnance à d'autres personnes, *id.* p. 243.—Exception
en faveur de ceux qui, par rapport à la parenté, ou par un
autre motif, peuvent mériter la
donation, *id.* p. 247. — En quel
temps se considère la capacité
des personnes? *id.* p. 248. —
Quelles choses on peut donner
entre-vifs, *id.* p. 249. — Quelle
coutume il faut suivre à ce sujet, *id.* p. 249. — Forme des
donations, *id.* p. 249. (*V.* AC-
CEPTATION, TRADITION, IRRÉVO-
CABILITÉ, INSINUATION.)—Les
donations doivent être faites par
actes devant notaires, dont il
reste minute, t. XIII, p. 283.
— Le donateur peut-il opposer
ce défaut? *id.* p. 283. — Donner
et retenir ne vaut. Explication

de cette maxime, *id.* p. 283. —
Donation de biens à venir, non-
valable, *id.* p. 263.—Donation
de biens présens et à venir,
non valable, même pour les
biens présens, *id.* p. 263.—Exceptions à l'égard des donations
faites par contrat de mariage,
id. p. 265.

Donataire entre-vifs. Est-il
chargé de l'entretien des baux?
t. IV, p. 433.

*Donations. Donation à rente
viagère.* Cet acte est une donation, si la vente n'excède pas le
revenu de l'héritage donné, sinon est vente, t. III, p. 367.—
Edit qui défend aux gens d'é-
glise d'acquérir à rente viagère,
id. p. 367. — Hôpitaux de Paris
sont-ils exceptés? *id.* p. 368.

Donations onéreuses. Ne tiennent de la vente que lorsque les
charges sont appréciables à
prix d'argent, et au prorata de
la valeur des charges, t. III, p.
366.—*Quid*, en cas d'éviction?
id. p. 366.

Donations rémunératoires.
Lorsque les services ne sont pas
appréciables à prix d'argent,
est une pure donation, t. III,
p. 366.—Lorsqu'ils sont appréciables, s'ils égalent la valeur
des choses données, l'action est
une vraie dation en paiement,
id. p. 364. — Lorsqu'ils sont
au-dessous, l'acte est mixte et
donne lieu à la garantie au prorata, *id.* p. p. 364. — Lorsque
la valeur des services va, par
exemple, aux deux tiers de celle
de la chose donnée, l'éviction
d'un morceau de terre, qui n'en
faisoit pas le tiers, donne-t-elle
lieu à la garantie? *id.* p. 365.

Donations et legs faits par nos

ascendans, tiennent lieu de succession et forment des propres , t. XIII, p. 7. — Quand même nous ne serions pas leurs héritiers présomptifs, *id.* p. 8. — *Quid*, dans les coutumes où l'aîné est seul héritier , et où il est fait donation à un puîné? *id.* p. 8. — *Quid*, si mon père acquiert un héritage en mon nom , le paie de ses deniers, et m'en fait ensuite donation? *id.* p. 9. — Les immeubles acquis de nos ascendans à titre onéreux nous sont acquêts, quoique l'acquisition soit qualifiée donation, *id.* p. 11. — Donation faite par un ascendant, à la charge de payer ses dettes, *id.* p. 12. — *Quid*, si un père donne à son fils un héritage à la place d'une somme promise en dot? *id.* p. 13. — Donation faite à un héritier présomptif en ligne ascendante ou collatérale, fait-elle des propres? *id.* p. 13. — *Quid*, s'il est dit que la donation est faite en avancement de succession? *id.* p. 14. — Ou pour être propre au donataire, *id.* p. 14.

Donation, donne lieu au rachat, t. XI, p. 306. — Exceptions faites dans la coutume d'Orléans, *id.* p. 306. — 1° Donation pour Dieu, *id.* p. 306. — 2° Donation faite aux enfans, *id.* p. 307. — 3° Donation faite aux ascendans, *id.* p. 308. — *Quid*, dans la coutume de Paris? *id.* p. 308. — Donation faite par un bâtard à sa mère, *id.* p. 309.

Donation renumératoire ne donne pas lieu au retrait, t. XI, p. 380. — *Secùs*, si les services sont appréciables à prix d'argent, *id.* p. 380. — Donation onéreuse ne donne pas lieu au retrait lorsque les charges ne sont pas appréciables à prix d'argent, *id.* p. 381. — *Quid*, de la vente à rente viagère? *id.* p. 382.

Donations testamentaires. Ce que c'est, t. XIII, p. 61. (*V.* TESTAMENT.)

Donataires et autres successeurs universels, qui sont-ils? t. XII, p. 609. — Sont tenus des dettes, *id.* p. 610. — Donataire universel des biens présens, tenu des dettes contractées lors de la donation, *id.* p. 610. — Donataire des biens que le donateur laissera à son décès, *id.* p. 611. — Donataires et légataires universels, et autres successeurs universels tenus des dettes seulement, jusqu'à concurrence des biens, *id.* p. 611. — Pour quelle part les donataires et légataires universels, ou autres successeurs universels, sont-ils tenus de contribuer aux dettes? *id.* p. 612.

Donations entre époux, défendues par le droit romain. Motifs de ce droit? t. IX, p. 295. — Les testamentaires étoient permises, *id.* p. 296. — Par la constitution d'Antonin, celles entre-vifs étoient confirmées par le prédécédé du donataire qui ne les avoit pas révoquées, *id.* p. 296-297. — L'ordonnance de 1731 a-t-elle dérogé à cette constitution dans les provinces régies par le droit écrit? *id.* p. 297. — Variété des coutumes sur la permission ou la défense des donations entre mari et femme, tant entre-vifs que testamentaires, *id.* p. 298-299. — Quelle est la coutume qui doit servir de règle ? *id.* p. 305. — Les donations testamentaires sont-elles permises dans les coutumes qui ne s'en sont pas expliquées? *id.* p. 300. —Les restrictions que certaines coutumes apportent à la permission qu'elles font des donations entre-vifs, entre mari et femme, s'étendent-elles aux testamentaires? *id.* p. 303.—On ne peut, par contrat de mariage, déroger ni formellement, ni indirectement, aux lois qui défendent les donations entre mari et femme, *id.* p. 309. — Peut-on déroger aux coutumes qui les permettent? *id.* p. 310.— Homme et femme dont le mariage est nul, sont-ils compris sous la prohibition de la loi? *id.* p. 314. — Quelles espèces de donations et avantages sont défendus entre conjoints? *id.* p. 316. — (*V.* Paiemens, Remises, Fruits, Action de revendication, Avantages indirects.) — Principes du droit romain, qu'il n'y a de donations prohibées entre mari et femme que celles par lesquelles le donataire est enrichi par la donation des biens du donateur, *id.* p. 320. — Donation faite par l'un des conjoints à l'autre pour le dédommager d'une perte qu'il a soufferte, est-elle prohibée? *id.* p. 321-322. — Consentement donné par l'héritier présomptif du donateur à la donation faite à un conjoint par mariage, la rend-elle valable? *id.* p. 322. — Conseil donné à un ami de faire plutôt à sa femme qu'à lui le legs qu'il se proposoit de lui faire, n'est pas un avantage, *id.* p. 350.—Si un homme a vendu un de ses propres en rentes viagères sur sa tête et sur celle de sa femme, sa femme pourra-t-elle en jouir après sa mort? t. IV, p. 132.

Donations. Donnent-elles lieu au retrait? t. III, p. 449.

Donations mutuelles. Donnent-elles lieu au retrait? t. XI, p. 322.

Donations rémunératoires et onéreuses. t. XI, p. 380-381.

DONNEURS *à la grosse* (*V.* Préteurs, Grosse).

Donneurs de valeurs. Ce que c'est, t. IV, p. 152. — Obligation qu'il contracte de fournir la valeur, *id.* p. 184. — D'aller à l'échéance recevoir ou protester, *id.* p. 185. — Ne s'oblige de faire accepter, *id.* p. 186.

DOT. Dot des enfans de chacun des associés peuvent-elles se prendre sur la masse de la société *universorum bonorum* ? t. V, p. 132.

Dot. Les pères et mères en dotant un enfant peuvent-ils convenir que le survivant jouira, sa vie durant, de la part des meubles et conquêts du prédécédé ? (*V.* Convention.)

Dotaux. Biens dotaux, ce que c'est, t. VII, p. 473.

Dot. Quand les fruits d'un héritage sont-ils censés être le principal de la dot? t. VIII, p. 187. — Le mari est censé fournir la dot, tant pour lui que pour sa femme, en qualité de commune, sans avoir besoin de son consentement, *id.* p. 599-423. — Dot des enfans communs n'est qu'une dette naturelle de l'un et de l'autre des conjoints, *id.* p. 302-420-421. — L'enfant n'a point d'action contre ses père et mère , *id.* p. 422. — Différence à cet égard entre le droit romain et le nôtre, *id.* p. 422. — Cette obligation naturelle n'est pas une dette de leur communauté , elle est une dette propre à chacun d'eux, *id.* p. 421. — Lorsque les père et mère ont doté conjointement un enfant commun , ils sont censés l'avoir fait pour moitié, lorsque la part de chacun n'est pas exprimée , *id.* p. 424. — Différens cas dans lesquels un enfant commun a été doté pendant le mariage , et récompense due à la communauté dans le cas où les fonds en ont été tirés , *id.* p. 425.

DROITS SUCCESSIFS. (*V.* Hérédité.)

Droits utiles , ou Profits de fiefs. (*V.* Profits.)

Droits de Justice. Donnent-ils lieu au retrait? t. III, p. 409.

Droits personnels AD REM. Quand sont-ils sujets à retrait ? t. III , p. 409.

Droits réels vendus , sujets à retrait, t. III , p. 408.

Droits réels accordés par l'acheteur. S'éteignent par le retrait, t. III , p. 614. — Quels recours a celui à qui ils avoient été accordés? *id.* p. 616.

Droits successifs. Quand donnent-ils lieu au retrait? t. III , p. 412.

Droits de Congé, de visite, de rapport, t. VI , p. 312.

Droits honorifiques. Le mari a l'exercice de tous ceux attachés aux propres de sa femme , t. VII , p. 475.

Droits qu'on a par rapport à un héritage, sont biens immeubles, t. VIII , p. 46. — Ou

dans un héritage , dans un territoire , *id.* p. 46. — Droits d'un locataire ou fermier, est meuble, *id.* p. 48. (*V.* Créance personnelle.)

DOUAIRE, t. XVI, p. 137. — Quand se contracte l'obligation du douaire? *id.* p. 138. — Quand est-il ouvert? *id.* p. 138. — Quand la veuve en est-elle saisie? *id.* p. 156.—Pour quelles causes en est-elle privée? *id.* p. 155. — Douaire conventionnel, sa nature, et en quoi il consiste? *id.* p. 138. — S'il exclut le coutumier? *id.* p. 157. — Douaire coutumier. En quoi consiste-t-il, et quelles choses y sont sujettes? *id.* p. 139-145-156. — Quand cessent-elles ou non d'y être sujettes? *id.* p. 146-148. —Biens substitués, quand sont-ils sujets au douaire? *id.* p. 146.—Douaire subsidiaire, à défaut de propres, *id.* p. 159. — En quoi consiste l'usufruit de la douairière sur les choses sujettes au douaire ? *id.* p. 149. —Comment doit-elle jouir? *id.* p. 149. — Si elle est tenue de l'entretien des baux ? *id.* p. 149. — Doit-elle rembourser les impenses faites par son mari pour labours et semences, et doit-on rembourser à sa succession celles qu'elle a faites? *id.* p. 151.—Des charges foncières dont elle est tenue , *id.* p. 152-160. — Des dettes dont elle est tenue, *id.* p. 152. — Quand finit son usufruit, *id.* p. 155. — De l'action de la douairière contre les tiers détenteurs, *id.* p. 154.

Douaire de la femme. Ce que c'est, t. IX, p. 1. — Son origine, *id.* p. 4.—Deux espèces, *id.* p. 1. — La femme peut-elle y renoncer par son contrat de mariage ? *id.* p. 2. — Cette renonciation doit être expresse, *id.* p. 2. — Le douaire n'est pas une donation, *id.* p. 5-98. — y a-t-il lieu au douaire quand le mariage n'a pas les effets civils ? *id.* p. 7-8. — Comment se contracte l'obligation du douaire? *id.* p. 98. — L'homme contracte cette obligation dès l'instant de la bénédiction nuptiale, *id.* p. 97. — Cela a lieu, même dans les Coutumes qui assignent le douaire sur les héritages que le mari laissera à son décès, *id.* p. 99. — Quelques Coutumes requièrent que la femme ait couché ou soit présumée avoir couché avec son mari, *id.* p. 98. — Quelle Coutume doit-on suivre à cet égard? *id.* p. 100. — Le douaire est ouvert par la mort naturelle du mari, arrivée du vivant de la femme, *id.* p. 102. — La mort civile du mari y donne-t-elle ouverture? *id.* p. 103. — Cas auxquels quelques Coutumes accordent une provision de douaire avant l'ouverture par la mort naturelle, *id.* p. 104. — *Quid*, de la longue absence? *id.* p. 104. — Dans la Coutume de Paris et dans la plupart des Coutumes, la femme est saisie de plein droit de son douaire, tant préfix que coutumier, par la mort du mari, *id.* p. 106. — Exception à l'égard des héritages qui ne se trouvent plus dans la succession du mari, *id.* p. 107. — Quelques Coutumes apportent certaines conditions pour que la femme soit censée avoir été saisie de plein droit? *id.* p. 108. — La femme est-elle saisie

de plein droit, même dans le cas où on lui a donné le choix du préfix ou du coutumier? *id.* p. 100. — Coutumes où la douairière n'est saisie que du jour de sa demande, *id.* p. 110. — Coutumes qui distinguent à cet égard entre le douaire coutumier et le préfix, *id.* p. 109.—Quelle est à cet égard la coutume d'Orléans? *id.* p. 110. — Quelle Coutume doit régler, si la femme est saisie de plein droit, ou non, du douaire coutumier, *id.* p. 111. — Du conventionnel, p. 113. — Quand la femme a-t-elle exécution pour le paiement de son douaire? *id.* p. 128-129. — En quoi consiste l'usufruit de la douairière? (*V.* Usufruit.) ? — Peut-elle le vendre ou l'affermer ? *id.* p. 131. — Comment s'éteint-il? (*V.* Usufruit) — La femme est privée de son douaire pour cause d'adultère, *id.* p. 181.—Lorsqu'elle a abandonné son mari jusqu'à sa mort, quoique sommée de revenir, *id.* p. 182. — Pour débauche, même pour simple fornication pendant l'année de deuil, *id.* p. 182. — Pour crime de supposition de part, *id.* p. 183. — En Bretagne, la femme qui se remarie à son domestique, perd son douaire, *id.* p. 184. — Femme qui n'a pas poursuivi la vengeance de la mort de son mari, à quelle peine est-elle sujette? *id.* p. 184. — Dans quelques Coutumes, la femme est privée de son douaire lorsqu'elle mésuse des héritages dont elle jouissoit, ou de quelques-uns d'iceux, et lorsqu'elle en a vendu quelque partie ? *id.* p. 184. — Quelle est la peine dans celles qui ne s'en sont pas expliquées? *id.* p. 185. — Le convol à un autre mariage ne fait pas perdre le douaire, *id.* p. 185. — Comment s'étend la disposition de quelques Coutumes, qui portent que la femme ne peut avoir don et douaire? *id.* p. 186. — Dans ces Coutumes, la femme ne peut avoir l'un et l'autre, mais seulement le choix, *id.* p. 186. — Cela a lieu, quand même le douaire auroit été constitué par un autre que le mari, et le don fait par le mari, *id.* p. 187. — Cette disposition est un statut réel, *id.* p. 187.

Douaire Coutumier de la femme. Variété des Coutumes sur ce point. En quoi il consiste, t. IX, p. 10-15. — Dans la Coutume de Paris et la plupart des Coutumes, le douaire est la moitié en usufruit des héritages que le mari tient et possède au temps des épousailles, *id.* p. 15-16. — Sous ce terme, *héritages*, les rentes constituées sont comprises dans les Coutumes qui les réputent immeubles, *id.* p. 16. — Les offices y sont compris subsidiairement, *id.* p. 17. — Droit d'usufruit ou de rente viagère qu'a le mari sur la tête d'un tiers, y est compris, et comment? *id.* p. 17-18. — Les propres conventionnels n'y sont pas compris, *id.* p. 18. — Ni les propres ameublis, même au cas de renonciation à la communauté, *id.* p. 10. — Ce que la Coutume entend par ces termes, tient et possède au temps des épousailles, *id.* p. 19. — Il suffit, pour cela, que la cause immédiate qui a rendu

le mari propriétaire de l'héritage, remonte au temps des épousailles, ou plus avant, quoiqu'il n'en soit devenu effectivement propriétaire que depuis le mariage, *id.* p. 20. — *Secùs,* si ce n'étoit qu'une cause éloignée, *id.* p. 24. (*V.* LICITATION, DOUAIRE.) — Héritages que le mari avoit au temps du contrat de mariage, et qu'il a aliénés avant la célébration de mariage, quand sont-ils sujets au douaire? *id.* p. 24. — Le douaire coutumier consiste dans l'usufruit de la moitié des héritages qui adviennent au mari en ligne directe; quel est le sens de ces termes? *id.* p. 27. — Exception pour le cas auquel les successions entrent en communauté par disposition du contrat de mariage, *id.* p. 28. — La femme peut-elle prétendre douaire dans les héritages des successions des père et mère du mari, qui ont consenti au mariage, lorsqu'elles n'ont été ouvertes que depuis la mort du mari? *id.* p. 29. — Héritages, quoique chargés de substitution, sujets au douaire en cas d'insuffisance des biens libres, *id.* p. 40. — (*V.* SUBSTITUTION DOUAIRE). — Ce qui est uni par une union réelle à un héritier sujet au douaire, y est pareillement sujet, *id.* p. 46. — *Secùs,* si l'union n'est qu'une union civile, ou de simple destination? *id.* p. 46. — Ce qui y en reste y est sujet, *id.* p. 47. — Ce qui est subrogé, *id.* p. 48. — Douaire sur douaire n'a lieu, *id.* p. 52. — Suivant cette règle, pour régler le douaire coutumier d'un second ou ultérieur mariage, il faut, de la masse des héritages sur lesquels il est à prendre, distraire ce qui se trouve affecté au douaire des précédens mariages, *id.* p. 32. — Quand même depuis le second mariage les héritages du mari seroient libérés du douaire du premier, celui du second n'en seroit point augmenté, *id.* p. 33. — Y a-t-il lieu à la règle, *douaire sur douaire n'a lieu*, lorsque le contrat du premier mariage porte exclusion de douaire? *id.* p. 33. — *Quid*, du cas auquel le douaire du premier mariage est un douaire préfix, moindre que le coutumier? *id.* p. 33. — *Quid*, s'il est plus fort? *id.* p. 34. — La règle, *douaire sur douaire n'a lieu*, ne s'applique qu'à ceux qu'un homme a constitués pour ses différens mariages, et non au douaire de sa mère, dont ses héritages seroient grevés, *id.* p. 35. — Cette règle n'a lieu que dans les Coutumes qui donnent un douaire aux enfans, *id.* p. 35. — L'héritage que le mari a aliéné ne laisse pas d'être sujet au douaire lorsque l'aliénation a été volontaire, sans que le décret ni la prescription le puissent purger, *id.* p. 55. — Tempérament, *id.* p. 55. — Lorsque l'aliénation a été forcée, le douaire est transféré sur ce que le mari a reçu à la place (*V.* SAISIE RÉELLE). — Lorsque les héritages que le mari, au temps des épousailles, avoit en commun avec d'autres, passent à d'autres par le partage ou la licitation, la femme ne peut y prétendre douaire, lequel est transféré sur ce qui est advenu au mari par le partage ou la

succession, *id.* p. 60. — L'héritage que le mari a rapporté à la succession du donateur, cesse d'être sujet au douaire, ne s'étant pas trouvé dans la succession de quoi égaler ses co-héritiers en autres héritages, *id.* p. 62. — *Secùs*, dans le cas où le mari auroit pu retenir l'héritage en moins prenant, *id.* p. 62. — Lorsque le droit du mari sur une chose sujette au douaire, s'éteint et se résout *ex causa antiqua et necessaria*, le douaire sur cette chose s'éteint pareillement. *Secùs*, si c'est *ex causa nova*, et par le fait du mari, *id.* p. 50. — Lorsque cette résolution ne se fait que pour l'avenir, si le mari a reçu quelque chose à la place, le douaire de la femme est transféré sur ce qu'il a reçu. *Secùs*, lorsque le droit du mari est rescindé pour le passé, *id.* p. 52. — Les charges du douaire coutumier sont, 1° toutes les charges usufruitières des héritages dont la douairière jouit; sur quoi *V.* USUFRUIT; 2° de payer pour sa part les arrérages des rentes que le mari devoit au temps des épousailles, qui courront pendant tout le temps que le douaire durera, *id.* p. 36. — Le douairier n'est tenu des dettes mobilières, quoiqu'antérieures au mariage, *id.* p. 38. — N'est tenu d'aucune dette contractée depuis le mariage, même des rentes, *id.* p. 39. — Ni de celles que le mari a constituées dans le temps intermédiaire du contrat et des épousailles, *id.* p. 39. — La douairière doit contribuer aux dettes des successions échues à son mari, pour la part dont elle jouit dans les héritages desdites successions, *id.* p. 40.

Douaire subsidiaire que la Coutume d'Orléans accorde à défaut de propre sur les conquêts, t. IX, p. 62-63. — Deux choses requises pour ce douaire; 1° qu'il n'y ait aucune convention de douaire, *id.* p. 63. 2° qu'il n'y ait point de propres de communauté sur lesquels la femme puisse avoir le douaire ordinaire effectif, *id.* p. 64. — Pour exclure le douaire subsidiaire, suffit-il qu'il n'y ait pas de propres sous la Coutume d'Orléans, lorsqu'il s'en trouve sous d'autres Coutumes ? *id.* p. 69. — La Coutume accorde ce douaire, non-seulement sur les conquêts, mais sur tous les immeubles du mari qui ne sont pas susceptibles du douaire ordinaire, *id.* p. 70. — Trois différences entre le douaire subsidiaire et le douaire ordinaire, *id.* p. 73. — Douaire subsidiaire sur les meubles, *id.* p. 74. — Différentes dispositions de quelques Coutumes pour un douaire subsidiaire, *id.* p. 76.

Douaire préfix ou conventionnel de la femme. Est présumé constitué en usufruit, même dans le cas auquel on est convenu, pour douaire, d'une somme une fois payée, *id.* p. 77. — Quelques Coutumes décident le contraire, *id.* p. 78. — Doit-on suivre à cet égard celle du domicile que le mari avoit au temps des épousailles, ou celle de celui de la femme? *id.* p. 79. — La Coutume de Paris et la plupart des autres ne bornent pas la quantité du douaire conventionnel, *id.* p. 80. — Plusieurs ne permettent pas qu'il

excède le coutumier, *id.* p. 80. — On doit suivre à cet égard la Coutume du lieu où les biens du mari sont situés, *id.* p. 81. — A l'égard des choses qui n'ont pas de situation, telles que sont les rentes et les meubles, on doit suivre la Coutume du domicile que le mari avoit au temps des épousailles, *id.* p. 82. — A moins que le douaire ne fût constitué en une part des biens que le mari laisseroit à son décès; auquel cas c'est à la Coutume du domicile qu'avoit le mari au temps de son décès, *id.* p. 82. — Lorsque le douaire a été constitué dans un corps certain, régi par une Coutume qui réduit le douaire, la douairière qui a souffert réduction n'en peut demander récompense sur les autres biens de la succession qui se trouvent sous d'autres Coutumes, *id.* p. 85. — Lorsque le douaire conventionnel consiste dans une somme d'argent ou dans une rente dont le mari est constitué débiteur, l'héritier, en retenant ce que les Coutumes qui réduisent le douaire lui permettent de retenir, doit abandonner la propriété des biens régis par d'autres Coutumes qui ne bornent pas le douaire, *id.* p. 85. — Dans les Coutumes qui ne permettent pas que le douaire conventionnel excède le coutumier, si le mari n'a aucuns immeubles sur lesquels la femme puisse avoir un douaire coutumier, peut-elle avoir un douaire conventionnel? *id.* p. 87. — Par qui la réduction du douaire conventionnel ou coutumier peut-elle être demandée ? *id.* p. 90.

— Cette réduction a-t-elle lieu lorsque le douaire a été constitué par un autre que par le mari? *id.* p. 90. — Dans la Coutume de Paris et dans la plupart des Coutumes, lorsqu'il y a un douaire conventionnel, la femme ne peut avoir le douaire coutumier : d'autres Coutumes lui en laissent le choix, *id.* p. 90. — On doit suivre à cet égard la Coutume qui régit les immeubles sujets au douaire coutumier, *id.* p. 91. — Ventilation à faire quand il y en a dans différentes Coutumes, *id.* p. 92. — A l'égard des rentes que le mari avoit au temps des épousailles, on a égard à la Coutume du domicile qu'il avoit en ce temps, quoiqu'il en ait depuis changé, *id.* p. 93. — A l'égard de celles qui lui sont venues pendant le mariage, en ligne directe, on a égard à la Coutume du domicile qu'il avoit lorsque la succession lui est échue, *id.* p. 93. — Lorsqu'il est porté par le contrat de mariage que la future épouse aura pour douaire telle chose ou le douaire coutumier, est-ce à elle ou à l'héritier du mari que le choix appartient? *id.* p. 94. — Quel temps a la douairière pour faire son choix? *id.* p. 95. — Est-elle restituable contre le choix qu'elle a fait en minorité? *id.* p. 96. — *Quid*, lorsqu'elle meurt avant que de l'avoir fait? *id.* p. 97.

Douaire des Enfans. Variété des Coutumes sur le douaire des enfans, t. IX, p. 202. — Ce que c'est, *id.* p. 203. — Le douaire des enfans et celui de la femme est un même douaire, dont les enfans ont la propriété, et la femme l'usufruit, *id.* p. 203. —

Ce douaire n'est pas une donation dans les Coutumes qui l'admettent. *Secùs*, dans celles qui ne l'admettent pas, *id.* p. 204. — Ce douaire est une espèce de légitime, il en diffère néanmoins en plusieurs points, *id.* p. 205. — Il peut être exclu par le contrat de mariage, *id.* p. 206. — La clause que la femme n'aura pas de douaire suffit pour exclure le douaire des enfans, *id.* p. 206. — La donation universelle faite à la femme ne l'exclut pas, *id.* p. 206. — Ni celle que le douaire de la femme sera *sans retour*, ou en propriété, *id.* p. 207. — Sens de cette clause, *id.* p. 207. — Enfans ne peuvent être douairiers et héritiers, *id.* p. 207. — Quelles choses sont sujettes au douaire coutumier des enfans, *id.* p. 208. — Héritages venus à l'homme des successions de ses père et mère depuis la mort de la femme, n'y sont sujets, *id.* p. 208. — Lorsque la femme a le douaire coutumier, c'est par les coutumes où sont situés les héritages sujets au douaire coutumier de la femme, qu'on doit décider si les enfans y ont douaire, *id.* p. 209. — A l'égard des rentes constituées qui n'ont pas de situation, et que le mari avoit au temps des épousailles, c'est par la coutume du domicile qu'il avoit alors, qu'on doit décider si les enfans y ont douaire; c'est par celle du domicile qu'avoit le mari lors de l'échéance de la succession, *id.* p. 212. — Charges du douaire coutumier des enfans, *id.* p. 214. — Le douaire préfix des enfans, en quoi consiste-t-il? Trois cas, *id.* p. 216. — Dans les Coutumes

où le douaire est propre aux enfans, lorsqu'on a assigné par le
contrat à la femme une rente
viagère de tant, le douaire préfix des enfans consiste dans la
propriété de cette rente qui est
perpétuelle vis-à-vis d'eux, *id.*
p. 218. — Est-elle rachetable,
même du vivant de la douairière? *id.* p. 218.—A quel taux?
id. p. 219. — C'est le contrat
de mariage, lorsque les parties
ne s'en sont pas expliquées, soit
spécialement, soit générale-
ment, en se soumettant à une
certaine coutume, qui décide si
le douaire préfix de la femme
est propre aux enfans, ou non,
id. p. 220.—Lorsque les parties
ne s'en sont pas expliquées,
c'est la Coutume du domicile
qu'avoit le mari au temps des
épousailles, *id.* p. 221. — On
n'a pas d'égard à celles des lieux
où sont situés les héritages, dont
on a accordé à la femme la jouissance pour son douaire, *id.* p.
222. — Ni à celle du lieu où le
mari a transféré son domicile,
et qu'il avoit à sa mort, *id.* p.
223. — Lorsque par le contrat
de mariage de gens soumis à
une Coutume où le douaire est
propre aux enfans, on a donné
à la femme pour douaire le choix
du douaire de certaines choses,
ou du douaire coutumier, le
douaire est propre aux enfans,
quoiqu'elle ait choisi le coutumier, sans aucun égard au lieu
de la situation des héritages sur
lesquels il est à prendre, *id.* p.
224. — *Secùs*, lorsque la douairière a ce choix par la Coutume,
id. p. 225.—Lorsque la femme,
qui avoit le choix de deux choses
pour son douaire, est prédécé-

dée ou morte sans faire le choix,
ce choix passe aux enfans, *id.* p.
226.—*Quid*, s'ils ne s'accordent?
id. p. 226. — *Quid*, si l'enfant
qui avoit le choix est mort après
l'ouverture du douaire? *id.* p.
227.—Enfans; quand le douaire
des enfans est-il ouvert? *id.* p.
227. — Comment sont-ils saisis
de leur douaire? *id.* p. 231.—Il
n'est pas besoin que l'enfant qui
a survécu à son père ait pris qualité pour qu'il transmette son
douaire, *id.* p. 231.

DOUAIRIÈRE. Est-elle chargée de l'entretien des baux? t.
IV, p. 434.

DOUBLE LIEN, t. XVII,
p. 90.

Double lien. Ce que c'est, t.
XII, p. 456. — Ce que c'est
que la parenté du simple lien,
id. p. 456. — Quelle loi a établi
la prérogative du double lien?
id. p. 457. — Variété des coutumes à ce sujet, *id.* p. 457. —
Si cette prérogative a lieu dans
les coutumes qui ne s'en sont
pas expliquées, *id.* p. 457. —
En faveur de quels parens a-t-
elle lieu par la Novelle, et dans
les coutumes qui s'y sont con-
formées, *id.* p. 459. — Dans les
coutumes qui ont exprimé les
parens, cette prérogative peut-
elle être étendue à d'autres? *id.*
p. 461.—*Quid*, si ces coutumes
admettent la représentation? *id.*
p. 462. — Quels parens sont
censés compris dans les coutumes qui accordent cette prérogative du double lien? *id.* p.
462.—Cette prérogative s'exerce
sur les parens d'un seul côté qui
sont en égal degré, *id.* p. 463.
— A quels parens et sur quels
parens la coutume d'Orléans

l'accorde-t-elle? *id.* p. 464. — Dans cette coutume, les neveux ou nièces du double lien doivent-ils exclure les frères et sœurs du simple lien? *id.* p. 464. — Qui doit être préféré d'un oncle du double lien, ou d'un frère ou

une sœur du simple lien? *id.* p. 465. — Pour quelles espèces de biens cette prérogative a lieu? *id.* p. 465. — A-t-elle lieu dans la succession des propres qui ne sont affectés à aucune ligne? *id.* p. 466.

E.

ÉCH.

ÉCHALAS. Dans quel cas sont-ils censés placés à perpétuelle demeure? t. VIII, p. 31.

ÉCHANGE. A quels profits et droits l'échange donne-t-il lieu? t. XV, p. 250-336. — Donne-t-il lieu au retrait? t. XVII, p. 170.

Echange. Ce que c'est, t. III, p. 368. — Il diffère de la donation mutuelle, *id.* p. 368. — Il est différent du contrat de vente, quoiqu'il lui ressemble, *id.* p. 368. — Par le droit romain, l'échange étoit un contrat réel; la simple convention d'échange ne produisoit pas d'obligation civile; elle ne devenoit contrat que lorsqu'elle avoit été exercée par l'une des parties. Dans notre droit, la simple convention d'échange oblige l'une et l'autre partie par leur seul consentement, *id.* p. 369. — Dans le contrat d'échange chacun des contractans s'oblige précisément à transférer à l'autre la propriété de la chose qu'il donne en échange, en quoi il diffère du contrat de vente, les deux contractans étant tout-à-la-fois vendeurs et acheteurs, *id.* p. 370. — Au surplus, chacun des contractans contracte les mêmes obligations qu'un vendeur, et

ÉCH.

il en naît les mêmes actions, *id.* p. 371. — Après l'échange parfait par le seul consentement des parties, quoiqu'il n'ait pas été encore exécuté, chacune des choses est aux risques de celui à qui elle a été promise, *id.* p. 371-372. — En échange de meubles contre meubles, ou de meubles contre un immeuble, celui qui a donné des meubles en échange n'est pas restituable pour cause de lésion; mais celui qui a donné l'immeuble l'est comme en cas de vente, *id.* p. 372. — L'échange donne-t-il lieu aux droits seigneuriaux et au retrait? *id.* p. 372-373. — La chose que je reçois en échange, reçoit les qualités intrinsèques qu'avoit celle que j'ai donnée, lorsqu'elle en est susceptible, *id.* p. 373-374. — *Secùs*, des qualités extrinsèques et des charges, *id.* p. 373-374.

Echange de choses mobilières donne-t-il lieu au retrait? t. III, p. 430. — Exception de Dumoulin, *id.* p. 431.

Echange contre une rente constituée donne-t-il lieu au retrait? t. III, p. 435-436.

Echange d'héritage contre héritage sans soulte, donne t-il lieu au retrait? *id.* p. 438. — Avec soulte, donne-t-il lieu au retrait? *id.* p. 438. — Y donne-: il lieu pour le total ou au pro-rata de la soulte? *id.* p. 440-441. — Les deux héritages y sont-ils sujets? *id.* p. 442-443.

Echange simulé ou fraudu-leux, t. III, p. 444.—Le ligna-ger est-il admis à déférer le serment? *id.* p. 445. — Cas où la fraude se présume, *id.* p. 445.

Echange fait avec la clause de pouvoir racheter l'héritage donné en contre-échange, *id.* p. 446.

Echange. Héritage que j'ai acquis en échange avec mon propre, et pour lequel j'ai payé un retour en deniers, est-il propre pour le total ou au pro-rata? t. VIII, p. 127.

Echange, est un contrat qui n'est point équipollent à vente, et qui ne produit point profit de quint au seigneur; mais, suivant les édits, il en produit au roi ou aux seigneurs qui ont payé finance au roi, t. XI, p. 206. — Si l'échange qui se fait d'un fief contre une rente con-stituée, doit profit, *id.* p. 207. — L'échange de droit commun donne lieu au rachat, *id.* p. 324. — Excepté lorsque les hé-ritages échangés sont sous une même tenure féodale, *id.* p. 325.—Echange d'un fief contre des choses mobilières donne lieu au retrait féodal, *id.* p. 377. — L'échange d'un fief contre un autre héritage, ou contre un autre immeuble incorporel, comme des rentes, ne donne pas lieu au retrait, *id.* p. 377.

ECHELLES, faire échelles, t. VI, p. 317.

ECCLÉSIASTIQUES, leurs privilèges, t. XV, p. 13.

Ecclésiastiques. Tout négoce leur est défendu, t. IV, p. 156.

Ecclésiastiques. Peuvent-ils assurer ou faire assurer? t. VI, p. 327.

Ecclésiastiques, composent le premier ordre du royaume, t. XIII, p. 367. — Exemptions personnelles des ecclésiasti-ques, *id.* p. 368. — Exemption de la juridiction, *id.* p. 369. — Exemption des charges, *id.* p. 370. — Quels sont les clercs qui jouissent de ces priviléges? *id.* p. 371.

Ecritures privées. (*V.* ACTES SOUS SIGNATURES PRIVÉES, JOUR-NAUX, LIVRES DE MARCHAND, PA-PIERS, CÉDULES, FEUILLES VO-LANTES, QUITTANCES, POSTSCRIP-TUM.)

EDIFICES. Appartiennent, par droit d'accession, au pro-priétaire du terrain sur lequel ils sont bâtis, t. X, p. 93.

EDIT DES SECONDES NO-CES, t. XVI, p. 97. — Premier chef de l'édit. Quels avantages sont sujets à la réduction de ce premier chef? *id.* p. 68. — En quel cas? *id.* p. 70. — Effet de cette réduction, *id.* p. 71. (*V.* DONATIONS.) — Second chef, *id.* p. 74. — Quelles choses com-prend-il? *id.* p. 75. — Effet du second chef, *id.* p. 76. — Ex-tension que la coutume a donnée au second chef, *id.* p. 79. (*V.* CONQUÊTS.)

Edit des secondes noces. Préambule de l'édit, t. VII, p. 348. — Premier chef de l'édit. Dispositif de ce premier chef, *id.* p. 349. — Loi *hac edictali*, d'où elle est tirée, *id.* p. 350.—

Quelles sont les personnes auxquelles la défense est faite par le premier chef de l'édit? *id.* p. 351. — L'édit est-il censé avoir fait la même défense aux hommes qui, ayant des enfans d'un précédent mariage, convolent à un autre? *id.* p. 351. — Lorsqu'une femme a convolé plusieurs fois, le premier chef de l'édit ne lui permet pas de donner plus d'une part d'enfant à tous ses subséquens maris ensemble, *id.* p. 352. — Le premier chef de l'édit, en défendant de donner plus d'une part d'enfant au second mari, comprend aussi expressément dans sa défense les père et mère du second mari, et les enfans qu'il a d'un précédent mariage, *id.* p. 353. — A l'égard de leurs enfans communs, nés et à naître de leur mariage, ils ne sont pas compris dans la défense, *id.* p. 354. — Les père et mère et enfans d'un précédent mariage du second mari, ne sont personnes prohibées que tant qu'il vit, *id.* p. 354. — Enfin, l'édit comprend dans sa défense toutes les personnes qui pourroient paroître interposées pour faire passer le don au second mari, *id.* p. 355. — Les donations, de quelqu'espèce qu'elles soient, sont sujettes au retranchement du premier chef de l'édit, *id.* p. 355. — Les rémunératoires, *id.* p. 356. — Les onéreuses, p. 356. — Les mutuelles, *id.* p. 357. — Donation faite par une veuve à un homme qu'elle ne paroissoit pas avoir en vue d'épouser, et qu'elle a épousé par la suite, *id.* p. 358. — Avantages résultans des conventions matrimoniales,

sont pareillement sujets au retranchement de l'édit, *id.* p. 359. — Inégalité d'apport et défaut de réserve de propre, *id.* p. 360. — Si le mari avoit une profession lucrative, pourroit-il opposer aux enfans de la veuve qu'il a apporté autant et plus qu'elle à la communauté? *id.* p. 363. — Défaut de réserve de succession mobilière, n'est réputé avantage, *id.* p. 364. — Convention par laquelle on fait entrer en communauté les immeubles des successions, *id.* p. p. 365. — Peut être regardée comme avantage, *id.* p. 365. — Fixation de la part d'une seconde femme en la communauté, à une certaine somme, *id.* p. 366. — Douaire préfix, en tant qu'il excède le coutumier, *id.* p. 367. — Opinion singulière de Ricard, *id.* p. 368. — Pour qu'il y ait ouverture au retranchement du premier chef de l'édit, il faut 1º que quelqu'enfant du premier ou autre précédent mariage ait survécu à la femme ou à l'homme qui a convolé; 2º que ce qui a été donné excède la part de l'enfant le moins prenant, *id.* p. 369. — Ce qui peut être donné au second mari se règle sur la plus petite part qu'a droit d'avoir dans les biens de la succession un enfant qui a droit d'y venir; non sur une somme moindre dont cet enfant auroit bien voulu se contenter, ni sur ce qu'ont eu des enfans qui n'ont pas droit de venir à sa succession, *id.* p. 370. — Lorsque la succession se partage par souche, ce qui peut être donné au second mari se règle sur la part de l'une des souches la moins prenante; non sur ce qu'a un enfant dans la subdivision de la souche, *id.* p. 371.—Lorsqu'elle se partage entre plusieurs enfans d'une souche unique, la part du second mari se règle sur celle de l'un desdits enfans qui a la moindre part, *id.* p. 372. — Tous les enfans, ceux du second aussi bien que ceux du premier mariage, sont reçus à demander le retranchement, quand même ceux du premier n'useroient pas de leur droit, *id.* p. 373. — Il n'est pas nécessaire qu'ils soient héritiers de leur mère qui a fait la donation, *id.* p. 374. — Mais il faut qu'ils soient habiles à venir à la succession, *id.* p. 375. —L'approbation donnée par un enfant à la donation, ne le rend pas non-recevable, s'il ne l'a donnée que du vivant de la donatrice, *id.* p. 376. — Nature des actions qu'ont les enfans pour demander le retranchement, *id.* p. 376. — Opérations qu'il faut faire connoître si ce qui a été donné au second mari excède la part de l'enfant, et s'il y a lieu en conséquence au retranchement. C'est au temps de la mort de la donatrice qu'on doit avoir égard s'il y a excès dans la donation, *id.* p. 378-383. — Du partage à faire des biens compris en la donation faite au second mari, lorsqu'elle s'est trouvée excessive, entre les enfans, pour la portion qui en doit être retranchée à leur profit; et le second mari, pour la part qui lui en doit rester, *id.* p. 384. — Fruits de la portion retranchée sont dus aux enfans du jour de la mort, *id.*

p. 385. — *Quid*, lorsque les biens donnés au second mari sont des meubles? *id.* p. 386.— La portion retranchée se partage entre tous les enfans, non à titre de succession, mais comme un bien qui lui est déféré par l'édit. Plusieurs corollaires. (*V.* LÉGITIME.) L'aîné y prend néanmoins son droit d'aînesse. Le second mari n'est pas admis à la partager avec eux, *id.* p. 388. (*V.* PART D'ENFANT.) — Second chef de l'édit. Le dispositif, *id.* p. 396. — Lois romaines d'où il est tiré, *id.* p. 397. — Quels sont les dons du premier mari sujets à la réserve du second chef? Douaire en propriété, sans distinction, s'il excède le coutumier, y est-il sujet? *id.* p. 398. — Préciput conventionnel.—*Quid*, du préciput légal que quelques coutumes accordent aux nobles? *id.* p. 399.—L'avantage qui résulte d'une inégalité d'apport, *id.* p. 399. — Ce qui a été donné à une femme ou à un homme, quoiqu'en faveur de son premier mariage, par d'autres que par son premier mari, n'est sujet à la réserve, *id.* p. 400. — Ni les biens qu'elle a eus des successions des enfans de son mariage, *id.* p. 399-400. — Ni à titre de garde-noble, *id.* p. 400. — Ni la réparation civile qui lui a été adjugée contre le meurtrier de son mari, *id.* p. 400. — Nature de la réserve du second chef de l'édit. C'est une espèce de substitution légale. La loi feint que le premier mari, par la donation qu'il a faite à la femme, l'a tacitement chargée de rendre, après sa mort, à leurs enfans communs, les biens qu'il lui donnoit, en cas qu'elle convolât à un autre mariage. Corollaires qui suivent ce principe, *id.* p. 391-396. — Les immeubles sujets à la réserve sont-ils propres paternels ou maternels? *id.* p. 392. — S'imputent-ils sur la légitime qui leur est due dans les biens de leur mère? *id.* p. 393. — La femme peut-elle les aliéner par donation ou autrement? *id.* p. 393. — Dans quel cas les enfans sont-ils tenus à la garantie des biens aliénés par leur mère? *id.* p. 394. — *Quid*, lorsque ces avantages consistent en effets mobiliers? *id.* p. 394. —Cette substitution a lieu quand même le premier mari, par son testament ou par quelqu'autre acte, auroit déclaré qu'il remet à sa femme les peines de l'édit, *id.* p. 391. — Les enfans du second mariage, exclus par ceux du premier, des biens qui proviennent des dons du premier mari, ne peuvent pas pareillement prétendre exclure ceux du premier mariage des biens provenus des dons faits à leur mère par le second mari, à moins qu'elle n'ait convolé à de troisièmes noces, *id.* p. 395. — Toutes ces dispositions s'appliquent également à l'homme, *id.* p. 396. — Quoiqu'il ne soit pas nécessaire que les enfans du premier mariage aient été héritiers de leur père pour recueillir cette substitution, il faut au moins qu'ils aient eu droit de venir à sa succession, *id.* p. 396-398. — L'enfant justement exhérédé, quoique seulement par sa mère, n'est pas admis, *id.* p. 399. — Quand s'éteint cette substitution? *id.* p. 400.

Edit des secondes noces. Ce qu'une femme a recueilli du don mutuel de son premier mari, est sujet au second chef de l'édit des secondes noces, t. IX, p. 487.

Edit des secondes noces. Disposition du premier chef, t. XIII, p. 332. — Elle s'étend à l'homme qui se remarie, *id.* p. 333. (*V.* RETRANCHEMENT.) — Effet de l'édit des secondes noces, *id.* p. 340. — L'action révocatoire qui en résulte a lieu tant contre le mari donataire, que contre les tiers détenteurs, *id.* p. 340. — Ce retranchement se fait sans aucune charge des servitudes ou hypothèques imposées par le donataire, *id.* p. 340-341. — L'enfant a cette action, sans qu'il soit nécessaire qu'il accepte la succession de sa mère, *id.* p. 341. — Enfans peuvent-ils renoncer, du vivant de leur mère, au bénéfice de cet édit? *id.* p. 343. — Le peuvent-ils par le contrat du second mariage? *id.* p. 343-344. — Second chef de l'édit, *id.* p. 346. — Quelles choses y sont comprises? *id.* p. 347. — Le douaire d'une femme est-il sujet à cette réserve? *id.* p. 348. — L'inégalité d'apport est un véritable avantage, *id.* p. 348. — Les avantages que quelques coutumes accordent au survivant n'y sont pas compris, *id.* p. 348. — Effet du second chef de l'édit, *id.* p. 349. — Les enfans recueillent ces biens, comme étant substitués par la loi à leur profit, *id.* p. 350. — Peuvent-ils évincer les tiers-acquéreurs de ces biens, s'ils sont héritiers de leur mère? *id.* p. 350. — Les héritages donnés par un premier mari à la femme qui s'est remariée, sont-ils propres paternels ou maternels en la personne des enfans du premier lit qui les recueillent? *id.* p. 351-352. — A quels enfans doivent être réservés les biens donnés à leur mère? *id.* p. 352. — Celui qui n'auroit pas été exhérédé par son père, mais par sa mère, pourroit-il y prendre part? *id.* p. 352-353. — Quelques cas où la disposition de l'édit doit cesser, *id.* p. 354. —Extension donnée par les coutumes de Paris et d'Orléans, à l'édit des secondes noces, par rapport aux conquêts du premier mariage, *id.* p. 355. — Le terme de conquêts comprend tant les meubles que les immeubles, *id.* p. 356. — Ce que la femme a apporté en communauté est-il sujet à cette disposition? *id.* p. 356.— Différence que la coutume d'Orléans met entre le second mari et les étrangers, touchant la défense de disposer des conquêts, *id.* p. 357. — En quoi diffèrent les dispositions des coutumes de Paris et d'Orléans, touchant les conquêts et le second chef de l'édit? *id.* p. 360. — Différence fondamentale, *id.* p. 361 et suiv. — Quand la disposition des coutumes à cet égard cesse d'avoir lieu, *id.* p. 362. — Elle s'étend à l'homme qui se remarie, *id.* p. 362.

BLIQUÉ, IMPUISSANCE, PARENTÉ, RAPT, SÉDUCTION, MEURTRE, MARIAGE, ORDRES SACRÉS, RELIGION, AFFINITÉ, ALLIANCE SPIRITUELLE, PUBERTÉ, PROFESSION RELIGIEUSE.) L'autorité séculière a le droit d'établir des empêchemens de mariage. (*V.* PUISSANCE SÉCULIÈRE.)

Empêchemens dirimans, t. VII, p. 49.

Empêchemens qui ne sont que prohibitifs, t. VII, p. 49. — Autres divisions des empêchemens dirimans, *id.* p. 51. (*V.* PARENTÉ, AFFINITÉ, PUBERTÉ, IMPUISSANCE, PROFESSION RELIGIEUSE, MARIAGE, RAISON, HONNÈTETÉ PUBLIQUE, RAPT, SÉDUCTION, RELIGION, ADULTÈRE, MEURTRE.)

—Débiteur peut obtenir la main-levée de l'emprisonnement, *id.* p. 368.—Moyens de nullité que le débiteur peut opposer, *id.* p. 368. — Différence entre les moyens de nullité en la forme, et ceux du fond, *id.* p. 368. — Causes survenues depuis l'emprisonnement, pour lesquelles le débiteur doit avoir main-levée de sa personne, *id.* p. 369. — Somme qu'il doit consigner pour être mis hors de prison, *id.* p. 369.—Lui suffit-il d'offrir bonne et suffisante caution? *id.* p. 369. — Le défaut d'alimens fournis est une cause suffisante d'élargissement, *id.* p. 370. — *Quid,* si le débiteur a déclaré qu'il ne vouloit point recevoir d'alimens du créancier? *id.* p. 371. —

de la deuxième espèce d'endossement, *id.* p. 165. — Endossemens en blanc défendus, *id.* p. 164. — Endossement de la première espèce renferme un contrat de change semblable à celui qui intervient entre le tireur et le donneur de valeur, et qui produit les mêmes obligations, *id.* p. 163-187. — Il renferme aussi un transport que l'endosseur fait de tous ses droits et actions, à celui à qui il passe son ordre, *id.* p. 163-187. — Ce transport renfermé dans l'endossement, saisit de plein droit sans signification, pourvu que l'endossement soit revêtu des formes, *id.* p. 188. — Endossement, quoique fait dans les dix jours avant la faillite, *id.* p. 188. — Quel contrat renferme l'endossement de la deuxième espèce, et quelles sont les obligations de celui à qui l'ordre est passé? *id.* p. 189. — Le banquier à qui l'ordre a été passé, qui renvoie, par une lettre de change à l'endosseur, les fonds qu'il a reçus pour lui, est-il garant de la lettre? *id.* p. 190. — La gratuité est-elle de l'essence de ce contrat? *id.* p. 192. — Différence entre les deux espèces d'endossemens, *id.* p 193. — Endosseur ne contracte aucun engagement envers l'accepteur, à moins qu'il n'eût accepté pour l'honneur de l'endosseur, *id.* p. 205-206.

ENFANS. Pour que la condition, pourvu qu'il n'y ait enfans, apposée à la permission des donations simples, soit accomplie, suffit-il que le donateur n'en ait point? t. IX, p. 304. — Pour que le don mutuel

soit valable, suffit-il qu'il ne se soit pas trouvé d'enfans au temps de la mort du prédécédé, quoiqu'il y en eût au temps du contrat? *id.* p. 393. — Il faut qu'il n'y en ait ni de l'un ni de l'autre, *id.* p. 413. — Un seul suffit pour faire obstacle au don mutuel, *id.* p. 413. — Un posthume y fait obstacle, pourvu qu'il soit né à terme, et vivant; c'est aux héritiers du prédécédé à le justifier, *id.* p. 414. — Lorsque le prédécédé et l'enfant sont morts par un même accident, c'est aux héritiers du prédécédé, qui s'opposent au don mutuel, à justifier qu'il a survécu, *id.* p. 415-416. — Il n'y a que les enfans qui jouissent de l'état-civil, qui fassent obstacle au don mutuel, qui soient habiles à succéder, *id.* p. 417. — L'exhérédé y fait obstacle, *id.* p. 418. — Celui qui a renoncé à la succession du prédécédé, *id.* p. 419. — La condition, pourvu qu'il n'y ait enfans, n'est susceptible d'aucune modification, *id.* p. 419. — Les enfans peuvent-ils, en intervenant au contrat, remettre la condition? *id.* p. 419. — Un conjoint peut-il donner aux enfans de l'autre conjoint, dans la coutume de Paris? *id.* p. 361. — Dans les autres coutumes, *id.* p. 362. — Le peut-il après la dissolution du mariage? *id.* p. 366.

ENGAGEMENS. Quatre différentes espèces d'engagement des matelots, au voyage, au mois, au profit, au frêt, t. IV, p. 627. — Le maître du navire a le pouvoir de faire les contrats d'engagemens avec les matelots et autres gens de mer, et il oblige le propriétaire, *id.* p. 628. — Doit néanmoins les consulter lorsqu'ils sont sur le lieu, *id.* p. 629.

Engagemens des matelots doivent se faire par écrit, *id.* p. 630. — *Quid*, lorsque le contrat n'étant pas rédigé par écrit, il y a contestation? *id.* p. 631.

Engagemens des matelots au voyage. (*V.* Voyage.) — Enclasser, ce que c'est, *id.* p. 629. — L'arrêt du prince, avant le voyage commencé, rompt cet engagement, *id.* p. 638. — *Quid*, lorsque le voyage est commencé, distinction si le matelot est engagé au mois, au voyage ou au profit? *id.* p. 638.

ENGAGISTE. Le commun des auteurs décide qu'il n'a pas le droit de retrait féodal, t. XI, p. 401.

ENONCIATION. (*V.* Actes.) ÉPAVES, t. XV, p. 371.

Epaves. Qu'est-ce que les épaves, quand elles tombent en communauté? t. VIII, p. 151.

Epaves, ce que c'est, t. X, p. 39. — A quel seigneur appartient le droit de vendre à son profit les épaves non reconnues? *id.* p. 40. — Celui qui trouve l'épave la doit déférer à justice. Peine s'il ne le fait pas, *id.* p. 40. — Procédure que doit tenir le seigneur avant de vendre l'épave, *id.* p. 41. — Jusqu'à quel temps l'épave peut-elle être réclamée? *id.* p. 42. — Lorsqu'elle a été adjugée, à qui le prix en appartient-il? *id.* p. 44.

ENQUÊTE. Ce que doit examiner le juge avant de l'ordonner, t. XIV, p. 68. (*V.* Preuve par témoins.) — De la procédure des enquêtes, *id.* p. 76. —

Ce que doit contenir le jugement qui ordonne l'enquête, *id.* p. 76. — Du délai pour faire l'enquête, et quand il court, *id.* p. 76. — *Quid*, lorsqu'il y a appel? *id.* p. 76. — Ce que doit faire la partie qui veut faire son enquête, *id.* p. 77. — Ce que doivent contenir les assignations données, soit aux témoins, soit à la partie, *id.* p. 77. — Ce que doit faire le juge ou commissaire, *id.* p. 77. — Ce que doit contenir la prémice de la déposition de chaque témoin, *id.* p. 78. — Ce que doit contenir le corps de la déposition, *id.* p. 78. — Procès-verbal du juge ou commissaire. Ce qu'il doit contenir, *id.* p. 79. — Signification du procès-verbal de jurande, avec sommation de fournir les reproches, *id.* p. 80. — *Quid*, si la partie qui a fait l'enquête ne la lève pas? *id.* p. 80. — De la preuve qui résulte de l'enquête, et par laquelle le juge doit se déterminer, *id.* p. 81. — Combien on peut faire entendre de témoins, *id.* p. 81. (*V.* Témoins.)

ENSAISINEMENT *ou Saisine.* Ce que c'est, t. XII, p. 31. — Le seigneur est obligé de l'accorder au censitaire, lorsqu'il la demande, mais il ne peut obliger le censitaire à la demander, *id.* p. 32.

ENTIERCEMENT, t. XVII, p. 318.

Entiercement. Manière de revendiquer les meubles corporels, t. X, p. 173-174.

ENTRETIEN DU BAIL. Quels successeurs sont tenus ou non d'entretenir les baux faits par celui à qui ils succèdent. (*V.*

SUCCESSEURS, LOCATAIRES.) — Celui qui, après ses dettes acquittées, rentre dans ses biens qu'il avoit abandonnés. à ses créanciers, est tenu d'entretenir les baux faits par ses créanciers, t. IV, p. 439.

Entretien. La communauté chargée de l'entretien des héritages propres des conjoints, t. VIII, p. 177. (*V.* RÉPARATION.)

ERREUR, est le plus grand vice des conventions, t. I, p. 92. — Différentes espèces d'erreur sur les qualités de la chose, *id.* p. 93. — Sur la personne avec qui on contracte, *id.* p. 93. — Sur le motif, *id.* p. 95.

Erreur. (*Condictio indebiti.*) Quelle espèce d'erreur donne lieu à l'action *condictio indebiti?* t. V, p. 493.

Erreur sur la personne, détruit le consentement requis par le mariage, t. VII, p. 189. — Sur la qualité de la personne, *id.* p. 190. — Sur l'état de la personne, lorsqu'on prend une esclave pour une personne libre, *id.* p. 191. — Sur l'état-civil, *id.* p. 192. — Sur le nom, etc., *id.* p. 193. (*V.* CONSENTEMENT.)

Erreur dans le nom n'empêche point la validité du legs, si on peut connoître la personne à qui le legs est fait, t. XIII, p. 88. — Erreur sur le nom de la chose, n'est d'aucune considération, *id.* p.89. — Erreur sur le motif, *id.* p. 90.

Erreur. Plusieurs espèces, t. XIV, p. 397. — Espèce d'erreur qui donne lieu à la nullité ou à la rescision de l'acte, *id.* p. 397. — De l'erreur sur la qualité des choses, *id.* p. 398. —

De l'erreur de droit, *id.* p. 398.

ESCLAVAGE survenu de l'une des parties, dans le droit romain, étoit censé rompre le lien du mariage, sauf le cas du *jus postliminii,* t. VII, p. 301.

ESCLAVES NEGRES. Esclaves sont meubles, t. VIII, p. 29. — Distinction entre ceux qui sont attachés à la terre et ceux qui ne le sont point, *id.* p. 29.

ESCOMPTE. (*Usure.*) Ce que c'est, t. V, p. 473. — Sa ressemblance avec l'intérêt du prêt, *id.* p. 473. — Quand est-il usuraire? *id.* p. 474. — Escompte qui se pratique entre marchands, quand est-il usuraire? *id.* p. 475. — Escompte d'une somme due au vendeur d'une chose frugifère, *id.* p. 477.

ESCOUAILLES. Réglement sur les escouailles, t. V, p. 282.

ESSAI. (*Ventes à l'essai.*) t. III, p. 164.

ESSAIMS D'ABEILLES. Lorsque le propriétaire de la ruche ne les poursuit point, quelques coutumes les adjugent aux seigneurs justiciers, t. X, p. 45. — Hors ces coutumes, à qui appartiennent-elles? *id.* p. 46.

ESTER *en jugement.* Femme mariée ne peut ester en jugement sans son mari, t. VII, p. 461. — Première exception. Si elle est autorisée par le juge, *id.* p. 462. — Deuxième exception, à l'égard des femmes séparées, *id.* p. 463. — Si l'action n'étoit pas de simple administration, mais concernoit la propriété de ses immeubles, *id.* p. 463. — Doit-on faire une exception pour les marchandes publiques? *id.* p. 464. — Troisième exception, à l'égard des accusations criminelles, *id.* p. 464. — Quels droits la sentence de condamnation donne-t-elle à ceux qui l'ont obtenue? *id.* p. 465.

ESTIMATION. (Prêt à usage.) L'emprunteur est-il tenu des accidens de force majeure, lorsque la chose a été prêtée sous une estimation? t. V, p. 354.

ETANGS. Permis à chacun d'en faire sur son héritage, t. XV, p. 376. — Règles sur la pêche des étangs et fuite du poisson, *id.* p. 377.

ETAT-CIVIL *des personnes*. Ce que c'est, et comment il se perd, t. XV, p. 9-10. (*V.* CAPACITÉ.)

ETRANGERS. Quand acquièrent-ils les droits de citoyen en France? t. XV, p. 12. (*V.* AUBAINS.)

Etrangers non naturalisés, ne sont habiles au retrait, t. III, p. 472.

Etrangers. Mari et femme étrangers peuvent-ils se faire don mutuel? t. IX, p. 395. — Le peuvent-ils dans la coutume de Dunois? *id.* p. 488.

Etrangers. La communauté légale a-t-elle lieu entre des étrangers non domiciliés, lorsqu'ils contractent leur mariage sous une coutume qui admet de plein droit la communauté? t. VIII, p. 25.

Etrangers non naturalisés, sont régulièrement incapables de tester des biens qu'ils ont en France, t. XIII, p. 102. — Exception à l'égard des ambassadeurs, résidens, des sujets de certaines nations, etc., *id.* p. 102.

Etrangers. Sont ceux qui sont nés de parens étrangers, et hors la domination française, t. XIII, p. 393. (*V.* AUBAINS.)

ÉVICTION. (*Evincer.*) Ce que c'est, t. III, p. 52. — Les évictions dont est tenu le vendeur sont celles qui avoient une cause ou un germe existant dès le temps du contrat, *id.* p. 53. — Exceptions. 1°. Celles dont l'acheteur est chargé par la loi, ou par une clause particulière du contrat, *id.* p. 54. — 2°. Celles qui sont demeurées sans effet, *id.* p. 54. — 3° Celles dont l'acheteur étoit lui-même tenu d'acquitter le vendeur, *id.* p. 55. — 4° Celles qui procèdent du fait de l'acheteur, *id.* p. 55. — Le vendeur n'est tenu des évictions dont la cause n'a commencé d'exister que depuis le contrat, à moins qu'elles ne procèdent de son fait, *id.* p. *id.* p. 56. — Le délai que l'acheteur a fait, quoique sans sentence de condamnation, est une espèce d'éviction dont le vendeur est tenu, lorsque l'acheteur peut justifier que celui à qui il a fait ce délai avoit le droit de se faire délaisser la chose, *id.* p. 57. — C'est une espèce d'éviction lorsque l'acheteur succède au propriétaire de la chose, *id.* p. 58. — Il n'importe, pour que le vendeur soit tenu de l'éviction, que ce soit l'acheteur ou ses successeurs qui soient évincés, *id.* p. 59. — A qui faut-il que la chose ait été évincée? *id.* p. 59. — L'éviction d'une partie indivise ou intégrante de la chose, de ce qui en reste ou de ce qui en est provenu, donne lieu à la garantie, *id.* p. 62-85.

86. — Le vendeur des droits
successifs n'est pas tenu de l'é-
viction des choses particulières
trouvées en la succession, *id.*
p. 63.

Éviction. Le retrayant, en cas
d'éviction, n'a aucune action
contre l'acheteur sur qui il a
exercé le retrait; mais il a contre
le vendeur celles qu'auroit eues
l'acheteur, t. III, p. 611.

Éviction. Le locateur tenu
envers le locataire des évictions
dont il existoit au moins un
germe dès le temps du bail, t.
IV, p. 329-330. — *Quid,* si le
locataire en avoit eu connoissance au temps du bail? *id.* p.
330. — Le conducteur, même
lorsqu'il n'a point la garantie,
doit être déchargé, *id.* p. 331.
— Est tenu des évictions, quoique procédant d'une cause pos-
térieure au bail, lorsqu'elles
procèdent de son fait. *Putà,*
s'il a vendu sans la charge de
l'entretien du bail, *id.* p. 331.
— Est tenu même de celles qui
diminuent seulement, ou gênent
la jouissance du locataire ou
fermier, *id.* p. 332.

EXCEPTION *non numeratæ
pecuniæ* n'a lieu, t. XVII, p.
311.

Exception de discussion. (*V.*
DISCUSSION.)

Exception de garantie. L'obligation de garantie produit à
l'acheteur envers qui elle a été
contractée, une exception de
garantie contre le vendeur, qui,
depuis le contrat, auroit succédé au propriétaire de la chose
vendue, t. III, p. 104-105. —
Contre celui qui exerce ses
droits, *id.* p. 105. — Contre les
héritiers du vendeur, *id.* p. 106.

Lorsqu'un tuteur a vendu, comme
à lui appartenant, l'héritage de
son mineur, cette exception a
lieu contre le mineur qui est devenu héritier de son tuteur, *id.*
p. 106. — Un substitué du grevé
qui a vendu à un tiers les biens
compris dans la substitution,
peut-il les répéter à ce tiers?
id. p. 107. — L'exception de
garantie n'a pas lieu contre celui
qui n'est qu'héritier sous bénéfice d'inventaire, du vendeur,
id. p. 100. — L'héritier quoique
pur et simple, qui ne l'est que
pour partie, n'est tenu de l'exception de garantie que pour la
part pour laquelle il est héritier, *id.* p. 108-109. — Comment
l'exception de garantie a-t-elle
lieu contre les donataires ou légataires universels du vendeur?
id. p. 111. — Lorsqu'un mari a
vendu en son nom l'héritage
propre de sa femme, sans le
consentement de sa femme, l'exception de garantie a-t-elle lieu,
et pour quelle part, contre la
femme qui a accepté la communauté? *id.* p. 114. — A-t-elle
lieu contre les cautions? *id.* p.
111. — Et contre les héritiers
des cautions, *id.* p. 113. — A-
t-elle lieu contre les détenteurs
des biens hypothéqués à la garantie, *id.* p. 115.

Exception de garantie, a lieu
contre l'héritier du locateur,
pourvu qu'il soit héritier pur et
simple, t. IV, p. 337-338. —
A-t-elle lieu, et pour quelle
part, contre l'héritier pour partie? *id.* p. 338-339. — Différence
sur la divisibilité de cette obligation entre les héritiers du locateur et le conducteur, *id.* p.
339. — Contre les successeurs

universels, *id.* p. 340.—Ne peut être opposée à un tiers acquéreur non chargé de l'entretien du bail, *id.* p. 340. — N'a lieu que contre ceux qui sont tenus personnellement de l'obligation de garantie, non contre les possesseurs d'héritages hypothéqués à cette obligation, *id.* p. 340-341.— Quelle exception a lieu contre celui qui a simplement consenti le bail? *id.* p. 341. — Son héritier y est-il sujet? *id.* p. 341.— Peut-on opposer une exception au notaire qui a passé le bail? *id.* p. 341-342.

Exception des assureurs contre la demande de l'assuré, pour le paiement de la somme assurée, t. VI, p. 360. — Première exception, tirée de ce que le délaissement n'a pas été fait, ni la demande donnée dans le temps, *id.* p. 361. — Seconde exception, tirée du défaut de justification de la perte des effets assurés, *id.* p. 362. — Troisième exception, lorsque les assureurs soutiennent que la somme excède la valeur des effets assurés, *id.* p. 363.

Cedendarum actionum. Le tiers détenteur a droit d'opposer cette exception, à l'effet d'être subrogé aux droits et hypothèques du créancier, t. XII, p. 152.—Il ne peut exercer ces droits solidairement contre les autres tiers détenteurs, *id.* p. 152. — Comment se fait la contribution entre les tiers détenteurs, *id.* p. 153. *Quid,* si le créancier qui a donné l'action hypothécaire, a lui-même acquis un héritage hypothéqué à sa créance? *id.* p. 154. (*V.* CESSION D'ACTION.)

Exception. Effet de la cause d'exception dans un legs, t. XIII, p. 214.

Exceptions. Ce que c'est. Deux espèces principales : les péremptoires et les dilatoires, t. XIV, p. 16. —Ce que c'est qu'exceptions péremptoires, *id.* p. 17.— Exceptions qui concernent la forme doivent être proposées *à limine litis,* *id.* p. 17. *Quid,* dans l'action de retrait lignager? *id.* p. 17. — Exceptions péremptoires qui concernent le droit, *id.* p. 18. — Elles peuvent s'opposer jusqu'à la sentence définitive, *id.* p. 18. — Des exceptions dilatoires. Quelles sont les exceptions dilatoires en général? *id.* p. 19. — Doivent être opposées *à limine litis,* *id.* p. 19. — Celui qui en a plusieurs doit les opposer par un même acte, *id.* p. 19.

Exceptions déclinatoires. Ce que c'est, et combien il y en a d'espèces, t. XIV, p. 20. (*V.* INCOMPÉTENCE.)—Exception de l'héritier ou de la veuve, pour avoir le délai pour délibérer, *id.* p. 38. — Ce délai court tant contre le majeur que contre le mineur, *id.* p. 38.—Il n'y a pas lieu régulièrement à cette exception, lorsque les délais sont expirés, *id.* p. 39.—Délai pour appeler garant, et exception qui en résulte, *id.* p. 40. (*V.* GARANT.) — Autres exceptions dilatoires, telles que celles de discussion et de division, *id.* p. 46. — Quand elles doivent être proposées, *id.* p. 47. — Exceptions des vues et montrées abrogées, *id.* p. 47.

EXCLUSION *de communauté.* La clause d'exclusion de communauté ne dispense pas la femme de l'autorisation pour aucun acte, t. VII, p. 443. — Elle ne prive en rien le mari de ses droits sur les propres de sa femme, *id.* p. 479.

Exclusion de communauté. Ce que renferme la clause d'exclusion de communauté, t. VIII, p. 305.

EXÉCUTEURS TESTAMENTAIRES. Ce que c'est que l'exécution testamentaire, t. XVI, p. 354. — Des personnes qui peuvent l'être, *id.* p. 356. — Sont saisis des biens de la succession, *id.* p. 410. Leurs fonctions, action qu'ils peuvent former, et qu'on peut former contre eux, *id.* 410 ; t. XVII, p. 320.

Exécuteurs testamentaires. Qui sont-ils? t. XIII, p. 135. — Nature de la charge d'exécuteur testamentaire, *id.* p. 136. — Quelles personnes en sont capables? *id.* p. 136. — Un homme sans biens peut-il être exécuteur testamentaire? *id.* p. 136. — Saisine de l'exécuteur testamentaire, *id.* p. 137. — Son étendue, *id.* p. 138.

EXÉCUTION. Droit d'exécution, t. XVII, p. 290. (*V.* SAISIE MOBILIÈRE.) — Titres exécutoires, ce que c'est, *id.* p. 290-301 et suiv. — Droit d'exécution des seigneurs d'hôtel. (*V.* SEIGNEURS D'HÔTEL.)

Exécution. (Droit d'exécution.) Ce que c'est, et contre qui peut-il s'exercer? t. IV, p. 420. — Droit d'exécution que la coutume d'Orléans accorde aux seigneurs d'hôtel ou de métairie; qui sont ceux à qui elle l'accorde? *id.* p. 421. — Sur quelles choses, *id.* p. 422. —

Pour combien de termes, *id.* p. 422. — En quoi cette exécution diffère des autres, *id.* p. 422. — Ce qu'elle a de commun avec les autres, *id.* p. 423. — Ce droit ne s'éteint pas par la mort du locataire, *id.* p. 423. — Droit d'exécution dans la coutume de Paris. Le locateur ne peut saisir qu'en vertu d'un titre exécutoire : le nombre des termes n'est point limité, *id.* p. 423.

Exécution. Quand la femme a-t-elle exécution pour le paiement de son douaire? t. IX, p. 129.

Exécution des jugemens contradictoires (Procédure criminelle), t. XIV, p. 545. — Prononciation au condamné doit précéder l'exécution, *id.* p. 545. — Où se fait la prononciation? *id.* p. 546. — Le sacrement de confession est offert au condamné à mort, *id.* p. 546. — L'exécution doit se faire le jour auquel le jugement a été prononcé, *id.* p. 547. — Exception dans le cas où une femme condamnée déclare être enceinte, *id.* p. 547. — Autre exception résultant de la déclaration des complices, *id.* p. 548. — Où l'exécution doit être faite? *id.* p. 548. — Cas où le condamné refuse de faire amende honorable, *id.* p. 549. — Comment s'exécutent les jugemens contre les contumax, *id.* p. 549. — Ces jugemens s'exécutent aussitôt qu'ils ont été rendus, *id.* p. 550. — Effets de l'exécution du jugement par contumace, *id.* p. 550. — *Quid,* si l'accusé meurt dans les cinq ans? *id.* p. 550. — *Quid,* s'il s'est écoulé trente ans depuis l'exécution par contumace? *id.*

F.

FAI.

FAILLITE. La faillite de l'assuré donne-t-elle lieu à la résolution du contrat ? t. VI, p. 339.

FAIT. Pour pouvoir être l'objet d'un contrat et d'une obligation, doit être possible en soi ; mais il n'est pas nécessaire qu'il soit possible à celui qui en a contracté l'obligation, t. I, p. 168.—Doit n'être pas contraire aux lois ni aux bonnes mœurs, *id*. p. 168. — Doit être un fait auquel celui à qui on le promet ait un intérêt appréciable, *id*. p. 169.

Fait et cause. Obligation de prendre le fait et cause est indivisible ; l'héritier n'est pas reçu à le prendre pour sa part héréditaire seulement, t. III, p. 65. — Il doit le prendre pour le total, *id*. p. 65. — Le vendeur n'est tenu de prendre le fait et cause que lorsqu'il croit avoir de bons moyens de défense contre la demande originaire, *id*. p. 65-66.—Faute de prendre le fait et cause, l'obligation de le prendre se convertit en une obligation de dommages et intérêts, dont l'héritier n'est tenu que pour sa part héréditaire, *id*. p. 66. — Cas auquel il est tenu pour total, *id*. p. 66. — Lorsque le vendeur refuse de prendre le fait et cause, et offre les dommages et intérêts, l'acheteur peut, s'il veut, soutenir le procès, mais à ses risques, *id*. p. 71-72.—Lorsque le vendeur a pris le fait et cause, l'a-

FAU.

cheteur est mis hors de cause, *id*. p. 70. — Jugement rendu contre le garant qui a pris le fait et cause. Pour quelles choses s'exerce-t-il contre l'acheteur ? *id*. p. 70.

Faits justificatifs ne peuvent être admis qu'après l'instruction et visite du procès, t. XIV, p. 529. — Ces faits doivent être choisis par les juges, et doivent être pertinens, *id*. p. 529. — Fait de l'*alibi*. Quand est-il pertinent et admissible ? *id*. p. 529. — Jugement qui permet la preuve des faits, et procédure qui se tient en exécution, *id*. p. 530.—Ce jugement doit-il s'exécuter nonobstant l'appel, *id*. p. 530. — Fait de la démence de l'accusé est un fait justificatif, *id*. p. 531.—Ce qu'il a de commun avec les autres faits justificatifs, et en quoi il diffère ? *id*. p. 531-532. — Les premiers juges peuvent-ils admettre la preuve de ce fait? *id*. p. 532.

FAUTE dont le débiteur d'un corps certain est tenu : différence, suivant la différente nature des contrats ou *quasi* contrats, t. I, p. 139.

Faute. De quelle faute est tenu l'acheteur vis-à-vis du retrayant? t. III, p. 604.

Faute. De quelle faute est tenu le locataire, et de la faute de quelles personnes? t. IV, p. 384.

Faute. (Cheptel.) De quelle faute est tenu le preneur? t. V, p. 281. — A qui est-ce à justifier que les bêtes sont mortes, ou ont été détériorées par la faute ou sans la faute du preneur? *id.* p. 296.

Faute. (Nantissement.) De quelle faute est tenu le créancier à l'égard de la chose donnée en nantissement, t. VI, p. 254.

Faute de l'emprunteur. (Prêt à usage.) L'emprunteur est tenu de la faute la plus légère, t. V, p. 342. — Quand même il ne seroit pas capable de ce soin, *id.* p. 343. — On a néanmoins égard à la qualité de la personne, *id.* p. 343. — Première exception. Lorsqu'il y a convention contraire, *id.* p. 344. — Seconde exception. Lorsque, contre l'ordinaire, le prêt concerne l'intérêt du prêteur, *id.* p. 344. — Est-ce un troisième cas d'exception, lorsque le prêteur a fait le prêt sans en être prié? *id.* p. 345.

Faute à l'égard du dépôt. (Dépôt.) Le dépositaire n'est ordinairement tenu que de la faute qui est opposée à la bonne foi, t. VI, p. 17-18. — Quatre exceptions à ce principe, *id.* p. 21-22.

Faute à l'égard du mandat (Mandat.), t. VI, p. 110. — De quelle faute est tenu le mandataire? *id.* p. 109. — Le mandataire peut-il prétendre la décharge du dommage qu'il a causé par sa faute dans sa gestion, lorsqu'il a procuré, par son habileté, de grands profits au mandant? *id.* p. 112-113. — De quelle faute est tenu le *negotiorum gestor?* p. 225-226.

FAUX INCIDENT. Ce que c'est que cette accusation, et quand elle peut se former, t. XIV, p. 418. — Contre quelles

pièces elle peut être formée, *id.* p. 418. — Procédure qui précède l'inscription en faux, *id.* p. 419. — Amende qui doit être consignée, *id* p. 419. — Déclaration qui doit être donnée par le défendeur, *id.* p. 420. — Cas où le rejet de la pièce est ordonné, sans qu'il soit besoin de passer à l'inscription de faux, *id.* p. 420. — Ce que c'est que l'inscription de faux, et comment elle se fait, *id.* p. 421. — Procès-verbal qui doit être donné de l'état des pièces, *id.* p. 422. — Ce qu'on doit faire lorsque le juge a ordonné l'apport des minutes, *id.* p. 423. — Le demandeur doit mettre au greffe ses moyens de faux, *id.* p. 424. — Exemples de ces moyens, *id.* p. 424. — Jugement qui prononce sur les moyens de faux, et qui permet d'informer, *id.* p. 425. — Instruction en exécution de ce jugement, *id.* p. 425. — Informations sur pièces de comparaison, *id.* p. 425-426. — Quelles pièces peuvent être admises pour comparaison? *id.* p. 426. — Procès-verbal qui en est dressé par le juge, qui statue sur l'admission ou rejet des pièces, *id.* p. 427. — Experts nommés pour la comparaison des écritures, doivent être entendus séparément, par forme de déposition, *id.* p. 428. — Cas où le juge peut nommer de nouveaux experts? *id.* p. 428. — Décrets qui peuvent être rendus, et interrogatoires sur ces décrets, *id.* p. 428. — Procédure qui se fait lorsque le juge ordonne que l'accusé fera un corps d'écriture, *id.* p. 429. — Procès-verbal qui en est dressé?

faite, peut-elle, sans être autorisée, décharger de la peine de la commise? *id.* p. 156.—L'action aux fins de commise ne passe point à l'héritier du seigneur, *id.* p. 157.

FEMMES sous puissance de mari incapables absolument de contracter: différence entre ces femmes et les mineurs, t. I, p. 116.

Femmes peuvent-elles être cautions? (*V.* CAUTIONS.)

Femme. Femme commune peut-elle revendiquer son propre que son mari a vendu? t. III, p. 113.

Femme obligée d'entretenir les baux faits par son mari, t. IV, p. 438.

Femme mariée. Quelle somme peut-elle jouer valablement? t. VI, p. 429.

Femmes. Femmes sous puissance de mari, lorsqu'elles sont marchandes publiques, peuvent être parties dans une négociation de lettres de change, et s'obligent par corps, t. IV, p. 157. — Si elles ne sont marchandes publiques, doivent être autorisées, *id.* p. 157. — Elles ne sont sujettes à la contrainte par corps, *id.* p. 157.

Femme mariée. Son droit sur les biens de la communauté n'est pas ouvert tant que le mariage dure, t. VIII, p. 328. — Elle ne peut disposer de sa part sans son mari, *id.* p. 328.—Elle peut en disposer conjointement avec lui, de deux manières, ou comme commune, ou en son propre nom, *id.* p. 328.— Lorsque le mari contracte seul, elle n'est obligée qu'en qualité de commune, et non en son propre nom, *id.* p. 329. — Quand la

femme contracte, est-elle obligée en son propre nom? *id.* p. 329.—Hypothèque de la femme mariée. (*V.* HYPOTHÈQUE. (Communauté.)

Femmes mariées ne peuvent donner sans être autorisées, t. XIII, p. 227. — Ne peuvent aussi recevoir des donations sans autorisation, *id.* p. 236. — Femmes incapables de fonctions civiles et offices publics, *id.* p. 427. — Principale raison de cette différence, *id.* p. 428.

Femme. La femme est censée être en foi, non-seulement pour la moitié indivise des conquêts, mais pour le total, t. XI, p. 12. — Est-elle censée en foi pour ses héritages propres, pour lesquels son mari a porté la foi? *id.* p. 12. — La femme qui a porté la foi avant son mariage, est-elle tenue de la porter après sa viduité? *id.* p. 13. — Les vassaux qui ont porté la foi au mari à cause d'un fief dominant, propre de la femme, sont tenus de la porter à la femme lors de sa viduité, s'ils ne lui ont porté avant son mariage, *id.* p. 14.— *Quid,* si les héritiers de la femme renoncent à la communauté, le mari qui a porté la foi pour les conquêts, est-il tenu de la porter de nouveau? *id.* p. 14. — Femme mariée ne peut demander souffrance, si elle n'est autorisée, *id.* p. 52.—Mariage de la femme. (*V.* MARIAGE.) — La femme peut-elle, au refus de son mari, se faire autoriser par justice pour exercer le retrait féodal? *id.* p. 2.

FERME, est due aussitôt que la récolte est faite, quoiqu'elle ne soit exigible, t. IV, p. 355.

qu'il le rendroit à l'autre conjoint, *id.* p. 355. — Legs que je fais à un homme de confiance, pour mettre ma femme à l'abri des chicanes de mon héritier, sans dessein de rien faire passer à ma femme, *id.* p. 356.

Fidéicommis fait par un conjoint pour s'acquitter envers l'autre de ce qu'il lui doit dans le for de sa conscience, *id.* p. 358. — Donation faite par un conjoint à celui dont l'autre conjoint est l'héritier présomptif, est-elle faite à personne interposée? *id.* p. 360.

FIEF. Ce que c'est, t. XV, p. 65. — Plein-fief, arrière-fief, *id.* p. 66. — Essence de fief, *id.* p. 67. — Nature du fief, *id.* p. 67. — Quand le vassal est-il saisi du fief? *id.* p. 307. — Homme de fief. (*V.* VASSAL.) — Devoirs de fief. (*V.* FOI.) — Profit de fief. (*V.* QUINT, RACHAT.) Démembrement. (*V.* DÉMEMBREMENT.) — Jeu de fief. (*V.* JEU DE FIEF.) — Réunion de fief. (*V.* RÉUNION.) — Fief ouvert. (*V.* SAISIE FÉODALE.) — Succession de fief en directe. (*V.* AÎNÉ, DROIT D'AÎNESSE.) — En collatérale, *id.* p. 315.

Fief. Le mari est l'homme du seigneur pour les fiefs de sa femme, t. VII, p. 476.

Fief. La douairière est-elle sujette aux devoirs de fief pour les fiefs dont elle jouit en usufruit, t. IX, p. 155.

Fief. Explication du nom de fief, t. XI, p. 1. — Ce que c'est que fief dominant, *id.* p. 2. — Ce que c'est que fief en l'air, *id.* p. 2. — Ce que c'est que fief servant, *id.* p. 2. — Comment s'appelle le propriétaire du fief

servant? *id.* p. 2. — Comment s'appelle le propriétaire du fief dominant? *id.* p. 2. — Ce qu'on appelle plein-fief, et ce qu'on appelle arrière-fief, *id.* p. 3. — Ce que c'est qu'arrière-vassal, *id.* p. 3. — Ce que c'est que seigneur suzerain, *id.* p. 3. — Origine des fiefs, *id.* p. 3. — Quelle est la nature des fiefs? *id.* p. 4. — Qu'il n'y a que les immeubles qui puissent être donnés à titre de fief, *id.* p. 4. — Qu'il est de la nature du fief que celui qui donne la chose à ce titre, s'en retienne la seigneurie directe, et transfère l'utile, *id.* p. 4. — Celui qui tient un héritage à titre de fief, peut le donner, soit à titre de fief, soit à cens, *id.* p. 5. — Le titre de fief renferme la charge de la foi, et c'est en cela que consiste l'essence du fief, *id.* p. 7. — Le service militaire est-il de l'essence du fief? *id.* p. 7. — Différens droits des seigneurs de fief, *id.* p. 7.

Fiefs. Quels sont les fiefs ou immeubles féodaux? t. XI, p. 1. — Quels sont les biens censuels? *id.* p. 1. — Quels sont les allodiaux? *id.* p. 1.

FILETS. Ce que c'est, t. V, p. 221.

FINS DE NON-RECEVOIR contre une obligation : ce que c'est, t. II, p. 147. — Les principales fins de non-recevoir sont celles qui résultent de l'autorité de la chose jugée, *id.* 147. — Du serment décisoire. (*V.* SERMENT.) — Du laps de temps qu'on appelle proprement prescription. (*Voyez* PRESCRIPTION.)

Fins de non-recevoir résultante de trois quittances d'années consécutives, quand a-t-elle lieu? Le serment décisoire peut-il être déféré? t. IV, p. 377. — Une quittance de trois années consécutives a-t-elle le même effet? *id.* p. 379. — *Quid*, de trois consignations d'années consécutives? *id.* p. 379. — L'ordonnance de 1629, qui rend le locateur non-recevable à demander les loyers cinq ans après l'expiration des baux, est-elle suivie? *id.* p. 379. — Dans les baux verbaux, le locateur qui a laissé déloger le locataire est-il non-recevable? *id.* p. 380.

Fins de non-recevoir qu'on peut opposer contre la demande en révocation de donation, t. XIII, p. 302. — La prescription de 30 ans court du jour qu'il est survenu un enfant au donateur, *id.* p. 302. — *Quid*, s'il en est né plusieurs? *id.* p. 302. — Le donateur est recevable, même après la mort de l'enfant, *id.* p. 303. — Le donateur est recevable, quoique depuis la survenance d'enfans il eût approuvé la donation, soit expressément, soit tacitement, *id.* p. 303.

Fins de non-recevoir contre l'action en révocation pour cause d'ingratitude, t. XIII, p. 314.

Fins de non-recevoir contre la demande en retranchement de légitime, t. XIII, p. 328.

FOI. Dans quelques coutumes le temps du retrait ne court que du jour de la réception en foi, t. III, p. 515.

Foi. Clause de rétention de foi, t. V, p. 41.

FOI ET HOMMAGE. Ce que

c'est, t. XV, p. 69. — En quel cas doit-elle être portée? *id.* p. 70. — Par qui? *id.* p. 72 266-291. — A qui? *id.* p. 73. — Où et comment? *id.* p. 276. — Délai pour la porter. (*V.* SOUFFRANCES.) — Offres de foi. (*V.* OFFRES.) — Effet de la foi portée, *id.* p. 82-287. — Rétention de foi. (*V.* JEU DE FIEF.)

Foi et hommage. Ce que c'étoit autrefois, t. XI, p. 8. — Ce que c'est aujourd'hui, *id.* p. 8. — En quel cas la foi doit être portée, *id.* p. 8. — Doit être portée à toutes les mutations de seigneur et de vassal, *id.* p. 8. — Celui qui redevient propriétaire d'un fief pour lequel il avoit porté la foi, doit-il la reporter de nouveau? *id.* p. 9. — *Quid*, s'il redevient propriétaire par la rescision du titre par lequel il avoit aliéné le fief? *id.* p. 9. — *Quid*, s'il n'avoit perdu que la possession? *id.* p. 10. — Les mutations imparfaites; par exemple, celles qui arrivent par le mariage des filles, y donnent-elles lieu? *id.* p. 10-11. — Y a-t-il ouverture à la foi par l'acceptation que la veuve fait de la communauté? *id.* p. 11. — La saisie réelle du fief, soit dominant, soit servant, ne donne point ouverture à la foi, *id.* p. 15. — *Quid*, si le vassal constitue une rente, et l'assigne sur son héritage féodal? *id.* p. 15. — *Quid*, si la rente est inféodée? *id.* p. 15. — Si le fief servant est donné ou vendu avec rétention d'usufruit, le donataire ou acquéreur n'est point tenu d'entrer en foi dans la coutume d'Orléans, *id.* p. 16. — Exception dans la coutume de

Dunois dans le cas de donation, faite par pères ou mères, ou autres ascendans, à leurs enfans, d'un fief, *id.* p. 18.— *Quid*, si le fief appartient à une communauté? *id.* p. 19. — La foi doit être portée par le vassal en personne, *id.* p. 19. — A quel âge il peut porter la foi, *id.* p. 20. — Si c'est une femme mariée qui est propriétaire d'un fief servant, c'est à son mari à porter la foi, *id.* p. 20. — Fils aîné, âgé de 20 ans, peut porter la foi pour ses frères et sœurs, *id.* p. 20. — Le propriétaire du fief doit porter la foi, quoique le fief soit chargé d'usufruit ou saisi réellement, *id.* p. 25. — Le commissaire peut porter la foi au refus du propriétaire, *id.* p. 25. — Ce qui doit être étendu à l'usufruitier, *id.* p. 25. — Dans la coutume d'Orléans, le commissaire peut seulement demander souffrance, *id.* p. 26. — Quand le fief appartient à une communauté, soit ecclésiastique, soit laïque, la foi doit être portée par un vicaire, *id.* p. 26. — Si le fief servant appartenoit au roi, il ne seroit pas tenu de porter la foi, mais de donner indemnité, *id.* p. 26. — Les seigneurs justiciers, auxquels un fief advient par deshérence ou confiscation, ne sont point tenus, dans la coutume d'Orléans, d'en porter la foi, pourvu qu'ils le mettent hors de leurs mains dans l'année, *id.* p. 26. — A qui la foi doit être portée, *id.* p. 27. — Si elle doit être portée aux princes apanagistes, *id.* p. 27. — Si elle doit être portée aux engagistes, *id.* p. 27. — Le seigneur est-il tenu de recevoir la foi en personne? *id.* p. 28. — Peut-il commettre pour la recevoir un laquais ou autre personne vile, *id.* p. 28. — *Quid*, s'il n'y a personne pour la recevoir? *id.* p. 28. — Où la foi doit-elle être portée? *id.* p. 29. — *Quid*, s'il ne restoit plus de manoir, et que le chef-lieu soit réduit à une motte de terre? *id.* p. 29. — *Quid*, si l'accès au chef-lieu étoit empêché? *id.* p. 29. — Exception dans la coutume d'Orléans quand la foi faut du côté du vassal, et qu'il est saisi par son seigneur, *id.* p. 30. — *Quid*, si le seigneur n'avoit pas procédé par saisie, mais par assignation ou sommation? *id.* p. 30. — Est-il nécessaire, dans le cas de cet article, que le vrai domicile du seigneur soit à dix lieues près de son fief? *id.* p. 31. — *Quid*, si le seigneur, par l'exploit de saisie, avoit interpelé son vassal de lui faire la foi au lieu dominant ou en son domicile indiqué, *id.* p. 31. — Il faut que le domicile du seigneur soit indiqué au vassal, *id.* p. 32. — *Quid*, s'il y a plusieurs propriétaires du fief dominant? *id.* 7. 32. — *Quid*, si dans ce cas il n'y en avoit qu'un qui eût saisi et motivé sa demeure? *id.* p. 32. — Le vassal qui est allé trouver son seigneur en sa demeure peut-il lui faire la foi en son absence? *id.* p. 32. — Le vassal peut-il, en ce cas, prétendre des dommages-intérêts contre son seigneur? *id.* p. 33. — Le seigneur peut-il, sans le consentement de ses vassaux, changer le chef-lieu du fief dominant? *id.* p. 33. — Le seigneur, en transférant

souveraine, et du combat de
fief. (*V.* Combat de fief.) —
Effets de la réception par main
souveraine, *id.* p. 61. — La réception en foi par main souveraine séquestre le fief en la main
du roi pendant le procès, *id.* p.
62. — *Quid,* si le vassal reçu
par main souveraine, vend ou
aliène son fief? *id.* p. 62. — Différence entre la réception en
foi par main souveraine, et la
provision des fruits, *id.* p. 63.

FOIRES. Espèces de lettres
de change payables à une telle
foire, t. IV, p. 152.

FOLLE ENCHÈRE. (*V.* Ad-
judication.)

FONCIALITÉ. Comment s'é-
tablit-elle? t. IV, p. 102. — Sur
quel pied est rachetable une
rente dont le créancier ne justifie pas de sa socialité, lorsqu'on
ignore pour quelle somme elle
a été constituée? *id.* p. 104.

FONDS DE TERRE. Quelles
choses sont censées en faire
partie? t. VIII, p. 30-38.

FORAIN. Privilège des habi-
tans d'Orléans pour les marchés
faits à Orléans avec les forains,
t. XVII, p. 309-310.

FORCE MAJEURE. (Cas for-
tuit.) Le débiteur qui n'est pas
en demeure, n'en est tenu s'il
ne s'en charge, t. I, p. 172. —
A moins qu'une faute précédente n'ait donné lieu au cas
fortuit, *id.* p. 172. — Convention par laquelle le débiteur se
charge des cas fortuits et valables, t. II, p. 135. — Débiteur
qui est en demeure, quand est-
il tenu des cas fortuits? *id.* p.
132.

Force majeure. (Prêt à usage.)
L'emprunteur est-il responsable

de la perte arrivée par un cas de
force majeure auquel le prêt a
donné lieu? t. V, p. 346 et suiv.
— Est-il tenu, lorsque, pouvant
sauver la chose prêtée, il a préféré sa propre chose? *id.* p. 350.
— Il est tenu, lorsqu'il a, par
sa faute, donné lieu à l'accident, *id.* p. 352. — Lorsqu'il a
emprunté la chose de son ami
pour ne pas exposer la sienne,
id. p. 353. — Lorsque l'accident
n'est arrivé que depuis qu'il a été
mis en demeure de rendre, *id.*
p. 353. — Lorsqu'il s'est volontairement soumis à être tenu de
ces accidens, p. 354. — Est-il
censé s'y être soumis lorsque la
chose a été prêtée sous une estimation? *id.* p. 354.

*Force majeure dans le contrat
mutuum.* L'emprunteur suppose
la perte de la chose prêtée,
quoiqu'arrivée par force majeure, avant qu'il ait pu s'en
servir, t. V, p. 411.

*Force majeure dans le man-
dat.* Le mandataire n'en est tenu, s'il ne s'en est chargé par
une convention particulière, t.
VI, p. 110-111. Le *négotiorum
gestor* doit-il supporter les pertes arrivées par force majeure
et cas fortuits? *id.* p. 226.

Force majeure. (Nantissement.) Qui doit prouver le cas
de force majeure allégué par le
créancier, dans le cas où la
chose donnée en nantissement
est périe, t. VI, p. 253.

FORFAIT. Clause de forfait
de la part des communautés, t.
XVI, 32.

Forfait de communauté. Ce
que c'est, quelles restrictions
peuvent y être apportées, t.
VIII, p. 300-306.

FORGE, t. VIII, p. 40.

FOSSÉS. Quels droits en résultent, t. XVI, p. 186.

Fossé. Règles pour décider s'il est commun ou s'il appartient à l'un des voisins, t. V, p. 237.

FOUR. Sa distance du mur mitoyen, t. XVI, p. 184. — *Banalité de four.* (*Voy.* BANALITÉ.)

FOURNIR *et faire valoir.* (*V.* CLAUSE.)

FRAIS FUNÉRAIRES ne sont charges de la communauté, t. XVI, p. 14. — Leur privilège, (*V.* ORDRE.)

Fruits funéraires du conjoint prédécédé, à la charge de qui sont-ils? t. VIII, p. 179.

FRAIS DE CONDUITE. En quels cas dus? t. IV, p. 661.

FRAIS D'INVENTAIRE. La communauté en est tenue, t. VIII, p. 178.

FRANC-ALEU, t. XVI, p. 187.

Franc-aleu. Deux espèces, t. X, p. 26.

FRANC ET QUITTE. Clause par laquelle des parens marient un garçon franc et quitte de dettes, t. XVI, p. 33. — Une fille, *id.* p. 35.

Franc et quitte. Convention par laquelle des parens marient le futur époux franc et quitte des dettes, à quoi les oblige-t-elle? t. VIII, p. 240-243. — Différence de cette convention et de celle de séparation de dettes, *id.* p. 243-244. — Cette convention est différente de celle par laquelle les parens s'obligeroient précisément à payer les dettes antérieures du futur époux, et de celle par laquelle

ils se rendroient cautions des conventions matrimoniales, *id.* p. 244-245. — Convention par laquelle les parens de la fille la déclarent franche et quitte, à quoi les oblige-t-elle? *id.* p. 245-246. — En quoi diffère-t-elle de celle de séparation de dettes? *id.* p. 246. — Elle n'oblige pas la femme qui a été mariée franche et quitte, *id.* p. 247. — Cette clause diffère de celle par laquelle ils ont promis d'acquitter ses dettes antérieures au mariage, *id.* p. 247. — Les parens qui ont marié la fille franche et quitte, ont-ils recours contre elle, après la dissolution du mariage, pour les dettes qu'ils ont été obligés d'acquitter? *id.* p. 247-248. — Cette convention peut intervenir, même en cas d'exclusion de communauté, *id.* p. 248-249.

FRANC-FIEF. Est-il à la charge de la douairière? t. IX, p. 155.

Franc-fief. Le donataire mutuel est tenu, lorsqu'il est de condition à y être sujet, t. IX, p. 448.

FRANÇAIS qui a abdiqué sa patrie, ne peut transmettre sa succession, t. XII, p. 324. — *Quid,* s'il revient en France? *id.* p. 325. — Exception pour ceux qui forment des établissemens de commerce sous la protection de consuls français, *id.* p. 325.

Français établi en pays étranger, et qui y est mort, ne peut être censé avoir succédé à ses parens morts depuis qu'il étoit en pays étranger, t. XII, p. 332.

FRAUDE. Tiers qui a prêté

son ministère à quelque fraude pour couvrir un don prohibé, est obligé subsidiairement à restitution envers les héritiers du conjoint qui a fait l'avantage, t. IX, p. 346-347.

FRUITS. Quand font-ils partie de l'héritage, et quand deviennent-ils meubles? t. XVI, p. 103; t. XVII, p. 108.—Quels fruits tombent en communauté? t. XVI, p. 9.

Fruits. Le vendeur qui a reçu le prix est tenu de faire raison à l'acheteur de tous les fruits qu'il a perçus, même avant la demeure, t. III, p. 29-51.—Depuis sa demeure, est tenu même de ceux qu'il n'a pas perçus, mais que l'acheteur auroit pu percevoir, *id.* p. 51.—Vendeur sommé en garantie, est-il obligé d'acquitter l'acheteur de tous les fruits que l'acheteur a été condamné de rendre au demandeur originaire? *id.* p. 75.—Exception, *id.* p. 75.

Fruits pendans. La vente de fruits pendans donne-t-elle lieu au retrait? t. III, p. 413.—Fruits pendans lors de l'adjudication du retrait appartiennent au retrayant, *id.* p. 592.—Sauf dans quelques coutumes qui partagent ces fruits au prorata du temps, *id.* p. 593.—On doit aussi lui faire raison des fruits perçus, ou qu'il auroit pu percevoir depuis la demande, *id.* p. 593.—Déduction faite des frais de labour et semences, *id.* p. 594.—Fruits cueillis avant la demande appartiennent à l'acheteur, à moins qu'ils n'aient été recueillis avant leur maturité en fraude, *id.* p. 595.—Fruits qui étoient pendans lors du con-

trat, doivent être rendus au retrayant, quoique perçus avant la demande, s'ils n'ont été vendus pour un prix séparé, *id.* p. 596.—S'ils sont depuis péris par force majeure, sur qui doit tomber la perte? *id.* p. 597.—S'ils ont été vendus pour un prix séparé, *id.* p. 597.—*Quid,* si les frais de labour n'ont été faits que depuis le contrat de vente? *id.* p. 598.—*Quid,* si les fruits n'étoient pas pendans, mais que les labours et semences pour leur production eussent été faits avant le contrat de vente? *id.* p. 599.—*Quid,* des fruits qui sont la production de plusieurs années, lorsque l'acquéreur ne s'est pas empressé de faire écouler le temps du retrait? *id.* p. 599.—Quand les fruits sont-ils censés perçus? *id.* p. 600. (*V.* FRUITS NATURELS.) —Fruits perçus pendant le terme accordé pour le paiement du prix sans intérêts, font partie de ce qui a été vendu, *id.* p. 601.

Fruits naturels, sont perçus lorsqu'ils sont séparés de la terre, t. III, p. 600.

Fruits civils (casuels), *id.* p. 602.—Fermes sont censées dues et acquises à l'acheteur à mesure que le fermier recueille les fruits, *id.* p. 600.—Limitations, *id.* p. 600.—Les loyers de maisons et arrérages se comptent de jour à jour, *id.* p. 601.—Amendes sont-elles dues du jour du délit ou du jour du jugement? *id.* p. 602.

Fruits. Créancier de rente foncière n'a aucun droit sur les fruits, lorsque l'héritage est affermé, t. V, p. 51.—Quel droit y a-t-il lorsque le débiteur joult par ses mains? *id.* p. 52.

Fruits. La puissance du mari lui donne le droit de percevoir tous les fruits des propres de sa femme pendant le mariage, tant que la communauté dure, t. VII, p. 476.

Fruits. Fruits naturels: ce que c'est, t. IX, p. 196. — Se divisent en purement naturels et industriels, *id.* p. 199. — Fruits civils, *id.* p. 138. — Quand les fruits naturels sont-ils censés perçus et acquis à la douairière, *id.* p. 135. — La douairière qui perçoit les fruits qui étoient pendans lors de la mort de son mari, doit-elle rembourser sa part des labours et semences? *id.* p. 137-138. — Les fruits civils naissent et sont acquis à la douairière aussitôt qu'ils commencent à être dus, *id.* p. 139. — Quand sont dues les fermes des terres? *id.* p. 139. — Les loyers des maisons et héritages de rentes, *id.* p. 140. — Les cens, *id.* p. 140. — Fruits perçus depuis la mort de la douairière, *id.* p. 192. — Trésor trouvé dans l'héritage, à qui appartient-il? *id.* p. 133.

Fruits. Fruits des propres tombent en communauté, t. VIII, p. 132. — Quelles choses sont fruits, *id.* p. 134. — Division des fruits, *id.* p. 134. — Quand les fruits naturels tombent-ils en communauté? *id.* p. 134-136. — A qui appartiennent les fruits pendans sur l'héritage propre de l'un des conjoints, lors de la dissolution de communauté? *id.* p. 136-137. — *Quid*, si un mari, en fraude de la communauté, avoit retardé une recette

à faire sur son héritage propre, prévoyant la mort de sa femme, *et vice versâ*, *id.* p. 137. — Le propriétaire de l'héritage propre, qui perçoit seul les fruits après la dissolution de communauté, doit rembourser aux héritiers la moitié des impenses, *id.* p. 137-139. — Dispositions contraires de quelques coutumes, *id.* p. 139-143. — Quand les fruits civils tombent-ils en communauté? *id.* p. 143-151. — Fruits d'un droit de justice, quels sont-ils, et quand sont-ils acquis à la communauté? *id.* p. 151-152. — Fruits des droits propres, quoiqu'ils n'aient qu'une durée bornée, tels qu'un usufruit, une rente viagère, tombent en communauté, *id.* p. 153.

Fruits pendans font partie du fonds, t. VIII, p. 37.38.

Fruits. Comment on procède à la liquidation des fruits, t. XIV, p. 202. — Déclaration des fruits recueillis, qui doit être donnée par la partie condamnée, *id.* p. 202. — Estimation par expert, ordonnée par le juge, *id.* p. 203. — Appréciation des fruits de blés, comment doit être faite? *id.* p. 204. — Fruits de la dernière année doivent être restitués en espèces; les autres, suivant l'estimation, *id.* p. 205.

Fruits. Quand peuvent être saisis, t. XIV, p. 214-215.

Fruits pendans. (*V.* DISSOLUTION DE SOCIÉTÉ.)

FRET. Ce que c'est, t. IV, p. 544. — Il est de l'escence de la charte-partie, *id.* p. 544. — Comment se règle-t-il? *id.* p. 544. — Est dû lorsque les marchandises sont arrivées à leur destination, quoique endommagées? *id.* p. 573. — *Quid*, lorsque les futailles sont vides? *id.* p. 571. — S'il y en avoit de vides et d'autres qui ne le fussent pas, *id.* p. 571. — *Quid*, si le coulage étoit arrivé par le fait du maître? *id.* p. 572. — Le fret n'est dû lorsque les marchandises ont péri en chemin, *id.* p. 573. — Le fret est-il dû en entier ou pour partie pour celles qui ont été sauvées? *id.* p. 575. — Le frêt est-il dû pour les marchandises existantes que le maître n'a pu conduire jusqu'à leur destination? *id.* p. 576. — Comment est-il dû lorsqu'une interdiction de commerce, survenue depuis le départ, a obligé de les ramener? *id.* p. 576. — Le fret est-il dû pour les marchandises je-

tées à la mer ou vendues pour le salut commun? *id.* p. 577. — Lorsque le vaisseau n'est pas arrivé au lieu de sa destination, étant péri dans le cours du voyage, depuis la vente des marchandises, le fret en est dû, *id.* p. 578. — Est-il dû pour les marchandises que l'affréteur a été en demeure de charger, et qu'il a tirées? *id.* p. 580. — Fret doit-il être augmenté en cas d'arrêt de prince? *id.* p. 583. — Les propriétaires de navire contribuent-ils aux avaries pour leur fret? *id.* p. 614. — Action, privilége, *id.* p. 604-605. — Engagement au fret, *id.* p. 627.

FUMIERS, sont-ils meubles ou immeubles? t. VIII, p. 33.

FUNGIBLES, choses fungibles, t. V, p. 394.

G.

GAGE. (*V.* Hypothèque.)

GAGERIE. Droit de gagerie dans la coutume de Paris, t. IV, p. 423.

GARANT. *Garantie.* Sentence contre le garant, exécutoire contre le garanti, t. XVII, p. 318.

Garant, Garantie. Ce que c'est, t. XIV, p. 40. — Deux espèces de garantie; la simple et la formelle, *id.* p. 40. — Délai pour assigner garant, *id.* p. 41. — Exception dilatoire qui en résulte, *id.* p. 41. — Elle cesse lorsque les délais sont expirés, *id.* p. 42. — Préjudice que se fait le défendeur, en n'appelant pas son garant, *id.*

p. 42. — Le défendeur peut assigner son garant pardevant le juge devant lequel il est assigné, *id.* p. 43. — Celui-ci ne peut demander son renvoi devant son propre juge, *id.* p. 44. — Exception de cette règle, *id.* p. 44. — Le garant qui obtient son renvoi devant le juge de son privilége, peut-il évoquer la demande originaire? *id.* p. 44. — La garantie formelle doit prendre le fait et cause du défendeur originaire, qui doit être mis hors de cause, s'il le requiert, *id.* p. 45. — Comment la condamnation sera-t-elle alors prononcée et exécutée? *id.* p. 45. — Il en est autrement dans la garantie simple , *id.* p. 46.

Garantie. Garantie des évictions. Action de garantie des évictions est une branche de l'action *ex empto*, t. III, p. 64. — Quel trouble y donne lieu ? *id.* p. 64. — Objet immédiat de cette action de prise de fait et cause, *id.* p. 64. — (*V.* FAIT ET CAUSE.) — Quand et devant quel juge se donne l'action de garantie en cas d'éviction ? *id.* p. 67. — Intérêt qu'a l'acheteur de la donner d'abord , *id.* p. 68. — Différence entre le droit romain et le droit français, *id.* p. 66. — Contre qui se donne l'action de garantie ? *id.* p. 68-69. — Celui qui n'a pas vendu, mais seulement consenti à la vente , n'en est tenu, *id.* p. 69. — L'obligation de garantie , donnant à l'acheteur une action, lui donne, à plus forte raison, une exception. (*V.* EXCEPTION.) — On peut convenir, par le contrat, que le vendeur ne s'oblige pas à la garantie de certaines espèces d'éviction , ou en général qu'il ne s'oblige à aucune garantie, *id.* p. 116 et suiv. — Cette clause ne décharge pas le vendeur de la garantie des évictions qui procéderoient de son fait, *id.* p. 117. — Celui qui a vendu à la charge de n'être pas garant, n'est pas , en cas d'éviction , tenu des dommages et intérêts ; mais il n'est pas déchargé de la restitution du prix , *id.* p. 117-118. — Si ce n'est qu'il eût vendu ses prétentions sur la chose plutôt que la chose même, *id.* p. 118. — Le vendeur n'est pas tenu de la garantie, s'il peut justifier que l'acheteur, lors du contrat, avoit connoissance de

l'éviction, si elle n'a été expressément stipulée, *id.* p. 119. — Il n'y a pas lieu à la garantie , même pour la simple restitution du prix, quoiqu'elle ait été stipulée, lorsque la vente a été faite par un voleur ou recéleur, *id.* p. 120. — Ni lorsque la vente a été faite pour le prix d'une somme perdue au jeu, *id.* p. 122. — Ni lorsqu'on achète des héritages compris dans une substitution dûment publiée et enregistrée, *id.* p. 122. — Lorsque c'est l'acheteur qui, ayant connoissance de la cause qui a donné lieu à l'éviction , a induit en erreur le vendeur , la garantie, quoique stipulée, n'a pas lieu , si ce n'est pour la restitution du prix, *id.* p. 122. (EXCEPTION DE GARANTIE.) — Garantie des charges réelles non déclarées. A quoi oblige cette garantie, *id.* p. 128. — Il n'est besoin de déclarer celles qui sont de droit commun, *id.* p. 124. — Comme les dîmes, *id.* p. 124. — Comme les charges seigneuriales, *id.* p. 125. — Les servitudes visibles, *id.* p. 125. — Est-il besoin de déclarer le changement non seigneurial dans la coutume d'Orléans? *id.* p. 126. — Garanties des vices redhibitoires, *id.* p. 128. — Cette garantie a lieu, non-seulement à l'égard de la chose principale vendue , mais même à l'égard de celles qui sont vendues comme choses accessoires, pourvu qu'elles soient spécialement vendues, *id.* p. 128. — Exemple, *id.* p. 129. — La garantie du vice redhibitoire oblige le vendeur qui en a eu connoissance, ou un juste soupçon , ou eu égard à sa profession, devoit le savoir, aux dommages et intérêts; sinon, elle l'oblige seulement à la restitution du prix, *id.* p. 132 et suiv. — Garanties de rentes. Différentes espèces de garantie qui ont lieu dans les transports de rentes et autres créances, *id.* p. 333. — Garantie de droit, *id.* p. 333. — Garantie de fait, *id.* p. 333. — Il y en a trois espèces. Garantie de fait simple, *id.* p. 334. — La garantie de tous troubles et empêchemens renferme-t-elle la garantie de fait simple? *id.* p. 334. — Garantie résultante de la clause de fournir et faire valoir, que comprend-elle? *id.* p. 335 et suiv. — *Quid*, si la vente étoit devenue caduque par le fait ou la faute de l'acheteur? *id.* p. 336.—S'il a laissé prescrire les hypothèques, *id.* p. 336. — Elle ne renferme que la garantie de la solvabilité future, *id.* p. 337. — Le cessionnaire, dans le cas de cette clause, est obligé à la discussion des biens du débiteur de sa rente avant d'attaquer le cédant, *id.* p. 337. — (*V.* DISCUSSION.) — Après la discussion, il est tenu de payer les arrérages et de continuer la rente ou de rendre le prix pour lequel il l'a vendue, et les intérêts, *id.* p. 338.—Garantie après simple commandement, n'oblige à discussion ni à veiller aux hypothèques, *id.* p. 339. — Garantie de partage. La garantie de partage est différente de celle dont est tenu un vendeur, et elle dérive d'autres principes, *id.* p. 377. — Cette garantie ne donne pas à celui qui a souffert éviction de quelqu'une des

choses tombées dans son lot, le droit de demander les dommages et intérêts à ses copartageans, mais seulement d'exiger que ses copartageans lui fassent raison, chacun pour sa part, de la somme pour laquelle la chose a été donnée en partage, la sienne confuse, *id.* p. 377-378. — Si parmi ses copartageans il y en a quelques-uns d'insolvables, il peut demander à ceux qui sont solvables, qu'ils lui fassent raison de la part dont auroit été tenu l'insolvable, chacun pour sa part, la sienne confuse, *id.* p. 380. — Le copartageant, en cas de caducité des rentes tombées dans son lot, a action de garantie contre les copartageans, *id.* p. 380. — Quelle espèce de lésion donne lieu à la rescision? *id.* p. 382. — La perte qu'un copartageant souffre depuis le partage, par cas fortuit, ne lui donne pas d'action de garantie; mais, suivant Dumoulin, il peut l'opposer en compensation, *id.* p. 379-380. — C'est l'éviction, et non la seule crainte de l'éviction, qui donne lieu à la garantie de partage, *id.* p. 382.

Garantie. Ne s'étend pas au retrait lignager avec la charge duquel l'acheteur est toujours censé avoir acquis l'héritage, t. III, p. 475-476.

Garantie. (*V.* ACTION, EXCEPTION, VICE.)

Garantie. Exception de la garantie contre l'action hypothécaire du créancier qui est obligé personnellement à la garantie, t. XII, p. 150. — Si le créancier n'est obligé que pour partie à la garantie, par exemple, pour un quart, l'exception n'aura lieu que pour un quart, *id.* p. 151. — Cette exception a lieu, non-seulement quand le demandeur est personnellement obligé à la garantie, mais encore lorsqu'il est possesseur d'héritages hypothéqués à cette garantie, *id.* p. 152.

Garantie. (Exception de) (*V.* HYPOTHÈQUE.)

Garantie de partage, t. V, p. 207.

Garantie de partage. Le survivant et ses héritiers contractent respectivement une obligation de garantie pour les choses échues en leurs lots respectifs : fondement de cette obligation, t. VIII, p. 461. — Quels biens donnent lieu à la garantie, *id.* p. 460. — Quelles espèces d'éviction donnent lieu à cette garantie? *id.* p. 462.—Différentes espèces d'éviction; la cause de l'éviction doit être antérieure au partage, à moins qu'une partie en ait été chargée par le partage, *id.* p. 462. — A quoi oblige la garantie qui résulte d'une éviction envers celui qui l'a soufferte; différence de cette éviction et de celle d'un vendeur, *id.* p. 463. — La garantie s'étend aux charges réelles et non garanties au partage, *id.* p. 464. — Aux vices redhibitoires, *id.* p. 463. — A l'insolvabilité des débiteurs des créances comprises au partage, *id.* p. 465. — Différence entre les créances d'une somme exigible et les rentes, *id.* p. 465. — La partie au lot de laquelle est échue une rente, a action de garantie contre ses copartageans, en quelque temps que ce soit qu'elle de-

vienne caduque; raison de cette garantie : à quoi oblige-t-elle? *id.* p. 466. — On peut, par le partage, déroger à cette garantie et la modifier, *id.* p. 468.

Garantie de partage, t. XII, p. 586.—A lieu de quelque manière que le partage ait été fait, *id.* p. 587. — Quelle sorte d'éviction donne lieu à la garantie, *id.* p. 587. — Si l'éviction est arrivée par la faute du cohéritier, il doit en supporter l'événement, *id.* p. 588. — Exception pour les charges seigneuriales dont les héritages sont chargés par la coutume des lieux, ou les servitudes visibles quoique non déclarées, *id.* p. 589. — La connoissance que l'héritier auroit eue des causes de l'éviction, exclut-elle de la garantie? *id.* p. 590. — Ce que doit faire l'héritier assigné pour cause d'éviction, *id.* p. 590.— En quoi consiste l'obligation de la garantie? *id.* p. 591. — *Quid*, si quelqu'un des cohéritiers tenus de la garantie étoit insolvable? *id.* p. 591. — Principes sur la garantie des offices, *id.* p. 591.—Sur la garantie des rentes, *id.* p. 591 et suiv.

Garantie de fait pour raison de créances exigibles, t. XII, p. 593. — Prescription de cette action, *id.* p. 593.

GARDE d'enfans mineurs, t. XV, p. 260. — Garde des non-nobles, *id.* p. 266. — Garde-noble, *id.* p. 214. — A quelles personnes est-elle déférée? *id.* p. 216.—Quelles personnes en sont capables? *id.* p. 217. — Sur quelles personnes, *id.* p. 217. — Quand est-elle déférée? *id.* p. 217. — Elle s'acquiert de plein droit , *id.* p. 218. — Comment la peut-on répudier ? *id.* p. 218. — Peut-on l'accepter pour un enfant et la répudier pour les autres ? *id.* p. 218. — Sur quels biens des mineurs a lieu l'émolument de la garde ? *id.* p. 219. — Du droit qu'a le gardien de s'approprier les meubles; quelles créances en sont exceptées, *id.* p. 219. — De la jouissance des immeubles, *id.* p. 222. — Des charges de la garde et obligations du gardien , *id.* p. 223. — Quand finit-elle ? *id.* p. 227. — Du cas auquel la gardienne se remarie , *id.* p. 228. — Qualité du statut sur la garde-noble, *id.* p. 228.

GARDE-NOBLE. Dans la coutume d'Orléans, il n'y a pas lieu à la continuation de communauté lorsque les enfans du prédécédé sont tombés en garde-noble, t. VIII, p. 520. — Lorsqu'il n'y a qu'une partie des enfans qui y sont tombés, et les autres ayant passé l'âge, quelle est la part dans la contribution de ceux qui n'y sont pas tombés? *id.* p. 520-522.

Garde-noble, a lieu dans presque toutes les coutumes , t. XII, p. 64. — Ce que c'est que le droit de garde-noble , *id.* p. 64. — Ce droit, dans la plupart des coutumes, s'appelle bail. (*Voy.* BAIL.) — *Quid*, dans la coutume d'Orléans? *id.* p. 65. — Origine de la garde-noble, *id.* p. 65. — De la garde-bourgeoise, suivant la coutume d'Orléans, *id.* p. 66. — Et suivant celle de Paris , *id.* p. 67. — A quelles personnes les coutumes défèrent la garde-noble, *id.* p. 67. — Un ascendant, d'un degré plus éloigné

qu'un aïeul , peut-il prétendre la garde? *id.* p. 67. — S'il se trouve des aïeux, tant du côté du survivant que du côté du prédécédé , concourront-ils? *id.* p. 69. — *Quid*, dans la coutume d'Orléans? *id.* p. 70. — Notre coutume fait trois degrés pour la garde des nobles , *id.* p. 71. — Qualité que doivent avoir ceux à qui la garde est déférée, *id.* p. 72. — Si les mineurs peuvent avoir la garde-noble de leurs enfans, *id.* p. 73. — Sur quelles personnes la garde-noble a lieu, *id.* p. 74. — Les coutumes ne défèrent ce droit que sur les nobles, *id.* p. 74. — *Quid*, dans la coutume de Paris? *id.* p. 74. — Ces personnes doivent être au-dessous de l'âge requis par la coutume , *id.* p. 75. — Des personnes auxquelles la garde-bourgeoise est déférée , et des qualités qu'elles doivent avoir , *id.* p. 75. — Elle n'a lieu que sur les impubères , *id.* p. 76. — La coutume d'Orléans défère aussi aux roturiers un droit de garde , mais sans émolument, *id.* p. 76. — Qualité requise pour cette garde , *id.* p. 76. — La garde-noble se défère par la mort du père ou de la mère des mineurs, *id.* p. 77. — Elle ne se défère que cette fois, *id.* p. 77. — Dans la coutume d'Orléans, elle le défère d'abord au survivant; s'il en est incapable ou s'il la refuse, elle se défère à ceux qui y sont subordinément appelés , *id.* p. 77. — Peut-on stipuler, par un contrat de mariage, que le survivant n'aura pas la garde-noble? *id.* p. 78. — Quand se défère la garde-bourgeoise ? *id.* p. 78. — De l'acceptation de la garde,

(*V.* Acceptation.) — En quoi consiste le droit de garde, *id.* p. 82. — Dans la coutume de Paris, la garde-noble ne renferme point la tutelle, *id.* p. 83. — Dans plusieurs, telle que la nôtre, la tutelle est unie à la garde-noble ; *id.* p. 83. — Dans notre coutume d'Orléans, la garde - bourgeoise n'est autre chose qu'une tutelle comptable, *id.* p. 83. — Des biens sujets à la garde. (*V.* Biens.) — Du gain des meubles dans quelques coutumes. (*V.* Meubles.) — Des obligations et charges de la garde-noble, *id.* p. 90. — (*V.* Inventaire, Alimens, Caution, Dettes.) — Le gardien noble est-il tenu des frais funéraires, du moins dans les coutumes qui ne donnent pas les meubles? *id.* p. 98. — Quand finit la garde-noble? *id.* p. 101. — Différence de notre coutume et de celle de Paris, et autres semblables, *id.* p. 101. — Si la gardienne noble et son second mari refusent de donner caution, l'aïeul ou l'aïeule prennent la garde à sa place, *id.* p. 102. — Quand finit la garde-bourgeoise, dans la coutume de Paris et celle d'Orléans, *id.* p. 103. — Le gardien noble doit acquitter les charges réelles des héritages, *id.* p. 94. — Il doit aussi acquitter les arrérages des rentes constituées, dues par la succession du prédécédé, *id.* p. 94. — Les coutumes chargent aussi le gardien des dettes mobilières, *id.* p. 94. — Cette obligation est plus étendue dans les coutumes qui donnent au gardien la propriété des meubles, *id.* p. 95. — Doit-on excepter le douaire préfix

dû par les mineurs à leur mère? *id.* p. 95. — Le gardien noble doit - il confondre les récompenses qui lui sont dues par les mineurs? Avis de Renusson ; avis contraire de Lemaître, *id.* p. 96. — Doit-il confondre le préciput? *id.* p. 97. — *Quid*, s'il consiste en corps certains? *id.* p. 97. — La gardienne noble confond-elle la somme qu'elle doit avoir pour tout droit en la communauté? *id.* p. 97. — Si le gardien noble est tenu des dettes *ultrà vires*, *id.* p. 100. — *Quid*, s'il se trouve des dettes mobilières imprévues? *id.* p. 100. — Biens sujets à la garde, *id.* p. 83. — Il n'y a, dans les coutumes de Paris et d'Orléans, que ceux de la succession du prédécédé des père et mère, *id.* p. 83. — On doit regarder comme biens de la succession du prédécédé ceux échus depuis au mineur, en vertu de quelque droit dépendant de cette succession, *id.* p. 84. — Dans quelques coutumes ce droit se restreint aux biens féodaux; dans les autres à tous les immeubles? *id.* p. 84. — Dans quelques coutumes, telle que la nôtre, le gardien gagne les meubles en propriété ; dans la plupart des autres, il n'en a que l'administration, *id.* p. 84. — Le gardien noble a droit de percevoir tous les fruits, tant naturels que civils, sur les biens sujets à la garde, *id.* p. 85. — S'il peut appliquer à son profit les pierres ou ardoises des carrières, *id.* p. 86. — Il ne peut rien prétendre à un trésor trouvé dans l'héritage, *id.* p. 86. — Les fermes lui appartiennent quand la récolte s'est faite durant la garde? *id.* p. 87. — Les profits qui naissent pendant la garde lui appartiennent, *id.* p. 87. — *Quid,* du retrait féodal, *id.* p. 87. — Les amendes et épaves, et autres droits de justice lui appartiennent, *id.* p. 88. — Peut nommer les officiers de justice, mais non destituer ceux qui étoient institués ; présenter et nommer aux bénéfices, *id.* p. 88. — Le gardien doit entretenir en bon état les héritages sujets à la garde, *id.* p. 93. — Il doit aussi faire les frais des procès pour la conservation des biens sujets à la garde, *id.* p. 93. — Si les dispositions des coutumes, touchant la garde-noble, sont statuts réels ou personnels, *id.* p. 104. — La garde ne peut être déférée que par la coutume du lieu du domicile des mineurs, *id.* p. 104. — Est-il nécessaire que ceux auquels la garde est déférée aient leur domicile dans le territoire de la coutume qui défère la garde ? *id.* p. 104. — Un gardien noble, Parisien, peut-il avoir la jouissance des héritages situés dans une autre coutume ? *id.* p. 105. — Les différens temps, réglés par les différentes coutumes, donnent lieu à des questions sur la durée de la garde, *id.* p. 107. — La translation de domicile du survivant ne change rien à la garde, *id.* p. 107.

GARDIENS. (Dépôt.) Des personnes qu'il est défendu aux sergens d'établir pour gardiens, t. VI, p. 60.

Gardien. Ce que c'est, t. XIV, p. 221. — Différence entre le gardien et le dépositaire, *id.*

p. 221. — Qui sont ceux qui ne peuvent être contraints d'être gardiens ? *id.* p. 221. — Saisissant responsable du gardien envers le saisi, *id.* p. 222. — Qui sont ceux que l'ordonnance défend d'établir pour gardiens ? *id.* p. 223. — Huissier ne peut s'établir pour gardien, ni ses parens, *id.* p. 223. — Saisissant ne peut être établi pour gardien, *id.* p. 224. — Mineurs, ecclésiastiques, et femmes, ne le peuvent, *id.* p. 225 et suiv. — Obligations des gardiens, *id.* p. 225. — Gardien doit rendre compte du profit, *id.* p. 226. — Est contraignable par corps pour la représentation des effets, *id.* p. 226. — Quand est-il déchargé de la garde? *id.* p. 226. — Salaire et frais de garde, *id.* p. 227.

GARENNES, t. XV, p. 374.

Garenne. Peut s'affermer, t. X, p. 30.

GARNISSEMENT DE MAIN. Titres qui portent garnissement de main, t. XVII, p. 322.

GAVITEAU. Ce que c'est, t. IV, p. 626.

GENEALOGIE. Comment s'établit-elle? t. X, p. 224.

GENS *du tiers état.* Se considèrent suivant différens rapports, t. XIII, p. 388.

Gens de main-morte. (*V.* CORPS et COMMUNAUTÉ.)

Gens de main-morte. (*Voy.* MAIN-MORTE.)

Gens de main-morte. (Prescription.) Prescription de Gens de main-morte, t. X, p. 508. (PRESCRIPTION.)

GLACES ET TABLEAUX. Quand font-ils partie d'une maison? t. XVII, p. 109.

Glaces. Quand sont-elles censées faire partie d'une maison, t. VIII, p. 41.

GRATUITÉ. (Prêt d'usage.) Elle est de l'essence du mandat, t. V, p. 320. — (Dépôt) Et du dépôt et du mandat, t. VI, p. 11-95.

GROSSE. Contrat à la grosse. Sa définition, ses noms, t. VI, p. 389. — Etoit en usage chez les Romains, id. p. 389.—Est-il licite? id. p. 390. — A quelles classes de contrats ce contrat appartient-il? id. p. 390. — Différence de ce contrat et du contrat d'assurance, id. p. 391. —Choses qui composent la substance de ce contrat, id. p. 392. — Il faut qu'il y ait une somme prêtée, id. p. 392. — Il n'est pas permis d'emprunter, par ce contrat, une somme qui excède la valeur des choses sur lesquelles le prêt est fait, id. 393.— Le contrat est-il, en ce cas, entièrement nul ou réductible? Distinction, id. p. 395. — On ne peut emprunter à la grosse que sur les effets qu'on risque de perdre, non sur un profit espéré, id. p. 397. — Les matelots peuvent-ils emprunter à la grosse sur leurs loyers? id. p. 397. — Sur quelles choses doit intervenir le consentement des parties dans le contrat à la gros-

se? id. p. 402-403. — La translation de propriété des deniers donnés à la grosse, est nécessaire pour la validité du contrat, id. p. 404. — Quels sont les actes probatoires de ce contrat, et que doivent-ils contenir? id. p. 404. — Le contrat dans le doute est-il présumé fait pour l'aller seulement et pour le retour? id. p. 405.

GROSSESSE. Etat de grossesse n'est pas maladie; don mutuel fait par une femme en cet état, est valable, quoiqu'elle soit morte par un accident survenu depuis, t. IX, p. 392.

GRURIE. Des bois sujets aux droits de grurie, t. IX, p. 136.

GUESVEMENT, t. XV, p. 349.

Guesvement. Ce que c'est, t. XII, p. 43.—Si Noël est un terme pour guesver, id. p. 43. —Comment se doit faire le guesvement, id. p. 44. — Est-il nécessaire que le censitaire qui guesve la maison la mette en état d'être occupée? id. p. 44. — Le propriétaire d'une partie indivise peut-il guesver pour sa portion? id. p. 45. — *Quid,* s'il y a plusieurs seigneurs de la censive? id. p. 45. — Comment le seigneur doit jouir, id. p. 45.

H.

HAB.

HABITATION. Droit d'habitation. Deux espèces, t. IX, p. 273.

Habitation coutumière (Droit). La femme y peut renoncer par le contrat de mariage, t. VIII, p. 274. — Quand est-elle censée y avoir renoncé? *id.* p. 274. — Variété des coutumes sur la qualité des veuves à qui elles donnent le droit d'habitation, *id.* p. 275. — Variété des coutumes sur la chose qu'elles accordent pour droit d'habitation, *id.* p. 278. — A quoi s'étend le droit d'habitation? *id.* p. 280. — La femme peut-elle louer la maison qu'elle a pour son habitation? *id.* p. 280. — La femme peut-elle obliger l'héritier à mettre sa maison en bon état? *id.* p. 282. — Quelles sont les charges du droit d'habitation? *id.* p. 284. — Manière dont s'éteint le droit d'habitation, *id.* p. 285. — Lorsque la maison que la femme avoit pour son habitation a été incendiée, a-t-elle droit de jouir de la place? *id.* p. 286. — Peut-elle, en ce cas, demander l'habitation d'une autre maison? *id.* p. 286. — *Quid*, du cas auquel elle a été évincée? *id.* p. 287. — L'habitation s'éteint-elle par le convol à de secondes noces? *id.* p. 288. — Quelle coutume règle le droit d'habitation? *id.* 288. — Lorsqu'il y a dans la succession du mari plusieurs maisons situées sous différentes coutumes qui accordent une habitation à la femme,

HÉR.

peut-elle prétendre avoir une habitation dans chacune de ces coutumes? *id.* p. 289.

Habitation conventionnelle. (Droit d') Six différentes espèces d'habitation conventionnelle; en quoi elles conviennent, et en quoi chacune d'elles convient et diffère de l'habitation coutumière, t. IX, p. 290.

HAIES. Quand sont présumées communes, t. V, p. 237. — Effet de la communauté des haies et fossés, *id.* p. 238.

HÉRÉDITÉ. Vente d'hérédité est nulle, si la personne dont on vend l'hérédité est vivante ou n'a jamais existé, t. III, p. 311. — A quoi est tenu le vendeur, en ce cas? *id.* p. 311. — On ne peut pas même vendre l'hérédité future d'une personne vivante, *id.* p. 311. — La vente de l'hérédité d'un défunt est valable, quoiqu'elle n'appartienne pas au vendeur. A quoi oblige-t-elle le vendeur? *id.* p. 312. — *Quid*, si quelqu'un n'a vendu que ses prétentions à une hérédité? *id.* p. 312. — Que comprend l'hérédité? *id.* p. 312. — Quelles choses le vendeur d'une hérédité doit-il donner à l'acheteur? *id.* p. 313. — Lorsque le vendeur, depuis la vente de l'hérédité qu'il a faite à quelqu'un, vend à d'autres des choses qui en dépendent, leur en transfère-t-il la propriété? *id.* p. 314 — L'acheteur peut-il, ces choses étant péries depuis, demander le prix que l'héritier les a vendues? *id.* p. 314-315. —Le vendeur de l'hérédité doit faire raison à l'acheteur des choses qu'il n'avoit plus lors de la vente, s'il en a disposé, ou s'il les a consommées pour son usage; *secùs*, si elles sont péries, *id.* p. 315. — Le vendeur de l'hérédité n'est tenu à autre chose, à l'égard des dettes actives de la succession, que de restituer ce qu'il en a reçu et de remettre les titres pour ce qui en est dû, *id.* p. 316. — Si les débiteurs étoient devenus insolvables depuis qu'il a été en demeure de remettre les titres, seroit-il tenu de leur insolvabilité? *id.* p. 317. — Il est tenu de faire raison de ce qui étoit dû au défunt par un débiteur dont il est devenu l'héritier, avant la vente de l'hérédité, *id.* p. 317.—De ce qu'il devoit lui-même au défunt, *id.* p. 317. — Doit rétablir les servitudes dont ses héritages étoient chargés envers eeux de la succession, et qui avoient été éteintes par la confusion, *id.* p. 317. — Doit-il tenir compte de ce qu'il a reçu de quelqu'un qui se persuadoit faussement le devoir à la succession? *id.* p. 317. — Doit-il faire raison des fruits des choses qu'il s'étoit réservées, qui ont été perçus avant la vente de l'hérédité? *id.* p. 318.—L'acheteur de l'hérédité doit rembourser le vendeur de tout ce que le vendeur a payé pour les dettes et charges de la succession, et lui rapporter, dans un certain temps, quittance ou décharge de ce qui est dû pour lesdites dettes ou charges, *id.* p. 318.

—Si l'héritier vendeur est devenu l'héritier d'un des créanciers de la succession, l'acheteur doit lui faire raison de cette dette, *id.* p. 319. — Et de ce dont cet héritier étoit lui-même créancier du défunt, *id.* p. 319. —Pourvu que ce ne fût pas une créance de nature à s'éteindre par la mort du débiteur, *id.* p. 320. — Il doit souffrir le rétablissement des servitudes que les héritages de la succession du défunt devoient à ceux de l'héritier, *id.* p. 320. — Il n'est pas tenu de rembourser l'héritier de ce qu'il a payé par erreur à quelqu'un, qu'il croyoit par erreur créancier de la succession, à moins qu'il n'y eût été condamné, *id.* p. 320.—La vente qu'un héritier en partie a faite de sa part ou de ses droits successifs, comprend-elle les portions de ses cohéritiers, qui lui sont accrues depuis par leur renonciation? *id.* p. 321.

HÉRITAGES. Sujets à ce retrait; quelles choses sont à cet égard réputées héritages, t. III, p. 409 et suiv.

Héritages propres. En quel sens sont pris ces termes dans l'article 68 de la coutume de Dunois? t. IX, p. 493.

HÉRITIER. Différence entre un héritier et un légataire universel, t. V, p. 212.

HÉRITIERS. Quels loyers sont dus aux héritiers du matelot mort pendant le voyage. (*V.* LOYERS.)

Héritiers. Comment succèdent-ils aux dettes, soit actives, soit passives? (*V.* DIVISIBLE, INDIVISIBLE, STIPULER, SUCCESSION.)

Héritier. Les sommes qui doivent être remboursées par le retrayant doivent-elles l'être à l'héritier aux meubles de l'acheteur, ou à son héritier aux propres? t. III, p. 608 et suiv. — Héritier aux propres succède à l'héritage retiré par retrait, s'il rembourse dans l'an et jour, et l'héritier aux acquêts, *id.* p. 629.—Ce droit n'est pas un retrait, *id.* p. 629.—Jusqu'à l'accomplissement de la condition du remboursement, la succession est en suspens, *id.* p. 629. — Le temps du remboursement est continu et fatal, *id.* p. 633. — Les fruits perçus par l'héritier aux acquêts doivent-ils être rendus à l'héritier aux propres qui satisfait à la condition, et sous quelles déductions? *id.* p. 630. — Si le retrayant avait fait un légataire universel, l'héritier aux propres retiendra-t-il les quatre quarts en nature de ces héritages? *id.* p. 631. — *Quid,* relativement aux dégradations? *id.* p. 634.—Que doit rembourser l'héritier aux propres? différence de la coutume de Paris et de celle d'Orléans, à cet égard, *id.* p. 633.—Ce droit est accordé à l'héritier aux propres, en sa seule qualité d'héritier aux propres corollaires, *id.* p. 632. —Il a ce droit contre l'héritier aux acquêts, quand même celui-ci seroit lignager, *id.* p. 633.— Comment contribue-t-il aux dettes pour cette succession? *id.* p. 633. — Les dispositions des coutumes de Paris et d'Orléans ne doivent s'étendre à l'héritage acquis directement, *id.* p. 635.

Héritier bénéficiaire. Section qui sépare la succession de sa personne, n'a lieu qu'à l'égard des créanciers seulement, t. III, p. 478.

Héritier, soit du bailleur, soit du preneur, succède à la société dans le contrat de cheptel, t. V, p. 258.

Héritier (Acte d'héritier.). Enfant ne fait acte d'héritier en se mettant en possession d'héritages de la succession de son père, dans lesquels il a un douaire, t. IX, p. 232.

Héritier. L'héritier du mari est-il tenu de mettre en bon état de réparation la maison que la femme a pour son droit d'habitation? Distinction, t. IX, p. 282. — Il ne peut rentrer en jouissance, après la mort de la veuve, de la maison sujette au droit d'habitation, qu'en remboursant la veuve des impenses qu'elle a faites, *id.* p. 283.

Héritier présomptif. Un conjoint peut-il donner aux héritiers présomptifs de l'autre conjoint? t. IX, p. 359.

Héritier, succède à tous les droits actifs et passifs d'un défunt, et par conséquent à toutes les dettes, t. XII, p. 597. — On ne considère point la cause ni l'origine du passif des successions, *id.* p. 597. — Comment les héritiers sont tenus du douaire préfix ou du douaire coutumier de la veuve, *id.* p. 598. — Des dettes d'une succession acceptée par le défunt, *id.* p. 599. — *Quid,* si le défunt a été seulement héritier sous bénéfice d'inventaire de son parent? *id.* p. 599. — Dettes de la communauté, si elles doivent être portées par les héritiers seuls des meubles et acquêts, p. 601.—L'héritier aux propres est-il tenu de contribuer aux reprises que le survivant a le droit d'exercer? *id.* p. 601. — *Quid*, en cas de renonciation de la femme à la communauté? *id.* p. 602. — *Quid*, des rentes foncières et de leurs arrérages? *id.* p. 602. — *Quid*, de l'obligation de fournir et faire valoir la rente foncière? *id.* p. 603. — Limitation de la règle que tous les héritiers succèdent aux dettes, *id.* p. 603. — Coutumes où le mobilier est chargé des dettes mobilières, *id.* p. 604. — Comment les dettes mobilières sont portées, lorsque le défunt a laissé des biens en différentes coutumes, dont les dispositions sont différentes à ce sujet, *id.* p. 605. — Dans les coutumes qui chargent l'héritier au mobilier de toutes les dettes, en est-il tenu au-delà des forces du mobilier, lorsqu'il y a d'autres biens? *id.* p. 606. — Sont aussi tenus des charges de la succession, *id.* p. 606. (*Voy.* CHARGES.) — Legs d'un corps certain; par qui sont-ils acquittés? *id.* p. 607. — Dettes par ceux qui sont aux droits des héritiers, *id.* p. 607. (*V.* CESSIONNAIRES.)

Héritiers sont tenus des dettes, même au-delà des forces de la succession, t. XII, p. 612. — Même l'héritier pour partie, *id.* p. 613. — L'héritier qui a cédé les droits successifs, continue d'être tenu des dettes, *id.* p. 613.

Héritier n'est pas tenu des legs *ultrà vires*, t. XII, p. 613. — Lorsqu'il y a plusieurs héritiers, comment sont-ils tenus des dettes? *id.* p. 614. — *Quid*, lorsque le défunt a laissé diffé-

rentes espèces d'héritiers à différentes espèces de biens? *id.* p. 615. — Les mâles qui excluent les filles en collatérales, tenus des dettes en proportion, *id.* p. 616. — Aîné des enfans n'est pas tenu des dettes plus que les autres, à raison de son préciput et portion avantageuse, *id.* p. 616. — *Quid*, des rentes foncières dont l'héritage féodal est chargé? *id.* p. 617. — Exception dans le cas où les dettes absorberoient le surplus des biens, *id.* p. 617.

Héritier. Le successeur aux biens d'une personne par droit d'aubaine, de deshérence, de bâtardise, de confiscation, est il héritier? t. X, p. 263.

HONORAIRES, t. VI, p. 96.

HONNÊTETÉ PUBLIQUE produit une première espèce d'empêchement, qui naît des fiançailles entre l'une des parties fiancées et les parens de l'autre, t. VII, p. 135. — Pendant les dix ou douze premiers siècles, il étoit borné à la ligne directe; depuis, on avoit voulu l'étendre aussi loin que l'affinité, *id.* p. 135. — Le concile de Trente l'a borné à la ligne directe, et au premier degré de la collatérale, *id.* p. 136. — Ce qui est requis pour que les fiançailles forment cet empêchement, *id.* p. 137. — L'empêchement subsiste, même après leur dissolution, *id.* p. 137. — La seconde espèce d'empêchement dirimant que produit l'honnêteté publique, est celui qui résulte du mariage, non consommé, entre un conjoint et les parens de l'autre, *id.* p. 138. — S'étend aussi loin que l'affinité,

Hypothèque spéciale. Droits qu'elle donne contre le tiers détenteur, *id.* p. 306.

Hypothèque que le droit romain donnoit aux locateurs sur les fruits des biens de campagne, et sur les meubles qui étoient dans les maisons de ville, t. IV, p. 401. — Les coutumes de Paris et d'Orléans donnent ce droit même sur les meubles qui garnissent les métairies, et que doit-on décider à cet égard dans les coutumes muettes? *id.* p. 402. — Différences du droit romain et du coutumier sur cette hypothèque, et quand s'évanouit-elle? *id.* p. 402. — Ce droit appartient à tous les locataires, même à un locataire qui a sous-baillé, *id.* p. 403. — Celui qui a payé pour le locataire y est-il subrogé de droit? *id.* p. 404. — Ce droit a lieu sur les fruits, quoiqu'ils aient été recueillis par un sous-locataire, si mieux n'aime le seigneur de métairie l'exercer sur les sous-fermes, *id.* p. 404. — Ce droit a lieu sur les meubles des sous-locataires, *quatenus*, *id.* p. 404. — *Quid*, des meubles de ceux qui ont une habitation gratuite? *id.* p. 405. — Disposition particulière de la coutume d'Orléans sur les meubles des sous-locataires; *id.* p. 405. — Questions à ce sujet, *id.* p. 405. — Ce droit a lieu sur les meubles qui garnissent l'hôtel ou la métairie, quoiqu'ils n'appartiennent pas au locataire ou fermier, *id.* p. 407. — A moins qu'ils n'y aient été portés contre la volonté du propriétaire, *id.* p. 409. — *Quid*, des choses vendues sans termes? *id.* p. 409. — Ce droit n'a lieu que

sur les meubles qui sont dans la maison pour la garnir, *id.* p. 410. — A-t-il lieu sur les marchandises? *id.* p. 411. — Sur l'argent comptant, *id.* p. 412. — Sur les billets, *id.* p. 412.

Hypothèque. Créancier de rentes constituées peut-il exiger quelque chose du débiteur, pour décharger un héritage de ses hypothèques? t. IV, p. 48. — Le peut-il d'un tiers? *id.* p. 49. — Clause par laquelle le constituant déclare l'héritage hypothéqué à la vente, franc de toute hypothèque, *id.* p. 46.

Hypothèque. En quoi elle diffère du nantissement, et comment s'acquiert-elle? t. VI, p. 239.

Hypothèque. Celui qui a donné procuration, par acte devant notaires, n'a pas d'hypothèques sur les biens du mandataire, si l'acceptation n'en a pas été faite par acte devant notaires, t. VI, p. 118. — De quand la procuration devant notaires donne-t-elle hypothèque sans actes devant notaires, *id.* p. 138. — Hypothèque des procureurs *ad lites* sur les biens de leurs cliens, *id.* p. 172.

Hypothèque ou droit de gage. Ce que c'est, t. XII, p. 121. — On divise l'hypothèque en générale et spéciale, *id.* p. 122. — On distingue encore les hypothèques en conventionnelles, légales ou tacites, *id.* p. 122. — On les distingue encore en hypothèques privilégiées, et hypothèques simples, *id.* p. 123. — Quelles sont les causes qui produisent l'hypothèque? *id.* p. 123. — De celle qui naît des actes devant notaires. (*V.* Actes.) — Différence du droit romain et du droit français sur l'hypothèque, *id.* p. 123-124. — De l'hypothèque des jugemens, *id.* p. 128. — Les jugemens de tous les juges du royaume, même des juges-consuls, produisent hypothèque, *id.* p. 128.—Jugement des officiaux ne produisent hypothèque, *id.* p. 128. — Ni ceux des arbitres, sinon du jour de leur homologation, *id.* p. 128.—Ceux rendus par défaut ne portent hypothèque que du jour de la signification, *id.* p. 129.—L'appel suspend l'hypothèque; mais si le jugement est confirmé, l'hypothèque est acquise du jour de la sentence, *id.* p. 129. — La loi seule, en certain cas, donne hypothèque, *id.* p. 130. — Exemples, *id.* p. 130. — Hypothèque tacite, accordée au substitué sur les biens du grevé, *id.* p. 131. — Hypothèque tacite, limitée à certains biens; exemples, *id.* p. 131. — Des choses susceptibles d'hypothèque, *id.* p. 132.—Dans les coutumes de Paris et d'Orléans, meubles ne sont point susceptibles d'hypothèque, *id.* 132.—*Quid*, dans la coutume de Normandie et quelques autres? *id.* 132. — Non-seulement les immeubles corporels, mais même les incorporels, sont susceptibles d'hypothèque, *id.* p. 133. — L'usufruit est susceptible d'hypothèque, *id.* p. 133.—Les offices de la maison du roi ne le sont pas, *id.* p. 134. — Il n'y a que le propriétaire d'une chose qui puisse l'hypothéquer, *id.* p. 134. — Il faut aussi qu'il ait la faculté d'en disposer, *id.* p. 134. — *Quid*, si le mineur a contracté

sous l'hypothèque de ses biens, et ensuite ratifié en majorité, de quel jour y aura-t-il hypothèque? *id.* p. 134-135. — *Quid*, d'une femme mariée qui auroit ratifié depuis son veuvage, *id.* p. 135. — *Quid*, si je ratifie un acte que quelqu'un aura passé eu mon nom et sans procuration? *id.* p. 136. — De l'hypothèque des biens présens et à venir, *id.* p. 137.—*Quid*, si j'ai contracté avec plusieurs créanciers, en différens temps, sous l'hypothèque de mes biens présens et à venir? *id.* p. 137. — Il ne peut y avoir d'hypothèque, s'il n'y a une dette qui subsiste, *id.* p. 138. — On peut constituer des hypothèques pour quelques dettes que ce soit, *id.* p. 138. — Même pour une dette conditionnelle, ou pour une dette que l'on contractera, *id.* p. 140. — L'effet de l'hypothèque est d'affecter au total de la dette la chose hypothéquée et chacune de ses parties, *id.* p. 141. — Effet de l'hypothèque, lorsque le créancier a un titre exécutoire, *id.* p. 141.—Contre les héritiers du débiteur, qui possèdent les biens hypothéqués, *id.* p. 142. — Contre des tiers qui possèdent la chose hypothéquée, *id.* p. 142. — On distingue trois actions qui naissent de l'hypothèque. (*V.* ACTIONS.) — De l'exécution des hypothèques et de l'ordre des créanciers hypothécaires. (*V.* ORDRE.) — Manières dont s'éteint l'hypothèque, *id.* p. 177. — Elle s'éteint par l'extinction de la chose hypothéquée, *id.* p. 177.—Par le rachat de la rente hypothéquée, *id.* p. 178. — Le

changement de forme acciden-
telle de la chose n'éteint pas
l'hypothèque, *id.* p. 179. — Il
en est autrement du changement dans la forme substantielle, *id.* p. 179. — L'hypothèque s'éteint, lorsque le
créancier acquiert la propriété
de la chose hypothéquée, *id.*
p. 180. — Il faut pour cela que
l'acquisition soit irrévocable,
id. p. 181. — Si l'acquisition a
été révoquée par une cause nouvelle, l'hypothèque ne revivra
pas, *id.* p. 181. — Celui qui n'a
qu'un droit de propriété révocable, ne peut donner qu'un
droit d'hypothèque pareillement révocable dans les mêmes
cas, *id.* p. 182. — Exception à
l'égard de l'hypothèque de la
dot et du douaire sur les biens
substitués, *id.* p. 183. — Pour
que l'extinction de l'hypothèque
ait lieu, il faut que l'extinction
de la propriété se fasse *ex causâ
antiquâ et necessariâ, id.* p. 183.
L'extinction de la dette pour laquelle l'hypothèque a été constituée, entraîne nécessairement
l'extinction de l'hypothèque,
id. p. 183. — Quelquefois le
paiement entier de la dette
transfère l'hypothèque à un autre créancier, par la voie de la
subrogation, *id.* p. 184. — *Quid,*
lorsque le débiteur devient héritier du créancier, *aut vice
versâ,* en tout ou en partie? *id.*
p. 184. — Le débiteur ne peut
acquérir la prescription contre
l'hypothèque, que par quarante
ans, *id.* p. 185. — *Quid,* de la
chose jugée et du serment décisoire? *id.* p. 185. — De l'extinction, par la remise que fait le
créancier. (*V.* REMISE.) — L'hy-

pothèque s'éteint par la prescription ; mais il faut distinguer
entre le tiers détenteur et le possesseur personnellement obligé,
id. p. 191. — Prescription du
tiers détenteur dans la coutume
de Paris, *id.* p. 191. — Dans
celle d'Orléans, il ne prescrit
que par trente ans ; contre l'é-
glise, par quarante ans, *id.* p.
191. — Prescription du débiteur
ou de ses héritiers, par quarante ans, suivant la constitution de Justin, admise dans notre coutume et quelques autres,
id. p. 192.

Hypothèque. Ordre d'hypothèque entre le douaire et les
différentes créances de la femme, t. IX, p. 239.

Hypothèque (Communauté.)
de la femme pour ses reprises.
De quel jour la femme a-t-elle
hypothèque sur les biens de son
mari pour ses reprises? t. VIII,
p. 399.

Hypothèque. Hypothèque de
la femme pour ses indemnités,
du jour du contrat de mariage,
t. VIII, p. 489. — La femme
séparée a-t-elle pareille hypothèque pour l'indemnité des
dettes auxquelles elle s'est obligée pour son mari, depuis sa
séparation? *id.* p. 491. — Créanciers qui ont la femme pour
obligée, quoique postérieurs,
sont préférés en sous-ordres aux
créanciers du mari seul, quoiqu'antérieurs, *id.* p. 492. — Exception en cas de fraude, *id.* p.
493. — Lebrun accorde mal à
propos une hypothèque à la
femme qui a payé depuis la mort
de son mari des dettes auxquelles elle n'étoit pas obligée,
id. p. 493.

Hypothèque des partages, t. VIII, p. 288 et suiv. — *Action hypothécaire.* Les créanciers-hypothécaires du mari, pour dettes par lui contractées pendant la communauté, ont, pour le total de ce qui lui est dû, une action hypothécaire contre la femme détentrice des conquêts, *id.* p. 483. — Ceux pour dettes qu'il a contractées avant le mariage, ne l'ont pas, sauf à Orléans, *id.* p. 484. — De quoi doit faire raison à la femme le créancier à qui elle délaisse sur cette action? *id.* p. 486.

Hypothèques. Hypothèques et autres charges imposées par l'acheteur, sur l'héritage, s'éteignent par le retrait, t. III, p. 614. — *Quid*, si l'héritage se trouvoit saisi par les créanciers de l'acheteur lors de la demande en retrait? *id.* p. 616. — Elles s'éteignent pareillement dans le retrait de mi-denier, en cas de renonciation à la communauté par la femme ou les héritiers, *id.* p. 664. — *Secùs*, lorsqu'il s'exerce au partage des biens de la communauté, *id.* p. 662.

Hypothèques. Le déguerpissement les éteint-il? t. V, p. 95-96.

I.

IMMEUBLES. Quelles choses corporelles sont immeubles ou non? t. XVII, p. 108. — Droits réels sur les héritages sont immeubles, t. XV, p. 18. — Quelles créances sont meubles ou immeubles? *id.* p. 18. (*V.* FRUITS, RENTES, OFFICES.)

Immeubles. Sont les fonds de terre, les maisons, et tout ce qui en fait partie, t. XIII, p. 472. — *Quid*, des moulins à eau, des pressoirs? etc., *id.* 473. — *Quid*, des échalas? *id.* p. 473. — Des pailles et fumiers, *id.* p. 474. Fruits qui ne sont point séparés de la terre, font partie de l'héritage, *id.* p. 475. — Choses qui, sans être attachées à la maison, en font partie, *id.* p. 476. — Ce qui a été placé par un locataire ou par un usufruitier n'en fait pas partie, *id.* p. 477. — Des cuves et chaudières des raffineries, *id.* p. 478. — Droits réels appartenant à la classe des immeubles, *id.* p. 478. — Créances sont meubles ou immeubles, suivant la qualité de la chose qui en fait l'objet, *id.* p. 479. — *Quid*, lorsqu'un conjoint promet apporter en communauté les héritages? *id.* p. 481. — *Quid*, s'il s'est obligé d'apporter une somme à prendre sur ses héritages? *id.* p. 482. — Les rentes constituées sont-elles meubles ou immeubles? *id.* p. 482. (*V.* RENTES.) — Créance d'une somme exigible, qui produit intérêt, est mobilière, *id.* p. 484. — Si les offices sont immeubles, *id.* p. 485. (*V.* OFFICES.)

IMPENSES. Doivent être remboursées par le retrayant à l'acheteur qui les a faites, lorsqu'elles étoient nécessaires, et qu'elles ont été faites *in rem ipsam*, t. III, p. 563. — Quelles impenses sont nécessaires? *id.* p. 568. — A l'égard de celles qui ne l'étoient pas, soit qu'elles fussent purement voluptuaires, soit qu'elles fussent utiles, le retrayant n'est tenu que d'en permettre l'enlèvement, si cela se peut, *id.* p. 565. — Quand même l'acquéreur se seroit obligé par le contrat à la faire, *id.* p. 565. — *Quid*, si l'héritage avoit été vendu comme acquêt? *id.* p. 566. — *Quid*, des rachats volontaires de rentes ou de servitudes? *id.* p. 567. — Le retrayant doit-il rembourser les impenses d'entretien? *id.* p. 568. — Celles faites pour raison des fruits, quoiqu'elles aient péri, *id.* p. 568. — Quoiqu'il ait pu la faire à meilleur compte, *id.* p. 569. — Dans le retrait de mi-denier, on doit rembourser les impenses utiles, *id.* p. 565. — Raison de la différence, *id.* p. 661. — De même dans le retrait conventionnel, lorsque la charge n'a pas été déclarée par le contrat, *id.* p. 702. — *Quid*, si la charge avoit été déclarée par le contrat? *id.* p. 702. — Si les impenses utiles étoient tellement considérables qu'elles dussent empêcher le retrait, *id.* p. 702.

Impenses. Fermier légataire de l'usufruit, peut-il demander, outre la remise de la ferme, la restitution des impenses qu'il a faites pour les fruits de la récolte qu'il a faite depuis l'ouverture du legs? t. IV, p. 441.

Impenses. Le tiers détenteur peut opposer contre l'action hypothécaire qu'il a fait des impenses nécessaires à l'héritage,

t. XII, p. 148. — Différence entre le droit romain et notre droit sur l'effet de cette exception, *id.* p. 149.

Impenses. Le possesseur évincé sur une demande en revendication, doit être remboursé des impenses nécessaires, même des intérêts jusqu'à concurrence de ce qu'ils excéderont les fruits par lui perçus, t. X, p. 197. — *Quid*, des impenses d'entretien? *id.* p. 197. — Le possesseur de bonne foi doit être remboursé des impenses utiles, *id.* p. 197. — Pourvu que sa bonne foi durât encore lorsqu'il les a faites, *id.* p. 206. — N'en est remboursé que jusqu'à concurrence de ce que l'héritage est plus précieux, *id.* p. 198. — Il ne l'est que sous la déduction des fruits qu'il a perçus, *id.* p. 201-202. — Cas particuliers auxquels le possesseur de bonne foi ne peut répéter les impenses utiles, *id.* p. 200. — Dans l'action de revendication, le droit romain n'accordoit pas au possesseur de mauvaise foi le remboursement des impenses utiles, *id.* p. 202. — Dans notre droit, on distingue à cet égard, différentes espèces de possesseurs de mauvaise foi, *id.* p. 205. — On permet au possesseur de mauvaise foi d'enlever ce qui peut l'être, *id.* p. 206. — Le possesseur des biens d'une succession doit être remboursé par l'héritier, des impenses nécessaires qu'il a faites aux biens de la succession, *id.* p. 261. — Différence entre le possesseur de mauvaise foi et celui de bonne foi, par rapport aux impenses utiles, *id.* p. 261. — *Quid,* des voluptuaires ? *id.* p. 262.

IMPOSITIONS sur l'héritage, le fermier en est-il tenu ? t. IV, p. 394.

IMPOSSIBILITÉ. Cette maxime, qu'on ne peut être tenu à l'impossible, n'est de droit qu'en cas d'impossibilité absolue, t. I, p. 167.

IMPUBÈRES. Peuvent-ils être engagés par un quasi-contrat ? t. VI, p. 235.

IMPUISSANCE. Est un empêchement de mariage, t. VII, p. 54. — Quelles espèces d'impuissance ? *id.* p. 54. — L'impuissant n'est pas recevable à attaquer lui-même son mariage, lorsque l'autre partie ne se plaint pas, *id.* p. 286. — L'autre partie n'y est pas recevable après un long temps de cohabitation, surtout s'il y a des enfans, *id.* p. 286. — La preuve de ce vice se fait par la visite. La cour a défendu celle du congrès, *id.* p. 297. — L'impuissant qui dit que le vice n'est survenu que depuis le mariage, doit le prouver, *id.* p. 297.

IMPUTATION *de paiement.* Le débiteur de plusieurs dettes peut, lors du paiement qu'il fait, l'imputer sur celle des dettes qu'il lui plaît d'acquitter, t. II, p. 47. — Lorsque le débiteur ne fait point d'imputation, le créancier, lors du paiement, peut la faire, pourvu que cette imputation soit équitable, *id.* p. 47. — L'imputation générale exprimée par ces termes de la quittance *à valoir sur toutes mes créances*, ne comprend que les dettes qui étoient lors exigibles, *id.* p. 50. Lorsqu'il n'y a eu, lors du paiement, aucune imputation, ni

de la part du débiteur, ni de celle du créancier, l'imputation doit se faire sur celles des dettes que le débiteur avoit le plus d'intérêt d'acquitter ; plusieurs corollaires, *id.* p. 50 et suiv. — *Cœteris paribus*, l'imputation se fait sur la dette la plus ancienne, et si elles sont de même date, elle se fait sur toutes au prorata, *id.* p. 52. — Lorsqu'une dette porte intérêt, l'imputation se fait sur les intérêts, avant que de se faire sur le capital, *id.* p. 53. — Il en est autrement des intérêts qui ne sont dus qu'*ex mora*, en vertu d'une condamnation : l'imputation se fait sur le principal avant que de se faire sur les intérêts, *id.* p. 53. — Règles sur l'imputation du prix de la vente d'une chose hypothéquée, *id.* p. 54.

Imputation. Comment se fait l'opération de l'imputation des choses données sur le douaire, t. IX, p. 259. — Lorsque les choses données excèdent le douaire, l'enfant qui s'est porté douairier, peut les retenir en abandonnant en entier son douaire, *id.* p. 264.

INCAPABLES. Les enfans d'un mari de précédent lit ne sont incapables qu'en ce sens, que la donation qui leur est faite par le mari ne peut se prendre sur la part de la femme ; mais elle vaut pour le total sur celle du mari, t. VIII, p. 327.

INCAPACITÉ du mineur, n'est que relative. La nullité n'a lieu qu'autant que les actes lui sont désavantageux. Incapacité de la femme mariée est différente, t. VII, p. 437.

Incapacité absolue de rece-

11*

voir par testament, t. XIII, p. 110. — Les personnes privées de l'état civil sont incapables de recevoir, *id.* p. 110. — Tels que les religieux, les condamnés à peine capitale, les communautés et corps non autorisés, *id.* p. 111. :

Incapacité relative à certains biens, t. XIII, p. 112. — Legs faits à des gens de main-morte, de biens prohibés, par un testament qui a une date authentique avant l'édit, sont-ils valables quand le testateur est mort depuis l'édit? *id.* p. 113.

Incapacité relative à la personne du testateur, t. XIII, p. 114.

Incapacité des maris et femmes, t. XIII, p. 114.

Incapacité relative aux concubines et aux bâtards, t. XIII, p. 115.

Incapacité qui résulte de la qualité d'héritier, t. XIII, 115.

INCESTUEUX. Nom qu'on donnoit à ceux qui rejetoient la nouvelle manière de compter les degrés, t. VII, p. 83.

INCOMPATIBILITE des qualités d'héritier et légataire, t. XVI, p. 406-407.

Incompatibilité des qualités d'héritier et de légataire dans les coutumes de Paris et d'Orléans, t. XII, p. 573. — Vraie interprétation de ces termes, *aucun ne peut être héritier et légataire*, *id.* p. 575. — Il faut être héritier de l'espèce de biens dont on est légataire, et avoir des cohéritiers dans cette espèce de biens, *id.* p. 575. — Celui qui est héritier aux propres d'une seule ligne peut-il être légataire des meubles et acquêts,

aut vice versâ? *id.* p. 577. — Un frère consanguin qui succède avec ses frères germains aux propres paternels, peut-il être légataire des meubles et acquêts? *id.* p. 577. — Différence entre le rapport qui a lieu en ligne directe, et celui qui a lieu en collatérale, *id.* p. 578.

INCOMPETENCE. Elle résulte, ou de la demande ou de la qualité de la personne assignée, t. XIV. p. 21. — On ne peut demander le renvoi de la cause devant le juge d'un seigneur, tant que le seigneur ne la demande point, *id.* p. 22. — Nobles ne sont point justiciables du prévôt royal, mais du bailli, *id.* p. 22. — Les personnes qui ne sont pas justiciables d'un juge, et qui demeurent dans son territoire, peuvent le devenir par plusieurs causes, *id.* p. 23 et suiv. (*V.* Appel d'Incompétence.)

INDEMNITE due au seigneur par les gens de main-morte, t. XV, p. 274-340.

Indemnité due à la femme, lorsqu'une chose sujette à son douaire a péri par le fait ou la faute du mari, t. IX, p. 49. — Exception à l'égard de certains droits qu'il est souvent plus expédient de laisser perdre que de les exercer, *id.* p. 50.

Indemnité due à la douairière non commune en biens, lorsqu'en fraude du douaire, le mari, dans un partage de succession, a eu beaucoup moins d'immeubles et beaucoup plus de meubles qu'il ne lui en revenoit pour sa part afférante, t. IX, p. 61.

Indemnité. Indemnités respectives que le mari et la femme, ou leurs héritiers, ont l'un contre l'autre, pour ce qu'ils ont payé des dettes plus que leur part, t. VIII, p. 487. — Différence entre le recours du mari et celui de la femme, *id.* p. 487.

INDÉTERMINÉ. Chose indéterminée peut-elle être l'objet d'une obligation? t. I, p. 164 et suiv., 273. — Lorsqu'on est obligé de donner une chose indéterminée d'un certain genre, quel est l'objet de l'obligation? *id.* p. 274. — *Quid*, si c'étoit au choix du créancier? *id.* p. 277-278. — L'obligation d'une chose indéterminée devient déterminée par l'offre que le débiteur a faite d'une certaine chose, *id.* p. 274. — Quelles choses peuvent être valablement offertes? *id.* p. 275 et suiv. — Le débiteur d'une chose indéterminée, qui a payé une chose qu'il croyoit par erreur devoir déterminément, en a-t-il la répétition? *id.* p. 277.

INDICATION. Indication que le débiteur fait à son créancier d'une personne de qui il recevra, ne contient aucune novation ni délégation, t. II, p. 79. — Indication que le créancier fait à son débiteur, d'une personne à qui il payera, ne contient pareillement aucune novation, *id.* p. 79. — On peut indiquer de payer à un tiers non-seulement la chose due, mais une autre chose à la place; la même somme qui est due, ou une moindre, *id.* p. 15. — Le paiement fait de la somme moindre à la personne indiquée acquitte-t-il toute la dette? *id.* 15. — On peut indiquer de payer à un

tiers en un lieu et dans un temps différent. On peut faire dépendre l'indication d'une condition, *id.* p. 16.

INDIGNITÉ des légataires, t. XVI, p. 361. — Des héritiers, t. XVII, p. 7.

Indignité. Exclut un enfant ou autre parent du droit de succéder à ses père ou mère, ou autre parent, t. XII, p. 357. — Les mêmes causes pour lesquelles on peut être exhérédé, rendent indigne, *id.* p. 357. — La principale cause est lorsque l'on est coupable de la mort du défunt, *id.* p. 357. — L'homicide ne rend indigne que celui que celui qui l'a commis par sa faute, *id.* p. 357. — Autre cause d'indignité suivant le droit romain, *id.* p. 358. — N'a pas lieu de plein droit, *id.* p. 358.

INDIVISIBILITÉ. La faculté de rachat d'une rente est indivisible, les héritiers du débiteur ne peuvent en offrir le paiement par parties, t. IV, p. 111.

Indivisible. Les obligations sont indivisibles lorsque la chose qui en fait l'objet n'est pas susceptible de parties au moins intellectuelles, t. I, p. 280. — Trois espèces d'indivisibilité; *contractu, obligatione, solutione.* — Ce que c'est qu'indivisibilité *contractu, id.* p. 282. — Indivisibilité *obligatione, id.* p. 282. — Exemple d'indivisibilité *obligatione*, l'obligation de construire une maison, *id.* p. 282. — Indivisibilité *solutione, id.* p. 201. — Principes sur la nature et les effets de l'indivisibilité d'obligation, *id.* p. 310 et suiv. — Différence de l'indivisibilité et de la solidité

être entendus , *id.* 473. — Témoins doivent régulièrement être assignés , et représenter leurs exploits, *id.* p. 476. — Doivent prêter serment, *id.* p. 474. — Par qui l'information doit être écrite, *id.* p. 475. — Greffier ou commis doit avoir vingt-cinq ans, *id.* p. 475. — Forme générale de l'information, *id.* p. 475. — Forme particulière de chaque déposition, *id.* p. 476. — Le témoin doit-il déclarer s'il est parent, allié, etc., de la partie publique ? *id.* p. 476. — Le témoin doit-il faire cette déclaration à l'égard des parties non connues, quand la plainte est donnée contre certains quidams ? *id.* p. 477. — Nullité de l'information peut être prononcée , non-seulement par le juge supérieur, mais par le juge même qui l'a faite, *id.* p. 478. — Est défendu au greffier de communiquer l'information, *id.* p. 478. — Exceptions, *id.* p. 479.

INGRATITUDE. Quelles sont les causes d'ingratitude qui donnent lieu à la révocation , t. XIII, p. 305. — *Quid*, si les choses que le donataire a répandues contre la réputation du donateur sont vraies? *id.* p. 305. — Les quatorzes causes d'exhérédation sont autant de causes à l'égard d'un enfant donataire, *id.* p. 307. — Il faut que l'offense ait été commise par le donataire même, *id.* p. 308. — Le mari ou le titulaire d'un bénéfice doivent-ils être privés du droit de jouir? *id.* p. 308. — *Quid*, de l'injure faite après la mort du donateur, à sa mémoire? *id.* p. 309.

INJURE. Action qu'on a con-

tre la femme pour injures par elle faites, t. VII, p. 465.

INSENSES. Ne peuvent donner , t. XIII, p. 227. — Né peuvent aussi recevoir , sinon par l'entremise de leur curateur, *id.* p. 236. — Interdit pour cause de démence , et qui a recouvré la raison , peut-il faire une donation , avant que d'avoir été relevé par sentence ? *id.* p. 228.

INSINUATION. Registres des insinuations. (*V.* Copie.)

Insinuation des donations. Ce que c'est, t. XVI, p. 236. — Quelles donations y sont sujettes, *id.* p. 237. — Quand doit se faire l'insinuation, *id.* p. 239. — Comment, *id.* p. 240. — Par qui le défaut d'insinuation peut-il être opposé ? *id.* p. 242. — Quand et à qui ? *id.* p. 243.

Insinuation. Le temps du retrait ne court que du jour de l'insinuation , t. III, p. 516. — Certificat d'insinuation au bas de minute équipolle-t-il à une insinuation? *id.* p. 516. — Faut-il insinuer la ratification du propriétaire , dont on s'est fait fort? *id.* p. 517. — Si le contrat de vente avoit été déguisé sous l'apparence d'un contrat non sujet au retrait, de quand courra le temps du retrait, *id.* p. 517. — Si , sans changer la nature du contrat , on a pratiqué des manœuvres pour en dérober la connoissance, *id.* p. 518.

Insinuation. Douaire n'y est pas sujet, t. IX, p. 6.

Insinuation. Le don mutuel est sujet à insinuation , même hors la coutume de Paris, t. IX, p. 408. — L'héritier du mari

Quelles personnes peuvent être instituées par contrat de mariage? *id.* p. 65. — Irrévocabilité de ces institutions ; *id.* p. 68. — Droit que donne cette institution à l'héritier institué, *id.* p. 66. — Il n'est pas obligé au rapport, *id.* p. 67. — L'institution contractuelle de l'un des conjoints, renferme une substitution vulgaire tacite des enfans qui naîtront du mariage, *id.* p. 69.

Institutions d'héritiers contractuelles sont admises dans les contrats de mariage, t. VIII, p. 2.

Institution d'héritier. Ce que c'est, t. XIII, p. 82. — Est de l'essence du testament, selon le droit romain, *id.* p. 82. — Dans nos coutumes, *institution d'héritier n'a lieu*, *id.* p. 83. — Vaut néanmoins comme legs, *id.* p. 83. — C'est la loi qui régit les choses, qui décide si l'institution doit valoir comme institution ou comme legs, *id.* p. 84. — On fait attention au lieu où se fait le testament, par rapport à la forme de l'institution, *id.* p. 84.

INSTRUCTION. Différentes sortes d'instructions, auxquelles donne lieu la contestation formée en cause, t. XIV, p. 53. (*Voy.* RECONNOISSANCE D'ÉCRITURES, COMPULSOIRE, VISITE, INTERROGATOIRE SUR FAITS ET ARTICLES, APPOINTEMENS.)

INTERDITS. Incapables de contracter. Différence à cet égard entre les interdits pour folie et les interdits pour prodigalité, t. I, p. 114.

Interdit. Est-il capable du don mutuel permis entre homme et femme? t. IX, p. 394.

INTÉRÊTS. Dus par le débiteur d'une somme d'argent, courent du jour de la demande judiciaire, comme dommages et intérêts, t. I, p. 192-193. — En est-il tenu, même sans demande judiciaire, dans le for de la conscience? *id.* p. 193. — Le paiement doit-il s'imputer sur les intérêts avant le principal? (*Voy.* IMPUTATION.)

Intérêts. De quand courent les intérêts du prix contre l'acheteur; peuvent-ils être stipulés à un taux plus cher que celui de l'ordonnance? t III, p. 175. — Peuvent-ils être stipulés pendant le terme accordé pour le paiement du prix? *id.* p. 175-176. — Courent-ils pendant le terme, lorsque les parties ne s'en sont pas expliquées? *id.* p. 176. — *Quid*, lorsque le terme n'a été accordé que depuis le contrat? *id.* p. 178. — Si le terme étoit accordé par le testament du vendeur, *quid juris*, *id.* p. 178. — Courent-ils de plein droit après l'expiration du terme? *id.* p. 178.

Intérêts du prix payé par l'acheteur, entrent en loyaux coûts lorsqu'il n'a perçu aucuns fruits, t. III, p. 556. — Doit être indemnisé de ceux courus contre lui, *id.* p. 557.

Intérêts des arrérages de rente foncière dus *ex mora*, t. V, p. 20. — Différence entre les arrérages de rente constituée et ceux de rente foncière, *id.* p. 13.

Intérêts des loyers dus *ex mora*, t. IV, p. 357.

Intérêts. (Usure.) Intérêts compensatoires, sont licites dans le prêt, tels que sont ceux qui sont adjugés, du jour de la demande, pour dédommager le prêteur du préjudice que lui a causé le retard du paiement, t. V, p. 465. — Le prêteur peut aussi, selon le for de la conscience, recevoir licitement des intérêts compensatoires, jusqu'à concurrence du dommage que lui cause le prêt, *id.* p. 466. — Ou du gain dont le prêt l'a privé, *id.* p. 467. — Pour que le prêteur puisse licitement recevoir des intérêts pour raison d'un gain dont il s'est privé, il faut que ce gain fût certain, ou du moins très-vraisemblable, *id.* p. 468. — Il faut que l'emploi de son argent, qui devoit lui procurer ce gain, fût un emploi qu'il avoit réellement dessein de faire, si son ami ne l'eût pas prié de lui faire le prêt, *id.* p. 469. — Pour que ce dédommagement *domini ex mutuo emergentis aut lucri cessantis* soit dû, il faut que le prêteur, lors du prêt, en ait donné connaissance à l'emprunteur qui s'y soit soumis, *id.* p. 470. — On n'est pas écouté dans le for extérieur à alléguer le *damnum emergens*, et le *lucrum cessans*, *id.* p. 470. — Le prêteur peut licitement recevoir des intérêts pour raison des risques dont il se charge, à la décharge de l'emprunteur, *id.* p. 472. — Il ne peut rien exiger pour le risque qu'il court de perdre la somme prêtée par l'insolvabilité du débiteur, *id.* p. 472.

INTERPELLATION *judiciaire.* Se fait par un commandement ou par un exploit d'assignation, t. II, p. 160. — L'interpellation judiciaire est requise pour mettre le débiteur en demeure, t. I, p. 172. — L'interpellation judiciaire interrompt la prescription, pourvu que l'exploit d'assignation ne soit pas tombé en péremption. Le commandement n'y est pas sujet, t. II, p. 161. — Assignation donnée devant un juge incompétent, est-elle interpellation suffisante pour interrompre la prescription ? *id.* p. 161. — Interpellation judiciaire faite à l'un de plusieurs débiteurs solidaires, interrompt la prescription contre les débiteurs solidaires et leurs héritiers, t. I, p. 250. t. II, p. 161. — Interpellation judiciaire faite à l'un des héritiers du débiteur, quoique tenu hypothécairement de la dette pour le total, n'interrompt pas la prescription contre les autres héritiers, si ce n'est que la dette fût d'une chose indivisible, *id.* p. 162 et suiv. — L'interpellation faite au débiteur interrompt-elle contre les cautions ? *id.* p. 164 et suiv.

INTERPRÉTATION. Règles pour l'interprétation des conventions, t. I, p. 142 et suiv.

Interprétation d'expressions obscures dans les contrats de constitution, t. IV, p. 62.

Interprétation des legs, règles générales, t. XIII, p. 199. — Les circonstances peuvent servir à découvrir la volonté du testateur *id.* p. 201. — A défaut de circonstances, sur la plus ou moins grande quantité, on doit décider pour la moins grande, *id.* p. 202. — Règle sur le legs général de toutes les choses d'une certaine matière ou d'une certaine espèce, *id*, p. 204. — Un legs général ne renferme point les choses de ce genre qui n'appartiennent point au testateur, *id*. p. 206. — Ni celles qui ont été léguées en particulier à d'autres, *id* p. 207. — Une disposition conçue au pluriel se distribue en plusieurs dispositions singulières, *id*. p. 208. — Les termes *mon héritier*, signifient tous mes héritiers, *id*. p. 209. — Le genre masculin renferme ordinairement le féminin, mais le féminin ne comprend jamais le masculin, *id*. p. 209. — Règles sur l'interprétation relativement au temps, *id*. p. 211. — Règles d'interprétation, lorsque deux ou plusieurs dispositions se contredisent, *id*. p. 212. — *Quid*, si le testateur a légué la même somme plusieurs fois à la même personne par un même testament? *id*. p. 213. — *Quid*, si c'est par différens testamens ou codiciles? *id*. p. 214.

INTERROGATOIRE sur faits et articles. Les réponses d'une partie interrogée sur les faits et articles, ne font aucune preuve en sa faveur, quoiqu'attestées par serment, elles font foi seulement contre elle; mais celui qui s'en seroit servi ne doit pas les diviser, mais les prendre en entier, t. II, p. 316.

Interrogatoires sur faits et articles, t. XIV, p. 85. — Il n'y a régulièrement que les parties au procès qu'on peut faire interroger, *id*. p. 85. — Comment on peut faire interroger un chapitre, une communauté? *id*. p. 85. — On peut faire interroger les syndics et procureurs d'une communauté, *id*. p. 85. — Sur quels faits on peut interroger? *id*. p. 86. — Cet interrogatoire peut être demandé en tout état de cause, *id*. p. 86. — Par qui il se fait, *id*. p. 86. — Procédure pour y parvenir, *id*. p. 87 et suiv. — Quel est l'effet de l'interrogatoire, *id*. p. 88. — Peine contre la partie qui refuse de comparoître ou de répondre, *id*. p. 88.

Interrogatoire de l'accusé. Ce que c'est? t. XIV, p. 496. — Dans quel temps il doit être fait par le juge, et quand il est indispensable de le réitérer, *id*. p. 496. — Doit être fait par le juge, et dans quel lieu? *id*. p. 497. — Doit se faire secrètement, *id*. p. 498. — Serment que doit prêter l'accusé, *id*. p. 498. — Faits sur lesquels il doit être interrogé, *id*. p. 499. — Le juge doit lui représenter les choses servant à conviction, *id*. p. 499. — *Quid*, si l'accusé refuse de répondre? *id*. p. 500. — Forme de l'interrogatoire, *id*. p. 500. — Le juge doit faire faire élection de domicile par l'accusé, suivant l'édit de 1773, *id*. p. 501. — *Quid*, si l'accusé propose un déclinatoire? *id*. p. 501. (*Voy*. DÉCLINATOIRE.)

INTERRUPTION *de la possession*, t. X, p. 367.

Interruption naturelle, t. X, p. 367.

Interruption civile, t. X, p. 371.

Interruption d'instance par lettres d'état, mort ou changement d'état des parties, t. XIV, p. 97. (*Voy*. LETTRES D'ÉTAT.) — Mort de l'une des parties; comment interrompt le cours de l'instance, *id.* p. 100.—Interruption occasionnée par le mariage d'une partie ou par le changement de sa qualité, *id.* p. 100.—Interruption de la mort de l'un des procureurs ou quand il a résigné, *id.* p. 101. Ou par la mort du rapporteur, *id.* p. 101. (*Voy.* REPRISE D'INSTANCE, PÉREMPTION.)

INTERVENTION. Ce que c'est et quand on peut la former, t. XIV, p. 49.—Comment elle se forme, *id.* p. 49.—L'intervenant, qui est privilégié, peut faire renvoyer devant le juge de son privilège, *id.* p. 50.—Ce qui s'observe dans les interventions formées dans les procès par écrit, *id.* p. 50.

INVENTAIRE pour le cas de séparation de dettes. (*V.* SÉPARATION DE DETTES.)

Inventaire des biens de la communauté; ce qu'il doit comprendre ou non, t. XVI, p. 41. (*V.* BÉNÉFICE D'INVENTAIRE.)

Inventaire pour renoncer à la communauté, t. VIII, p. 368.—En quel cas la femme en est-elle dispensée? *id.* p. 368.—Actes qu'elle peut employer en son inventaire, *id.* p. 369.—Forme de cet inventaire; la clôture est-elle nécessaire? *id.* p. 370.—Les héritiers de la femme peuvent renoncer sans inventaire, *id.* p. 369.

Inventaire qui se fait pour parvenir au partage de la communauté; ce que c'est, sa forme, *id.* p. 441.—Quelles choses doivent ou ne doivent pas y être comprises? *id.* p. 441.—Où, et en présence de qui doit-il être fait? *id.* p. 443.

Inventaire requis par la coutume de Paris, pour empêcher la continuation de communauté ou pour la dissoudre; dans quel temps doit-il être fait pour l'empêcher? t. VIII, p. 513-545.—Il doit être fidèle, *id.* p. 513.—Revêtu de ses formes, et quelles sont-elles? *id.* p. 514.—Il doit être fait avec un légitime contradicteur, *id.* p. 515-545.—Il doit être clos dans les trois mois, depuis qu'il a été fait; quelles en sont les formalités? *id.* p. 516.—La clôture qui n'est faite qu'après les trois mois, est inutile sans recollement, *id.* p. 546.—La clôture est-elle nécessaire dans les coutumes qui ne se sont pas expliquées? *id.* p. 517.—Il n'y a que les enfans qui soient reçus à opposer les défauts de l'inventaire, *id.* p. 517-546.—Dans la coutume d'Orléans, est-il besoin d'inventaire pour empêcher la continuation de communauté; et dans quel temps suffit-il de le faire? *id.* p. 523.—Aux frais de qui est l'inventaire à faire, après la dissolution de communauté? *id.* p. 178.—Inventaire a faire pour opérer la séparation de dettes, *id.* p. 238.

Inventaire. Dans la coutume de Paris, le gardien noble doit incontinent faire inventaire des meubles, titres et enseignemens, t. XII, p. 90.—Dans la coutume d'Orléans, il est tenu seulement de faire inventaire des titres, *id.* p. 91.—Le gardien comptable doit faire inventaire comme un autre tuteur, *id.* p. 91.

INVENTION. Quelles choses acquérons-nous de cette manière? t. X, p. 35.

IRREVOCABILITE. Clauses dans un don mutuel, qui donnent atteinte à son irrévocabilité ; le rendent nul , t. IX, p. 374. — Clause par laquelle les conjoints se réservent, par le don mutuel, la faculté de disposer par testament , *id.* p. 376. — Différence entre l'irrévocabilité du don mutuel fait pendant le mariage, et l'irrévocabilité de celui fait par le contrat de mariage , *id.* p. 377. — Comment, et quand celui fait pendant le mariage peut-il se révoquer par le commun consentement? *id.* p. 377. — Différence entre l'irrévoca-bilité dont le don mutuel est susceptible , et celle des donations entre-vifs ordinaires , *id.* p. 378.

Irrévocabilité des donations entre-vifs , t. XIII , p. 262. — Peuvent néanmoins être révocables sous quelque condition qui ne dépende pas de la volonté du donateur, *id.* p. 262. — Conséquences qui résultent de l'irrévocabilité des donations? *id.* p. 263.

ISLES qui se forment dans les rivières , à qui sont-elles acquises ? t. X , p. 88.

J.

JÉSUITES. Leur état , t. XV, p. 10.

Jésuites. Variation de la jurisprudence à l'égard de leurs premiers vœux, t. XIII , p. 414. — Ce qui a été prescrit à cet égard par l'édit de leur rétablissement en 1603 , *id.* p. 414. — Déclaration de 1715 : conséquences qui en résultoient , *id.* p. 415. — Etat du jésuite sorti de la société avant trente-trois ans, *id.* p. 416. — Etat de celui qui étoit congédié après trente-trois ans, *id.* p. 416. — Effets civils dont il étoit capable, suivant le sentiment le plus unanimement reçu , *id.* p. 416. — Edit du mois de novembre 1764, qui ordonne que la société des jésuites n'aura plus lieu dans le royaume, *id.* p. 417. — Edit du mois de mai 1777, *id.* p. 418. — Déclaration du 7 juin 1777, *id.* p. 418.

JET. En quel cas donne-t-il lieu à la contribution ? t. IV, p. p. 593-594. — Devoir du maître pour se déterminer au jet et le justifier, *id.* p. 595. — Pour que le jet donne lieu à la contribution, il faut qu'il ait procuré effectivement le salut du navire , *id.* p. 597. — Lorsqu'il l'a procuré, il y a lieu, quoiqu'un autre accident en ait depuis causé la perte, *id.* p. 598. — Quels effets jetés à la mer ou endommagés par le jet, entrent dans la masse des dommages qui doivent être réparés par la contribution, *id.* p. 599. — Toutes les pertes causées par le jet, pour le salut, doivent être réparées par la contribution, *id.* p. 599. — Première exception à l'égard de ceux dont le maître n'est pas chargé par un connoissement ou autrement, *id.* p. 600. — Deuxième exception à l'égard de ceux qui étoient

sur le tillac , *id.* p. 600. — Qui
sont ceux qui doivent contribuer
au jet, et pour raison de quelles
choses ? *id.* p. 601 et suiv. (*V.*
Fret , Passagers , Matelots ,
Munitions , Contribution , Ré-
clamation.)

Jet. De quoi est tenu l'assureur en cas de jet, t. VI , p.
299.

JEU. Vente pour une somme
perdue au jeu, en cas d'éviction
de la chose vendue , ne donne
pas lieu à la garantie , t. III ,
p. 123.

Jeu. Contrat que le jeu renferme , de quelle espèce est-il ?
t. VI , 422.—Est-il mauvais en
soi ? *id.* p. 424. Quatre choses
requises pour que le contrat du
jeu ne renferme aucune injustice, *id.* p. 428. —Il faut 1° que
chacun des joueurs ait le droit
de disposer de la somme qu'il
joue, *id.* p. 428. (*V.* Fils de
famille.) — Il faut 2° que les
joueurs aient joué librement :
lorsque c'est celui qui a été contraint qui a gagné , peut-il recevoir licitement l'argent de
celui qui l'a contraint à jouer ?
id. p. 430. — Il faut 3° une
égalité de risque , *id.* p. 435.—
(*V.* Egalité , Supériorité.) —
Il faut 4° la fidélité, *id.* p. 442.
(*V.* Tricheries , Ivresse.) —
Division du jeu en jeu désinté-
ressé ou petit jeu , et en jeu intéressé ou gros jeu , *id.* p. 444.
— Quelles fins sont ou ne sont
pas honnêtes dans le jeu désin-
téressé ? *id.* p. 445. —Dans le
gros jeu, la fin est toujours mauvaise, *id.* p. 446. — Nos lois
dénient l'action pour tous les
jeux , même pour ceux qui sont
tolérés , *id.* p. 455. — *Quid*, à

l'égard de ceux qui sont expressément autorisés ? *id.* p. 456. —
Un joueur est-il obligé , dans le
for de la conscience , de payer
ce qu'il a perdu , ou , au contraire , de restituer ce qu'il a
gagné? *id.* p. 456-457.— *Quid*,
dans les lieux où il y auroit une
loi en vigueur qui donneroit action pour la restitution ? *id.* p.
464. — Lois romaines sur le
jeu , *id.* p. 451. — Ordonnances
des rois de France , *id.* p. 453.
— Défaut de fidélité au jeu , à
quoi oblige-t-il ? *id.* p. 442. —
Exemples de défaut de fidélité ,
id. p. 444. (*V.* Tricheries.) —
Egalité requise pour que le contrat du jeu soit valable , *id.* p.
435.

Jeu de fief. Ne produit aucune mutation, t. XI, p. 16.
— Différence du jeu de fief et
du démembrement, *id.* p. 432.
— Deux espèces de jeu de fief ;
l'un avec profit et démission de
foi, l'autre sans démission de
foi et sans profit, *id.* p. 433. —
Disposition de la coutume de
Paris et de celle d'Orléans, *id.*
p. 434.—Est-il nécessaire que,
dans le bail à cens ou rente , le
bailleur ait exprimé qu'il retient
la foi? *id.* p. 435.—La rétention
de foi peut-elle se faire par le
bail à cens ou rente, quand le
bailleur reçoit une somme qui
excède la valeur de l'héritage,
ou qui égale sa valeur? *id.* p.
437. —Arrêt de 1752 sur cette
question , *id.* p. 439. — Exception s'il y a présomption de fraude, *id.* p. 438. —Des effets du
jeu de fief, *id.* p. 441. — C'est
toujours le corps de l'héritage
qui demeure le fief du seigneur;
et pour lequel la foi doit être

portée, *id.* p. 441. — L'héritage donné à cens ou rente, avec rétention de foi, est tenu roturièrement par le détenteur, *id.* p. 441. — La mutation ne se fait pas par la vente de l'héritage, mais par la vente ou aliénation du cens ou rente, *id.* p. 442. — Le profit se règle alors sur l'estimation de l'héritage, *id.* p. 442. — Le seigneur ne peut retirer féodalement que le cens ou rente vendu par le vassal, *id.* p. 443.

JOURNAUX. Ce qui est écrit sur les journaux ou sur les tablettes d'un particulier, ne fait aucune foi en sa faveur, t. II, p. 197. — Lorsque ce qui est écrit sur mon journal ou mes tablettes tend à m'obliger, cela fait foi contre moi, pourvu que j'aie signé : si cela tend à libérer mon débiteur, cela fait foi contre moi, quoique je ne l'aie pas signé, *id.* p. 197.

JOURNÉE. L'obligation d'une journée est-elle indivisible? t. I, p. 287.

Journée de la cause. Ce que c'est, t. III, p. 536.

Journées. Quelles journées peuvent être demandées par les matelots, t. IV, p. 642.

JUGEMENT. Quels jugemens ont l'autorité de la chose jugée, t. II, p. 262. — Trois cas, *id.* p. 263. — Quelle espèce d'autorité de chose jugée ont les jugemens dont il n'y a pas encore d'appel, quoiqu'ils y soient sujets, *id.* p. 263. — Jugemens en dernier ressort, quand ont-ils l'autorité de chose jugée? *id* p. 264. — Quand peuvent-ils être attaqués par la voie de la requête civile? (*Voy.* REQUÊTE.)

— Jugement dont l'appel n'est plus recevable, *id.* p. 270. (*Voy.* ACQUIESCEMENT, APPEL.) — Jugemens dont l'appel est péri, *id.* p. 273. — Différence d'un jugement nul et d'un jugement inique, *id.* p. 275. — Jugement nul lorsque l'objet de la condamnation est incertain, *id.* p. 276. — Lorsqu'il est impossible, *id.* p. 277. — Expressément contraire aux lois, *id.* p. 277. — Lorsque ses dispositions se contredisent, *id.* p. 278. — Lorsqu'il prononce sur ce qui n'a pas été déduit en jugement, *id.* p. 278. — Jugemens nuls de la part des personnes qui étoient parties, *id.* p. 279 et suiv. — De la part des juges qui l'ont rendu, *id.* p. 283. — Ou part l'inobservation des formalités, *id.* p. 283.

Jugement. Quand peut être rendu en procès criminel, t. XIV, p. 524. — Juge doit appeler au moins deux gradués, quand il y a conclusions à peine afflictive, *id.* p. 524. — Ces gradués doivent être gradués en droit et licenciés, *id.* p. 524. — Le juge qui n'est pas gradué, peut-il être juge? *id.* p. 525. — Procureur du roi ou fiscal, ne peut suppléer le nombre des juges, *id.* p. 525. — Lorsque le jugement est en dernier ressort, il doit y avoir sept juges, *id.* p. 525. — Juges doivent d'abord statuer sur les reproches, *id.* p. 526. — Cas où l'accusé subit interrogatoire sur la sellette avant le jugement, *id.* p. 526. — Comment se fait ce dernier interrogatoire, *id.* p. 527. — Cas où on ne peut procéder au jugement de relevée, *id.* p. 527.

— En cas de partage d'avis, le jugement passe par l'avis le plus doux, *id.* p. 528. — Ordre des peines qui peuvent être prononcées, *id.* p. 528. — Différentes espèces de jugemens interlocutoires, *id.* p. 529. (*Voy.* Faits justificatifs, Question.) — Jugement de plus ample informé, quand il y a lieu, *id.* p. 536. — Plus amplement informé est, ou pour un certain temps, ou indéfini, *id.* p. 536. — Ce qu'on doit faire après le temps du plus amplement informé expiré, *id.* p. 537. — Deux espèces de jugement d'absolution, *id.* p. 537. — Effet du jugement qui met hors de cour, et de celui qui donne congé, *id.* p. 537. — Jugement définitif de condamnation, *id.* p. 538. (*Voy.* Condamnation.)

Jugemens, comment ils se rendent, t. XIV, p. 111. — *Quid,* lorsque les juges sont partagés d'opinions? *id.* p. 111. — Formule des jugemens, *id.* p. 112. — Prononciation du jugement, *id.* p. 112. — Celui qui préside doit viser le registre et parapher les jugemens, *id.* p. 112. — *Quid,* lorsque le jugement est rendu sur un appointement en droit ou à mettre? *id.* p. 113. — Minute du jugement, comment rédigée, *id.* p. 113. — Jugement notifié aux procureurs, *id.* p. 113. — Jugement sur l'appel, sa forme, tant dans les justices inférieures, que dans les cours, *id.* p. 173.

JUGES. Quels juges connoissent des contrats d'assurance, t. VI, p. 385.

Juges d'église, compétens pour connoître, entre le fiancé et la fiancée, de la validité de l'engagement, t. VII, p. 29. — *Secùs,* des dommages et intérêts, *id.* p. 31. — Sont pareillement compétens pour connoître sur les demandes en cassation de mariage, si le mariage a été valablement ou non contracté. Ne peuvent sans abus connoître aucune question, *id.* p. 294. — Les arrêts de la cour défendent la réhabilitation des mariages qu'ils déclarent nuls par défaut de forme, *id.* p. 298. — Il leur est défendu d'ordonner l'exécution de leur sentence, nonobstant l'appel, *id.* p. 299.

Juges et autres officiers. S'ils sont incapables de recevoir donations, t. XIII, p. 240.

Juge supérieur ne doit pas retenir l'exécution, t. XIV, p. 173. — Juges, obligés de juger, *id.* p. 109. — Forme employée pour les contraindre à juger, *id.* p. 110. — Appel comme de déni de justice, *id.* p. 110.

JUS AD REM. (*Voy.* Créancier.)

Jus ad rem. Le créancier d'une chose n'a qu'un droit *ad rem*, et une action contre la personne de son débiteur, et n'a aucun droit dans la chose : il n'a aucune action contre les tiers détenteurs de la chose qui lui est due, t. I, p. 175 et suiv. — Exception de cette règle, 1° dans le cas des aliénations faites en fraude par un débiteur insolvable ; 2° dans le cas d'hypothèque ; 3° dans le cas de certaines obligations à l'accomplissement desquelles la chose due est affectée, *id.* p. 177-178. — Voies qu'a le créancier pour se faire payer de sa créance, *id.* 178-179.

Jus·in re , jus ad rem, t. XV, p. 51-58.

Jus in re , jus ad rem. Ce que c'est, t. V, 383.

Jus in re , t. X , p. 1.

JUSTICE. Fermier des droits de justice n'est tenu des charges, t. 1V, p. 396.

L.

LAB.

LABOURS ET SEMENCES faits pour les fruits qui étoient pendans à la mort du mari, sont-ils charges de la douairière pour sa part ? t. IX, p. 137. — A la mort de la douairière, *id.* p. 192.

LAMANAGE. Ce que c'est, t. 1V, p. 620.

Lamanage. Ce que c'est, t. VI, p. 311.

LANGUAYEURS , t. XVII , p. 234-247.

LÉGATAIRES *universels communs* , tenus des dettes, t. XII, p. 611.

Légataires de choses particulières. N'en sont pas tenus directement, t. XII, p. 611. — Nul ne peut être légataire. et héritier, *id.* p. 575.

LEGITIMATION que le mariage opère des enfans nés auparavant. Origine du droit de légitimation. Lois romaines sur cette matière, t. VII, p. 258. — Principe du droit canonique sur la légitimation. Raisons qui nous les font adopter dans notre droit français, *id.* p. 260. — Le mariage opère-t-il la légitimation de la postérité de l'enfant né et mort avant le mariage, *id.* p. 263. — Pour que

LEG.

le mariage puisse légitimer les enfans , il faut que lors du commerce charnel dont ils sont nés, les parties aient été capables de contracter mariage ensemble , et par conséquent qu'ils soient nés *ex soluto , ex solutá.* Plusieurs questions qui se décident par ce principe, *id.* p. 264. — Elles sont censées l'avoir été lorsqu'elles n'avoient besoin , pour l'être, que d'une dispense facile à obtenir , *id.* p. 264. — L'ignorance en laquelle étoit l'une des parties que l'autre fût engagée dans le mariage lors du commerce qu'elles ont eu ensemble, peut-elle suppléer et rendre capable de légitimation les enfans qui en sont nés ? *id.* p. 265. — Suffit-il, pour la légitimation ; que les parties qui n'étoient pas capables de se marier ensemble lors du commerce charnel dont l'enfant est né, le soient devenues avant la naissance de l'enfant, *id.* p. 268. — Il n'y a qu'un véritable mariage à qui la loi ait donné l'effet d'opérer la légitimation. Un mariage putatif auquel la bonne foi procure les effets civils, n'a pas cet effet, *id.* p. 269. — Mariage intermédiaire de l'une des parties avec une personne tierce, n'empêche

été dotée, et qui a renoncé à la succession de son père ou est exclue par la coutume? *id.* p. 316. — Comment se fait la supputation de légitime, *id.* p. 321. — Quels enfans on doit compter pour la supputation de la légitime, *id.* p. 321. — Quels sont ceux qu'on ne doit pas compter? *id.* p. 322. — L'enfant doit imputer tout ce qu'il a reçu de la libéralité du défunt, *id.* p. 322. — Les donations entre-vifs ne peuvent souffrir de retranchement pour sa légitime, lorsqu'il y a de quoi la remplir dans les biens que le donateur a laissés, ou dans ceux dont il a disposé par testament, *id.* p. 323. — S'il manque de quoi la remplir, on peut demander ce qu'il en manque aux donataires, en commençant par celui qui est le dernier en date, *id.* p. 324. — Si le dernier donataire étoit devenu insolvable, peut-on se pourvoir contre les donateurs antérieurs? *id.* p. 325. (*V.* Retranchement.)

Légitime coutumière. Ce que c'est, t. XIII, p. 329. — Par quelle personne elle peut être demandée, *id.* p. 329. — En quel cas il y a lieu à cette légitime, *id.* p. 330. — Lorsqu'une personne, qui a des propres de différentes lignes, a donné tous ou presque tous les propres d'une ligne, les héritiers de cette ligne peuvent-ils demander le retranchement de la donation? *id.* p. 331.

LEGS. Ce que c'est, t. XVI, p. 293. — A qui peut-on ou ne peut-on pas léguer? *id.* p. 308. — Qui peut-on ou ne peut-on pas grever de legs? *id.* p. 312.

— Que peut-on ou ne peut-on pas léguer? *id.* p. 313. — Jusqu'à quelle concurrence? (*Voy.* Propre.) — De l'ouverture de legs, *id.* p. 321. — La propriété de la chose léguée passe de plein droit au légataire, *id.* p. 330. — Il doit néanmoins en demander la délivrance, *id.* p. 330. — De l'action personnelle *ex testamento*, qu'il a pour se faire faire cette délivrance, *id.* p. 331. — Contre qui? *id.* p. 331. — Quand doit se faire la délivrance? *id.* p. 333. — Comment? *id.* p. 337. — En quel état la chose léguée doit-elle être délivrée? *id.* p. 338. — Avec quels accessoires? *id.* p. 338 et suiv. — De quand les fruits ou accessoires sont-ils dus? *id.* p. 340. — Quand l'estimation est-elle due au lieu de la chose? *id.* p. 341. — L'héritier est-il garant de l'éviction de la chose léguée? *id.* p. 341. — Hypothèque des legs, *id.* p. 346. — Du partage entre les colégataires d'une même chose, *id.* p. 366. — De l'extinction des legs, par la révocation du legs, *id.* p. 358. — Par le prédécès du légataire, *id.* p. 360. — Par une indignité, *id.* p. 361. — Par son refus d'accomplir la charge expresse ou tacite sous laquelle le legs est fait, *id.* p. 361. — Lorsque la chose léguée n'existe plus dans sa forme substantielle, *id.* p. 362. — Lorsque le legs a été révoqué, ou lorsqu'il a été éteint de la part du légataire, qui en doit profiter? p. 364. — Du droit d'accroissement. (*Voy.* Accroissement.) — Interprétation des legs, règles générales, *id.* p. 369. — Différentes espèces de legs, legs universel. (*Voy.*

verture du legs ou depuis, *id.*
p. 185. — Même distinction par
rapport aux accessoires de la
chose léguée, *id.* p. 185. — Exceptions que souffre la règle de
l'extinction du legs par l'extinction de la chose, *id.* p. 185. —
Cas de l'extinction arrivée par
la faute ou demeure de l'héritier, *id.* p. 186. — *Quid*, lorsqu'il y a plusieurs héritiers tenus du legs, et que la chose a
péri par le fait ou la faute de
l'un d'eux? *id.* p. 187. — Extinction du legs lorsque la chose
a cessé d'être susceptible de
legs, *id.* p. 187. — Qui doit
profiter de la chose léguée lorsque le légataire ne recueille pas
le legs, *id.* p. 188. — Sont-ce les
héritiers ou le légataire universel qui doivent profiter de l'extinction des legs particuliers?
id. p. 188. (*V.* ACCROISSEMENT.)
— Quand une chose est léguée
à plusieurs qui acceptent le legs,
elle se partage entre eux, *id.* p.
189. — Concours entre plusieurs
légataires d'une même chose
qui l'acceptent, *id.* p. 191. —
Le partage a lieu, soit que la
chose ait été léguée à plusieurs
disjunctim, soit qu'elle l'ait été
conjunctim, *id.* p. 192. — Règles
sur l'interprétation des legs,
id. p. 199. (*V.* INTERPRÉTATION.)
— Ce que comprend le legs des
choses qui sont dans un tel lieu,
id. p. 219. — L'argent comptant
n'y est pas compris, *id.* p. 220.
— Ni les dettes actives, cédules
ou billets, *id.* p. 220.

Legs. Mutation par legs donne
lieu au rachat, à l'exception des
legs faits pour Dieu, ou aux ascendans ou descendans, t. XI,
p. 309. — *Quid*, si le legs a un

terme ou condition? *id.* p. 309.
— *Quid*, s'il est répudié? *id.* 310.

Legs. Si le gardien noble est
tenu de ceux faits par le défunt,
t. XII, p. 98. — Des legs de
corps certains, *id.* p. 99.

LÈPRE survenue à l'un des
fiancés, étoit un sujet suffisant
pour décharger l'autre de l'engagement des fiançailles, t. VII,
p. 34. — Lorsqu'elle est survenue à l'un des conjoints par
mariage, elle n'est pas un sujet
suffisant pour la séparation, *id.*
p. 339.

LÉSION. La lésion est un vice
dans les contrats, t. I, p. 103.
— Entre majeurs, dans le for
extérieur, doit être ordinairement d'outre moitié, *id.* 103. —
Dans les partages il suffit qu'elle
excède le quart, *id.* p. 104.
— Certains actes ne peuvent
être rescindés pour quelque
lésion que ce soit, s'il n'y a dol,
telles sont les transactions, *id.*
p. 104. — Vente de droits successifs et autres choses dont le
prix est extrêmement incertain,
id. p. 105. — Lésion entre mineurs, *id.* p. 106.

Lésion. Quand donne-t-elle
lieu à la rescision dans le contrat d'échange? t. III, p. 372.
— Lésion qui excède le quart,
suffit dans les partages pour la
restitution, *id.* p. 382.

Lésion. Quelle lésion donne
lieu à la rescision des partages,
t. V, p. 205.

Lésion. Pour quelle lésion le
survivant ou les héritiers sont-
ils restituables contre le partage? t. VIII, p. 460.

Lésion. Quelle lésion donne
lieu à la rescision des actes entre majeurs, t. XIV, p. 399. —

Dans les partages, *id.* p. 399.— Dans la vente, lésion d'outre moitié y donne lieu, *id.* p. 400. — Lésion ne donne lieu à la restitution dans les contrats aléatoires, *id.* p. 400. — Ni dans les transactions ou ventes de meubles, *id.* p. 400.

LETTRE D'ÉTAT, t. XVII, p. 233.

Lettres de répit, t. XVII, p. 231.

Lettres de crédit, t. IV, p. 281.

Lettres de change. (*Voyez* CHANGE.)

Lettres d'état. Ce que c'est, t. XIV, p. 97. — A qui elles doivent être accordées, *id.* p. 97. — S'accordent pour six mois, *id.* p. 97. — Ne peuvent servir qu'à celui qui les a obtenues, *id.* p. 98. — Affaires où elles ne peuvent servir, *id.* p. 98. — Leur effet, *id.* p. 99.

Lettres de ratification à l'égard des rentes sur l'Hôtel-de-Ville de Paris, t. XIV, p. 347. — Comment elles s'obtiennent, et leur effet, *id.* p. 347. — Des oppositions auxdites lettres, *id.* p. 347.

Lettres de répit. Ce qu'elles signifient, et comment elles s'obtiennent, t. XIV, p. 379. — Doivent être obtenues en chancellerie, *id.* p. 379. — Cas où les juges peuvent accorder des défenses générales, *id.* p. 379. — Etrangers ne peuvent les obtenir, *id.* p. 380. — Cas où les citoyens en sont exclus, *id.* p. 380. — Co-obligés et cautions ne peuvent jouir de lettres accordées au débiteur, *id.* p. 381. — Proxénètes et courtiers exclus par notre coutume, *id.* p.

382. — Deux cas particul[iers] exceptés par la coutume de P[a]ris, *id.* p. 382. — Ceux qui e[n] ont obtenu n'en peuvent obtenir de secondes, si ce n'est pour cause nouvelle, *id.* p. 383. — Ces lettres ne peuvent être accordées que pour des considérations importantes, *id.* p. 383. — Ce que doivent faire ceux qui veulent les obtenir, *id.* p. 383. — Formes des lettres de répit, *id.* p. 384. — Juges-consuls incompétens pour l'entérinement, *id.* p. 384. — Elles portent un délai de six mois pour en poursuivre l'entérinement, *id.* p. 384. — Le débiteur doit remettre au plus tôt aux greffes, tant du juge auquel elles sont adressées, que du consulat, un état de ses effets et dettes, *id.* p. 385. — Quand les lettres doivent être signifiées aux créanciers, *id.* p. 385. — Peut-on les signifier après les délais fixés? *id.* p. 385. — Effet de ces lettres lorsqu'elles sont entérinées, *id.* p. 387. — Saisies que peuvent faire les créanciers, *id.* p. 387. — Créanciers peuvent s'assembler et nommer un directeur ou syndic, *id.* p. 388. — Débiteur ne peut, de son chef, payer un créancier au préjudice des autres, *id.* p. 388. — Ces lettres ne peuvent avoir d'effet à l'égard des tiers, *id.* p. 389. — Taches qu'impriment ces lettres à l'impétrant, *id.* p. 389.

Lettres de réhabilitation que peut obtenir le débiteur qui a payé, t. XIV, p. 390.

Lettres de rescision. Cas où elles ont lieu, et où elles doivent être obtenues, t. XIV, p. 392. (*Voy.* MINEUR, DOL, ERREUR,

pas été intentée, s'éteint-elle par la mort du captif ou par son évasion? *id.* p. 370. — Temps que doit durer l'assurance de la liberté, lorsque c'est pour un voyage par terre, *id.* p. 373.

LICITATION. Ce que c'est, t. III, p. 305-382. — Où se fait-elle? *id.* p. 305. — Quand les étrangers y doivent-ils être admis à enchérir? *id.* p. 306. — Quand la licitation doit-elle être précédée d'une visite? *id.* p. 306. — Lorsque sur la licitation un étranger est adjudicataire, la licitation est un vrai contrat de vente, *id.* p. 306. — Lorsque c'est un des colicitans, elle tient lieu de partage et est différente du contrat de vente, *id.* p. 306. — Corollaire : elle ne donne lieu ni au retrait, ni au profit de vente? *id.* p. 384. — L'adjudicataire n'est pas tenu des hypothèques de ses colicitans? *id.* p. 384. — Les colicitans ne sont tenus envers l'adjudicataire colicitant, que de la garantie du partage? *id.* p. 384. — *Quid*, si la licitation contenoit une clause expresse de garantie? *id.* p. 385. — La vente que fait un co-héritier au co-propriétaire de sa part indivise est réputée licitation et partage, plutôt que vente, *id.* p. 385.

Licitation. Donne-t-elle lieu au retrait? t. III, p. 453.

Licitation à loyer où à ferme. Ce que c'est, t. IV, p. 473. — Sa différence d'avec la licitation du fonds, *id.* p. 473. — Sa différence d'avec les baux ordinaires, *id.* p. 474.

Licitation, t. V, p. 204.

Licitation. (Douaire.) Héritage qui appartenoit, pour partie, au mari au temps dés épousailles, et dont il s'est rendu adjudicataire par la licitation faite pendant le mariage, est, pour le total, sujet au douaire, à la charge de ce qui a été payé pour le prix de la licitation, t. IX., p. 23—24.

Licitation. Qu'est-ce qu'une licitation? t. VIII, p. 93. — Est regardée comme un acte qui tient lieu de partage : conséquence de ce principe, *id.* p. 94. — Cet acte ne tiendroit pas lieu de partage si l'héritage étoit adjugé à un étranger, *id.* p. 95-460. — Quand y a-t-il lieu à la licitation des biens de la communauté entre le survivant et les héritiers ? *id.* p. 457.

Licitation. Ce que c'est, t. XII, p. 581. — Différences à observer lorsque les parties sont majeures ou lorsqu'elles sont mineures, *id.* p. 582.

LIEN. Une convention est nulle par le défaut de bien, t. I, p. 112.

LIEU. Lieu de paiement, lorsqu'il y a un lieu convenu pour le paiement, le créancier ne peut exiger qu'il soit fait ailleurs, ni être obligé de recevoir ailleurs, t. I, p. 232. — *Quid*, lorsqu'il y a deux différens lieux convenus? *id.* p. 233. — L'action *quod certo loco*, *id.* p. 232.

LIMITATIF. Quels termes, dans les obligations, sont limitatifs, ou seulement démonstratifs, t. II, p. 130.

LIQUIDATION des créances que chacun des conjoints a contre la communauté, et des dettes dont il est tenu envers elle, t. VIII, p. 381-447. (*V.* REMPLOI, RÉCOMPENSE.) Pareil

remploi recommence la liquidation préalable au partage de la
continuation de communauté,
id. p. 568.

Liquidations de fruits. Comment procède-t-on à la liquidation des fruits qu'un possesseur
a été condamné de rendre? t.
X, p. 210.

LITIGIEUX (*V.* TRANSPORT
DE DROITS LITIGIEUX.)

LIVRER. L'obligation de livrer un héritage, t. I, p. 285.

LIVRES. Livres de mar-
chands; quelle foi font-ils en
faveur des marchands? t. II,
p. 195. — Ce qui y est contenu,
fût-il d'une autre main, fait foi
entière contre eux? *id.* p. 196.
— Il n'en est pas de même des
papiers volans qui seraient
trouvés dans leurs livres, *id.* p.
197. — Une reconnoissance vague de dette contenue au livre,
sans qu'il y ait une cause exprimée, où du moins présumée,
ne fait pas foi, *id.* p. 197. — Je
ne puis tirer une preuve du
livre d'un marchand contre lui,
si je refuse d'y ajouter foi contre
moi, *id.* p. 197.

Livres. Quels sont ceux qui
peuvent être l'objet d'un prêt
légitime, t. V, p. 326.

LOCATAIRE. Sous-locataire.
Le principal locataire a les
mêmes droits que le seigneur
d'hôtel contre les sous-locataires. t. XVII, p. 197. — Sauf celui de la loi Æde, *id.* p. 210. —
Meubles du sous-locataire ré-
pondent de tous les loyers du
locataire, *id.* p. 198.

Locataires. Droit des locataires ou fermiers ne consistant
que dans une créance personnelle contre le bailleur, en cela

différent de celui d'un usufruitier, t. IV, p. 428. — Peuvent
être expulsés par un successeur
à sitre singulier qui a succédé à
la chose ou à l'usufruit de la
chose, *id.* p. 430. — Quoiqu'ils
aient un bail par-devant notaire,
p. *id.* 430. — *Quid,* s'il y avait
hypothèque spéciale sur la maison? *id.* p. 431.

LOCATEUR. Quelles sont les
obligation du locateur. (*V.* OBLI-
GATIONS DU LOCATEUR.)

Locateur. (contrat maritime.)
Quelles sont ses obligations.
(*V.* OBLIGATION DU MAÎTRE DU
NAVIRE.).

LODS ET VENTES. Doivent
être remboursés à l'acquéreur
qui les a payés, par le retrayant,
quoique privilégié, t. III, p.
560 et suiv. — Le retrayant
privilegié a-t-il la répétition
contre ce fermier? *id.* p. 560. —
Lorsque l'acheteur est privilégié,
le retrayant les doit-il à l'acheteur ou au fermier? *id.* p. 560. —
Les lods et ventes doivent être
remboursés en entier, quoique
le seigneur ait fait remise, *id.* p.
562. — Exception, *id.* p. 562.
— Les lods et ventes cessent
d'être dus par l'acheteur lorsque
le retrait est exercé sur lui, *id.*
p. 623. — Lorsque le retrait
s'exerce sur le seigneur, le retrayant lui doit les lods et ventes, *id.* p. 624. — Le seigneur
qui exerce le retrait féodal, en
doit-il indemniser l'usufruitier
ou le fermier ? *id.* p. 704.

LOI. La loi naturelle est la
cause au moins immédiate de
toutes les obligations, t. I, p.
160. — Il y a des obligations
qui ont pour seule et unique

à celle dont on lui a donné la jouissance , *id.* p 524. — Des manières dont se résout ce contrat, *id.* p. 525. (*V.* Loi æde.) — De la tacite reconduction dans l'esprit de ce contrat , *id.* p. 528 et suiv. — Contrat par lequel je vous donne ma chose pour vous tenir lieu de loyers de la vôtre , dont vous vous obligez de me faire jouir, *id.* p. 532. — Ce contrat renferme une espèce de contrat de vente par rapport à la mienne, une espèce de bail à loyer par rapport à la vôtre , *id.* p. 532. — Si depuis le contrat ma chose a péri, même avant la tradition, dois-je néanmoins jouir de la vôtre? *id.* p. 533. — Si c'est la mienne qui a péri n'en ayant pas joui pendant une partie de temps , est-ce d'une partie de sa valeur dont il y a répétition? *id.* p. 535. — Contrat de double louage d'ouvrage , *id.* p. 537. — Quels sont les ouvrages à faire qui peuvent faire la matière de ce contrat? *id.* p. 538. — Obligations que contracte chacun des contractans. *id.* p. 538.

LOYAUX - COUTS. Le retrayant doit rembourser l'acheteur des loyaux-coûts de son acquisition, non pas cependant de ce qu'il lui en a coûté à l'occasion de l'acquisition, t. III, p. 554. — Ce qui a été donné à un lignager plus proche pour le faire désister, entre-t-il en loyaux-coûts vis-à-vis d'un plus éloigné? *id.* p. 555. — Pots-de-vin, épingles, quand sont-ils loyaux-coûts? *id.* p. 555. — Différentes espèces de loyaux-coûts, *id.* p. 555 et suiv. (*Voy.* Frais, Voyage, Proxenètes, Consul-

tation, Amortissement, Lods et vente, Intérêts.)

LOYER ou FERME, est de l'essence du contrat de louage. (*Voy.* Prix.) — Quand doit-il être payé? t. IV, p. 355. — Où doit-il être payé? *id.* p. 356. — Intérêts en sont dus, *ex morâ*, *id.* p. 357. — En quels cas la remise du loyer est-elle due au locataire ou fermier? *id.* p. 357. — Lorsque le locataire n'a pu lui procurer la jouissance ou l'usage de la chose louée, *id.* p. 357. — Lorsqu'il n'a pu le faire jouir pendant un certain temps, est dû remise pour ce temps, *id.* p. 358. — Lorsqu'il n'a pu le faire jouir de quelque partie, est dû remise pour cette partie de la chose louée, *id.* p. 358. — *Quid*, lorsque la jouissance a souffert une diminution considérable ? *id.* p. 359. — Application de ce principe, *id.* p. 359 et suiv. — N'est dû remise lorsque c'est par son fait que le locataire n'a pas joui, *id.* p. 358. — Le loyer n'est dû que pour la jouissance que le locataire a eue en vertu du bail, *id.* p. 358. (*Voy.* Remise.) — Sur les termes des loyers. (*Voyez* Maison.)

Loyers aux contrats maritimes. Rupture du voyage par une interdiction de commerce décharge-t-elle le maître du paiement du loyer des matelots? t. IV, p. 638. — Le matelot engagé au voyage ne peut demander une augmentation de loyers pour l'arrêt de prince, *id.* 638. — Les loyers du matelot engagé au mois ne lui sont dus que pour moitié pendant l'arrêt de prince, *id.* p. 639. — *Quid*, s'il est engagé au voyage ou au profit? *id.* p. 639. — En cas de perte entière du vaisseau et des marchandises, les matelots ne peuvent demander leurs loyers, mais peuvent retenir ce qui leur a été avancé, *id.* p. 640. — Ils peuvent se faire payer de leurs loyers échus, sur les débris du vaisseau, et, si l'on a sauvé des marchandises, sur le fret dû par les marchandises sauvées, *id.* p. 641. — Si le matelot meurt avant son départ, *id.* p. 642. — Matelots qui, pendant le cours du voyage, tombent malades ou sont blessés au service du navire, doivent être payés de leurs loyers pendant le terme de leur maladie, *id.* p. 643. — Quels loyers sont dus aux héritiers du matelot mort pendant

le voyage? *id.* p. 645. — *Quid*, si c'est en défendant le navire? *id.* p. 647. — Quelle portion des loyers est due aux matelots en cas de rupture du voyage par le fait du maître ou des propriétaires du navire, ou des marchandises avant le départ, p. 650. — Si c'est depuis le départ, p. 652 et suiv. — Quels loyers dus au matelot congédié avant le départ, sans cause? *id.* p. 655. — Où les loyers du matelot doivent-ils leur être payés? *id.* p. 657. — Si le paiement est fait contre les règlemens, est-il valable? *id.* p. 659.

Loyers de maisons. De quand sont-ils dus? t. VIII, p. 144.

Loyers. (*Voy.* Fruits.)

LUCRUM CESSANS. (*Voy.* Intérêts compensatoires.)

M.

MAI.

MAIN. Droit qu'a le seigneur de fief de faire vider les mains au seigneur justicier, t. XV, p. 259. — Aux gens de main-morte, *id.* p. 273.

Main-morte. Gens de main-morte, que sont-ils? t. XV, p. 273. — Si l'édit de 1749 les a entièrement privés du droit de retrait féodal, *id.* p. 176.

Main-morte. Gens de main-morte peuvent-ils, depuis l'édit de 1749, exercer pour leur compte le droit de refus? t. III, p. 687. — Celui qui exerce le retrait sur eux doit-il les rembourser du droit d'amortisse-

MAI.

ment et d'indemnité? *id.* p. 559.

Main-morte. Gens de main-morte ne peuvent constituer des rentes viagères à un taux plus cher que le denier vingt, t. IV, p. 129. — Ne peuvent plus acquérir d'héritages, *id.* p. 130.

Main-morte. De la prescription des gens de main-morte : prescription, t. X, p. 508. (*Voy.* Prescription.)

MAISON. Ce qui en fait partie, t. XVII, p. 109. — Maison dont l'un a le haut, et l'autre le bas, t. XVI, p. 189.

Maisons. Termes des loyers

des maisons de ville , t. IV, p. 297. — Locataire d'une maison ne doit de loyer tant qu'il n'entre pas en jouissance; peut même demander la résolution du bail, id. p. 359. — Le locateur est-il reçu à offrir de le loger en attendant dans une maison? id. p. 359. — Locataire d'une maison ; quand est-il reçu à déloger et à être déchargé du bail d'une maison qu'il prétend menacer ruine? id. p. 360.—Locataire d'une maison qui est obligé d'aller résider ailleurs pour affaires d'état, est-il déchargé des loyers? id. p. 361.

Maisons. Quelles choses font partie d'une maison , t. VIII, p. 38-45.

MAITRES. Maîtres tenus des délits et quasi-délits de leurs domestiques, lorsqu'ils les ont pu empêcher , et ceux commis dans les fonctions auxquelles ils les ont préposés , quand même ils n'auroient pu les empêcher , t. I, p. 444. — Ne sont tenus de leurs contrats , si ce n'est pour affaires auxquelles il seroit justifié qu'ils étoient préposés , id. p. 445.

MALADE dont la maladie a trait à la mort, ne peut donner, t. XIII, p. 228. — Quelles choses doivent concourir pour rendre la donation non valable? id. p. 230. — Sens de ces mots, personne gissant au lit, id. p. 231. — La donation faite par un malade dont on désespéroit, mais qui a été guéri, est-elle valable? id. p. 231.

MALADIE. Don mutuel fait pendant la maladie de l'un des conjoints n'est valable, t. IX, p. 386 et suiv. —Don mutuel

fait pendant la maladie dangereuse de l'un des conjoints est-il valable, si le conjoint malade, devenu en convalescence, ne l'a pas révoqué? id. p. 389. — Don mutuel peut-il être révoqué pendant la maladie de l'un des conjoints? id. p. 378.

MANDANT. Ses obligations. Est obligé , 1° de rembourser le mandataire de tout ce que le mandataire a mis pour la gestion du mandat, t. VI, p. 119-132. — Quand même le mandataire auroit action pour s'en faire payer; ce qu'il doit en ce cas céder au mandant, id. p. 121. — Il n'importe que ce soit le mandataire , ou quelqu'autre pour lui, qui l'ait mis ou déboursé, id. p. 122-148. — Il n'importe que ce que le mandataire ou autre pour lui a payé l'ait été réellement ou par compensation, id. p. 123. —Lorsque le créancier envers qui le mandataire du débiteur s'est rendu caution , a fait, par considération pour sa caution, remise de sa dette, le mandataire peut-il s'en faire rembourser par le mandant? id. p. 124 et suiv. — On doit comprendre parmi les mises que le mandataire a faites pour le mandant, les pertes et dommages qu'il a soufferts, dont le mandat a été la cause prochaine ; *secùs* de celles dont il n'a été que l'occasion, id. p. 128 et suiv. — Le mandataire ne peut prétendre le remboursement que des mises qu'il n'a pu se dispenser de faire, non de celles qu'il a faites par sa faute, id. p. 133 — Le mandant doit le rembourser, quoique l'affaire n'ait pas eu un heureux succès, *id.* p. 134. — Quoiqu'il n'ait pu la mettre à chef, *id.* p. 134. — Le mandant, en outre, contracte l'obligation de procurer au mandataire la décharge des obligations qu'il a contractées pour l'exécution du mandat, *id.* p. 134.

MANDAT. Contrat de mandat; sa définition, t. VI, p. 79. — Son étymologie, *id.* p. 79. — A quelles classes doit-il être rapporté? *id.* p. 80. — Il faut, pour ce contrat, une affaire qui en soit la matière. Pour qu'une affaire puisse être la matière d'un contrat de mandat, il faut : 1° que ce soit une affaire à faire, *negotium faciendum, id.* p. 82. — Il faut, 2° qu'elle ne soit contraire aux lois ni aux bonnes mœurs, *id.* p. 83. — Il faut, 3° que ce ne soit pas quelque chose d'absolument incertain, *id.* p. 85. — Il faut, 4° que l'affaire soit de nature que le mandant puisse être supposé la faire lui-même par le ministère de son mandataire, *id.* p. 86 et suiv. — Il faut, 5° que ce soit une affaire qu'on puisse sans absurdité supposer pouvoir se faire par le mandataire; *id.* p. 88. — Il faut, 6° que ce soit une affaire qui ne concerne pas le mandataire seul, *id.* p. 90. — Mais ce peut être celle d'un tiers aussi bien que celle d'un mandant, *id.* p. 91. — Il faut, 7° que le mandant et le mandataire aient eu la volonté l'un et l'autre de s'obliger, *id.* p. 93. (*V.* CONSEIL, RECOMMANDATION.) — Il faut qu'il soit gratuit, *id.* p. 95. — Un honoraire n'en détruit pas la garantie. (*V.* HONORAIRE.) — Forme du mandat peut se

contracter par un consentement tacite, *id.* p. 99. — Se fait ordinairement par procuration. (*V.* PROCURATION.) Le mandat peut être donné ou accepté *ex die aut sub conditione*, *id.* p. 102. — On peut charger d'une même affaire un ou plusieurs mandataires, *id.* p. 102. — Le mandat s'éteint, 1° par la mort du mandataire, *id.* p. 150. — Lorsqu'il y en a plusieurs, la mort de l'un l'éteint-elle à l'égard des autres? *id.* p. 152. — L'héritier peut et doit faire ce qui est une suite de ce qui est commencé, *id.* p. 152. — Le mandat s'éteint par la mort du mandant, *id.* p. 152. — Ce que le mandataire a fait avant que la mort lui fût connue, est valable, *id.* p. 155. — Autres exceptions au principe, *id.* p. 155. — Le mandat s'éteint aussi par le changement d'état du mandant, *id.* p. 156. — Par la cessation de son pouvoir, *id.* p. 157. — Le mandat s'éteint par la révocation. Exemples de révocations tacites, *id.* p. 158. — Il faut qu'elle soit connue du procureur révoqué, *id.* p. 162. — Et que la chose soit entière, *id.* p. 162. — A-t-elle effet vis-à-vis les tiers qui l'ignorent? *id.* p. 163.

Mandat ad lites. Ce que c'est, t. VI, p. 164. — Sa nature, *id.* p. 165. — Son objet, *id.* p. 165. — Quelles personnes en peuvent être chargées, *id.* p. 166. — Comment se contracte-t-il, *id.* p. 167. (*V.* DÉSAVEU.) — Comment s'éteint-il? *id.* p. 177. — Le procureur qui s'est constitué ne peut le répudier, *id.* p. 178. (*V.* PROCUREUR *ad lites.*)

MANDATAIRE. Il contracte

par l'acceptation du mandat, l'obligation de l'exécuter, t. VI, p. 103.—Cas auquel il peut s'en décharger, *id.* p. 104.—Il doit apporter à l'affaire dont il se charge le soin qu'elle demande, *id.* p. 107 et suiv. (*V.* FAUTE, FORCE MAJEURE.)—Il doit rendre compte de sa gestion. (*Voy.* COMPTE.) — Que doit comprendre le compte d'un mandataire, *id.* p. 111 et suiv. (*Voy.* FAUTE, VOYAGE.)—Il doit rendre tout ce qui lui est parvenu de sa gestion, *id.* p. 115.— Il doit les intérêts du reliquat, du jour qu'il a été mis en demeure de rendre, *id.* p. 115. — Un mandataire qui contracte en son nom, quoique pour les affaires comprises en sa procuration, s'oblige lui-même; *secùs,* lorsqu'il contracte au nom de fondé de procuration d'un tel, *id.* p. 140. — Un mandataire n'oblige ni envers lui ni envers les tiers son mandant, qu'autant qu'il se renferme dans les bornes de sa procuration, *id.* p. 141.—Quand paraît-il s'y être renfermé? *id.* p. 142-143. — Au contraire, il en excède les bornes lorsqu'il fait l'affaire portée par la procuration, mais à des conditions plus désavantageuses que celles qui lui étaient prescrites, *id.* p. 143. — Peut-il en ce cas obliger le mandant à tenir le marché, en offrant de l'indemniser? *id.* p. 144. — *Quid,* lorsqu'il a fait partie de ce qui est porté par la procuration? *id.* p. 145. — Ou quelque chose en outre, *id.* p. 146. — Il excède les bornes du mandat s'il fait une affaire différente, *id.* p. 147.—Lorsqu'il a fait par un autre, n'ayant pas

le pouvoir de substituer, p. *id.* 148. (*V.* SUBSTITUER.) — Ou lorsqu'il a fait seul ce qu'il était chargé de faire conjointement avec un autre, ou avec le conseil d'un autre, *id.* p. 149. — Ce qui est fait au vu et su du mandant qui l'a souffert, n'est pas censé avoir excédé les bornes, *id.* p. 150.

Mandatores pecuniæ credendæ. Ce que c'est, t. I, p. 432. — En quoi diffèrent-ils des cofidéjusseurs? *id.* p. 433 et suiv. — En quoi conviennent-ils? *id.* p. 433.

MANIFESTE. Ce que c'est, t. VI, p. 356.

MANOIR de l'aîné, t. XV, p. 212. — En quoi consiste ce qui y est ou n'y est pas compris, *id.* p. 308.—Rente foncière sur un manoir passe pour manoir, *id.* p. 312. — L'aîné ne prend pas le manoir entier, lorsqu'il n'y a pas d'autres immeubles, *id.* p. 313. — Il n'en a qu'un dans les deux successions de père et mère, *id.* p. 313. — Il peut avoir plusieurs manoirs lorsqu'ils sont situés en plusieurs coutumes, *id.* p. 212.

MANOIR. Nos coutumes entendent par manoir, une maison à demeure, t. XII, p. 395. — Que signifient ces termes, *ainsi qu'il se comporte et poursuit,* *id.* p. 395. — Ce qui compose le manoir de campagne, *id.* p. 396. — *Quid,* du four et pressoir qui s'y trouvent? *id.* p. 397. — *Quid,* d'un colombier? *id.* p. 397. — *Quid,* des moulins banaux? *id.* p. 397. — *Quid,* du droit de patronage? *id.* p. 399. — Arpent de terre au lieu de manoir, accordé par la coutume de Paris, *id.* p. 399. — Vol du chapon à l'entour du manoir, accordé par la coutume d'Orléans, *id.* p. 400. Si l'aîné peut prendre pour son manoir la créance d'un manoir, ou une rente à prendre sur un manoir, *id.* p. 401. — S'il peut prendre un manoir dans chacune succession de père, mère, aïeul, *id.* p. 402. — L'aîné qui a pris un manoir dans la succession de son père, premier décédé, peut-il, en le rapportant, en choisir un autre dans la succession de la mère? *id.* p. 404. — Doit-il en ce cas faire raison des jouissances? *id.* p. 404. — Différens cas où l'aîné qui a pris un manoir, en peut prétendre un autre, au lieu de celui qu'il a pris, *id.* p. 405. — Peut-il prendre un manoir dans la succession de sa mère, dernière décédée, lorsque ses puînés avec lesquels il vient à cette succession, ont renoncé à celle du père? *id.* p. 407. — Cas auxquels l'aîné ne peut prétendre le préciput d'un manoir entier, *id.* p. 408. — Cas auxquels il peut avoir plusieurs préciputs de manoir dans la succession d'une même personne, *id.* p. 409.

MANUSCRITS. Ne sont pas censés faire partie d'une communauté, ni même d'une succession, en conséquence ne doivent pas être inventoriés, t. VIII, p. 442.

MARCHANDE PUBLIQUE. Quelle femme est réputée telle? t. VII, p. 443. — Pour quels actes est-elle dispensée d'autorisation? *id.* p. 444. — Oblige-t-elle son mari, lorsqu'elle est commune? *id.* p. 444. — Peut-

elle ester en jugement sans son mari? *id.* p. 464.

MARCHANDISES. Lorsqu'elles ont été chargées à l'insu du maître, peut-il les décharger? plusieurs distinctions? t. IV, p. 564 et suiv. — Quand peuvent-elles être vendues pour subvenir aux nécessités du vaisseau? *id.* p. 556. — Sur quel pied le prix en est-il dû à ceux à qui elles appartenoient? l'est-il dans le cas auquel le vaisseau seroit péri depuis? *id.* p. 557. — Le propriétaire des marchandises a-t-il action contre le propriétaire du vaisseau, pour la répétition de ses marchandises? *id.* p. 558. — Quelles marchandises contribuent aux avaries communes? *id.* p. 601 et suiv.

MARCHÉ. Régles pour connoître s'il n'y a qu'un marché, ou s'il y en a plusieurs, t. III, p. 502-503. (*V.* RETRAIT.)

MARI. Exerce le retrait féodal des fiefs mouvans de sa femme, à la charge de les lui restituer, t. III, p. 689. — Mais il peut exercer pour son compte le retrait conventionnel, *id.* p. 690.

Mari est seigneur des biens de la communauté, pour le total, tant qu'elle dure, t. VIII, p. 309. — N'a point le droit d'accepter ou de renoncer à la communauté, *id.* p. 353. — Il peut intenter seul les actions mobilières et possessoires de sa femme, et y défendre, *id.* p. 311. — Confisque-t-il le total des biens de la communauté, ou seulement sa part, lorsqu'il est condamné à une peine emportant confiscation? *id.* p. 312. — Ne peut tester que de sa part, id. p. 313. — Lorsqu'il dispose entre-vifs, quand est-il censé le faire en fraude? *id.* p. 317. — Ne peut s'en avantager ni lui ni les siens, au préjudice de la part de sa femme, *id.* p. 318-319-322. — Peut en avantager ses enfans communs, ou leurs héritiers communs, *id.* p. 324. — Il n'y a que les donations faites à ses héritiers présomptifs, ou à ceux dont il doit hériter, qui soient censées faites en fraude; diverses questions à ce sujet, *id.* p. 319. — Alimens fournis à un enfant d'un précédent mariage, sont-ils censés donnés en fraude? *id.* p. 325. — A un héritier présomptif en collatérale, *id.* p. 325. — Donation faite par le mari à son héritier collatéral, n'est pas en fraude, et vaut pour la part de la femme, lorsqu'elle y a consenti, *id.* p. 326. — Elle ne peut consentir à celle que le mari a faite à un enfant d'un précédent mariage, *id.* p. 326. (*V.* INCAPABLE.)

Maris et femmes incapables, pendant le mariage, de recevoir l'un et l'autre aucune donation, t. XIII, p. 237. — Excepté par donation mutuelle, *id.* p. 238. — *Avant le mariage peuvent se donner, *id.* p. 238. — Peuvent-ils donner aux enfans que l'un d'eux a d'un autre mariage? *id.* p. 238.

Mari. Peut retirer féodalement les fiefs relevans de la seigneurie propre de sa femme, t. XI, p. 402. — La femme doit-elle être partie dans le retrait féodal? *id.* p. 402. — Le mari peut-il l'exercer malgré sa femme? *id.* p. 403.

Mari. En quoi consiste le pou-

voir du mari sur sa femme et sur la communauté. (*V.* PUIS-SANCE DU MARI.)

MARIAGE. C'est le plus ancien et le plus excellent des contrats, t. VII, p. 1. — Sa définition, *id.* p. 3. — Le commerce charnel n'est de son essence, *id.* p. 3. — Mais il donne à chacun des conjoints un droit sur le corps de l'autre pour l'exiger, *id.* p. 4. — Deux espèces de mariages des citoyens romains, *justæ nuptiæ* et *concubinatus;* leur différence, *id.* p. 4-5. — Quand le mariage passoit-il pour *nuptiæ* ou pour *concubinatus?* *id.* p. 6. — Qu'est-ce que le *matrimonium? id.* p. 7. — Mariage des esclaves, *id.* p. 7. — Dans nos colonies, des esclaves peuvent, avec la permission de leur maître, contracter un mariage, mais qui n'a pas les effets civils, *id.* p. 8. — Le mariage étant un contrat, il appartient à l'ordre politique, et doit être régi par les lois de la puissance séculière, *id.* p. 8-16. — Quelle est l'autorité de l'église sur le mariage? *id.* p. 16. — Pendant long-temps elle ne reconnoissoit d'autres empêchemens de mariage que ceux établis par les lois des princes; l'église a commencé très tard à en établir, *id.* p. 17. — Mariage subsistant avec une personne, est, tant qu'elle vit, un empêchement dirimant de mariage avec une autre, *id.* p. 55. — Opinion des pères de l'église sur la polygamie. Est-elle permise dans l'ancienne loi, est-elle autorisée dans la nouvelle? *id.* p. 55. — Mariage subsistant est un empêchement, quelque grande qu'ait été la bonne foi, pourvu que le premier soit valable, *id.* p. 62. — Il est nécessaire de prouver la mort du premier conjoint, *id.* p. 60. — Quels actes en font foi? *id.* p. 61. — Mariage peut se contracter par procureur. (*V.* PROCUREUR.) Il est défendu de célébrer les mariages en carême. (*V.* CARÊME.) Avant le lever du soleil, *id.* p. 243. — Obligations qui naissent du mariage réciproque, *id.* p. 246. — Obligation du mari envers la femme, *id.* p. 246. — De la femme envers le mari, *id.* p. 247. — Obligation que les pères et mères contractent par le mariage envers leurs enfans, *id.* p. 248. — Obligations des enfans envers leurs pères et mères, *id.* p. 249. — Effets civils du mariage, *id.* p. 254. — Mariages tenus secrets, quoiqu'ils aient été valablement contractés, sont, par la déclaration de 1609, privés des effets civils, *id.* p. 274. — Il en est de même de celui contracté *in extremis*, *id.* p. 274. — Le mariage, quoique valablement contracté, n'a pas les effets civils, lorsque l'une des parties a perdu son état civil par une condamnation, *id.* p. 277. — *Quid*, lorsqu'une personne condamnée par coutumace s'est mariée dans les cinq ans de grâce, et est morte sans s'être représentée? *id.* p. 278. — *Quid*, s'il n'a point été remis dans son premier état, le mariage contracté dans les cinq ans est-il nul? *id.* p. 278. — La bonne foi des parties ou de l'une d'elles, donne les effets civils à un mariage nul, *id.* p. 279. — A plus forte raison lors-

que l'une des parties a ignoré de bonne foi le vice qui le privoit des effets civils, *id.* p. 280. — La bonne foi peut bien donner les effets civils aux enfans nés du mariage nul, mais non à ceux que les parties ont eus auparavant, *id.* p. 282.

Mariages d'Infidèles. (*Voy.* INFIDÈLES.)

Mariages. Seconds mariages, t. VII, p. 346. — Certains hérétiques les condamnoient, *id.* p. 346. — Il est permis de contracter autant de mariages que bon semble, après la dissolution des précédens, *id.* p. 346. — Sont néanmoins suspects d'incontinence, *id.* p. 348. — Par les lois romaines, une veuve ne pouvoit, à peine d'encourir l'infamie, convoler à un nouveau mariage, qu'après le laps d'un an depuis la dissolution du précédent, *id.* 347. — Ce droit n'est pas observé parmi nous, *id.* p. 347.

Mariage. Il n'y a que le mariage valablement et légitimement contracté qui puisse établir une conjonction légitime, *id.* t. XII, p. 340. — La bonne foi de l'une des parties peut donner à un mariage nul, les effets d'une conjonction légitime, *id.* p. 340. — Il y a des mariages qui, quoique valables, sont privés des effets civils, *v. g.* les mariages tenus secrets jusqu'à la mort de l'un des conjoints, *id.* p. 341. — Ou les mariages contractés à l'extrémité de la vie avec des personnes avec lesquelles on a vécu en libertinage, *id.* p. 342. — *Quid*, si une femme, la veille de ses couches, épouse un homme avec lequel elle a vécu, et meurt de ses couches? *id.* p. 342. — Autre exemple : si l'un des contractans est mort civilement, *id.* p. 343. — *Quid*, si le condamné contracte mariage pendant les cinq ans accordés pour se représenter, et meurt dans ce temps? *id.* p. 344. — *Quid*, si la personne que le condamné a épousée, ignoroit son état? *id.* p. 344. — Le vice des conjonctions illégitimes peut être purgé par le mariage subséquent, *id.* p. 345. (*Voy.* Légitimation.)

Mariage des femmes, suivant la plupart des coutumes, donne lieu au rachat, t. XI, p. 325. — Quels mariages donnent lieu au rachat, *id.* p. 325. — La plupart des coutumes qui y assujettissent tous les mariages, exceptent le cas auquel la fille qui se marie auroit un frère qui la garantiroit, *id.* p. 326. — Le frère aîné ne garantit sa sœur qu'une fois, *id.* p. 327. — D'autres coutumes exceptent le premier mariage des filles indistinctement. Telle est la coutume d'Orléans réformée, *id.* p. 327. — Quel est le premier mariage que la coutume exempte des profits? *id.* p. 327. — Le sentiment reçu dans cette province est que c'est le premier mariage par rapport au seigneur, *id.* p. 327. — Si un fief étoit échu à une fille par succession pendant son premier mariage, devroit-elle rachat pour celui qu'elle contracteroit après la dissolution de ce premier, *id.* p. 328. — Donne lieu au rachat, quoique contracté avec exclusion de communauté, *id.* p. 330. — *Secùs*, s'il y avoit clause que la femme jouiroit sé-

parément de ses biens, *id.* p. 330. — Le mariage qui n'a pas duré donne t-il lieu au rachat? *id.* p. 331. — Le rachat qui est dû pour mariage naît lors de la célébration du mariage, *id.* p. 332. — Ce rachat est une dette de la communauté, *id.* p. 332. — C'est une dette personnelle du mari, qui n'affecte point le fief, *id.* p. 332.

MARITALE (puissance). *Voy.* Puissance.

MASCULINITÉ. Prérogative dans la succession collatérale des fiefs, t. XII, p. 467. — Sur quoi elle est fondée, *id.* p. 467. — Lorsque des parens succèdent par représentation, c'est le sexe de la personne représentée qui doit être considéré, *id.* p. 468. — Dans la subdivision, on doit considérer le propre sexe de chacun des représentans, *id.* p. 469. — Tempérament apporté à cette décision, *id.* p. 470. — Suffit-il que les mâles soient en égal degré aux femelles, au moins par le secours de la représentation? *id.* p. 470. — Lequel doit l'emporter en égal degré, ou de la prérogative de la masculinité, ou de celle du double lien, *id.* p. 471. — Arrêt de Saint-Mesmin, rendu en faveur de la sœur du double lien, *id.* p. 471.

MATELOTS, ne contribuent aux avaries, t. IV, p. 604. — Sauf à celles pour le rachat du vaisseau, *id.* p. 614. — Matelots engagés au fret ou au profit, ne peuvent prétendre aucun dédommagement en cas de rupture ou retardement de voyage par force majeure, *id.* p. 640. — Matelots tombés malades ou blessés au service du navire pendant le cours du voyage, doivent être pansés aux dépens du navire, *id.* p. 642. — Si c'est en combattant, c'est aux dépens communs, *id.* p. 644. *Quid*, lorsqu'il est engagé au mois? *id.* p. 345. — *Quid*, lorsqu'il est engagé au voyage? *id.* p. 645. — Matelot engagé au fret ou au profit, et mort durant le voyage, transmet à ses héritiers la part entière qu'il eût eue dans le fret ou profit, s'il eût vécu, p. 646. — Et aux dépens de qui, p. 662. (*Voy.* ENGAGEMENT.) — Quelles sont les obligations des matelots envers le maître? (*Voy.* SERVICE.) — Sur quelles choses doit-on s'en rapporter à son serment? (*Voy.* SERMENT.) Quelles journées peuvent être demandées par les matelots. (*Voyez* JOURNÉES.)

MATIÈRES SOMMAIRES, sont celles dont l'instruction se fait d'une manière plus sommaire, t. XIV, p. 117. — Différentes espèces de matières sommaires, *id.* p. 118. — Ce qu'il y a de particulier en matière sommaire, *id.* p. 119. — En matière sommaire, les témoins sont entendus à l'audience, *id.* p. 120. — Forme de ces enquêtes: on ne peut appointer en droit, ou à mettre, *id.* p. 121.

MÉDECINS, *Chirurgiens*, *Apothicaires*, quand sont-ils incapables de recevoir des donations? t. XIII, p. 246.

MÉMOIRE. Procès fait à la mémoire d'un défunt, t. XIV, p. 56. (*Voy.* CADAVRE.) — Procédure pour purger la mémoire d'un défunt, *id.* p. 578. — Après la mort du condamné,

il faut obtenir des lettres du roi en grande chancellerie, *id.* p. 579. — Formalités indispensables à observer, *id.* p. 579. — Le jugement ne peut être rendu que sur le vu des charges, *id.* p. 579. — Cette poursuite ne peut s'exercer qu'après trente ans, *id.* p. 580.

MESURE. Règles pour distinguer si des choses ont été vendues *per aversionem* ou à la mesure, t. III, p. 192.

MEUBLES. Quelles choses sont meubles, t. XV, p. 16-17; t. XVII, p. 107.

Meubles. Sont-ils sujets au retrait? t. III, p. 412. — Ne sont susceptibles d'aucuns droits réels, *id.* p. 681-682. — Si cependant ils faisoient partie du marché d'un immeuble, *id.* p. 412-681.

Meubles. Quels droits a le créancier de rente foncière sur les meubles, t. V, p. 51-52.

Meubles, sont les choses qui se transportent d'un lieu à un autre, t. XIII, p. 472. — Règles prescrites pour les ustensiles d'hôtel, *id.* p. 476. — Bois acheté pour le couper est mobilier, *id.* p. 479. — De même du droit qu'un fermier acquiert par son bail, *id.* p. 479. — Toutes les créances d'un fait sont des actions mobilières, *id.* p. 480.

Meubles. Quelles choses sont meubles, t. VIII, p. 28-64. — Choses qui font partie d'un fonds de terre ou d'une maison ne sont réputées meubles. (*V.* FONDS DE TERRE, MAISON.) — Choses, quoique *in se* meubles, lorsqu'elles sont accessoires d'un droit immobilier, sont réputées immeubles, *id.* p. 45.

Meubles. Les conjoints peu-vent-ils, par le don mutuel, se donner d'autres meubles que ceux de la communauté? t. IX, p. 395.—En quel sens ce terme *meubles* est-il pris dans l'art. 57 de la coutume de Dunois? *id.* p. 493.

Meubles. Legs des biens meubles ou des meubles, t. XIII, p. 217. — Legs d'une terre avec les meubles servant à leur ex-ploitation, *id.* p. 217. — Legs d'une terre ou d'une maison meublée, *id.* p. 218. — Legs d'une garde-robe, toilette ou bijoux; ce qu'il comprend, *id.* 221.—Legs de meubles d'hôtel, ou de meubles meublans; ce qu'il comprend, *id.* p. 223.

Meubles. Prescription des meubles, t. X, p. 456.

Meubles. Notre coutume d'Orléans et quelques autres at-tribuent au gardien noble, en particulier, tous les meubles de la succession du prédécédé, t. XII, p. 89.—L'usage a excepté les créances des mineurs contre le survivant, pour la reprise des deniers stipulés propres, et le remploi des propres aliénés, *id.* p. 89.—Il n'en est pas de même de la créance pour reprise de l'apport, en cas de renonciation, ou pour récompenses dues aux mineurs, *id.* p. 90. — La ré-compense des sommes tirées pour le rachat d'une rente ne tombe point dans la garde-no-ble, *id.* p. 90. — Le gain de la garde-noble doit céder à la lé-gitime, *id.* p. 90.

Meubles. Droits des locateurs sur les meubles. (*V.* Hypothè-que, Préférence, Suite, Exé-cution.)

MEURTRE. En quel cas le meurtre de l'un des conjoints forme-t-il un empêchement di-rimant entre le meurtrier et l'autre conjoint? t. VII, p. 149.

MINEURS, sont-ils capables de contracter? t. I, p. 115. — Restitution du mineur ne profite pas à ses cautions, *id.* 372. — Cas auquel elle profite, *id.* 372.

Mineur. Quand relève-t-il le majeur? t. II, p. 152.

Mineur. Peut-il être caution? (*V.* Caution.)

Mineurs. Peut-on vendre les héritages des mineurs? t. III, p. 12. — Comment doivent-ils être vendus? *id.* p. 306. — Mi-neur héritier de son tuteur est-il reçu à revendiquer son héri-tage, que son tuteur a vendu comme lui appartenant ou avec promesse de faire ratifier la vente? *id.* p. 106. (Exception de garant.)

Mineurs. Temps du retrait court contre les mineurs, t. III, p. 522. (*V.* Retrait.) — *Quid*, si cependant le mineur étoit destitué de tuteur? *id.* p. 522.—Raison de cette décision, *id.* p. 522.

Mineur émancipé. Peut-il cons-tituer des rentes sur ses biens? t. IV, p. 33-34.

Mineurs marchands peuvent contracter société, t. V, p. 153. —Peuvent-ils provoquer au par-tage des immeubles communs et y être provoqués? *id.* p. 200-204-217.

Mineurs. Lorsque le prêteur est un mineur, est-ce à lui à qui l'emprunteur doit rendre la chose? t. V, p. 336.

Mineurs. S'ils sont restituables lorsqu'ils interviennent dans une négociation de lettres de change, t. IV, p. 156.

Mineurs peuvent-ils assurer ou faire assurer? t. VI, p. 326. — Quelles sommes peuvent-ils jouer valablement? *id.* p. 429.

Mineurs. Peuvent-ils se faire don mutuel, permis entre homme et femme? t. IX, p. 394.

Mineur qui se marie *de suo*, ne fait entrer dans la communauté légale que le tiers de l'universalité des biens, t. VIII, p. 70. — Mineur a l'hypothèque contre son tuteur pour la restitution des sommes qu'il a reçues, du jour qu'a commencée la tutelle, *id.* p. 490. — Dans quel cas et comment a lieu la licitation des héritages appartenant aux mineurs, et par qui peut-elle être demandée? *id.* p. 457. — Mineur ne peut intenter une demande en partage de communauté, elle peut être intentée contre lui, *id.* p. 449. — Le tuteur doit faire procéder à la vente des meubles du mineur après la dissolution de la communauté, *id.* p. 450.

Mineurs. Mineurs et autres privilégiés, peuvent-ils être restituables contre le défaut d'acceptation d'une donation qui leur auroit été faite par quelqu'un qui seroit mort depuis ou auroit changé de volonté? t. XIII; p. 251.

Mineurs de vingt-cinq ans ne peuvent donner entre-vifs, t. XIII, p. 227.

Mineurs émancipés peuvent donner des effets mobiliers, t. XIII, p. 227. — Acquièrent le droit de disposer des meubles et d'administrer les immeubles, t. XIII, p. 451.

Mineurs peuvent recevoir des donations sans l'autorité de leurs tuteurs ou curateurs, t. XIII, p. 236.

Mineurs de vingt-cinq ans sont sous la puissance paternelle, ou sous celle de leurs tuteurs curateurs, t. XIII, p. 428. — *Quid*, des mineurs émancipés? *id.* p. 428.

Mineur est-il tenu du dol que son tuteur, en sa qualité de tuteur, a commis envers des tiers? t. X, p. 241.

Mineurs. Qui sont-ils? t. XIV, p. 392. — Mineurs qui se sont dits majeurs, sont-ils restituables? *id.* p. 393. — Contre quels actes ils sont restituables? *id.* p. 393. — Quand le mineur est-il censé lésé par un acte? *id.* p. 394. — Ils ne sont restituables contre les actes qu'ils ont faits depuis leur émancipation, s'ils ne sont que de pure administration, *id.* p. 395.

Mineurs. Peuvent-ils se marier valablement sans le consentement de leurs père et mère. (*V.* Père et Mère.)

MITOYENNETÉ. (*V.* Mur.)

MIXTE. (Contrat mixte.) Lorsque la nature d'un contrat sujet à retrait y prédomine, y est sujet, quoique qualifié d'un autre nom, *contrá vice versá*, t. III, p, 451.

MOHATRA. Contrat Mohatra est un prêt usuraire déguisé sous la fausse apparence de vente, t. III, p. 24.

MONITOIRES. Ce que c'est. t. XIV, p. 466. — S'obtient à la requête de la partie civile ou de la partie publique, en vertu de l'ordonnance du juge, *id.* p. 466. — Forme des lettres monitoires, *id.* p. 467. — Il est défendu de nommer ni désigner les personnes, *id.* p. 467. — Official est tenu de les accorder en conséquence de l'ordonnance du juge, *id.* p. 468 et suiv. — Curés et leurs vicaires obligés de les publier, *id.* p. 468 et suiv. — Opposition à la publication des monitoires; par quel acte elle se fait? *id.* p. 468 et suiv. — On doit assigner sur l'opposition devant le juge qui a permis de les obtenir, *id.* p. 469.

MONNAIES. Ne se peut prêter au poids ni au nombre, t. V, p. 405.—Sur qui doit tomber la diminution ou l'augmentation de monnaies données en dépôt, t. VI, p. 29.

MONT-DE-PIETÉ, t. V, p. 471.

MORT. Certaines créances s'éteignent par la mort du créancier, t. II, p. 145. — Par la mort du débiteur, *id.* p. 146.— Mort d'une partie. Quand arrête-t-elle la procédure ou le jugement? *id.* p. 281.

Mort civile, t. XV, p. 10.

Mort civile n'éteint point une rente viagère, t. IV, p. 143.

Mort civile dissout la société comme la mort naturelle, t. V, p. 189.

Mort civile fait perdre tous les droits qui sont soit du droit civil, soit du droit des gens, t. XIII, p. 408.—Deux sortes de morts civiles, *id.* p. 408. (*V.* RELIGIEUX.)—Mort civile opérée par la condamnation à la mort naturelle, ou aux galères à perpétuité, *id.* p. 419.—Dans quel temps est-elle censée encourue? *id.* p. 419. — *Quid*,

dans le cas où la condamnation est prononcée par contumace? *id.* p. 420. — *Quid*, s'il se représente? *id.* p. 420. — *Quid*, du condamné qui décède dans les cinq ans, et de celui qui décède après les cinq ans? *id.* p. 420. — S'il ne se représente pas, ou s'il n'est pas constitué prisonnier dans les trente ans, la mort civile est encourue irrévocablement, *id.* p. 421.—Effet des lettres d'abolition ou de rémission, ou de simple commutation, *id.* p. 422. — Condamnation à mort prononcée par un conseil de guerre n'emporte pas mort civile, *id.* p. 423.

Mort civile du mari affranchit la femme de la puissance et du besoin d'autorisation, t. VII, p. 445. — *Quid*, si le mari n'est condamné que par contumace? *id.* p. 445.

Mort civile et mort naturelle dissolvent la communauté, t. VIII, p. 333. — Néanmoins, lorsque c'est la femme qui meurt civilement, le mari doit jouir des revenus de la communauté jusqu'à sa mort naturelle, *id.* p. 334.

Mort civile n'empêche pas le lien conjugal de subsister, t. VIII, p. 335.

Mort civile. Effet d'un mariage contracté par un individu qui a perdu l'état civil. (*V.* MARIAGE.)

MOULIN. Si le moulin est meuble ou immeuble, t. XVII, p. 107.—S'il fait partie du manoir, t. XV, p. 311.

Moulins. Quand sont-ils meubles ou immeubles, t. VIII, p. 31-45.

Moulin banal. (*V.* BANALITÉ.)

MUETS. (*Voy*. Sourds et muets.)

MUNITIONS de guerre et de bouche ne contribuent aux avaries , t. IV , p. 601.

MUR. Quand est réputé commun, t. XVI, p. 178. — Ce qu'on peut faire ou non en mur commun, *id.* p. 177-178. — En mur non commun , *id.* p. 179. — A quoi oblige la communauté du mur , *id.* p. 180-181.

Mur. Quels murs sont communs et mitoyens , et quand ils sont présumés tels, t. V, p. 218. — Quel droit chacun des voisins a-t-il par rapport au mur commun? *id.* p. 222 et suiv. — Quelles sont les choses qu'il n'est pas permis de faire contre le mur commun? *id.* p. 224 et suiv. — Chacun des voisins a droit d'élever le mur mitoyen , *id.* p. 228. — Peut-il , s'il est besoin , le démolir pour l'élever, *id.* p. 230. — Doit-il indemniser le voisin de ce qu'il en souffre ? *id.* p. 231. — Le voisin qui bâtit sur le mur mitoyen , quand doit-il payer les charges? *id.* p. 229. *Quid*, si après qu'il a payé les charges, ou fortifié le mur à ses frais, l'autre voisin veut aussi bâtir contre? *id.* p. 232. — La communauté du mur oblige le voisin à réparer ce qu'il a dégradé , *id.* p. 233. — A contribuer aux réparations auxquelles la vétusté ou quelque accident ont donné lieu, *id.* p. 233. — Différence à cet égard entre la ville et la campagne, *id.* p. 234. (*V.* Abandon.) — Comment, et jusqu'à quelle concurrence doit-on contribuer ? *id.* p. 235.

Mur propre. Doit-on laisser une distance entre le mur qu'on bâtit et l'héritage voisin. On est obligé d'en vendre la communauté au voisin qui veut s'en servir, t. V, p. 250 et suiv.

MUTATION. Des mutations qui donnent lieu au profit de rachat. (*V.* Rachat.) — Des différentes espèces de mutations qui donnent lieu au profit de rachat. (*V.* Succession , Déshérence , Confiscation , Donation , Legs , Substitution , Démission de biens , Partages , Communauté , Ameublissement , Don mutuel , Baux a rente , Echanges , Mariages , Bénéfices.)

N.

NANTISSEMENT. Contrat de nantissement. Ce que c'est, t. VI , p. 239. — Quelles choses peuvent être la matière de ce contrat, *id.* p. 241. — Le nantissement est-il valable lorsque la chose n'appartenoit pas à celui qui l'a formé ? *id.* p. 242. — Le contrat se forme par la tradition , *id.* p. 243. — Pour quelle fin la tradition doit-elle être faite? *id.* p. 244. (*V.* Créance.) — A quelle sorte de contrat appartient le contrat de nantissement? *id.* p. 245. — Quel droit donne-t-il au créancier? (*V.* Créancier , Vente , Privilége (Nantissement.) —

Choses requises pour le contrat de nantissement, par l'ordonnance de 1673 : vis-à-vis de qui sont-elles requises? *id.* p. 246. — Quelles actions naissent du contrat de nantissement. (*V.* PIGNORATITIA *directa,* PIGNORATITIA *contraria.*)

Nantissement. Ce que c'est, et en quoi il diffère de l'hypothèque. A quelle forme il est sujet, t. XII, p. 193. — Ce sont principalement les meubles qui sont susceptibles de nantissement, *id.* p. 194. — Les biens à venir n'en sont pas susceptibles, *id.* p. 194. — Effets du nantissement, *id.* p. 195. — Du droit qu'a le créancier de posséder la chose et de la vendre, *id.* p. 195. — *Quid,* si on convenoit que faute par le débiteur de payer, dans un certain temps, le créancier demeureroit propriétaire de la chose? *id.* p. 196. — Ce droit s'éteint comme celui d'hypothèque, *id.* p. 197. — Le créancier contracte l'obligation de rendre la chose saine et entière après que la dette aura été acquittée, *id.* p. 198. — Si la chose produit des fruits, ceux que le créancier perçoit s'imputent sur la dette, *id.* p. 198. — L'action a lieu quelquefois, quoique la dette n'ait pas été acquittée, *id.* p. 199. — Quel est l'objet de l'action quand le créancier a fait procéder à la vente, *id.* p. 199. — Engagement du débiteur qui a donné une chose en nantissement, *id.* p. 200. — Le principal objet est l'indemnité des impenses du créancier, *id.* p. 200. — Autres causes de l'action *pignoratitia contraria, id.* p. 200. — *v. g.,* si

le créancier a été trompé dans le nantissement, *id.* p. 200.

NATURELLES. (Obligations naturelles.) Qu'entendoit - on par le droit romain, et qu'entend-ou dans notre droit par des obligations naturelles? t. I, p. 204 et suiv. — Exemple d'obligations naturelles selon notre droit, *id.* p. 205. — Ne peuvent être, dans le for extérieur, opposées en compensation, *id.* p. 205. — Ne sont susceptibles de cautionnement, *id.* p. 206. — Quel est leur unique effet? *id.* p. 207. — Diffèrent néanmoins des obligations imparfaites, *id.* p. 207.

NAUFRAGE. Donne-t-il ouverture à l'action de l'assuré? t. VI, p. 341.

NAULIS OU NAULISSEMENT, t. IV, p. 541.

NAVIRES. Sont immeubles, t. VIII, p. 29.

NEGOTIORUM GESTOR. Est-il tenu des affaires qu'il n'a pas faites? t. VI, p. 221. — Est-il tenu de n'avoir pas exigé de lui-même ce qu'il devoit à l'absent, dont il géroit les affaires? *id.* p. 222. — Il n'est pas tenu de n'avoir pas fait payer les autres débiteurs, *id.* p. 224. — Il est tenu de n'avoir pas employé les sommes qu'il a reçues pour l'absent à se payer, ou les autres créanciers, *id.* p. 225. — A quel soin est-il tenu? (*Voyez* FAUTE.) — Il est tenu de rendre compte de sa gestion, et de remettre tout ce qui lui en est parvenu, *id.* p. 227-228. — Différence entre un tuteur, un curateur, un mandataire, et un *negotiorum gestor, id.* p. 220. — *Quid,* s'il prétend avoir reçu par

erreur une somme qui n'étoit
Pas due, *id.* p. 228. (*V.* Action
negotiorum gestor.)

NOBLES. Peuvent-ils assurer
ou faire assurer? t. VI, p. 327.

Nobles. Deux sortes de noblesse, t. XIII, p. 371. — Nobles de race, et comment elle se prouve, *id.* p. 371. — Origine de cette ancienne noblesse, *id.* p. 372. — Noblesse de cession, est celle qui est accordée par le roi, *id.* p. 373. — Officiers auxquels la noblesse est attachée, *id.* p. 374. — Ce qui est requis pour que le pourvu de l'office puisse acquérir et transmettre la noblesse, *id.* p. 374. — La noblesse s'acquiert par le service militaire, *id.* p. 375. — Dispositions de l'édit de 1750 à ce sujet, *id.* p. 375. — Dispositions de la déclaration du 22 janvier 1752 à ce sujet, *id.* p. 377. — Concessions particulières par lettres d'anoblissement, *id.* p. 378. — Doivent être scellées et enregistrées au parlement, à la chambre des comptes et à la cour des aides, *id.* p. 378. — Les lettres de noblesse qui ne sont fondées sur aucun service, sont toujours révocables, *id.* p. 379. — Si les fiefs de dignité anoblissent, *id.* p. 379. — Comment, et à qui la noblesse peut se transmettre? *id.* p. 380. — Privilège d'anoblissement accordé à Jeanne-d'Arc, connue sous le nom de la Pucelle, à ses frères et leurs descendans, *id.* p. 381. — La noblesse ne se transmet que par légitime mariage, *id.* p. 381. — Noblesse qu'on nomme personnelle, dont jouissent les commensaux de la maison du roi, *id.* p. 382. — Privilèges de la noblesse, *id.* p. 382.

Nobles. Sont dispensés, par le concordat, d'une partie du temps d'étude, t. XIII, p. 383. — Leur privilège par rapport à la juridiction, *id.* p. 384. — Les étrangers nobles jouissent-ils en France du privilège de la noblesse? *id.* p. 384. — Comment se perd la noblesse? *id.* p. 385. — Le commerce maritime, et même le commerce de terre en gros, ne déroge pas, *id.* p. 386. — Les nobles de race et ceux de concession perdent également la noblesse par des actes dérogeans, *id.* p. 386. — Leurs enfans perdent-ils la noblesse avec leur père? *id.* p. 386. — *Quid,* des enfans nés après la dérogeance, *id.* p. 387. — Celui qui a perdu la noblesse, ne peut la recouvrer que par des lettres de réhabilitation, *id.* p. 387. — Usurpation de la noblesse, défendue sous des peines très-graves, *id.* p. 388.

Noble. Femme noble veuve d'un roturier, a-t-elle le droit d'habitation dans les coutumes qui ne l'accordent qu'aux nobles? t. IX, p. 276. — Femme non noble, mariée à un noble, l'a-t-elle? *id.* p. 277. — Suffit-il que le mari ait été noble, lors du décès, quoiqu'il ne le fût pas au temps du mariage? *id.* p. 277.

NOBLESSE, t. XV, p. 14.

Noblesse. Dans les coutumes où le douaire n'est propre aux enfans qu'entre nobles, quelle noblesse est requise dans le père, et en quel temps? t. IX, p. 202.

NOCES. (*V.* Edit des secondes noces.)

NOTAIRES. N'ont aucun caractère hors leur ressort pour recevoir des actes, si ce n'est ceux des Châtelets de Paris, Orléans et Montpellier, t. II, p. 184.— Peuvent-ils recevoir des actes entre les personnes qui ne sont pas justiciables de la juridiction où ils sont établis, et pour des biens situés ailleurs? *id.* p. 184.—A quelle prescription est sujette la demande pour leur salaire, *id.* p. 181.

Notaires. Quel notaire est compétent pour recevoir un testament, t. XIII, p. 70.—Privilège des notaires de Paris, Orléans et Montpellier, *id.* p. 70. — *Quid*, d'un notaire mineur? *id.* p. 71.

Notaire, peut-il recevoir le testament de ses parens? t. XIII, p. 71.

Notaire apostolique, est-il compétent pour recevoir un testament? t. XIII, p. 71.

NOTIFICATION du contrat au seigneur est-elle nécessaire, quand il est constant d'ailleurs que le seigneur avoit connoissance de la vente? t. XI, p. 408. — Elle peut se faire par un fondé de procuration de l'acheteur, *id.* p. 408. — Doit être faite au seigneur auquel le droit de retrait appartient, *id.* p. 409. — *Quid*, s'il y a combat de fief entre deux seigneurs? *id.* p. 410. — *Quid*, s'il y a plusieurs copropriétaires du fief dominant? *id.* p. 410.—Doit être faite aux dépens de l'acquéreur, *id.* p. 411.

NOUVELLE. Clause des bonnes ou mauvaises nouvelles, t. VI, p. 284.

NOVATION. Définition de la novation, t. II, p. 60. — Trois différentes espèces de novation, *id.* p. 60. — La novation d'une dette conditionnelle en une autre pure et simple, et d'une dette pure et simple en une conditionnelle, ne reçoit sa perfection que par l'accomplissement de la condition avant l'extinction de la chose due, *id.* p. 61-62. — Il n'en est pas de même du terme de paiement, *id.* p. 62.—Il suffit que la dette dont on fait novation en une autre, l'ait précédée d'un instant de raison, *id.* p. 62. — La novation est valable, quelle que soit la dette à laquelle on en substitue une nouvelle, et quelle que soit celle qu'on lui substitue, *id.* p. 63. — Quelles personnes peuvent faire novation, *id.* p. 63.—La volonté de faire novation dans la personne du créancier doit être expresse, ou du moins si manifeste, qu'on n'en puisse douter, *id.* p. 64 et suiv. — Elle peut se faire sans le consentement de l'ancien débiteur, *id.* p. 70. — La constitution d'une rente pour le prix d'une somme due par le constituant renferme-t-elle essentiellement une novation? *id.* p. 66 et suiv. — De la nécessité qu'il y a que quelque chose différencie la nouvelle obligation de l'ancienne, *id.* p. 70. — Effet de la novation : la novation éteignant la dette, libère tous ceux qui en étoient tenus, *id.* p. 71. — Elle éteint aussi les hypothèques, à moins que, par l'acte qui contient la novation, elles n'aient été transférées à la nouvelle créance, *id.* p. 71. — Cette translation d'hypothèque ne peut se faire que du consentement des personnes à qui les choses hypothéquées appartiennent, *id.* 72. — Lorsque la nouvelle créance est plus forte que l'ancienne, cette translation n'a d'effet que jusqu'à concurrence de la valeur de l'ancienne, *id.* p. 72. (*Voy.* DÉLÉGATION.)

Novation. Espèce dans laquelle on demande si le propriétaire de la lettre de change doit être censé avoir fait novation, t. IV, p. 256.

NOVICE. Est habile au retrait, t. III, p. 472.

Novice. Donation par lui faite doit être réputée à cause de mort, t. XIII, p. 233.

NULLITÉ des actes n'a lieu, si elle n'est prononcée par la coutume ou l'ordonnance, t. XIV, p. 390. — Moyens de nullité se tirent, ou de la forme, ou de l'incapacité de la personne, ou du vice de la convention, *id.* p. 391 et suiv.

O.

OBL.

ORLIGATION. Obligation imparfaite, ce que c'est, t. I, p. 77. — Différence de ces obligations et des obligations naturelles, *id.* p. 207. — Division des obligations en civiles et naturelles, *id.* p. 196. (*V.* NATURELLES.) — En pures et simples et conditionnelles, et celles qui sont contractées sous certaines modifications, *id.* p. 197. — Alternatives. (*V.* ALTERNATIVES.) — Indéterminées. (*V.* INDÉTERMINÉES.) — En principal et accessoires, *id.* p. 200. — En primitives et secondaires, *id.* p. 201. — En divisibles et indivisibles. (*V.* DIVIDUELLES, INDIVISIBLES.) — Deux espèces d'obligations secondaires, *id.* p. 201. — Obligations privilégiées, *id.* p. 203. — Hypothécaires, *id.* p. 203. — Exécutoires, *id.* p. 203. — Ce qui est de l'escence des obligations, *id.* p. 77. Causes des obligations (*Voy.*

OBL.

CAUSE.) — Personnes entre lesquelles subsiste l'obligation. (*V.* PERSONNES.) — Chose indéterminée peut être l'objet d'un contrat et d'une obligation, pourvu qu'elle soit déterminable, *id.* p. 164. — Chose future, *id.* p. 165. — Chose qui appartient à un tiers, *id.* p. 167. — Chose qui est hors du commerce, ou que celui à qui on la promet est incapable d'avoir, ou qui lui appartient déjà, ne peut être l'objet d'une obligation, *id.* p. 168. — Obligation de faire ou de ne pas faire, se résout en une obligation de dommages et intérêts, lorsque le débiteur a été mis en demeure de faire ce qu'il s'étoit obligé de faire, ou lorsqu'il a fait ce qu'il s'étoit obligé de ne pas faire, *id.* p. 173. — Cette obligation cesse, lorsque le débiteur, par force majeure, a été contraint de faire ce qu'il s'étoit obligé de ne pas faire, ou empêché de faire ce qu'il s'étoit obligé de faire, pourvu qu'il ait averti, s'il a pu avertir, *id.* p. 174. — Effets des obligations par rapport au débiteur, *id.* p. 170. — Effets des obligations par rapport au créancier, *id.* p. 175. (*V.* Créancier.) — Manière dont s'éteignent les obligations, t. II, p. 1. (*V.* Paiement, Consignation, Novation, Compensation, Confusion.) — L'obligation ou dette d'un corps certain s'éteint lorsque la chose due vient à périr, ou lorsqu'elle devient hors du commerce, *id.* p. 124. — Ou dans le cas de la règle *duæ causæ lucrativæ*, etc. (*V.* Cause.) — Vices des obligations. (*V.* Dol, Lésion, Cause, Lien, Violence, Crainte.) — La dette s'éteint lorsque la chose due vient à se perdre, de manière qu'on ne sait où elle est, *id.* p. 127. — Est-ce au débiteur à prouver que la chose est périe ou perdue? *id.* p. 128. — Une dette alternative, tant qu'elle demeure alternative et qu'elle n'a pas été déterminée par des offres valables, ne s'éteint pas tant qu'il reste une des choses dues sous l'alternative, et elle subsiste dans cette chose, *id.* p. 128. — La dette d'une quantité ou d'un corps indéterminé n'est pas susceptible de s'éteindre par l'extinction de la chose due; mais, si la chose due est indéterminée à la vérité, faisant partie d'un certain nombre de choses, elle peut cependant s'éteindre, *id.* p. 129. — Il faut bien prendre garde, en ce cas, si les termes de l'obligation sont limitatifs ou démonstratifs, *id.*

p. 130. — Lorsque la chose n'a pas péri totalement, l'obligation demeure pour ce qui en reste, *id.* p. 130. — Même lorsque l'extinction est totale, l'obligation subsiste pour ce qui en faisait auparavant partie, *id.* p. 130 et suiv. — Comme aussi pour les choses qui en étoient accessoires, *id.* p. 140. — Et pour les actions que le débiteur avoit par rapport à cette chose, *id.* p. 140. — La dette qui n'a été contractée que pour durer jusqu'à un certain temps ou jusqu'à une certaine condition, s'éteint par l'expiration de ce temps ou l'accomplissement de la condition : différence à cet égard de notre droit et du droit romain, *id.* p. 141 et suiv. — Les obligations s'éteignent et se résolvent par les conditions résolutoires. (*V.* Condition.) — Dans les contrats synallagmatiques, quelquefois je puis être admis à demander l'extinction et la résolution de mon obligation, pour l'inexécution de l'obligation réciproque contractée envers moi, *id.* p. 143. — Régulièrement les obligations ne s'éteignent pas par la mort du créancier ni par celle du débiteur, *id.*, p. 144. — Même celles *quæ in faciendo consistunt*, *id.* p. 145. — Même celles qui naissent des délits, *id.* p. 145. — Obligation pénale. Clause pénale. (*V.* Pénale, Contrat, Convention.)

Obligation. Le retrait exercé sur l'acheteur, le décharge-t-il des obligations qu'il a contractées envers le vendeur? t. III, p. 549-611.

Obligation. Obligations du

vendeur naissent ou de la nature du contrat, ou de la bonne foi, ou des clauses particulières, t. III, p. 27. — De la nature du contrat naît l'obligation de livrer la chose, de veiller à sa conservation jusqu'à la tradition, et de garantir l'acheteur des évictions, des charges réelles et des vices redhibitoires. (*V.* LIVRER, CONSERVER, ÉVICTION, GARANTIE, CHARGES RÉELLES, REDHIBITOIRE, CLAUSE.) — Obligations du vendeur qui naissent de la bonne foi. (*V.* BONNE-FOI.) — Obligations de l'acheteur naissent pareillement ou de la nature du contrat, ou de la bonne-foi, ou des clauses particulières, *id.* p. 173. — Par la nature du contrat, l'acheteur est obligé de payer le prix et les intérêts. (*V.* PRIX, INTÉRÊTS.) — Est tenu d'enlever la chose. A quoi l'oblige la demeure de satisfaire à cette obligation? *id.* p. 178. — Est tenu de rembourser au vendeur ce qu'il a dépensé pour la conservation de la chose, *id.* p. 179. — Obligations de l'acheteur qui naissent de la bonne foi. (*V.* BONNE FOI.)

Obligations du vendeur. Que comprend l'obligation de livrer la chose, t. III, p. 28. — Elle comprend l'obligation de livrer tout ce qui en fait partie, et tous ses accessoires, *id.* p. 29. — Les fruits, *id.* p. 29. — Aux frais de qui, *id.* p. 29. — Le vendeur doit transférer à l'acheteur tout le droit qu'il a : il n'est pas précisément obligé de transférer la propriété de la chose lorsqu'il ne l'a pas, *id.* p. 29. — Dans quel temps doit-il livrer? *id.* p. p. 31. — Où, *id.* p. 31. —

L'obligation de livrer renferme celle de conserver la chose. (*V.* CONSERVER.) — Obligation de livrer cesse lorsque la chose a cessé d'exister sans le fait ni la faute du vendeur, *id.* p. 33. — Si elle avoit également péri chez l'acheteur, *id.* p. 34. — *Quid,* si c'est depuis la demeure? *id.* p. 34. — L'obligation de livrer cesse, si la chose est devenue hors du commerce, *id.* p. 35. — *Quid,* si le vendeur l'a perdue par quelque cause nouvellement survenue, et sans sa faute? *id.* p. 35. (*V.* TRADITION.) — A quoi est tenu le vendeur dans ce cas? *id.* p. 35.

Obligation du locateur. Obligation de livrer la chose s'étend aux accessoires, t. IV, p. 310. (*V.* TRADITION.) — Action qui en naît. (*V.* ACTION.) — Obligation de n'apporter aucun trouble à la jouissance du locataire ou fermier, et de le garantir de ceux qui seroient apportés par des tiers, *id.* p. 325. (*V.* TROUBLE.) Obligation d'entretenir la chose de manière que le locataire puisse en jouir, *id.* p. 342. — Obligation de garantir les vices de la chose louée. (*V.* VICE.) — Obligation de ne rien dissimuler, *id.* p. 349. — A quoi oblige-t-elle dans le for de la conscience? *id.* p. 350. — Obligation de ne pas louer au-delà du juste prix, *id.* p. 351. — Obligation de rembourser le locataire des impenses par lui faites pour la chose louée, *id.* p. 352. — Obligation qui naît des clauses particulières, *id.* p. 353. — Quand le locateur est-il tenu des dommages et intérêts envers le conducteur?

(*V.* DOMMAGES ET INTÉRÊTS.)—
De quelles évictions est-il tenu?
(*V.* ÉVICTIONS.)—Quand doit-il
remise du loyer? (*V.* REMISE.)

Obligation du conducteur.
Obligation de payer le loyer.
(*V.* LOYER.) — De ne faire
servir la chose qu'aux usages
pour lesquels elle est louée,
id. p. 381.— De jouir en bon
père de famille, *id.* p. 382 et
suiv. — De veiller à la conservation de la chose, *id.* p. 384 et
suiv. (*V.* FAUTE, USURPATION.)
— Cas auquel il n'est tenu de
ce soin, *id.* p. 388.—Obligation
de rendre la chose louée en bon
état, *id.* p. 388. — Faute de
pouvoir la rendre, à quoi est-il
condamné? *id.* p. 388. — Lorsque la chose est périe ou détériorée, le locataire est obligé de
justifier comment cela est arrivé,
id. p. 389.— Obligation que la
bonne foi impose au conducteur
de n'user d'aucun mensonge ni
de dissimulation par rapport à
la chose qui fait l'objet du contrat, *id.* p. 389. — Obligation
de ne pas prendre à loyer au-
dessous du juste prix, *id.* p.
390. —Cas auquel cela est permis, *id.* p. 390. — Obligation
de donner avis au locateur de ce
dont il a intérêt d'être informé,
id. p. 390.— Obligation de laisser voir la maison à ceux qui la
viennent voir pour l'acheter ou
pour la prendre à loyer, *id.* p.
391. — Obligation de garnir la
maison ou la métairie, *id.* p.
391. — Obligation de faire les
voitures dont il est convenu.
(*V.* VOITURES.) — Dans le
louage d'ouvrage, conducteur
condamné à payer le prix, faute
de représenter la chose, est

reçu, après la sentence, à la
représenter, pourvu que ce
soit *re integrâ*, *id.* p. 494.

*Obligations du locateur d'ou-
vrage* de payer le prix porté au
marché, *id.* p. 483. — Est-il
obligé de payer celui des augmentations? *id.* p. 484. — De
faire ce qui dépend de lui pour
mettre le conducteur en pouvoir
d'exécuter le marché. — Obligations du locateur qui naissent
de la bonne foi, *id.* p. 485. —
Des clauses particulières du
contrat, *id.* p. 486. — Obligation du conducteur ou entrepreneur d'ouvrage, de faire l'ouvrage, *id.* p. 489. — Peut-il le
sous-bailler? *id.* p. 490. — De
le faire à temps, *id.* p. 491. —
De le faire bien, *id.* p. 492. —
D'employer les matériaux qui
lui sont fournis; est tenu des
dommages et intérêts s'ils sont
gâtés par son impéritie ou celle
de ses ouvriers, *id.* p. 492. —
Si les matériaux ont été gâtés
par le vice de la chose, *id.* p.
493.—Obligation de faire l'ouvrage, est-elle divisible ou indivisible? *id.* p. 490. — Si par
sa négligence les choses qui lui
ont été fournies pour faire l'ouvrage sont volées, il en doit
payer le prix au locateur, sauf à
exercer ses actions contre le
voleur, *id.* p. 494. — Obligations du conducteur qui naissent
de la bonne foi, *id.* p. 495. —
Ouvrage est aux risques du locateur, même avant qu'il soit
fini, s'il périt par force majeure,
à moins que le locateur ne
prouvât qu'il étoit défectueux,
id. p. 496. — Lorsqu'il n'est
arrivé aucun accident ou force
majeure, l'ouvrage est présumé

OFFICIAL. Est-il compétent pour autoriser une femme ma-

riée pour procéder devant lui ?
t. VII, p. 44o.

OFFRES DE FOI , t. XV, 78.
— Quels profits doit offrir le vassal qui offre la foi? *id.* 239-240.

Offres en matière de retrait,
t. XVII, p. 129.

Offres. Offres pour être valables, et pour mettre le débiteur
en demeure, à qui doivent-elles
être faites? t. II, p. 55. — Par
qui? *id.* p. 56. — Elles doivent
être de tout ce qui est dû, si ce
n'est dans le cas où le débiteur
a la faculté de payer par parties,
id. p. 56. — Si la dette est conditionnelle, elles ne sont pas
valables avant l'accomplissement de la condition, *id.* p. 56.
— Il doit être dressé un acte
des offres et de la sommation de
recevoir, faite en conséquence
par un huissier, *id.* p. 57.

Offres. Variétés des coutumes
sur les offres qui doivent être
faites par le retrayant lors de la
demande, ou dans le cours de la
procédure, t. III, p. 536. —
Offres de rembourser le prix,
qui doivent être faites après
l'adjudication. Par quel officier
doivent-elles être attestées? *id.*
p. 582. — Où et à qui doivent-
elles être faites? *id.* p. 582. —
Procureur *ad lites* a-t-il pouvoir
de recevoir? *id.* p. 582. — En
quelles espèces? *id.* p. 583. —
Quid, si les espèces étoient
augmentées ou diminuées dans
le temps intermédiaire entre le
paiement fait par l'acheteur au
vendeur et celui des offres de
remboursement faites par le retrayant à cet acheteur? *id.* p.
583. — Si le retrayant offroit
de remettre la quittance du vendeur ou la décharge du prix

restant à payer? *id.* p. 583. —
Offres de compenser sont-elles
valables? *id.* p. 584. — Les offres doivent être réelles et inté-
grales? *id.* p. 585. — Lorsque
le retrait a été adjugé, les deux
co-retrayans pourroient-ils chacun offrir de rembourser sa part
séparément? *id.* p. 585. (*V.*
CONSIGNATION.)

Offres. Doivent être suivies
de la consignation pour opérer
un paiement valable, t. V, p. 70.

Offres. Offres simples de
rembourser n'éteignent la rente,
t. IV, p. 119.

Offres des droits utiles qui
doivent accompagner les offres
de foi, t. XI, p. 38. — Quels
sont les profits qui doivent être
offerts? *id.* p. 38. — Le vassal
doit offrir ceux dus pour raison
de son acquisition? *id.* p. 39. —
De droit commun, et dans les
coutumes qui n'ont pas de disposition contraire, il doit offrir
les anciens profits? *id.* p. 39. —
Limitations, *id.* p. 39. — *Quid*,
si le fief avoit été saisi par le
seigneur avant les offres du vassal? *id.* p. 40. — Disposition de
la coutume d'Orléans sur cette
question, *id.* p. 40. — Cette disposition ne doit pas être étendue
à celui qui succède à titre d'héritier? *id.* p. 41. Comment
doivent être offerts les profits?
id. p. 41. — Il n'est pas nécessaire que le vassal qui fait les
offres, exhibe à découvert les
deniers, *id.* p. 41. — Lorsque
les offres sont faites en l'absence
du seigneur, elles doivent lui
être notifiées? *id.* p. 42.

OISEAUX apprivoisés doi-
vent être rendus aux propriétaires, t. X, p. 34.

déférée de son chef, mais de celles qui lui accroissent par les renonciations de ses cohéritiers, *id.* p. 483. — L'héritier

peut bien acquérir la succession *ignorans*, mais non *invitus*, *id.* p. 484.

P.

PACTE *constitutæ pecuniæ*. Ce que c'étoit chez les Romains, son utilité; ce que c'est parmi nous, t. I, p. 445. — Il faut pour ce pacte une dette préexistante, qu'on s'oblige de payer, *id.* p. 449 et suiv. — Il n'importe quelle dette, *id.* p. 450. — Il n'est pas toujours nécessaire que la chose due qu'on promet par ce pacte de payer existe, *id.* p. 452. — On peut promettre, par ce pacte, de payer une dette, même malgré le débiteur, et on peut promettre même de la payer à un autre qu'au créancier, du consentement du créancier, *id.* p. 454. — Chez les Romains ce pacte renfermoit un terme, *id.* p. 455. — On peut, par ce pacte, promettre de payer une moindre somme que celle qui est due; mais on ne peut promettre d'en payer une plus grande, *id.* p. 456. — On peut promettre de payer autre chose à la place de ce qui est dû, *id.* p. 457. — On peut s'obliger, par ce pacte, *in duriorem causam*. Différence à cet égard de ce pacte et d'un simple cautionnement, *id.* p. 458. — Ce pacte ne détruit pas la première obligation, mais il peut la modifier, *id.* p. 461. — L'obligation qui

naît de ce pacte n'est pas une simple adhésion à l'obligation principale; elle peut lui survivre, *id.* p. 461. — Le paiement de l'une éteint les deux, *id.* p. 461. — Du pacte par lequel on promet au créancier certaines sûretés, *id.* p. 471.

Pacte commissoire. Ce que c'est, t. III, p. 277. — Différence du droit romain et du nôtre sur ce pacte, *id.* p. 278. — Le vendeur a le choix d'user de ce pacte, ou de poursuivre le paiement, et ne peut varier quand il a fait son choix, *id.* p. 278. — De l'action qui naît du pacte commissoire : quelle est la qualité de cette action, *id.* p. 280. — Ses conclusions, *id.* p. 280. — L'acheteur qui n'a pas payé doit rendre les fruits, ou en total, s'il n'a rien payé du fruit, sinon au prorata de ce qui reste à payer, sauf en un cas, *id.* p. 281. — L'acheteur est-il tenu de faire raison de sa détérioration? *id.* p. 281. — De quelles impenses est tenu le vendeur qui rentre en vertu de ce pacte? *id.* p. 281. — Est-il tenu de rembourser les frais de l'achat? *id.* p. 281. — Doit-il rendre les arrhes? *id.* p. 282. — Des clauses qu'on ajoute au pacte commissoire, *id.* p. 283. — Que l'héritage sera vendu à la folle enchère de l'acheteur, *id.* p. 283. — Que le vendeur retienne une partie du prix pour dommages et intérêts, *id.* p. 283. — Pacte commissoire sans limitation du temps, *id.* p. 284.

Pacte commissoire, ou *lex-commissoria*, condamné dans le contrat de nantissement, t. VI, p. 247.

PAIEMENT. Paiement réel ; ce que c'est, t. II, p. 1. — Le paiement, pour être valable, doit transférer la propriété de la chose payée à celui à qui elle est payée, *id.* p. 2 et suiv. — Et même irrévocablement, *id.* p. 27. — De là il suit que le paiement d'une chose n'est pas valable, s'il n'est fait par le propriétaire de la chose, qui soit capable de l'aliéner, ou de son consentement, *id.* p. 2. — Le paiement fait d'une chose par l'un des héritiers du débiteur sans le consentement des autres, est-il valable? *id.* p. 2. — Le paiement d'une somme d'argent ou autre chose qui se consomme, fait *à non domino*, devient valable par la consomption qu'en fait de bonne foi le créancier, *id.* p. 3. — Pareil paiement devient valable, lorsque la chose payée cesse de pouvoir être évincée, *id.* p. 26. — Quoique le paiement ne soit pas valable, le créancier n'est admis à demander la dette qu'en offrant de rendre la chose qui lui a été payée, lorsqu'il l'a entre ses mains, *id.* p. 4. — Lorsque l'obligation est *in dando*, le paiement peut se faire valablement, non-seulement par le débiteur, mais par quelque personne que ce soit qui paie au nom du débiteur, *id.* p. 6 — Le paiement que quelqu'un a fait en son nom, de ce qui est dû par un autre, n'est pas valable ; mais si la chose payée appartient au débiteur, ou si celui qui a payé est devenu par la suite l'héritier du débiteur, le paiement a effet, *id.* p. 4. — Un étranger qui n'a aucun intérêt à l'acquittement de la dette, peut-il obliger le créancier à recevoir le paiement? *id.* p. 5. — L'obligation qui consiste à faire quelque chose, peut être acquittée par tout autre que par le débiteur, lorsque le fait est de nature qu'il n'importe au créancier par qui la chose soit faite ; *secùs*, si le fait est de ceux dans lesquels on considère l'habileté de l'ouvrier qui a contracté l'obligation, *id.* p. 6. — A qui le paiement doit-il être fait? *id.* p. 7 et suiv. — L'héritier pour partie du créancier, n'étant créancier que pour sa part héréditaire, le paiement ne peut lui être valablement fait que pour cette part, sans le consentement de ses cohéritiers, *id.* p. 7. — Le cessionnaire d'une créance en devient le créancier, par la signification du transport fait au débiteur, et le cédant cesse de l'être : c'est pourquoi, depuis cette signification, on ne peut plus payer valablement qu'au cessionnaire, *id.* p. 7. — L'arrêtant devient créancier de la dette arrêtée, par la sentence d'arrêt qui n'est suspendue par aucun appel ni opposition ; et le paiement qui lui en est fait, est valable ; on ne peut, depuis l'arrêt, valablement payer, au préjudice de l'arrêtant, au créancier pour le fait de qui l'arrêt est fait, *id.* p. 8.—Le paiement fait à celui qu'on avoit juste sujet de croire créancier est valable, *id.* p. 8. — Le paiement fait au créancier qui n'a pas la libre administration de ses biens, n'est pas valable, si ce n'est jusqu'à concurrence de ce qu'il seroit justifié que la somme payée a tourné à son profit, *id.* p. 9. — Décret de prise de corps du créancier n'empêche pas de lui payer valablement, *id.* p. 10. — Le paiement fait à quelqu'un, de l'ordre du créancier, est réputé fait à lui-même, quelle que soit la personne à qui il ait donné pouvoir : corollaire de ce principe, *id.* p. 10. — Ce pouvoir cesse par la révocation, pourvu que le débiteur ait eu connoissance de la révocation, *id.* p. 11. — Ce pouvoir cesse aussi par la mort ou le changement d'état du créancier connus par le public, *id.* p. 12.—Sergent porteur d'un titre exécutoire, qui va le mettre à exécution, est censé avoir pouvoir de recevoir, *id.* p. 12. — Procureur *ad lites*, n'est pas censé avoir pouvoir de recevoir, *id.* p. 12. (*V.* PROCUREUR.) — Celui qui a procuration pour vendre, a-t-il pouvoir de recevoir le prix? *id.* p. 13. —Paiement fait à ceux à qui la loi donne qualité pour gérer les affaires du créancier, est valable, tels que sont les tuteurs, curateurs, maris, fabriciers, etc., *id.* p. 13. — La seule raison de parenté, proximité, avec le créancier, n'est pas une qualité suffisante pour recevoir pour

lui, *id.* p. 14. — Paiement fait à la personne indiquée par le contrat, est valable ; ces personnes sont appelées en droit, *adjecti solutionis gratiâ*, *id.* p. 14. (*V.* INDICATION, *adjectus solutionis gratiâ*.) — Paiement fait à celui qui n'avoit aucune qualité pour recevoir, devient valable par la ratification du créancier, qui a un effet rétroactif, *id.* p. 19. — Pareillement, lorsque la somme payée a tourné au profit du créancier, ou lorsque celui qui a payé en est devenu héritier, *id.* p. 20. — On ne peut payer autre chose que celle qui est due, si ce n'est du consentement du créancier, *id.* p. 20. — La clause qui permet de payer une certaine chose à la place de celle qui est due, n'est qu'en faveur du débiteur, *id.* p. 21. — Lorsque la dette n'est pas encore divisée, quoiqu'elle soit divisible, le paiement ne peut être fait par partie au créancier malgré lui, *id.* p. 22. — Les cautions, quoiqu'elles aient le bénéfice de division, ne peuvent obliger le créancier à recevoir sa dette par parties, tant qu'il ne les poursuit pas, *id.* p. 23. — Dumoulin pense qu'elles ne le peuvent, quand même la dette seroit divisée entre elles, *id.* p. 23. — La règle qu'un créancier ne peut être obligé de recevoir par parties, souffre exception : 1° dans le cas des clauses portées par le contrat ou par le jugement de condamnation, *id.* p. 24. — 2° En cas de contestation sur le plus ou le moins de la dette, *id.* p. 25. — 3° Dans le cas de compensation, *id.* p.

25.—Chaque année d'arrérages d'une rente, forme autant de dettes différentes que le créancier est obligé de recevoir, sans qu'on lui paie les autres, *id.* p. 25. — Il n'est pas obligé de recevoir un principal portant intérêt, si on ne lui paie les intérêts, *id.* p. 22-23. — Lorsque la chose due est un corps certain, elle peut être payée en l'état où elle se trouve, et le débiteur n'est tenu des détériorations survenues sans sa faute; lorsque c'est une chose indéterminée, celle qu'on offre en paiement ne doit avoir aucun vice notable, *id.* p. 28. — Le paiement fait avant l'accomplissement de la condition n'est pas valable, *id.* p. 29. — Mais celui fait avant l'échéance d'un simple terme de paiement est valable, *id.* p. 29. — Exception à cette règle, *id.* p. 29. (*V.* TERME, CONDITION.) — Lorsqu'il n'y a pas de lieu désigné pour paiement, si la chose due est un corps certain, le paiement ou délivrance doit s'en faire où il est, *id.* p. 30. — *Quid*, si c'est une somme d'argent ou une chose indéterminée? *id.* p. 30. — Le paiement se fait aux dépens du débiteur, *id.* p. 32. —Effets des paiemens : un seul paiement peut acquitter plusieurs dettes qui ont un même objet, même envers différens créanciers, *id.* p. 32.—Un seul paiement éteint aussi différentes dettes qui ont le même objet, dues par différens débiteurs, pourvu que celui qui a payé n'eût pas le droit d'exiger la cession des actions du créancier contre les autres, *id.* p. 33. —

Paiement partiel éteint la dette pour la partie qui a été payée, *id.* p. 45. — Exceptions à cette règle, *id.* p. 45. — 1° A l'égard des dettes alternatives ; 2° à l'égard de celles d'une chose indéterminée, p. *id.* 46. — 3° Lorsque plusieurs corps certains ont été donnés en paiement d'une somme due, si l'une de ces choses est évincée, le paiement n'est valable pour aucune, *id.* p. 46. — Paiement par un débiteur de différentes dettes, sur laquelle doit-il s'imputer ? *id.* p. 47 et suiv. — (*V.* IMPUTATION.)

Paiement. Celui qui a payé par erreur une chose qu'il ne devoit pas, a-t-il action contre les tiers à qui elle est parvenue? t. V, p. 504.

Paiement. A qui une lettre de change peut-elle être valablement payée? t. IV, p. 237. — Peut-il être valablement fait au propriétaire de la lettre, lorsqu'il est mineur? *id.* p. 239. — Ou sous puissance de mari? *id.* p. 239. — *Quid*, si le débiteur l'ignoroit? *id.* p. 239. — Le paiement fait à un voleur de la lettre, qui a pris faussement le nom de la personne à qui elle étoit payable, est-il valable ? *id.* p. 240 et suiv. — Par qui la lettre peut-elle être payée ? *id.* p. 243. — Un étranger, en cas de protêt seulement, est admis à en offrir le paiement, *id.* p. 244. — Le débiteur n'est obligé de payer plus tôt que le dernier jour du terme de grâce, et le créancier ne peut être pareillement forcé de recevoir plus tôt, *id.* p. 244. — Y a-t-il un terme de grâce lorsque la lettre est à vue ? *id.* p. 246. — Lorsque le créancier ne s'est pas présenté au jour que la lettre étoit payable, et que les espèces sont depuis diminuées, sur le pied que les espèces valoient alors, *id.* p. 246.

Paiement anticipé que l'un des conjoints fait à l'autre, de ce qu'il lui doit, est-il avantage prohibé ? t. IX, p. 319. — Paiement fait par l'héritier du conjoint donateur à l'autre conjoint, d'une chose que le défunt lui avoit promise ou léguée, est valable, *id.* p. 339. — Paiement fait par un mari à sa femme, d'un legs, sans retranchement de ce qu'il pouvoit retenir pour sa légitime coutumière, *id.* p. 350.

PAILLES ET FOURRAGES. Sont censés faire partie de l'héritage, t. XV, p. 17. — N'est permis de les divertir, t. XVII, p. 243.

PAILLES. Sont-elles meubles ou immeubles ? t. VIII, p. 33.

PAPIERS. Papiers terriers, papiers censiers, papiers cueillerets, ne font pas une foi entière pour le seigneur, mais ils font foi contre lui, t. II, p. 193. — Ils font foi pour le seigneur contre ceux qui les ont approuvés, et s'en servent contre le seigneur, pourvu que les faits aient du rapport, *id.* p. 194.

Papiers domestiques. (*Voy.* Journaux, Livres des marchands.)

PARAPHERNAUX. Bien paraphernaux ; ce que c'est, t. VII, p. 473. — La distinction des biens paraphernaux et biens dotaux est-elle connue dans les pays de droit coutumier ? *id.* p. 473. (*Voy.* Dotaux.)

PARENTÉ. Ce que c'est ? t. XVII, p. 5. — Comment en compte-t-on les degrés ? *id.* p. 5. — Quelle parenté donne droit aux successions, *id.* p. 6.

Parenté naturelle. Ce que c'est ? t. VII, p. 75.

Parenté. (ligne de) Ce que c'est ? *id.* p. 75.

Parenté. (degrés de) Ce que c'est ? comment se comptent en ligne directe et en ligne collatérale ? *id.* p. 75. — Manière de compter les degrés dans la ligne, *id.* p. 76. — Un prêtre peut-il se marier après avoir embrassé le calvinisme ? *id.* p. 73. — Si la femme fait solennellement vœu de continence, *id.* p. 305. — *Quid*, du mariage retenu, *non consumptum* ? *id.* p. 315. — Manière de compter les degrés dans la ligne collatérale différente du droit civil, *id.* p. 77. — Quand a-t-elle commencé à s'introduire en Angleterre ? *id.* p. 79. — En France ? *id.* p. 80. — Autre différence de compter les degrés. *id.* p. 83. — Il y avoit encore beaucoup de gens attachés à l'ancienne manière, *id.* p. 81. (*V.* Incestueux.) — Quelles parentés ont toujours formé un empêchement dirimant de mariage dès les premiers temps ? *id.* p. 83. — Théodose défendit les mariages entre cousins germains, sort de cette loi, *id.* p. 85. — Extension bien au-delà ; sur quoi étoit-elle fondée ? *id.* p. 88. — Commencement et progrès de cette extension, *id.* p. 89. — Parvient jusqu'au septième degré au concile de Douay, *id.* p. 94. — Le concile de Latran l'a restreinte au quatrième, *id.* p. 98. —Dans la ligne inégale, il suffit que la parenté de l'un des deux passe le quatrième degré, pour que la défense cesse, *id.* p. 99. — Il n'importe que la parenté qui forme l'empêchement soit légitime ou purement naturelle, *id.* 99. — Parenté purement civile étoit aussi empêchement de mariage dans le droit romain, *id.* p. 115.

Parenté. Il faut être parent du défunt pour être capable de lui succéder, t. XII, p. 336. — Ce que c'est que parenté? *id.* p. 336. — Lignes et degrés de parenté, *id.* p. 337. —Manière de compter les degrés suivant le droit civil et suivant le droit canon, *id.* p. 338.—La parenté qui donne droit de succéder doit être légitime, et au degré marqué par la loi, *id* p. 339.— Enfans bâtards ne succèdent, *id.* p. 339. (*V.* BATARDS.)

PARISIS. Le donataire mutuel n'est pas tenu de l'ajouter à la prise de l'inventaire, t. IX, p. 427.

PARPAIGNES ou jambes parpaignes, ce que c'est? t. V, p. 224.

PARRAINS. (*V.* ALLIANCE SPIRITUELLE.)

Parrains de catéchisme, t. VII, p. 130.

PART D'ENFANT. (donation de part d'enfant) (*V.* ÉDIT DES SECONDES NOCES.)Nature de ces donations, t. VII, p. 390.—Ne sont pas des institutions contractuelles d'héritiers, *id.* p. 390.— Néanmoins leur ressemblent, *id.* p. 391.—Bien différente des donations d'un corps certain ou

d'une somme déterminée, *id.* p. 391. — Renferme une substitution vulgaire des enfans qui naîtront du mariage, *id.* p. 391. Lorsque la donatrice n'a pas laissé d'enfans, la part d'enfant s'étend à la moitié de tous les biens de la donatrice, *id.* p. 392. Lorsqu'elle n'a laissé qu'un enfant qui partage avec le second mari, cet enfant doit avoir le droit d'aînesse dans les biens nobles, *id.* p. 392. — Règles pour connaître quelle est la part que l'aîné doit avoir pour son droit d'aînesse lorsqu'il partage avec plusieurs enfans et le second mari donataire, *id.* p. 393.

Part d'enfant donnée par une femme à son second mari, t. XIII, p. 333. — Comment se doit régler suivant l'édit des secondes noces. (*V.* RETRANCHEMENT, EDIT DES SECONDES NOCES.) Lorsque la succession du donateur est déférée à plusieurs petits-enfans de différentes souches ou d'une même souche, comment se règle la part du mari donataire, *id.* p. 338.—*Quid*, lorsque les enfans ont des parts inégales? *id.* p. 338. — Lorsqu'une femme, depuis son premier mariage, a épousé plusieurs maris, elle ne peut donner à tous ses maris ensemble qu'une part d'enfant, *id.* p. 339.—Lorsqu'une femme a fait donation de part d'enfant à son second mari et laisse deux enfans, quelle doit être la portion avantageuse de l'aîné dans les fiefs, *id.* p. 344. — Si elle n'a laissé qu'un enfant, quelle doit être la part du mari dans les droits féodaux? *id.* p. 345.—

arrêtée des choses qui composent la communauté, la femme ou ses héritiers prélèvent, en effets à leur choix, ce qui leur est dû, le mari ensuite; on fait deux lots du reste, *id.* p. 451.— Lorsque le partage s'est fait sans faire ces prélèvemens, comment, après le partage, les parties se font-elles raison de leurs créances respectives contre la communauté? *id.* p. 452. Lorsque l'une et l'autre des parties se sont trouvées débitrices envers la communauté, comment en font-elles raison, soit au partage, soit après partage? *id.* p. 455. — Quel est l'effet du partage entre le survivant ou les héritiers, ou des actes qui en tiennent lieu, *id.* p. 458. — Obligation de garantie qui naît du partage. (*V.* Garantie.)

Partage de la continuation de communauté. On doit faire un état des créances que chacune des parties a contre la continuation de communauté, et des dettes dont elle est tenue envers elle; si les créances de l'une des parties excèdent ses dettes, elle doit prélever l'excédant; si ce sont ses dettes qui excèdent ses créances, elle doit faire rapport de l'excédant, ou le précompter sur sa part: quelles sont les créances; quelles sont les dettes, soit du survivant, soit des enfans, t. VIII, p. 568. — Comment se fait le rapport de la somme que l'un des enfans a reçue des biens de la continuation de communauté, soit pour sa dot de mariage, ou pour quelqu'autre établissement, *id.* p. 570. — Lorsqu'une fille s'est fait religieuse, et a été dotée

des biens de la communauté, comment ses frères et sœurs, à qui sa part accroît; en font-ils le rapport? *id.* p. 571.

Partage des successions. Ce que c'est que l'action de partage, t. XII, p. 532.—En quel cas elle a lieu, *id.* p. 533.—On peut convenir de différer le partage jusqu'à un certain temps, *id.* p. 533. — L'action de partage est sujette à la prescription de trente ans, *id.* p. 535. — Quelles personnes peuvent provoquer à partage? *id.* p. 535. — Quoique les mineurs et les interdits ne puissent provoquer à partage, ils peuvent être provoqués par les cohéritiers majeurs, *id.* p. 536. — Un mari peut-il, sans sa femme, provoquer au partage des successions échues à sa femme? *id.* p. 536. — Le principal objet de l'action de partage est la division des biens de la succession, *id.* p. 537.—Les rapports sont aussi un des objets de cette action, *id.* p. 537. (*V.* Rapport.) — Les prestations personnelles des cohéritiers sont le troisième objet de cette action, *id.* p. 537. — Différentes espèces de prestations personnelles, *id.* p. 537.—L'héritier est tenu de *culpá levi*, non de *levissimá*, *id.* p. 538. —Manière dont on procède au partage, *id.* p. 579. — Différence à observer lorsque c'est entre majeurs et mineurs, *id.* p. 580. — Compte mobilier, *id.* p. 580.— Masse des héritages à partager, et comment l'estimation en doit être faite? *id.* p. 581. — Ce que doit observer le commissaire aux partages, *id.* p. 581. —

Lorsqu'il n'y a qu'un seul corps d'héritage, et qu'il ne peut commodément se partager, il y a lieu à la licitation, *id.* p. 581. — (*V.* LICITATION.) Effets des partages, *id.* p. 582. — Le partage n'est pas considéré comme un titre d'acquisition, mais comme un acte déterminatif des choses auxquelles l'héritier a succédé, *id.* p. 582. — Conséquences par rapport aux profits et par rapport aux hypothèques, *id.* p. 583. — Ce que peuvent faire les créanciers d'un cohéritier, *id.* p. 584. — Quelquefois on charge un lot d'un retour, *id.* p. 584. (*V.* RETOUR.) — Hypothéque privilégiée pour les obligations résultantes du partage, *id.* p. 593. — Comment les tiers détenteurs peuvent prescrire contre cette hypothèque? *id.* p. 594. — Comment les héritiers peuvent interrompre la prescription des tiers? *id.* p. 594. — Pour quelles causes les partages peuvent être rescindés? *id.* p. 594. — Lésion du tiers au quart est un moyen de rescision entre majeurs, *id.* p. 595. — Doit être demandée par les majeurs dans les dix ans, *id.* p. 595.

Partage. Toutes les coutumes décident qu'il ne donne point lieu au profit de rachat entre co-héritiers ou propriétaires, t. XI, p. 312. — Ce qui a lieu, quand même le partage se feroit avec retour en deniers, *id.* p. 313.

PASSAGERS. Contribuent aux avaries, t. IV, p. 604.

Passager. Femme passagère qui accouche dans le navire,

doit-elle le loyer du passage de son enfant? t. IV, p. 485.

PATRONAGE. Droit de patronage peut-il se louer? t. IV, p. 289.

PATURAGE, t. XV, p. 363. — Liberté de pâturage en Beauce, et les exceptions, *id.* p. 364. — Pâturage appartenant à une communauté, *id.* p. 365. — Pâturage commun entre particuliers, *id.* p. 366.

PAVÉS, t. XVI, p. 189.

PAVILLON. N'est pas permis d'arborer un faux pavillon, t. X, p. 64.

PÊCHE dans la mer, permise à tous, t. X, p. 32. — Dans les fleuves et rivières navigables, appartiennent au Roi, *id.* p. 33. — A quoi appartient-elle dans les autres rivières? *id.* p. 33. — Délit de ceux qui pêchent sans droit dans les rivières ou étangs d'autrui, *id.* p. 33.

PECULE, des religieux, curés: qui y succède, t. XVII, p. 57. *Pécule* des religieux; à qui il appartient après leur mort, t. XIII, p. 411-412. — *Quid,* du pécule des religieux-curés? *id.* p. 412. — Obligation de ceux qui prennent le pécule des religieux, *id.* p. 412.

Pécule. Différentes espèces, t. X, p. 144. — Pécule d'un religieux; le successeur à ce pécule n'a pas la pétition d'hérédité, mais a une action à l'instar, *id.* p. 266.

PEDAGOGUES. Ce que c'est, t. XIII, p. 245. — Compris sous le nom d'administrateurs, et incapables de recevoir des donations, *id.* p. 245.

PEINES CAPITALES, de

quand font-elles encourir la mort civile? t. XV, p. 11.

PENALE. Obligation pénale, ce que c'est, t. I, p. 321. — L'obligation pénale est nulle, si la principale est nulle, *id.* p. 322. — *Non vice versâ*, *id.* p. 324. — L'obligation pénale ayant pour fin d'assurer l'exécution de l'obligation principale, elle ne la détruit pas, *id.* p. 324 et suiv. — L'obligation pénale étant compensatoire des dommages et intérêts résultans de l'inexécution de l'obligation principale, le créancier ne peut exiger la peine et les dommages et intérêts, si ce n'est pour ce qu'ils excéderoient la peine, *id.* p. 325. — La peine stipulée, lorsqu'elle est excessive, est sujette à réduction, *id.* p. 328 et suiv. — Pour qu'il y ait ouverture à la peine stipulée en cas d'inexécution d'une obligation *in non faciendo*, est-il nécessaire que le fait qu'on s'étoit obligé de ne pas faire, ait eu effet? cela dépend de l'intention des parties, *id.* p. 332. — La peine stipulée en cas d'inexécution d'une obligation *in dando aut in faciendo*, est ouverte par la demeure du débiteur; différence en ce cas du droit romain et du nôtre, *id.* p. 333. — Il n'y a pas lieu à la peine, lorsque c'est par le fait du créancier que le débiteur a été empêché de remplir son obligation, *id.* p. 334. — Lorsque le débiteur, du consentement du créancier, a acquitté sa dette pour partie, l'inexécution du surplus ne peut donner ouverture à la peine que pour la même partie qui restoit à acquitter, *id.* p. 335 et suiv.

— Ce principe peut-il recevoir application à l'égard des obligations indivisibles? *id.* p. 336. — Dans les obligations indivisibles, la contravention de l'un des héritiers donne ouverture à la peine contre tous, chacun pour leur part, sauf le recours contre celui qui a contrevenu, *id.* p. 338. — Celui qui a contrevenu est débiteur pour le total, *id.* p. 340. — Si plusieurs ont contrevenu, ils sont tenus chacun solidairement, *id.* p. 341. — Dans les obligations divisibles, lorsque l'un des héritiers a contrevenu pour la part dont il est tenu, il est seul tenu de la peine, et pour la part seulement pour laquelle il est héritier, suivant le §. *Cato*, *id.* p. 342. — Au contraire, suivant le § *Si sortem*, chacun en est tenu pour sa part héréditaire : conciliation de ces textes, en distinguant le cas auquel la dette est divisible, *tàm solutione quàm obligatione*, auquel doit être restreint le § *Cato*, et le cas auquel la dette, quoique divisible *obligatione*, et indivisible *solutione*, auquel se réfère le § *Si sortem*, *id.* p. 343 et suiv. — Dans les obligations divisibles, l'un des héritiers qui a contrevenu pour le total; *putà*, qui a chassé un fermier, donne ouverture à la peine contre lui pour le total, et contre chacun de ses cohéritiers pour leur part, sauf leur recours contre lui, *id.* p. 346 et suiv. — La contravention à une obligation quoique indivisible, faite envers l'un des héritiers du créancier, ne donne lieu à la peine que pour la part de cet héritier, *id.* p. 350.

Pénale. Qu'est-ce qu'une loi pénale? t. VII, p. 404.

PEPINIERES. Arbres des pépinières sont-ils censés faire partie de la serre qui les a produits; quand sont-ils meubles? t. VIII, p. 3o-38.

PERE. Défaut de consentement des père et mère au mariage d'un mineur le rend-il nul? t. VII, p. 196. — Même dans le cas auquel il auroit été célébré hors le royaume, *id.* p. 204. — Quoique les père et mère demeurent hors le royaume, pourvu qu'on sache en quel lieu, *id.* p. 205. — *Quid*, s'il étoit fugitif pour religion? *id.* p. 205. — Ou qu'il ait perdu l'état civil? *id.* p. 206. — *Quid*, s'il étoit dans les cinq ans de grâce? *id.* p. 206. — Père et mère peuvent-ils être obligés par la famille à donner leur consentement à un mariage avantageux de leur fils mineur? *id.* p. 206. — Leur consentement est-il requis même pour le mariage de leurs enfans majeurs? *id.* p. 209. (*V.* Sommations respectueuses.)

Père de famille. Pères, mères, et autres qui ont des enfans sous leur conduite, sont tenus de leurs délits lorsqu'ils ont pu les empêcher, t. I, p. 444. — Ils ne sont pas tenus de leurs contrats, si ce n'est pour les affaires auxquelles il seroit justifié qu'ils les ont proposés, *id.* p. 445.

PEREMPTION, t. II, p. 273.

Péremption d'instance. Ce que c'est, t. XIV, p. 103. — Quelles instances peuvent tomber en péremption? *id.* p. 104. — Les instances d'appel y sont sujettes comme celles des causes principales, lorsqu'il y a assignation sur l'appel, *id.* p. 105. — L'instance pendante en cour souveraine, et distribuée à un rapporteur, n'y est pas sujette, *id.* p. 105. — Autres instances où elle n'a pas lieu, *id.* p. 105. — A lieu tant contre les majeurs que contre les mineurs, *id.* p. 106. — A-t-elle lieu contre les églises et hôpitaux? *id.* p. 106. — Comment elle s'opère? *id.* p. 106. — Toutes les clauses qui interrompent une instance empêchent la péremption, *id.* p. 107. — Compromis l'interrompt, *id.* p. 107. — Procédures qui la couvrent, *id.* p. 108. — Doit être demandée; sinon, n'est acquise de plein droit, *id.* p. 108. — Son effet est de détruire l'instance, *id.* p. 108. — Les enquêtes, rapports d'experts faits en l'instance ne sont pas détruits, *id.* p. 109.

Péremption des instances d'appel. A-t-elle lieu dans les cours souveraines? *id.* p. 172. — Son effet, p. 173.

PERRIERE, ne doit être faite sans le consentement du seigneur, t. XVII, p. 409.

Perrière. Le propriétaire ne peut faire perrière dans l'héritage sujet à rente foncière, t. V, p. 57.

PERSONNES. Division des personnes, t. XV, p. 12.

Personne civile. Les corps et communautés, les fabriques et communautés, sont des personnes civiles, par qui et envers qui peuvent être contractées des obligations? t. I, p. 63. — Contractent par le ministère de leurs administrateurs. (*V.* Contrat.) — Succession vacante

15*

est une personne civile. (*Voy.*
Succession.)

Personnes. Première division
en ecclésiastiques, en nobles,
gens du tiers-états et serfs, t.
XIII, p. 367. (*V.* Ecclésiastiques, Nobles, Gens du tiers-
état et Serfs.) — Seconde division en regnicoles et aubains,
id. p. 390. (*V.* Citoyens, Aubains.) — Troisième division
des personnes, par rapport à la
perte de la vie civile, *id.* p. 408.
(*V.* Mort civile, Religieux.)
— Quatrième division, en légitimes et bâtards, *id.* p. 426.
(*V.* Batards.) — Cinquième
division, tirée de l'âge, du sexe
et d'autres causes, *id.* p. 427.
(*V.* Femmes, Mineurs, Age.)
— Sixième division, par rapport à la puissance que quelques
personnes exercent sur d'autres,
id. p. 429. (*V.* Puissance, Tuteur, Curateur.)

PETITION D'HÉRÉDITÉ.
Quelle action est-ce? t. X, p.
214. — Par qui peut-elle être
intentée? *id.* p. 215-216. —
L'héritier intente cette action
contre ceux qui possèdent la
moindre chose ou le moindre
droit dépendant de la succession, lorsqu'ils disputent la
succession, *id.* p. 217-218. —
Même contre un débiteur de la
succession, qui refuse de payer,
parce qu'il prétend que la succession lui appartient, *id.* p.
219-220.—L'action a lieu contre
celui qui a cessé, par dol, de
posséder; contre celui qui, ne
possédant rien, a défendu à la
demande donnée contre lui,
pour amuser et tromper l'héritier, et donner au possesseur le
temps de prescrire, *id.* p. 220.

— Quelle est la chose que revendique le demandeur dans la
pétition d'hérédité? *id.* p. 221.
— Comment l'héritier fonde-t-il
sa demande? (*V.* Testament,
Généalogie.) — Un effet de
l'instance sur la pétition d'hérédité, est d'arrêter l'exercice
des actions que l'une ou l'autre
des parties avoit contre le défunt, *id.* p. 226. — En arrête-
t-elle la prescription? *id.* p. 226.
—Arrête-t-elle de même l'exercice des actions que le défunt
avoit contre l'une ou l'autre des
parties? *id.* p. 227. — Un autre
effet de l'instance en pétition
d'hérédité est que le possesseur
ne peut, pendant qu'elle dure,
aliéner aucune chose des biens
de la succession, si ce n'est en
certains cas, *id.* p. 227. — L'instance en pétition d'hérédité n'arrêtant pas les actions des tiers
créanciers de la succession;
contre qui doivent-ils se pourvoir? *id.* p. 228. — Arrête-t-elle
celle des légataires? *id.* p. 228.
— En matière de pétition d'hérédité, qu'entend-on par possesseur de bonne foi, et par possesseur de mauvaise foi, et jusqu'à quand est censé durer la
bonne foi? *id.* p. 230-231. — Le
possesseur qui a succombé doit
restituer ce qu'il possède des
choses et droits de la succession,
id. p. 232. — Même les choses
dont le défunt n'avoit que la
nue détention, *id.* p. 232. —
Tout ce qui est né et provenu
des choses de la succession,
même depuis la mort du défunt,
comme les fruits, est censé en
faire partie, *id.* p. 233. — Les
actions acquises par rapport aux
choses de la succession, *id.* p.

233-234. — Tout ce qui sert à l'exploitation des héritages de la succession, quand même ce seroit le possesseur qui en auroit fait l'emplette de ses deniers, sauf à lui à faire raison, *id.* 234. Tant ce qu'il avoit lors de la demande, que ce qui lui est parvenu depuis, *id.* p. 235. — Les choses que le possesseur a acquises pour lui, quoique des deniers de la succession, ne sont pas biens de la succession, *id.* p. 235. — Différence entre le possesseur de bonne foi et celui de mauvaise foi, par rapport aux choses de la succession qu'ils ont omis ou cessé de posséder, *id.* p. 236. — Possesseur de mauvaise foi demeure débiteur *in specie*, des choses de la succession qu'il a vendues, sauf en deux cas, *id.* p. 236. — Même des choses péries ou perdues, dans le cas auquel l'héritier eût évité la perte, si elles lui eussent été rendues, *id.* p. 240. — Comment s'estiment les dommages et intérêts dont est tenu le possesseur de mauvaise foi, qui s'est mis hors d'état de rendre? *id.* p. 240. — Le possesseur doit-il restituer le total de ce qu'il possède des biens de la succession au demandeur qui n'est héritier que de partie? *id.* p. 241-242. — Sur le compte que doit rendre, des biens de la succession, le possesseur qui a succombé sur la pétition d'hérédité. (*V.* COMPTE. Propriété.) — L'héritier doit, de son côté, faire raison au possesseur de ce qu'il a payé aux créanciers de la succession, et pour les frais funéraires, *id.* p. 260. — De ce qui lui est dû par le défunt, *id.*

p. 260. — De ce qu'il a payé aux légataires, *id.* p. 260. — Des impenses qu'il a faites pour les héritages. (*V.* IMPENSES.) — Pour les fruits, *id.* p. 261.

PIGEONS. Le propriétaire d'un colombier acquiert en quelque façon, par droit d'accession, le domaine des pigeons qui s'y établissent, t. X, p. 90. — Il n'est pas permis de se servir de manœuvres pour les attirer, *id.* p. 91.

PILLAGE. Est aux risques de l'assureur, t. VI, p. 300.

PILOTAGE, t. IV, p. 620.

Pilotage. Ce que c'est, t. VI, p. 311.

PILOTE, t. IV, p. 629.

PIRATE. Quels vaisseaux sont traités comme pirates? t. X, 54.

PLAINTE au procureur-général, qui peut intenter une demande criminelle, t. VI, p. 186.

Plainte. Ce que c'est et par qui elle est donnée, t. XIV, p. p. 460. — Est donnée contre des personnes certaines ou contre des personnes incertaines, *id.* p. 461. — Elles peuvent se faire en deux différentes formes, *id.* p. 462. — Formalités à observer dans la plainte, *id.* p. 462. — La partie lézée qui rend plainte, doit déclarer qu'elle se rend partie civile. Effet de cette déclaration, *id.* p. 462.

PLANTATION. Ce qui est planté est acquis par droit d'accession au propriétaire de la terre; sous quelles conditions? t. X, p. 93-94.

POISSONS. Quand est meuble ou immeuble, t. XVII, p. 108.

Poissons. Dans quel cas sont-ils meubles ou immeubles? t. VIII, p. 34.

POLICE d'assurance, **t. VI,** p. 330.—Sa forme, et ce qu'elle doit contenir, *id.* p. 330-336.

POLLICITATION. Valable dans le droit romain, t. XIII, p. 256. — Rejetée par l'ordonnance de 1731, *id.* p. 257.

POLYANDRIE, t. VII, p. 58.

POLYGAMIE. Est-elle contraire au droit naturel? A été permise aux patriarches, au peuple juif, t. VII, p. 55-56.—Défendue depuis la promulgation de l'évangile, *id.* p. 58-59.

PORTEUR. Billets et obligations payables au porteur, **t. XVII, p. 303.**

PORTRAITS DE FAMILLE. Ne doivent pas être inventoriés, t. VIII, p. 442.

POSSESSEUR. Peut-il intenter l'action en bornage? Peut-il défendre? t. V, 241.

POSSESSION. Ce que c'est, t. XVII, p. 385. — Possession civile, *id.* p. 385.— Naturelle, *id.* p. 386.—Possession de mauvaise foi, et quand est-elle présumée telle? *id.* p. 387. — Possession violente, *id.* p. 388. — Clandestine, *id.* p. 388.—Précaire, *id.* p. 389.— De ceux qui sont en possession au nom, et pour un autre, *id.* p. 387.— Si on peut se changer la cause et les qualités de sa possession, *id.* p. 390. — Quelles choses sont susceptibles de possession, *id.* p. 391. — Comment s'acquiert la possession, *id.* 392.—Quelles personnes peuvent acquérir la possession, *id.* p. 394.— Par le ministère de qui, *id.* p. 395.— Comment la perd-on volontairement, et quelles personnes la peuvent ainsi perdre? *id.* p. 398. — Comment la perd-on invo-

lontairement? *id.* p. 399.—Droits et actions que donne la possession, *id.* p. 402. — (*Voy.* COMPLAINTE, RÉINTÉGRANDE.) — Droits particuliers aux possesseurs de bonne foi, *id.* p. 406. (*Voyez* PRESCRIPTION.)

Possession. Dans plusieurs coutumes, le temps du retrait ne court que du jour que l'acheteur est entré en possession réelle et actuelle, t. III, p. 512. — Ce que l'on entend par possession réelle et actuelle, *id.* p. 513.— Faut-il qu'il s'en fasse donner acte? *id.* p. 514.

Possession de trente ans, t. X, p. 436. — Possession centenaire ou immémoriale, *id.* p. 510. — Equivaut à un titre, *id.* p. 510. —En quels cas a lieu, *id.* p. 510-511. — Doit être juste, p. 512. — Et le titre de cette possession ne doit être vicieux, *id.* p. 512-513.—Des choses qu'on ne peut acquérir par cette possession, *id.* p. 514-515. — Si elle a lieu contre le roi, *id.* p. 517.

Possession de bonne foi. Ce que c'est, t. X, p. 361-362-363.

Possession paisible et non interrompue, t. X, p. 367. — De l'interruption naturelle, *id.* p. 367.—De l'interruption civile, *id.* p. 371.

Possession vicieuse. Différens vices de possessions, t. X, p. 277. — Premier vice : la mauvaise foi, *id.* p. 277. — Second vice : la violence, *id.* 277.— Troisième vice : la clandestinité, *id.* p. 279.

Possession civile. Ce que c'est, t. X, p. 271-272.

Possession naturelle, t. X, p. 273.—Ses différentes espèces, *id.* p. 273.

Possession en matière bénéficiale. De la complainte en matière bénéficiale, t. X, p. 329. (*Voyez* COMPLAINTE EN MATIÈRE BÉNÉFICIALE.)

Possession triennale de bénéfice, t. X, 334.

Possession en général. Ce que c'est, t. X, 268. — Ses effets, *id.* p. 268-269. — Si deux personnes peuvent posséder pour le total une même chose, p. 270. — Différentes espèces de possession, *id.* p. 271-272.—Si l'on peut changer le titre de sa possession, *id.* p. 281. — Quelles choses sont susceptibles de la possession ou quasi-possession, *id.* p. 284. — Comment la possession s'acquiert, *id.* p. 286.— De la volonté de posséder, *id.* p. 286. — De la préhension, *id.* p. 287. — Quelles personnes peuvent acquérir la possession, *id.* p. 289.—Par qui on peut l'acquérir, *id.* p. 290. — Comment se conserve-t-elle? *id.* p. 292.— Différence entre l'acquisition et la conservation de la possession, *id.* p. 292. — Comment se perd la possession, *id.* p. 297.—Possession se perd par la tradition, *id.* p. 299.—Et aussi par l'abandon pur et simple, *id.* p. 301. — Comment on perd la possession malgré soi, *id.* p. 302.— Comment on perd malgré soi la possession des immeubles, *id.* p. 303.—Comment on perd malgré soi la possession des choses mobilières, *id.* p. 304.—Des droits qui naissent de la possession et des actions possessoires, *id.* p. 306.—De la complainte en cas de saisine et de nouvelleté. (*Voy.* COMPLAINTE.) — De la réintégrande, *id.* p. 317. (*Voy.*

RÉINTÉGRANDE.) — Des qualités que doit avoir la possession pour opérer la prescription. (*Voy.* PRESCRIPTION.) — Des qualités requises dans la possession pour acquérir par la prescription l'affranchissement des rentes, hypothèques, etc., etc., *id.* p. 430. — Du temps de la possession nécessaire pour acquérir cet affranchissement, *id.* p. 431. — De l'union de la possession du possesseur avec celle de ses auteurs, *id.* p. 435.

POSSESSOIRE. Différence sur le possessoire pour un droit dont l'existence n'est pas contestée, ou pour un droit dont l'existence est contestée par l'une des parties à l'autre, t. IV, p. 92.

Possessoire. Deux actions : la complainte et la réintégrande, t. XIV, p. 128. (*Voy.* COMPLAINTE, RÉINTÉGRANDE.)—On ne peut point cumuler le pétitoire avec le possessoire, *id.* p. 138. — Le jugement rendu au possessoire doit être exécuté avant d'être admis au pétitoire, *id.* p. 138.

POSTSCRIPTUM, ou écritures qui sont en bas, en marge, ou au dos d'un acte signé, quoiqu'elles ne soient pas signées, font foi suffisante pour obliger celui qui les a écrites, lorsqu'elles expriment une relation à l'acte, t. II, p. 202. (*Voy.* POUVOIR.)

POUTRES. Où, et comment le voisin peut-il placer ses poutres et solives dans le mur commun? t. V, p. 224.

POUVOIR. Cesse par mort ou le changement d'état de celui qui le donne, et par révocation,

nobles, *id.* p. 116. — Les unes disent les dettes mobilières, d'autres les dettes simplement, d'autres les legs piteux, *id.* p. 116. — D'autres, comme celle du Berry, ne s'expliquent point sur les charges, *id.* p. 117. — Charges du préciput légal, suivant la coutume de Paris, *id.* p. 117. — Si le survivant est tenu, non-seulement des dettes de la communauté, mais des autres dettes mobilières du prédécédé, *id.* p. 117-118. — Différens avis de Lebrun, de Duplessis et de Lemaître, *id.* p. 118. — Les reprises du survivant et celles des héritiers du prédécédé peuvent entamer le préciput, à défaut d'autres biens de la communauté, *id.* p. 119. — La coutume de Paris charge le préciput légal des frais funéraires, *id.* p. 119. — Le survivant est tenu des charges du préciput, *ultrà modum emolumenti*, *id.* p. 119.

PRÉFÉRENCE entre plusieurs lignages en différens degrés; quelques coutumes préfèrent pour le retrait le plus proche, t. III, p. 485. — Comment se considère cette proximité, *id.* p. 485. — D'autres préfèrent celui qui a prévenu, *id.* p. 485. — Exception en faveur des enfans; frères ou sœurs du vendeur, *id.* p. 488. — Le second demandeur peut-il opposer au premier les défauts de forme que l'acheteur ne lui oppose pas? *id.* p. 487. — A-t-on égard pour la prévention à l'heure ou seulement au jour? *id.* p. 488. — Entre lignagers du même degré, y a-t-il lieu à la préférence ou à la concurrence? *id.* p. 489.

Préférence des seigneurs d'hôtel et de métairie sur les fruits et les meubles. Son étendue, t. IV, p. 412. — A-t-elle lieu pour les avances? *id.* p. 414. — Restriction du privilége à l'égard de la taille, *id.* p. 414. — Certaines créances qui vont avant le seigneur d'hôtel ou de métairie, *id.* p. 415.

PRENEUR A LA GROSSE, *ou emprunteur.* Quelle obligation contracte-t-il, sous quelle condition est-elle censée exister? t. VI, p. 407. — A quoi est-il obligé en cas de rupture de voyage? *id.* p. 408. — A quoi est-il obligé lorsqu'une partie des effets sur lesquels l'emprunt a été fait, a été sauvée? *id.* p. 413. (*Voy.* Avaries.)

PRÉPOSÉ à un commerce ou à une direction de finance, oblige ses commettans jusqu'à ce qu'il soit révoqué, et que sa révocation soit connue dans le public, t. I, p. 439. (*Voy.* Commettans) — Sa commission dure, même après la mort de ses commettans, *id.* p. 441. — Préposé, lorsqu'il contracte en son nom, s'oblige et ses commettans; mais lorsqu'il contracte au nom de ses commettans, et en sa qualité de facteur, il n'oblige que ses commettans, *id.* p. 440.

Préposé engage son commettant dans les contrats qu'il fait pour faire valoir le navire, soit avec les affréteurs, soit avec les matelots, t. IV, p. 564.

PRESCRIPTION à l'effet d'acquérir. Ce que c'est? t. XVI, p. 191. — Temps de la prescription pour acquérir les meubles, *id.* p. 191. — Pour acquérir les

elle étoit payable, *id.* p. 151.—
La prescription ne court pas
contre les créances qu'a un héritier bénéficiaire contre la succession, *id.* p. 151. — Elle ne
court pas pendant le mariage
contre celles qu'une femme a
contre son mari; mais elle court
contre celles qu'elle a contre
des tiers, à moins qu'elles ne
dussent réfléchir contre le mari,
id. p. 151.—Elle ne court pas
contre les mineurs, quoique
pourvus de tuteurs, *id.* p. 151.
Lorsqu'entre les héritiers du
créancier, les uns sont mineurs,
les autres sont majeurs, la prescription qui ne court pas pour
les parts des mineurs, ne laisse
pas de courir pour celles des
majeurs, lorsque la créance est
divisible; ce n'est que dans les
choses indivisibles que le mineur relève le majeur, *id.* p.
152. — La prescription court-
elle contre les interdits pourvus
de curateurs, *id.* p. 152.—Elle
court contre les absens, quoique
le procureur qu'ils ont laissé
soit mort? *id.* p. 153.—Elle
court contre une succession
vacante, *id.* p. 154. — Court-
elle contre un héritier pendant
les délais pour délibérer? *id.* p.
154.— Elle court contre les fermiers du roi? *id.* p. 154.—Elle n'a
pas lieu contre l'église qui n'est
sujette qu'à celle de quarante ans;
mais elle a lieu contre les bénéfi-
ciers pour les revenus de leurs bénéfices, *id.* p. 154.—Comment
se compte la prescription lorsque l'église a succédé à un particulier contre qui elle avoit
commencé de courir, *aut vice
versâ*, *id.* p. 155. — Effets de
la prescription trentenaire, *id.*

p. 156.—Elle rend le créancier
non-recevable à donner la demande, ni même à déférer le
serment, *id.* p. 156. — La
prescription, soit commencée,
soit accomplie, contre le créancier, a effet contre les héritiers,
id p. 156. — Contre le substitué, *id.* p. 157. — Quand peut-
on user de la prescription dans
le for de la conscience? *id.* p.
158. — La prescription, qui
n'est pas accomplie, s'interrompt par la reconnoissance de
la dette faite par le débiteur,
id. p. 158 et suiv. (*V.* RECON-
NAISSANCE.)—Elle s'interrompt
par l'interpellation judiciaire,
id. p. 160. (*V.* INTERPELLATION.)
La reconnoissance de l'un des
débiteurs solidaires, ou l'interpellation qui lui est faite, interrompent contre les débiteurs
solidaires, *id.* p. 161. — Les
héritiers des débiteurs, quoique
tenus pour le total, comme
bien-tenans, ne sont pas débiteurs solidaires, et la reconnoissance de l'un d'eux, ni l'interpellation judiciaire qui lui en
est faite, n'interrompt pas contre
les autres, si ce n'est pour obligation indivisible, *id.* p. 162.
— La reconnaissance du débiteur, ou l'interpellation, inter-
rompent-elles contre les cautions? *id.* p. 164 et suiv. — La
prescription accomplie se couvre par la reconnoissance du
débiteur; mais il faut que ce
soit le débiteur lui-même,
ayant la disposition de ses biens,
ou un procureur spécial, qui
reconnoisse. Les tuteurs et autres administrateurs ne peuvent
couvrir la prescription, *id.* p.
167. — La reconnaissance du

débiteur couvre la prescription vis-à-vis de lui, non vis-à-vis des tiers auxquels la prescription a acquis un droit, *id.* p. 168. — Le paiement même de partie de la dette couvre la prescription vis-à-vis du débiteur, *id.* p. 168. — Un jugement de condamnation, lorsqu'il a passé en force de chose jugée, la couvre, *id.* p. 169.

Prescription de quarante ans pour les dettes hypothécaires. Origine et raisons de cette prescription, *id.* p. 169 et suiv. — Elle n'a lieu que pour les dettes dont l'hypothèque résulte d'actes devant notaires; celles dont l'hypothèque n'est que légale, ou résulte de sentence, sont sujettes à la prescription ordinaire de trente ans, de même que les actions personnelles réelles, *id.* p. 172. — Prescription de six mois contre les marchands, artisans, en quel cas a-t-elle lieu? *id.* p. 172 et suiv.

Prescription d'un an contre les marchands et autres dettes, *id.* p. 174. — Ces prescriptions n'ont pas lieu lorsqu'il y a obligation, promesse, ou arrêté de compte signé du débiteur, *id.* p. 175. — Ou interruption par une demande en justice, *id.* p. 175. — Ni pour les ventes faites par les bourgeois, des denrées du cru de leurs terres, *id.* p. 175-176. — Ces prescriptions courent du jour de chaque fourniture, *id.* p. 176. — Ces prescriptions courent contre les mineurs, *id.* p. 178. — Ces prescriptions ne sont fondées que sur la présomption de paiement. On peut déférer le serment à la partie qui l'oppose,

id. p. 178-179. — Lorsque la dette n'excède pas cent livres, le demandeur peut, nonobstant la prescription, être admis à prouver qu'on a promis payer depuis la demande, *id.* p. 180. — Autres espèces de prescriptions, *id.* p. 180.

Prescription. La prescription résultante du laps de temps accordé par la loi pour le retrait, n'a pas l'effet d'une simple fin de non-recevoir, mais elle éteint entièrement le droit de retrait, t. III, p. 526. — De là il suit que le délai fait sur une demande donnée depuis la prescription accomplie, est une nouvelle vente et non un retrait, *id.* p. 527. — Corollaires de ce principe, *id.* p. 527. — L'acquéreur seroit-il obligé à la garantie envers les lignagers? *id.* p. 528. — Les tiers peuvent opposer que la demande n'a été donnée qu'après la prescription accomplie, et en quels cas, *id.* p. 529. — Demande donnée contre un des acquéreurs ou des héritiers de l'acquéreur, n'interrompt la prescription que pour sa part, *id.* p. 524. — Lorsqu'ils ont aliéné, demande donnée contre l'un d'eux interrompt pour le total contre le tiers, *id.* p. 525. — Demande donnée contre un concierge ou locataire, de même qu'une protestation, interrompt contre les acquéreurs absens, non contre les présens, *id.* p. 524.

Prescription de trente ans. Lorsque le temps de la prescription annale n'a pas couru, l'acheteur peut exclure l'action de retrait par la prescription de trente ans, *id.* p. 640. — Court-elle contre les lignagers mineurs? *id.* p. 642.—Le fonds du droit conventionnel s'éteint par cette prescription ; le seigneurial au contraire n'est point prescriptible pour le fonds , *id.* p. 706.

Prescription de dix ou vingt ans. Peut-il y avoir lieu à la prescription de dix ou vingt ans dans le retrait lignager? *id.* p. 640.—Dans le retrait seigneurial? *id.* p. 707.—Dans le conventionnel? *id.* 706.

Prescription de cinq ans pour les arrérages de rentes constituées. Par qui établie, et sur qui fondée, t. IV, 81 et suiv: — Ne décharge le débiteur dans le for de la conscience, *id.* p. 82. — Si ce n'est en certains cas, *id.* p. 82. — A-t-elle lieu à l'égard des rentes constituées pour prix d'héritages? *id.* p. 84.—A lieu contre les mineurs, l'église, *id.* p. 85. — *Quid*, si le mineur étoit destitué de tuteur ou en avoit un insolvable? *id.* p. 86. — Comment s'interrompt cette prescription? *id.* p. 86. —Comment se couvre-t-elle? *id.* p. 87. —Peut-on déroger à cette prescription? *id.* p. 88. — A-t-elle lieu à l'égard des rentes viagères? *id. p.* 141.

Prescription de trente ans, ne court contre un créancier de rente viagère qui n'a pu justifier de la vie d'un absent sur la tête de qui elle étoit créée, lequel a depuis reparu, *id.* p. 144.

Prescription de l'action pour le paiement du fret, t. IV, p. 589.

Prescription des loyers des matelots, t. IV, p. 664.

Prescription de la faculté de rachat. (*V.* RACHAT.)— Différence sur la prescription entre les obligations qui consistent dans quelque fait de celui qui l'a contractée, que le créancier a droit d'exiger, et de celles qui consistent dans le fait de celui envers qui l'obligation a été contractée , que celui qui l'a contractée s'est obligé de souffrir, t. V, p. 36.

Prescription qui résulte de la possession de l'acquéreur qui a possédé l'héritage comme franc; sur quoi fondée? t. V, p. 102. — Cinq choses requises, *id.* p. 103 et suiv. — Quel temps faut-il? *id.* p. 103. — Lorsque le temps a couru pour partie entre présens , et pour partie entre absens, *id.* p. 104. —Il faut que la possession ait été continuée, *id.* p. 105. — Quand est-elle censée interrompue? *id.* p. 105. — On peut, pour prescrire, joindre à sa possession celle de son auteur, *id.* p. 105. — La possession doit être de bonne foi, *id.* p. 106.—Il faut un titre, sauf pour celle de trente ans, *id.* p. 106.—Cette prescription ne court contre le créancier qui n'a pu agir, *id.* p. 106. — Contre la femme sous puissance de mari, si l'action eût réfléchi contre lui. Ne court contre les mineurs, *id.* p. 107.—N'a lieu que par quarante ans, contre l'église, *id.* p. 107.— *Quid*, lorsque l'église a succédé à la rente à un particulier , contre qui le temps de la prescription avoit commencé? Seconde espèce de prescription qui résulte du non usage du créancier, *id.* p. 108. —Par qui peut-elle être opposée? *id.* p. 108. —Quand est-elle prorogée à quarante ans? *id.* p. 109.

Prescription. Ne peut être opposée contre la restitution de la

chose donnée en nantissement ;
t. VI, p. 264.

Prescription. L'emprunteur et
le dépositaire, et leurs héritiers,
ne sont recevables à opposer la
prescription d'aucun laps de
temps, t V, p. 342 ; t. VI, p.
45. — Quatre espèces de prescriptions contre la demande des
procureurs en paiement de salaires, *id.* p. 176.

Prescriptions. Prescription de
cinq ans contre la dette d'une
lettre de change, ou d'un billet
de change, t. IV, p. 260. —
De quand court-elle? *id.* p.
262. — A l'égard des lettres de
vue, *id.* p. 260. — Cette prescription a-t-elle lieu contre l'action que l'accepteur qui a acquitté la lettre a contre le tireur, pour s'en faire remettre
les fonds? *id.* p. 261. — A-t-elle
lieu contre l'action que le tireur
qui a payé la lettre protestée a
pour répéter ses fonds? *id.* p.
261. — Exploit de demande qui
a été déclaré périmé, peut-il
être regardé comme une dernière poursuite d'où doive courir la prescription? *id.* p. 262.
— Cette prescription court-elle
pendant le temps du répit? *id.*
p. 262. — A-t-elle lieu lorsque
le créancier a obtenu sentence
de condamnation? *id.* p. 263.
— Exclut-elle le serment décisoire? *id.* p. 263. — Autre espèce de prescription pour les
lettres payables aux paiemens
de Lyon, *id.* p. 263. — Prescription de trois ans en faveur
des cautions de lettres de change,
id. p. 263. — Toutes ces prescriptions courent contre les
mineurs et les absens, *id.* p.
264.

Prescription. Si le mari a vendu
un propre de la femme comme
lui appartenant, le temps de la
prescription court-il contre la
femme pendant le mariage ? t.
VII, p. 472.

Prescription en général, t. X,
p. 346. — Ce que c'est, *id.* p.
347. — Du temps de la prescription, *id.* p. 404. — De l'u-
nion de la possession du successeur avec celle de son auteur,
id. p. 410. — Des héritiers et
autres successeurs universels,
410-411. — Des successeurs à
titre singulier, *id.* p. 413-414.
— Effets de la prescription de
dix ou vingt ans, *id.* p. 417-418.
Contre quelles personnes le
temps de la prescription peut
courir? *id.* p. 359-360. — Qualités que doit avoir la possession pour opérer la prescription, *id.* p. 361. — La possession doit être une possession civile et de bonne foi, *id.* p. 361-
362. — Elle doit être publique,
paisible et non interrompue, *id.*
p. 367. — L'interruption est naturelle et civile, *id.* p. 367-368-
369. — Du juste titre pour acquérir la prescription, *id.* p.
377-378. — Au profit de qui et
contre qui peut courir la prescription dont il est parlé en l'article 114 de la coutume de Paris, *id.* p. 428-429. — Des qualités requises en la possession
pour acquérir par l'affranchisse-
ment des rentes, hypothèques
et autres droits dont l'héritage
est chargé, *id.* p. 430-431. —
Du temps de la possession, requis pour acquérir cet affranchissement, *id.* p. 435. — De
l'union de la possession du possesseur avec celle de ses au-

teurs, pour faire cette acquisi-tion, *id.* p. 435. — Quelle loi règle les prescriptions par les-quelles on acquiert le domaine de propriété des choses? *id.* p. 488-489. — Et celles par les-quelles on acquiert l'affranchisse-ment de leurs charges, *id.* p. 495-496.

Prescription pour acquérir les choses mobilières, t. X, p. 456.

Prescription de sept ans, t. X, p. 497.

Prescription de dix ou vingt ans, pour acquérir des choses qui sont susceptibles ou non de cette prescription, t. X, p. 349. — Quelles personnes peuvent acquérir par cette prescription, *id.* p. 354-355. — Effets de cette prescription, *id.*, p. 417. — Quelles charges sont sujettes à cette prescription? *id.* p. 421-422.

Prescription de trente ans, t. X, p. 436. — Des choses sus-ceptibles de cette prescription, *id.* p. 437. — Temps de cette prescription et de l'union que le possesseur peut faire du temps de la possession de ses auteurs avec la sienne, *id.* p. 440. — Qualités que doit avoir la possession pour cette prescrip-tion, *id.* p. 441-442. — A qui est-ce à prouver la possession de trente ans? *id.* p. 443. — Comment elle se prouve, *id.* p. 443. — De l'effet de cette pres-cription, *id.* p. 444.

Prescription de quarante ans, qui a lieu dans quelques cou-tumes, t. X, p. 450-451.

Prescription centenaire, t. X, p. 510. (*Voy.* POSSESSION CENTE-NAIRE OU IMMÉMORIALE.)

Prescription des droits sei-gneuriaux, t. X, p. 447.

Prescription d'un seigneur contre un autre seigneur, t. X, p. 502-503.

Prescription des gens de main-morte pour faire vider leurs mains, t. X, p. 508. — Prise de possession de bénéfice, *id.* p. 510-511.

Prescription des crimes, a lieu par le laps de vingt ans, t. XIV, p. 564. — Si la sentence par coutumace a été exécutée par effigie, il faut trente ans, *id.* p. 565. — Crime du duel n'est sujet à aucune prescription, *id.* p. 565. — Effet de la prescrip-tion, *id.* p. 565. — La pres-cription ne fait pas cesser la mort civile ou l'infamie encou-rue par la sentence, *id.* p. 565. — La prescription a-t-elle lieu à l'égard de la réparation civi-le? *id.* p. 566.

PRÉSENS. Sont ceux qui de-meurent en même bailliage, t. V, p. 104.

PRÉSENS. Petits présens que l'un des conjoints fait à l'autre, sont-ils défendus? t. IX. p. 317. — Présens d'exécution testamentaire, *id.* p. 324.

Présens de mariage, sont toujours présumés faits sous la condition *si nuptiæ sequen-tur*, t. VII, p. 27-28. (*V.* ARRHES.)

PRÉSENTATION *du deman-deur*. En quoi elle consiste, t. XIV, p. 14. — Dans quel dé-lai elle doit se faire, *id.* p. 14. — Il n'y en a point dans les jus-tices des seigneurs, *id.* p. 14.

Présentation du défendeur, t. XIV, p. 15.

PRÉSOMPTION. Ce que c'est?

t. II, p. 254. —Différence de la présomption et de la preuve, *id.* p. 255. —Trois espèces de présomptions, *id.* p. 255. — 1°Présomptions *juris et de jure*, *id.* p. 255. —Ce qu'elles ont de plus que la preuve et la confession, *id.* p. 256. — Ses principales espèces, *id.* p. 256. (*V.* Chose jugée, Serment.) — 2° Les présomptions qu'on appelle simplement *præsumptiones juris*, qui forment une preuve suffisante, tant qu'elles ne sont pas détruites par une preuve contraire, *id.* p. 257. — Plusieurs exemples de ces présomptions, *id.* p. 257. — Des présomptions qui ne sont pas établies par une loi, *id.* p. 260. — 3° Présomptions simples, *id.* p. 261. — Le concours de plusieurs de ces présomptions forme quelquefois une preuve, *id.* p. 261.

PRESSES D'IMPRIMERIE, font-elles partie de la maison? t. VIII, p. 40.

PRESSOIRS, sont-ils immeubles ou meubles? t. XV, p. 16.

Pressoirs. Quand sont-ils censés faire partie d'une maison? t. VIII, p. 39.

PRÊT A INTÉRÊT est condamné par la loi de Dieu et par les lois du royaume. (*V.* Usure.) — Grotius reconnoît que la loi de Moïse, qui défend l'intérêt du prêt, est un précepte moral qui oblige les chrétiens dans les états où la loi civile le permet, t. V, p. 438. — Quelques auteurs distinguent le prêt à intérêt fait à des pauvres pour un usage de consomption, et celui qui est fait pour un usage d'emploi et d'accroissement, et

ils enseignent qu'il n'y a que celui de la première espèce qui soit défendu. Raison pour soutenir cette distinction, *id.* p. 431-432. — Réfutation de cette distinction, *id.* p. 432. — La défense du prêt à intérêt reçoit-elle exception à l'égard des deniers pupillaires? *id.* p. 440. (*Voyez* Usure.)

Prêt à usage. Contrat de prêt à usage. Sa définition, *id.* p. 319-320. A quelles classes de contrats appartient-il? *id.* p. 321. — Son rapport avec la donation, et ses différences, *id.* p. 323. —Avec le prêt de consomption, *id.* p. 323. — Avec le louage, *id.* p. 324. —Avec le précaire, *id.* p. 324. — Entre quelles personnes peut-il intervenir? *id.* p. 324. — Quelles choses sont susceptibles de ce contrat, *id.* p. 325-326. (*Voy.* Gratuité.)

Prêt, qui est fait d'une chose à quelqu'un pour l'avoir, l'examiner ou l'essayer, *id.* p. 373. —De quelle faute est tenu celui qui a reçu la chose, *id.* p. 374. (*Voy.* Action *commodati directa*, Action *commodati contraria.*)

Prêt de consomption ou *mutuum*. Sa définition, t. V, p. 377. — Il faut 1° qu'il y ait une certaine quantité de choses qui en soit la matière, *id.* p. 378. — Quelles choses peuvent être la matière de ce contrat, *id.* p. 394. —Il faut 2° qu'elles soient prêtées pour être consommées, *id.* p. 378. — Il faut, 3° qu'il intervienne une tradition réelle de ces choses, à moins qu'elles ne fussent déjà par devers l'emprunteur, *id.* p. 379. — Il faut,

4° que la propriété en soit transférée à l'emprunteur, *id.* p. 380.
— La consomption faite de bonne foi par l'emprunteur, équipolle à la translation de propriété, et rétablit le contrat, *id.* p. 381. — *Quid*, s'il n'étoit pas de bonne foi? *id.* p. 382. — Il faut, 5° que l'emprunteur s'oblige à rendre autant, *id.* p. 386. — Enfin le consentement des parties doit intervenir sur la translation de propriété auquel supplée en ce cas la consomption faite de bonne foi, *id.* p. 388. — Et sur l'obligation de rendre, *id.* p. 388. — A quelle classe de contrat doit-on rapporter le *mutuum?* *id.* p. 392. — Entre quelles personnes peut-il intervenir? *id.* p. 393. — La propriété des choses prêtées est transférée à l'emprunteur dans le contrat *mutuum*, *id.* p. 382 et suiv. — Opinion singulière de Saumaise sur le contrat de *mutuum*, *id.* p. 384.

Prêts que l'un des conjoints fait à l'autre, sont-ils regardés comme avantages prohibés? t. IX, p. 318.

PRÊTEUR, dans le contrat *mutuum*, est celui au nom duquel le prêt a été fait, soit que les deniers prêtés lui appartinssent ou non, t. V, p. 398. — *Quid*, si celui au nom duquel vous avez prêté vos deniers, refuse de ratifier? *id.* p. 400. — Le prêteur ne contracte aucune obligation dans le contrat *mutuum*; est néanmoins tenu de son dol? *id.* p. 412.

Prêteur dans le prêt à usage. Doit laisser la chose à l'emprunteur pendant le temps pour lequel il l'a prêtée, ou qui est nécessaire pour s'en servir, t. V, p. 330-334-354. — Il n'est pas tenu de défendre l'emprunteur du trouble apporté par des tiers à sa jouissance, lorsqu'il a fait le prêt de bonne foi, *id.* p. 366. — Le prêteur doit avertir l'emprunteur des défauts de la chose prêtée qu'il a intérêt de connoître, *id.* p. 369. — Le prêteur doit rembourser l'emprunteur des frais extraordinaires qu'il a faits pour la conservation de la chose prêtée; *secùs*, des ordinaires, *id.* p. 367. — Le prêteur qui a reçu de l'emprunteur le prix de la chose que l'emprunteur avoit perdue, doit, s'il la recouvre, la lui rendre, ou le prix, *id.* p. 370.

Prêteur à la grosse, ou *donneur à la grosse*. De quels risques est-il tenu? t. VI, p. 398.

PREUVE. Deux espèces : la littérale et la testimoniale, t. II, p. 183.

Preuve littérale. (*V.* Actes.)

Preuve testimoniale. Quand est-elle admise ou rejetée? Principes généraux, t. II, p. 218. — Comment se fait-elle? *id.* p. 237. — Il faut au moins deux témoins pour former une preuve testimoniale, *id.* p. 237. — Lorsqu'une partie prétend différentes créances ou oppose différens paiemens, chaque créance ou chaque paiement doit être attesté par deux témoins, *id.* p. 238. — La même créance peut être attestée par des témoins qui déposent chacun de différens faits justificatifs de cette même créance, *id.* p. 238-239. — La preuve testimoniale qui résulte de mon enquête, peut être détruite par celle qui résulte de

l'enquête contraire, *id.* p. 240.
— Pour qu'une preuve testimoniale soit valable, il faut qu'elle
ne pêche pas dans la forme,
qu'elle ne contienne rien qui
fasse suspecter sa sincérité,
id. p. 239. — Quand admet-on
la preuve testimoniale? Preuve
testimoniale est exclue pour des
choses qui excèdent cent livres,
toutes les fois que celui qui demande à y être admis a pu s'en
procurer une littérale, *id.* p.
219. — S'il y a un commencement de preuve par écrit, *id.*
p. 219. — Les dépôts volontaires ne sont pas exceptés de
cette règle, *id.* p. 220. — Ni le
prêt à usage, *id.* p. 220. — Ni
les marchés faits en foire, *id.* p.
221. — Les marchés de marchand à marchand en sont exceptés, *id.* p. 221. — Lorsqu'un
demandeur a conclu à une somme
excédant cent livres pour des
dommages et intérêts, il n'est
pas admis à la preuve testimoniale, quand même depuis il
offriroit de se restreindre, *id.* p.
221-222. — Quoique la de-
mande n'excède pas cent livres,
si c'est pour le restant ou pour
la part d'une dette qui excédoit
cette somme, la preuve testimoniale n'est pas admise, *id.* p.
222. — Le demandeur de plusieurs dettes, qui toutes ensemble excèdent cent livres, quoique chacune d'elle soit au-dessous de cette somme, n'est pas
admis à la preuve testimoniale,
id. p. 223. — Celui qui a été
partie dans un acte, n'est pas
admis à la preuve testimoniale
contre, ni même outre le contenu de l'acte, *id.* p. 224. — Ni
par conséquent à celle de ce

qui est contenu dans des renvois
non paraphés des parties, quoiqu'écrits de la main du notaire,
id. p. 224. — La preuve, outre
le contenu de l'acte, ne peut
pas même se faire par le notaire qui l'a reçu, ni par les
témoins qui ont assisté, *id.* p.
225. — Peut-on prouver par témoins le jour et le lieu auxquels
l'acte a été passé, lorsqu'ils ne
sont pas exprimés par l'acte?
id. p. 225. — Peut-on prouver
par témoins le paiement d'une
somme moindre de cent livres,
due par un acte? *id.* p. 226. —
La défense d'admettre la preuve
testimoniale contre les actes,
n'a pas lieu lorsque la partie
allègue des faits de violence ou
de dol, *id.* p. 227. — Elle n'a
pas lieu contre les tiers, *id.* p.
227. — Preuve testimoniale est
admise à quelque somme que la
dette puisse monter, lorsque le
créancier n'a pu s'en procurer
une littérale; telles que sont celles
qui naissent des délits, *quasi-
délits, quasi-contrats*, *id.* p.
233. — Des dépôts nécessaires,
id. p. 234. — De ceux faits par
les voyageurs dans les hôtelleries, etc., *id.* p. 235. — Elle
est aussi admise lorsque l'acte
qui formoit la preuve littérale
de la dette, est péri ou a été
perdu par quelque accident de
force majeure, avoué ou prouvé,
id. p. 235. — La défense d'admettre la preuve testimoniale
pour choses qui excèdent cent
livres, et celle d'admettre contre
et outre le contenu d'un acte,
n'ont pas lieu, lorsqu'il y a un
commencement de preuve par
écrit, *id.* p. 219. — *Commencement de preuve par écrit.* Dif-

férens exemples des commen-
cemens de preuve par écrit,
id. p. 227 et suiv. — Preuve
de la dette par un acte dans lequel la somme a été omise, est
un commencement de preuve
par écrit, qui doit faire admettre à la preuve testimoniale,
id. p. 230. — Faute de pouvoir
la faire, on suit, en ce cas, la
règle *semper in obscuris*, etc.
id. p. 230. — L'écrit d'un tiers
ne fait pas un commencement
de preuve par écrit, *id.* p. 232.

Preuve par témoins. En quel
cas elle peut être admise. Première règle, t. XIV, p. 69. —
Seconde règle, *id.* p. 69. —
Troisième règle, lorsque l'objet de la demande excède cent
livres, la preuve testimoniale
n'est pas permise, *id.* p. 69. —
Exception à l'égard des dépôts
nécessaires, *id.* p. 70. — Et des
dépôts faits, par les voyageurs,
dans les hôtelleries, *id.* p. 71.
— Quatrième règle, *id.* p. 71.
Cinquième règle. L'ordonnance
défend la preuve par témoins
contre et outre le contenu en
un acte, encore que l'objet n'excède pas cent livres, *id.* p. 72.
— Peut-on être reçu à faire la
preuve d'un paiement moindre
de cent livres, quand il y a
acte par écrit de la dette? *id.* p.
72. — Exception lorsqu'il y a
commencement de preuve par
écrit, *id.* p. 73. — Autre exception dans les matières consu-
laires, *id.* p. 74. — Et dans les
marchés faits en foires, *id.* p.
74. — Ou pour les faits de violence, *id.* p. 74. — Sixième
règle, *id.* p. 75. — Septième et
huitième règles, *id.* p. 75 et
suiv.

PRÉVENTION. Droit de pré-
vention du juge royal, t. XIV,
p. 450. — Deux espèces de prévention; l'une appelée parfaite,
et l'autre imparfaite, *id.* p. 450.
— Dans quel cas le juge royal
a le droit de prévention parfaite sur les juges des seigneurs,
id. p. 451. — Les baillis ont
droit de prévention imparfaite
sur les prévôts royaux et les
juges subalternes, *id.* p. 451.
— Le juge du lieu du domicile
de l'accusé a aussi un droit de
prévention imparfaite, *id.* p.
451.

PRIME. Ce que c'est, t. VI,
p. 320. — Doit-elle être aug-
mentée en cas de déclaration de
guerre ou d'hostilités? *id.* p.
321. — Le retour d'une paix
imprévue doit-elle la diminuer?
id. 325. — La réduction de la
somme assurée fait réduire à
proportion la prime, *id.* p. 365.
— En cas d'inexécution du contrat en tout ou partie des choses
assurées, la prime n'est pas due
ou souffre réduction, *id.* p. 374.
— La prime est due en entier
lorsque les assureurs ont commencé à courir les risques, *id.*
p. 377. — Exceptions à ce principe, *id.* p. 378. — Quand est-
elle payable? *id.* p. 381.

Prime de prime. (Prime liée.)
Ce que c'est, *id.* p. 378. —
(Double prime.) Peine de la
double prime; contre qui a-t-
elle lieu, et en quels cas? *id.* p.
278.

PRINCES DU SANG. Le con-
sentement du Roi est nécessaire
pour la validité de leur mariage, t. VII, p. 213.

PRISE. Est aux risques de
l'assureur, t. VI, p. 300.

16*

Prise. Vaisseaux ennemis et les marchandises qui s'y• trouvent, quelles que soient les personnes à qui elles appartiennent, sont de bonne prise, t. X, p. 54-55. — Vaisseau français qui a été pris par les ennemis, quand il y a été plus de vingt-quatre heures, est de bonne prise lorsqu'il est repris, *id.* p. 55-56. — *Secùs*, lorsqu'il est repris dans les vingt-quatre heures, ou lorsqu'il est revenu de lui-même, quoique long-temps après, *id.* p. 56-57. — Ceux repris sur un pirate doivent toujours être rendus, *id.* p. 59-60. — Vaisseaux français ou neutres, chargés de marchandises qui appartiennent à l'ennemi, sont-ils de bonne prise? *id.* p. 61-62. — Marchandises que l'on porte à l'ennemi sur des vaisseaux neutres, ne sont pas de bonne prise, si elles ne sont de contrebande, *id.* p. 62. — Vaisseaux de pirates et leur chargement sont de bonne prise, *id.* p. 63-64. — Vaisseaux combattant sous pavillon étranger, *id.* p. 64. (*V.* PAVILLON.) — Vaisseaux qui ont commission de différens états, *id.* p. 65. — Vaisseaux où on ne trouve ni charte-partie, ni connoissement, *id.* p. 65. — Vaisseaux qui refusent d'amener, *id.* p. 66. — Devoir du capitaine à l'égard du vaisseau qu'il a pris, *id.* p. 67-68. (*V.* CAPITAINE.) — Ce qui doit être observé lorsque la prise est arrivée dans nos ports, et comment se distribue le prix de la vente qu'on en doit faire? *id.* p. 69-70. (*V.* CORSAIRES, PIRATES, COURSES.)

PRISE A PARTIE. Ce que c'est, t. XIV, p. 189. — Ce qui y donne lieu, *id.* p. 189. — Où elle se porte, *id.* p. 189. — On peut prendre à partie non-seulement les juges, mais les procureurs fiscaux, *id.* p. 190.

PRISÉE qui se fait lors du contrat de cheptel, t. V, p. 259. — Iniquité dans la prisée oblige dans le for de la conscience, *id.* p. 260.

Prisée au temps de l'exig. (*V.* PARTAGE.)

Prisées qui se font dans le cheptel de fer, t. V, p. 308.

Prisée. En cas de don mutuel, l'héritier du prédécédé qui se plaint de la prisée de l'inventaire, en peut demander une nouvelle à ses frais, t. IX, p. 428.

PRISONNIERS DE GUERRE, t. X, p. 81.

PRIVÉS. A quelle distance doivent-ils être des puits? t. V, p. 226. — Communauté des privés, *id.* p. 238.

PRIVILÉGE. Privilége des secrétaires du roi et autres officiers pour l'exemption des profits dans les mouvances du roi, t. XV, p. 144-145.

Privilége des secrétaires du roi pour l'exemption des droits de consignation, t. XVII, p. 358.

Priviléges ou créances privilégiées dans la distribution du prix des meubles, t. XVII, p. 297.

Privilége du nanti de gage, t. XVII, p. 314. — Du vendeur, *id.* p. 318.

Priviléges ou créances privilégiées dans l'ordre du prix des immeubles, t. XVII, p. 358.

Privilége des affréteurs sur le navire, t. IV, p. 566.

Privilége du maître et des propriétaires sur les marchandises pour le fret, t. IV, p. 585 et suiv.

Privilége des matelots, t. IV, p. 664.

Privilége. Dépositaire n'a privilége pour ses avances, qu'autant que la chose est pardevers lui, t. VI, p. 48.

Privilége du créancier sur la chose donnée en nantissement, t. VI, p. 251.

Privilége des assureurs pour la prime, t. VI, p. 381.

Privilége des donneurs à la grosse, t. VI, p. 419.

Privilége du tireur sur la lettre dont on ne lui a pas payé la valeur, t. IV, p. 185. — Du donneur de valeur sur les marchandises qu'il a données pour valeur, *id.* p. 182.

Privilége de certaines personnes qui sont exemptes de profits pour les acquisitions qu'elles font dans la mouvance du roi, t. XI, p. 265. — Quelles personnes jouissent de ce privilége, *id.* p. 265. — Dans l'étendue de quelle seigneurie ce privilége a lieu, *id.* p. 265. — S'étend-il à l'apanage de monseigneur le duc d'Orléans ? *id.* p. 265. — S'étend-il aux domaines engagés ? *id.* p. 266. — A-t-il lieu dans les domaines des évéchés pendant la régale ? *id.* p. 266. — Le privilége a lieu tant en vendant qu'en achetant, *id.* p. 266. — *Quid*, si le vendeur, qui est privilégié, se charge du profit dans les coutumes où le profit est dû par l'acheteur, *aut vice versâ* ? *id.* p. 267. —

Quid, si un lignager privilégié exerce le retrait, le seigneur qui a reçu le profit d'un acheteur privilégié doit-il le rendre? *id.* p. 268.

Priviléges. Sur le prix des immeubles, t. XIV, p. 237. — Ordre de ces priviléges, *id.* p. 237. — Priviléges qui n'ont lieu que sur certains effets, *id.* p. 238. — Priviléges des seigneurs d'hôtel et de rente foncière, *id.* p. 238. — Leur privilége ne dure que tant que les meubles sont dans la maison ou métairie, *id.* p. 239. — Quelques priviléges particuliers, qui passent avant les seigneurs de métairie, *id.* p. 240. — Priviléges particuliers, qui ne vont qu'après celui du seigneur d'hôtel, *id.* p. 241. — Privilége du vendeur sur la chose vendue, *id.* p. 241. — Priviléges des domestiques à Paris, *id.* p. 242. — Intérêts et frais dus aux créanciers privilégiés se paient par privilége, *id.* p. 242.

Privilége. Créancier privilégié peut demander que l'héritage saisi lui soit adjugé pour le prix qu'il sera estimé, t. XIV, p. 296. — Pareillement, un créancier plus ancien en hypothèque, *id.* p. 296. — Cette demande doit être formée avant le congé d'adjuger, *id.* p. 297.

Privilége des locateurs sur les fruits des biens ruraux et sur les meubles des maisons de ville. (*V.* Hypothèque, Préférence.)

PRIX. Il ne peut y avoir de contrat de vente sans un prix sérieux, véritable, que l'acheteur paie ou s'oblige de payer, t. III, p. 13. — La remise du prix ne détruit pas le contrat, lorsqu'elle n'est faite qu'*ex intervallo*, *id.* p. 14. — Un prix de nulle considération et qui n'a aucune proportion de valeur avec la chose vendue, n'est pas un prix véritable, *id.* p. 14. — Un prix, quoiqu'inférieur à la valeur de la chose vendue, est un prix véritable; et la vente faite à un tel prix est valable, pourvu que l'acheteur ne fût pas une personne à qui les lois défendissent de donner, *id.* p. 15. — Le prix doit être d'une somme déterminée ou déterminable, et qui ne soit pas laissée au pouvoir de l'une des parties, *id.* p. 16. — Vente faite au prix qui sera réglé par une certaine personne est-elle valable, si le tiers ne fait pas cette estimation? *id.* p. 16. — *Quid*, s'il en fait une inique? *id.* p. 17. — Vente sera faite pour le prix qu'elle sera estimée par experts, *id.*, p. 17. — Pour le prix qu'elle vaut, *id.* p. 17. — Pour le prix qu'on m'en offrira, *id.* p. 18. — Vente de vin au prix que vendront les voisins, *id.* p. 18. — Le prix principal doit consister dans une somme d'argent; mais peut-on convenir qu'il sera donné outre cela quelque autre chose? *id.* p. 19. — Le vendeur ne peut demander le prix tant qu'il est en demeure de livrer la chose, *id.* p. 173. — Même après qu'il l'a livrée, si l'acheteur est troublé, le vendeur ne peut demander le prix sans donner caution, *id.* p. 174. — *Quid*, s'il avoit de fortes présomptions que la demande donnée contre l'acheteur n'avoit d'autre but que de retarder le paiement,

id. p. 174. — Mais peut demander la consignation, *id.* p. 174. — L'acheteur n'est pas déchargé du prix, lorsque la chose a péri avant la tradition sans la faute du vendeur, *id.* p. 188.

Prix. Restitution du prix, premier objet de l'action *ex empto.* (*V.* ACTION *ex empto.*)

Prix. Quel est le prix que le retrayant doit rendre, t. III, p. 541. — Le retrayant peut être admis à la preuve testimoniale, que le prix exprimé par le contrat est plus fort que celui qui a été convenu, ou, à défaut de preuve, déférer le serment, *id.* p. 541. — Lorsque le contrat est perdu, quel prix faut-il rendre? *id.* p. 541. — En quel cas le retrayant est-il tenu, ou non, de rembourser le supplément du prix? *id.* p. 542. — *Quid*, lorsque l'acheteur, croyant avoir acheté à trop vil prix, a, par pure délicatesse, ajouté au prix porté par le contrat? *id.* p. 543. — Le retrayant doit-il être déchargé d'une partie du prix, lorsqu'une partie de l'héritage a péri? *Quid*, *vice versá*, lorsque l'héritage se trouve augmenté? *id.* p. 544. — L'acheteur doit être remboursé non-seulement du prix qu'il a réellement payé, mais de celui dont il s'est acquitté de quelque manière que ce soit; *putà*, par compensation, *id.* p. 546. — Novation, confusion, *id.* p. 546. — *Quid*, de celui dont on lui a fait remise? *id.* p. 547. — Le retrayant doit apporter à l'acheteur quittance ou décharge du vendeur pour le prix qui lui est encore dû, *id.* p. 547. — Peut-il obliger le vendeur à le recevoir pour débiteur à la place de l'acheteur? *id.* p. 548.—Peut-il jouir des termes portés au contrat? *id.* p. 549. — Divergence des coutumes, *id.* p. 550. — Lorsque le vendeur, par une clause du contrat, ne peut être obligé de recevoir avant un certain terme, le retrayant doit donner caution de payer au terme, *id.* p. 551.

Prix, de l'essence du contrat de louage, doit être sérieux, t. IV, p. 299-480. — Doit être certain, *id.* p. 301. — Défaut d'estimation de la personne à qui on s'étoit rapporté sur le prix, rend-il le contrat nul? *id.* p. 301. — Prix tel que l'une des parties le réglera, *id.* p. 302. — Prix, doit consister en argent ; exception pour les fermes, *id.* p. 302-481.—Prix, quelquefois sous-entendu, *id.* p. 303. — Juste prix, *id.* p. 351.— Le prix d'un ouvrage au-dessous du juste prix, à quoi oblige-t-il le locateur? *id.* p. 487.

Prix du fief. Ce que c'est? t. XI, p. 256.—Si le pot-de-vin fait partie du prix, *id.* p. 257. — *Quid,* des charges imposées à l'acheteur? *id.* p. 257. — *Quid,* des loyaux coûts? *id.* p. 257. — *Quid,* lorsque le vassal s'est joué de son fief en le donnant à cens, et que le cens n'a pas été inféodé? *id.* p. 258.

PROCÉDURE. Ce que c'est? t. XIV, p. 1.—Procédure ordinaire depuis la demande, jusqu'au jugement, *id.* p. 1.— Procédure pour les récusations des juges. (*V.* RÉCUSATION.)— Procédure des enquêtes. (*Voy.* ENQUÊTES.) Procédures sur les appointemens en droit ou à

mettre. (*V.* APPOINTEMENT.)— Procédures particulières aux matières sommaires. (*Voy.* MATIÈRES SOMMAIRES.) — Sur les actions possessoires. (*Voy.* POSSESSOIRES.) — Procédure particulière aux consulats, *id.* p. 148.

Procédure criminelle. Ce que c'est, t. XIV, p. 437. (*Voy.* ACCUSATION.) — Procédure qui précède le décret, *id.* p. 460.— Elle commence ordinairement la plainte, *id.* p. 460. (*Voy.* PLAINTE, DÉNONCIATION.) — Procédure particulière aux prévôts des maréchaux, *id.* p. 554. —Où l'accusé doit être conduit à l'instant de la capture, *id.* p. 554. — Interrogatoire fait par le prévôt, *id.* p. 555. — Doit déclarer à l'accusé sa qualité au commencement de l'interrogatoire, *id.* p. 555. — S'il peut élargir l'accusé, *id.* p. 555. — Doit faire juger sa compétence, *id.* p. 555. (*V.* COMPÉTENCE.) — Doit rendre les réglemens à l'extraordinaire avec le présidial, *id.* p. 557. — Comment il juge avec le présidial, *id.* p. 557. — *Quid,* si l'accusé est appliqué à la question, ou s'il y a quelques autres instructions? *id.* p. 557. — Procédure des lieutenans-criminels des présidiaux, *id.* p. 558. — Procédure particulière au crime de duel et de faux, *id.* p. 562. — Procès-verbal du juge, pour constater le corps du délit, *id.* p. 463.— Ce qu'il doit contenir, *id.* p. 464.—Doit être remis au greffe dans les vingt-quatre heures, *id.* p. 464.

PROCURATION, ne forme le contrat de mandat que par

l'acceptation qui en est faite ; cette acceptation peut se faire tacitement, t. VI, p. 100.

Procuration générale, (Mandat.) Peut avoir plus ou moins d'étendue, selon les circonstances, t. VI, p. 182.—Et quels actes comprend-elle? *id.* p. 183. — Comprend-elle le pouvoir de donner? *id.* p. 195. — Un procureur a-t-il pouvoir de substituer lorsque la procuration ne s'en explique pas? *id.* p. 148.— La mort du procureur qui a substitué, éteint-elle le pouvoir du substitué? *id.* p. 153.

PROCUREUR. Quand est-il censé ou non excéder sa procuration? t. I, p. 135. — Procureur révoqué, oblige, lorsque la révocation n'est pas connue, *id.* p. 136.—Si mon procureur a contracté en mon nom depuis ma mort, avant qu'elle soit connue, il oblige ma succession, *id.* p. 137.

Procureur, ad lites. Prescription contre leurs salaires, t. II, p. 181. — Doivent avoir un journal, *id.* p. 181. — Prescription en leur faveur pour la demande en restitution de pièces, *id.* p. 182. — Procureur *ad lites* n'est pas censé avoir pouvoir pour recevoir, *id.* p. 13.

Procureur, t. VI, p. 165.

Procureur ad lites est un titre d'office, t. VI, p. 165.—Obligation du procureur *ad lites* envers son client, t. VI, p. 169. — Le procureur ne peut retenir jusqu'au paiement de ses salaires que sa procédure, et non les titres qui lui ont été remis par sa partie, *id.* p. 171. — Il ne peut même retenir les

actes de jugemens qu'il a levés à ses frais, que pour le remboursement des dettes, frais, et non pour ses salaires. (*Voyez* DISTRACTION, HYPOTHÈQUE.)

Procureur. (Prescription.) Doit avoir un registre, t. VI, p. 177. — Quelle espèce de contrat est-ce, lorsqu'un client remet à son procureur des titres pour la défense de sa cause? *id.* p. 8. (*Voy.* DÉSAVEU, RÉVOCATION.)

Procureur omnium bonorum; distinction que font les docteurs entre un procureur *omnium bonorum simpliciter*, et un procureur *omnium bonorum cum libera*, t. VI, p. 179 et suiv.—Quand. (*V.* PROCURATION GÉNÉRALE.)

Procureur. Mariage se contracte-t-il par procureur? t. VII, p. 238-239.

Procureur. Incapables de recevoir des donations de leurs clients, t. XIII, p. 247. — Professeurs des facultés supérieures des colléges publics ne sont compris dans la prohibition, *id.* p. 246.

Procureur. Le défenseur doit en constituer un, excepté dans quelques juridictions, t. XIV, p. 15. — Comment cette constitution se signifie, *id.* p. 15

PROFESSION RELIGIEUSE, fait perdre l'état civil, lorsqu'elle a été valablement faite, t. XV, p. 10. (*V.* RELIGIEUSE.)

Profession religieuse. Dans les premiers siècles de l'Eglise n'étoit pas empêchement dirimant de mariage, mais seulement prohibitif, t. VII, p. 62-63. — Quand est-il devenu dirimant? *id.* p. 65 - 66. —

Choses requises pour que la profession religieuse soit solennelle et valable, et forme un empêchement dirimant, *id.* p. 68-69. — Justinien, par sa Novelle, permettoit à l'un des conjoints de quitter l'autre sans son consentement, pour embrasser la profession religieuse, *id.* p. 302. — Opinion des pères de l'Eglise à ce sujet, *id.* p. 303-304. — Pour que l'un des conjoints soit admis à faire profession religieuse, non-seulement il faut que l'autre y consente, mais encore qu'il en fasse autant de son côté, *id.* p. 305-306. — En un cas, le mari n'a pas besoin du consentement de la femme, lorsqu'il l'a fait déclarer convaincue d'adultère, *id.* p. 305-306. — Suivant les Décrétales et le concile de Trente, la profession religieuse de l'un des conjoints, même sans le consentement de l'autre, rompt le lien du mariage, *ratum et non consummatum*, *id.* p. 306-307. — Il paroît que les papes avoient puisé cette distinction du mariage, *ratum et non consummatum*, dans le décret de Gratien; discussion du passage qu'on allègue en sa faveur, *id.* p. 309. — Décret du concile de Trente, qui autorise à cet égard le droit des décrétales; malignité de Fra-Paolo, dans ce qu'il dit de ce décret, *id.* p. 311-312. — Ce décret souffrit contradiction, *id.* p. 313. — L'effet que le droit des décrétales donne à la profession religieuse, de rompre le mariage non consommé, ne s'étend pas à la promotion aux ordres sacrés, *id.* p. 313.

PROFITS *de fief.* (*V.* Quint, Rachat.) — De censive. (*Voy.* Ventes, Relevoisons.) — Des voies qu'a le seigneur pour se faire payer des profits, t. XV, p. 275. — Privilége du seigneur pour les profits, t. XVII, p. 359. — Des remises sur les profits, t. XV, p. 173. — Privilége pour l'exemption de profit. (*V.* Privilége.) — Fins de non recevoir contre les profits, *id.* p. 174. — Se purgent par le décret, t. XVII, p. 382.

Profits censuels. Nature desdits profits, t. XII, p. 18. — Ils s'appellent profits de vente, *id.* p. 18. — Profits de lods et ventes dans la coutume d'Orléans, *id.* p. 19. — En quel cas il y a lieu au profit de vente, *id.* p. 19. — Différence entre le profit de quint qui a lieu dans les fiefs, et le profit de vente qui a lieu dans les censives, *id.* p. 20. — Le bail à rente non rachetable donne lieu au profit dans la coutume d'Orléans, *id* p. 20. — *Quid*, du bail à rente ou à vie dans la coutume d'Orléans ? 21. — *Quid*, de l'échange? *id.* p. 21.

Profits de fiefs, t. XI, p. 193. — Du profit de vente ou de quint, *id.* p. 194. — Ce qui donne ouverture au profit de quint, c'est la vente du fief, *id.* p. 194. — *Premier principe.* C'est la vente qui donne ouverture au profit de quint, *id.* p. 195. — Lorsqu'il n'y a eu qu'une vente putative, il n'est pas dû profit, *id.* p. 195. — Ni lorsqu'une vente a été rescindée par lettres de rescision, *id.* p. 196. — Lorsque plusieurs mutations procèdent d'une

292. — Celui qui a fait la promesse peut retenir les accrues et augmentations, *id.* p. 292. — De quelles impenses doit-on faire raison à celui qui a fait la promesse ? *id.* p. 292. — *Quid*, des frais de culture et de semence ? *id.* p. 293.

Promesse d'acheter. Comment se contracte-t-elle ? t. III, p. 293. — Du cas où la promesse se fait avec limitation de temps ou sans limitation, *id.* p. 294. — Quand en est-on déchargé ? *id.* p. 294. — Promesse d'acheter avec ou sans expression de prix, *id.* p. 295. — Lorsque l'héritage est détérioré par cas fortuit, celui qui a promis d'acheter est-il tenu de l'acheter pour le prix porté par la promesse, ou même de l'acheter en tout, *id.* p. 295. — Distinguer si celui qui a promis d'acheter est en demeure ou non, *id.* p. 296. — Celui qui a promis d'acheter par un certain prix, peut-il être obligé d'acheter pour un prix plus cher à cause des impenses faites pour grosses réparations nécessaires, survenues depuis la promesse ? *id.* p. 296. — *Quid*, des impenses faites pour les fruits qui se trouvoient pendans lors de la vente ? *id.* p. 296.

Promesse de bailler à loyer ou à ferme, t. IV, p. 475-476.

PROMETTRE. Explication de la règle de *se quemque promittere oportet*, t I, 117 et suiv. — Nous pouvons promettre pour nos héritiers en tant que nos héritiers, et pour la part pour laquelle ils le seront, et nous sommes ordinairement censés l'avoir fait, quoique cela ne soit

pas exprimé, *id.* p. 126. — Ce n'est pas promettre pour un autre, que de prêter son ministère aux autres pour contracter, comme font les tuteurs, curateurs, procureurs, *id.* 134 et suiv.

PROMUTUUM. Ce que c'est, t. V, p. 478. — Ses rapports avec le contrat *mutuum*. En quoi il en diffère, *id.* p. 479. — Par qui et envers qui l'obligation qui naît du *promutuum*, est-elle contractée, et quel en est l'objet ? *id.* p. 480. — Dans le droit romain, le *promutuum* donnoit lieu à deux actions, *id.* p. 481.

PROPRES. Ce que c'est, t. XV, p. 24. — Quelles choses sont susceptibles de la qualité de propre, *id.* p. 34. — Quelles successions sont des propres, *id.* p. 28. — Dons, legs qui nous sont faits par nos ascendans, et les accommodemens de famille, tiennent, à cet égard, lieu de succession, *id.* p. 28. — *Secùs*, de ce qui nous est donné par nos autres parens, quoique nous en soyons les héritiers présomptifs, *id.* p. 33. — *Quid*, de ce qui nous vient à titre de substitution ? *id.* p. 33. — De la remise que le Roi fait de la confiscation, *id.* p. 34. — Des héritages qu'un père a acquis au nom de son fils, *id.* p. 32. — Il suffit, pour qu'un héritage soit propre, que j'aie eu de la succession de mon parent le droit qui a été la cause prochaine par laquelle j'en suis devenu propriétaire, *id.* p. 35. — *Secùs*, s'il n'en a été que la cause éloignée, *id.* p. 35. — Je possède, à titre de succession et comme même vente, il n'y a lieu qu'à un profit, *id.* p. 197. — La ré-

propre, l'héritage que j'ai trouvé dans la succession de mon parent, quoiqu'il le possédât sans aucun droit, jusqu'à ce que j'en sois évincé, ou que je l'aie acquis par un nouveau titre d'acquisition, *id.* p. 38. — Transaction passe-t-elle pour nouveau titre ? *id.* p. 38. — Ratification, *id.* p. 39. — Héritage échu par partage, licitation ou autre acte équipollent à partage de succession, m'est propre pour le total, et non pas seulement pour la part dont je suis héritier, *id.* p. 40. — Héritage dont je redeviens propriétaire, plutôt par la cassation de l'aliénation que j'en avois faite, que par un nouveau titre d'acquisition, reprend la qualité de propre qu'il avoit avant l'aliénation, *id.* p. 34-35. — Ce qui est uni à un propre, est propre, lorsque c'est une union naturelle, *id.* p. 41. — *Secùs*, de l'union civile et de simple destination, *id.* p. 41. — Ce qui reste d'un propre, est propre ; il en est de même des droits retenus dans un héritage propre, ou par rapport à cet héritage, *id.* p. 42. — Différentes espèces de propres réels, naissans, avitins, *id.* p. 26.

Propres de ligne, propres sans ligne, t. XV, p. 26. — De la légitime coutumière, ou réserve des quatre quints des propres, que la coutume fait à l'héritier, t. XVI, p. 314. — Si lorsque les propres ont été légués en nature, l'héritier qui en veut retenir les quatre-quints doit abandonner tous les biens disponibles, *id.* p. 315. — Si le légataire d'un propre, qui souffre retranchement, peut demander

récompense aux héritiers des autres biens, *id.* p. 318. — De l'abandon que fait l'héritier qui se tient aux quatre-quints, *id.* p. 318-319. — Si, dans le cas de cet abandon, les legs de corps certains doivent souffrir retranchement comme ceux de quantité, *id.* p. 319. — De la succession des propres, t. XVII, p. 12.

Propres fictifs parfaits, ou de subrogation, t. XV, p. 42.

Propres fictifs imparfaits, dans la succession des mineurs, t. XV, p. 43.

Propres fictifs conventionnels, t. XV, p. 44. — Quatre différens degrés d'étendue de ces propres, *id.* p. 45. — Par quels actes peuvent se faire les propres conventionnels, *id.* p. 46. — Les conventions de propre ne sont susceptibles d'aucune extension, *id.* p. 46. — N'ont d'effet qu'entre les deux familles contractantes, *id.* p. 48. — Quand s'éteignent ces propres, *id.* p. 49.

Propres de communauté. Héritage donné par contrat de mariage, t. XVI, p. 6. — Par un ascendant durant le mariage, *id.* p. 105. — Donné avec la clause qu'il sera propre, *id.* p. 106. — Héritage dont l'acquisition, quoiqu'accomplie durant le mariage, a une cause antérieure, *id.* p. 6. — Héritage dans lequel le conjoint rentre plutôt qu'il ne l'acquiert, *id.* p. 8. — Héritage acquis des deniers stipulés propres par l'un des conjoints, quand est-il propre ? *id.* p. 8.

Propres. Dans la plupart des coutumes, il n'y a que la vente des propres qui donne lieu au retrait, t. III, p. 414. — Signification du mot propre en matière de retrait, *id.* p. 414. — Héritage qui a fait souche dans la famille, conserve, en matière de retrait, sa qualité de propre, quoiqu'avenu à quelqu'un de la famille à un titre, qui, dans les autres matières, fait des acquêts, *id.* p. 415. — Vente d'un acquêt du défunt sur son héritier bénéficiaire, est la vente d'un propre qui donne lieu au retrait; *Secùs*, s'il est vendu sur un curateur à la succession vacante, *id.* p. 417. — Acquêt donné par moi à mes enfans, leur est propre; *secùs*, de l'acquêt donné à mes collatéraux, *id.* p. 418. — Héritages compris dans une substitution faite par un ascendant, sont propres dans la personne du substitué, quelle que soit la personne grevée de substitution, *id.* p. 418. — *Secùs* si les substitués ne sont que des collatéraux, *id.* p. 418. — Héritage dont je deviens propriétaire en vertu d'un droit héréditaire auquel j'ai succédé, est propre, *id.* p. 419. — Ce qui est uni à un propre, lorsque c'est une union naturelle; *secùs*, si c'est une union civile ou de simple destination, *id.* p. 419. — Ce qui reste d'un propre est propre, aussi bien que les droits retenus dans un propre ou par rapport à un propre, *id.* p. 420. — Ce qui est subrogé à un propre, est-il propre? *id.* p. 421. — L'héritage propre que j'ai aliéné hors de la famille, reprend-il sa qualité de propre lorsque j'en redeviens propriétaire? *id.* p. 422. — Quelle qualité a l'héritage retiré dans la succession des héritiers

du retrayant, *id.* p. 636.

Propre de communauté. Héritage retiré pendant la communauté par l'un des conjoints, lui est propre, à la charge de rembourser la communauté dans l'an et jour, à compter de la dissolution, *id.* p. 625. — Le conjoint peut se décharger de ce remboursement, en laissant l'héritage à la communauté; *secùs*, s'il l'avoit retiré avant le mariage, *id.* 627. — Héritage retiré par retrait féodal ou conventionnel, est conquêt, *id.* p. 705.

Propre de communauté. Le rachat d'une rente propre peut-il être fait valablement, sans que la femme y intervienne? t. IV, p. 108. — La femme séparée de biens peut-elle recevoir le rachat de sa rente propre, sans l'autorisation de son mari? *id.* p. 10*

Propres. Deux espèces de biens propres de la femme: 1° ceux qu'elle a mis hors de communauté, par une clause de réalisation; 2° les biens-immeubles possédés avant son mariage, t. VII, p. 474.

Propre. Le titre de douaire fait des propres, t. IX, p. 208. — Propre héritage des enfans: quel est le sens de ces termes dans l'article 255 de la coutume de Paris, *id.* p. 216.

Propres de communauté. Qu'est-ce qu'un propre de communauté? t. VIII, p. 72. — Qu'est-ce qu'un propre de succession? *id.* p. 73. (*V.* Propre de succession.) — Les choses qui sont propres de succession sont propres de communauté, *non vice versâ*, *id.* p. 72-125. — Ce qui est nécessaire pour qu'un héritage soit propre de succession, *id.* p. 73-84. — Héritage donné par un parent de la ligne directe, ascendante, en avancement de succession ou pour en tenir lieu, est propre de communauté, *id.* p. 84-90. — Accommodement de famille, partage, licitation, font des propre de communauté, *id.* p. 90-102. — Immeubles dont le titre ou la cause de l'acquisition précède le mariage, sont propres de communauté, *id.* p. 102. — Quoique le titre n'ait été ouvert que depuis, *id.* p. 102. — Quoique le titre n'ait été confirmé et ratifié que depuis, *id.* p. 104. — Office que j'avois avant mon mariage, supprimé et rétabli durant le mariage, est propre de communauté, *id.* p. 106. — *Secùs*, si je n'en avois que la commission, qui a été érigée en titre d'office, *id.* p. 106. — Héritage acquis, quoique durant le mariage, en vertu d'un droit qui n'est pas cessible, est propre de communauté, *id.* p. 107. — Héritage donné par contrat de mariage, est propre de communauté à celui des conjoints à qui la donation a été faite, *id.* p. 109. — Lorsqu'elle est faite aux deux, l'héritage est propre de communauté, pour moitié, à chacun d'eux, *id.* p. 109. — Quoiqu'il soit dit que l'héritage soit donné aux deux, si l'un des deux étoit l'héritier présomptif du donateur, il est censé être donné à lui seul, et lui est propre de communauté, *id.* p. 109. — Quoiqu'il soit dit qu'il est donné au futur époux, il est censé donné à la future épouse seule, lorsqu'elle est héritière pré-

somptive du donateur; *secùs*, lorsque le parent du futur a dit qu'il donnoit à la future, *id.* p. 109. — Héritage donné à la charge qu'il sera propre, est propre de communauté, *id.* 112. — Cela a lieu, quand même le donateur auroit souscrit au contrat de mariage, qui portoit que les donations et successions seroient communes, *id.* 113. — Quand cette clause doit-elle être interposée? distinctions entre les donations entre-vifs et les testamens, *id.* p. 113. — Cette clause doit être expresse; d'où peut-elle s'inférer? *id.* p. 114. — Se supplée-t-elle dans un legs de pension alimentaire? *id.* p. 115. — Cette clause n'exclut, de la communauté, que le fonds, et non la jouissance, *id.* p. 115. — Lorsque la chose donnée ou léguée à l'un des conjoints, durant le mariage, est de nature à ne pouvoir subsister qu'en sa personne, est-elle propre de communauté? *id.* p. 116. — Héritage dans lequel le mari rentre par la rescision, la résolution, ou la simple cessation du titre par lequel il a été aliéné, est-il propre de communauté? *id.* 117-120. — Ce qui est uni à un propre, est-il propre? différentes espèces d'union, *id.* p. 121-122. (*Voy.* UNION.) — Ce qui reste d'un propre, est propre, *id.* p. 124. — Droits qu'on retient dans un propre, ou par rapport au propre qu'on aliène, *id.* p. 124. — Héritage acquis, par le mari, durant la communauté, avec déclaration que c'est du prix de son propre, est propre : jusqu'à quelle concur-

rence, *id.* p. 127. — La déclaration doit être faite par l'acte
même, *id.* p. 128. — Cette déclaration est pareillement nécessaire, pour que l'héritage
acquis des deniers de la femme
soit propre à la femme, il ne
suffiroit qu'elle eût acheté conjointement, *id.* p. 129. — Outre
la déclaration que c'est des deniers de la femme, il faut que la
femme consente à l'emploi,
id. p. 129. — Quand ce consentement doit-il intervenir ?
id. p. 130. — Peut-elle revenir
contre? *id.* p. 129. — Cas dans
lequel le mari a été dispensé du
consentement de sa femme pour
ce remploi, *id.* p. 131.

Propre de succession. Ce que
c'est? t. VIII, p. 74. — Que
faut-il pour qu'une rente constituée devienne propre de succession? *id.* p. 74. — Héritage
auquel on a succédé comme à
un acquêt, est propre de succession, *id.* p 75. — Héritage
que j'ai trouvé dans la succession de mon parent, est propre
de succession, et est présumé
lui avoir appartenu, *id.* p. 77.
— Héritage acquis par le défunt, par un titre qui n'a reçu
sa perfection que depuis sa
mort, ne laisse pas d'être propre de succession, pourvu que
le titre ne fût pas absolument
nul, *id.* p. 78. — Héritage dont
je suis devenu propriétaire, en
vertu d'un droit ou d'un titre
auquel j'ai succédé, est propre
de succession, *id.* p. 79. —
Pourvu que ce droit ait été la
cause prochaine et immédiate
qui m'a rendu propriétaire;
secùs, s'il n'en a été que la
cause éloignée, *id.* p. 81.—Re-

mise de la confiscation; fait-
elle des propres? *id.* p. 83.—La
succession fait des propres en
quelque ligne que ce soit, *id.*
p. 84. — Donation ou legs fait
aux enfans, fait des propres, *id.*
p. 84 et suiv. — Quand ce qui
est recueilli par la substitution
est-il propre? *id.* p. 85.—Rente
donnée en mariage par un père
qui s'en est constitué débiteur,
est-elle propre? *id.* p. 86. —
Héritage donné, par un père,
en paiement d'une somme promise en mariage, est-il propre?
id. p. 87. — Rappel, fait-il des
propres? *id.* p. 89. — Accommodemens de famille font des
propres, *id.* p. 90. — Les partages font des propres de succession, *id.* p. 91. (*Voy.* PAR-
TAGE.) — *Idem*, les licitations
sont des propres de succession,
id. p. 93. (*V.* LICITATIONS.) —
Actes qui tiennent lieu de partage, sont des propres de succession, et quels actes tiennent
lieu de partage, *id.* p. 96.—
Coutumes qui paroissent avoir
des dispositions contraires, *id.*
p. 100.

Propres ameublis entrent
dans le don mutuel, t. IX, p. 395.

Propres, ce que c'est en matière de communauté, t. XIII,
p. 3. — En matière de succession, de retrait, de testament,
etc., *id.* p. 3. — Division des
propres réels, *id.* p. 3.

Propres naissans. (Propres
anciens.) t. XIII, p. 3.

Propres de côté et ligne ou
sans ligne, t. XIII, p. 3-4. —
Il n'y a que les immeubles qui
soient susceptibles de cette qualité, *id.* p. 4. — Les rentes et
les offices le sont aussi,

id. p. 4. — Quel genre de succession fait des propres, id. p. 4. (*Voy.* SUCCESSION.)—Quelles choses nous sommes censés tenir à titre de succession? id. p. 19. (*V.* SUCCESSION.) — Ce qui est incorporé à un propre, est propre de même nature, id. p. 28.— L'union de simple destination ne fait pas des propres, id. p. 29. — Ce qui reste d'un propre, est propre, id. p. 29.— Le cens ou la rente foncière par moi créée en aliénant l'héritage propre, m'est propre, id. p. 30. — Mais non la rente qui m'est constituée pour le prix, id. p. 30. — L'action que j'ai pour rentrer dans mon héritage propre, est propre, id. p. 31.—Des propres fictifs, id. p. 34. — Des propres de subrogation. (*Voy.* SUBROGATION.) — Effets de la qualité des propres, id. p. 32. — En matière de succession et de disposition , id. p. 32.— En matière de succession et de disposition , id. p. 32.— Effets des propres fictifs, id. p. 40.— Extinction de la qualité de propre par l'extinction de l'immeuble, id. p. 33. — Ou lorsque l'héritage sort de la famille, id. p. 33.—Quand s'éteignent les propres fictifs, id. p. 50.

Propres fictifs, établis par les articles 94 de Paris et 351 d'Orléans, id. p. 40.—Différence entre cette subrogation et la subrogation parfaite, id. p. 40. — Quelles choses sont propres par la disposition de ces articles de coutumes, id. p. 41.— L'héritier aux propres a-t-il le choix des meilleurs acquêts pour le remploi du rachat de la rente propre? id. p. 43.—Quid,

si les deniers du rachat de la rente propre ont été employés à acquitter les dettes du mineur? id. p. 43. — Quid, s'ils avoient servi à libérer l'héritage du mineur hypothéqué à la dette d'un tiers? id. p. 44. — Quid, s'ils avoient servi à faire des réparations d'un héritage du mineur? id. p. 45. — La décision de la coutume doit-elle s'étendre au prix des héritages et autres immeubles propres? id. p. 46. — Si le mineur a eu sa part en meubles de la succession, doivent-ils être regardés comme propres , jusqu'à concurrence de la part qu'il aurait eue dans les immeubles? id. p. 47. — Les deniers provenus de la vente des propres des interdits conservent-ils la qualité de propres dans la succession des interdits? id. p. 48. — Quel effet ont les propres fictifs , id. p. 48. — Quid, par rapport à la communauté conjugale contractée par le mineur? id. p. 49. — Quand s'éteignent les propres fictifs, id. p. 50. — L'héritage qui tient lieu de remploi en la succession du mineur forme-t-il un propre naissant ou un propre de ligne? id. p. 50. — Si l'héritier qui a succédé au mineur est lui-même mineur et décède en minorité, la fiction continue-t-elle en la succession? id. p. 51. — La subrogation établie par la coutume s'étend-elle à autre chose qu'à la qualité de propre? id. p. 52. — Lorsque le mobilier du mineur a servi à acquitter ses dettes mobilières, l'héritier au mobilier peut-il prétendre contre les autres héritiers le remploi du mobilier, pour la por-

tion dont ils auroient été tenus.,
id. p. 54. — Des propres conventionnels, *id.* p. 55. — Les
stipulations de propres reçoi-
vent une plus grande étendue,
par ces termes, *aux siens ou à
ses hoirs,* ou bien à ses héritiers,
id. p. 56. — Effet de ces termes,
à ceux de son côté et ligne,
id. p. 57. — Par quels actes
elles peuvent se faire, *id.* p. 57.
—Ces stipulations sont de droit
étroit, et ne s'étendent ni d'une
personne à une autre, ni d'un
cas à un autre, ni d'une chose à
une autre, *id.* p. 58. — Comment les propres conventionnels
s'éteignent, *id.* p. 60. — Quels
sont les propres dont nos coutumes réservent les quatre
quints à l'héritier, *id.* p. 123.—
Sont-ce les quatre quints de
chaque propre ou du total des
propres, que la coutume réserve aux héritiers? *id.* p. 124.
— *Quid,* lorsque le défunt a
laissé des propres situés en différentes coutumes? *id.* p. 124.

Propres. (Règle.) Propre héritage ne remonte. Sens de cette
règle, t. XII, p. 422.— A lieu
pour les propres fictifs comme
pour les propres réels, *id.* p.
423.— Lorsqu'il ne reste personne de la famille à laquelle le
propre est affecté, la règle cesse,
et le père succède aux propres
maternels, ou la mère aux propres paternels, *id.* p. 423-424.

Propres. Succession des propres, t. XII, p. 472. — Différentes coutumes sur la succession des propres, *id.* p. 472.
— Quelle disposition on doit
suivre dans les coutumes qui ne
se sont pas expliquées sur la succession des propres, *id.* p. 473.

Doit-on s'en tenir à la simple
règle *paterna paternis, materna
maternis?* *id.* p. 473. — *Quid,*
dans les coutumes, telles que
celles de Paris et d'Orléans? *id.*
p. 474. — Lorsqu'il ne reste
aucun parent de la ligne d'où le
propre procède, les parens de
l'autre ligne peuvent-ils succéder? *id.* p. 475. — Dans les
coutumes de côté et ligne, à
défaut de parent du côté de celui
qui a mis l'héritage dans la famille, ceux qui sont parens du
côté de celui par qui l'héritage
est advenu au défunt, doivent-
ils être préférés à ceux de l'autre
ligne? *id.* p. 476. — *Quid,* dans
les coutumes souchères? *id.* p.
477.

PROROGATION. Ce que c'est
que la clause de prorogation,
t. XIII, p. 214. — *Quid,* lorsqu'il est dit que les legs seront
payés en trois termes, d'année
en année? *id.* p. 215.

PROTÊT. Ce que c'est, t.
IV, p. 218. — Deux espèces,
id. p. 218. — Sa forme, *id.* p.
218. — Ne peut être suppléé,
id. p. 219. — Le protêt doit-il
être fait non-seulement à celui
sur qui la lettre est tirée, mais
aussi à la personne indiquée par
la lettre au besoin? *id.* p. 219.
— Quand se fait le protêt faute
d'acceptation, *id.* p. 221. —
Quand doit se faire le protêt
faute de paiement? *id.* p. 221 et
suiv. — *Quid,* lorsque le dernier des dix jours de grâce est
un jour de fête? *id.* p. 222. —
Le propriétaire de la lettre à
qui l'ordre n'en a été passé que
depuis l'expiration du terme de
grâce, ne peut le faire utilement
que vis-à-vis de son endosseur,

258 PRO PUI

Q.

l'affaire de quelqu'un l'ait faite sans son ordre, *id.* p. 203. — Il faut 3.º qu'il l'ait faite à son insu, *id.* p. 204. — *Quid*, si celui dont j'ai fait l'affaire contre sa défense en avoit profité? *id.* p. 206. — *Quid*, lorsque l'affaire étoit commune à deux, dont l'un m'avoit défendu de la faire? *id.* p. 207. — Il faut 4º que j'aie eu volonté d'obliger celui dont j'ai fait l'affaire, *id.* p. 208. — J'oblige celui dont j'ai fait l'affaire, au moins jusqu'à concurrence de ce dont il profite de ma gestion, quoique je n'aie pas eu une volonté formelle de l'obliger, si j'en ai eu au moins une implicite et hypothétique, *id.* p. 208. — Comme lorsque j'ai fait votre affaire, comptant faire la mienne, soit de bonne foi, *id.* p. 209. — Soit même *animo deprædandi*, *id.* p. 211. — Ou comptant faire l'affaire d'un tiers que cette affaire ne concernoit point, *id.* p. 214. — Ou comptant faire seulement l'affaire de celui qui ayant fait l'affaire de quelqu'un, l'a faite pour le gratifier, sans intention de répéter les frais, *id.* p. 216. — Quand cette volonté se présume-t-elle? *id.* p. 217.

Quasi-usufruit. En quoi consiste le quasi-usufruit que le donataire a dans la portion du prédécédé dans les meubles de la communauté, t. IX, p. 427. — On comprend dans ce quasi-usufruit, même les meubles qui, ne se consommant pas entièrement par l'usage, pourroient paroître, à la rigueur, susceptibles d'un usufruit proprement dit, *id.* p. 429. — Quasi-usufruit des dettes actives, *id.* p.

430. (*Voy.* RENTE VIAGÈRE.)
Quasi-possession, t. X, 285.
Quasi-délits. (*V.* DÉLITS.)

QUESTION PRÉPARATOIRE. Ce que c'est, t. XIV, p. 533. *Question ordinaire et extraordinaire*, *id.* p. 533. — Trois choses doivent concourir pour pouvoir ordonner la question, *id.* p. 533. — Ce qui doit être observé par le juge, en faisant donner la question, *id.* p. 533. — Interrogatoire après la question finie, *id.* p. 534. — Effet de la question, *id.* p. 535. — Distinction si la question a été ordonnée avec réserve de preuves, où sans réserve de preuves, *id.* p. 535.

QUINT. (Profit de.) Actes qui y donnent ou n'y donnent pas ouverture, t. XV, p. 117. — Vente, quoiqu'elle n'ait transféré qu'une propriété grevée, y donne lieu, *id.* p. 121. — Quoiqu'après avoir été exécutée, elle ait été résiliée pour l'avenir, *id.* p. 130. — Vente parfaite, mais qui n'a pas été exécutée par la tradition, *id.* p. 122. — *Quid*, si les parties s'en sont désistées avant ou dans l'instant de la tradition réelle? *id.* p. 123. — Vente conditionnelle, *id.* p. 118. — Vente inefficace, *id.* p. 119. — Vente faite à celui sur qui l'héritage a été revendu à sa folle enchère, *id.* p. 126. — Vente nulle, *id.* p. 120. — Vente annullée *ex causâ necessariâ*, *id.* p. 127. — Vente pour cause d'utilité publique, *id.* p. 143. — Vente du fief faite par le seigneur de qui il relève, ou faite audit seigneur, *id.* p. 144. — Des contrats équipollens à vente, *id.* p. 133. — Des con-

trats mêlés de vente, *id.* p. 135.
— Des actes qui ne doivent pas passer pour contrats de vente, ni par conséquent donner lieu au *quint;* de ceux qui renferment un distrait plutôt qu'un contrat, *id.* p. 136.—De la transaction, *id.* p. 138. — Partages, licitations et autres actes dissolutifs de communauté, accommodemens de famille, *id.* p. 136-252-337. — Simple promesse de vendre. *id.* p. 118.—Dans le cas auquel l'acheteur déclare qu'il a acheté pour un autre, quand doit-on présumer deux ventes? *id.* p. 131.—Des choses dont la vente donne ou ne donne pas lieu au profit de quint. Vente de droits successifs lorsqu'il y a des fiefs dans la succession, *id.* p. 142. — Vente de l'action pour avoir le fief, *id.* p. 141.— Vente de droit réel dans le fief, *id.* p. 141. — Vente de fruits pendans, *id.* p. 141. — En quoi consiste le profit de quint, *id.* p. 146. — A qui est-il dû lorsqu'on a *ex intervallo* suppléé le juste prix? *id.* p. 128.

QUITTANCE, t. II, p. 213. — Quittance non signée, écrite de la main du créancier sur feuille volante, ne fait foi, quoique produite par le débiteur, *id.* p. 199. — Quittance écrite de la main du créancier, au bas, au dos, ou en marge d'un acte signé étant en la possession du débiteur, fait foi, quoique non signée, *id.* p. 200. — Lorsque la quit-

tance non signée est au bas d'un acte qui est en la possession du créancier, elle fait foi, quand même elle seroit écrite d'une autre main que de celle du créancier, *id.* p. 200.—Quand même elle seroit barrée, *id.* p. 200. Quittance non signée sur le journal ou sur les tablettes, fait foi, *id.* p. 199. — Quittance qui exprime la somme, sans exprimer la cause, *id.* p. 213.—Quittance qui exprime la cause sans la somme, *id.* p. 213. — Quittance qui n'exprime ni la somme ni la cause, quelles dettes comprend-elle? *id.* p. 215. — Comprend-elle celle que le débiteur qui l'étoit de son chef, devoit comme caution d'un autre, *id.* p. 216. — Comprend-elle celle dont le billet est resté entre les mains du créancier? *id.* p. 217. — Quittance qui exprime la somme et la cause, *id.* p. 217. — Quittance d'une ou de plusieurs années d'arrérages fait-elle présumer le paiement des précédentes? *id.* p. 217-258.

Quittances. Trois quittances d'années consécutives établissent une présomption de paiement des précédentes, t. IV, p. 81. — Quittances doivent être causées pour établir la prestation de la rente, *id.* p. 97-98.—Quittances sous signatures privées, quand l'établissent-elles? *id.* p. 98-99.

Quittances données consécutives. (*V.* FIN DE NON-RECEVOIR.)

R.

RACHAT. Ce que c'est, t. XV, p. 148. — Principe général sur ce qui y donne ouverture, *id.* p. 149. — Les mutations y donnent lieu, quoiqu'elles arrivent dans la nue propriété, *id.* p. 156. — Où pendant une saisie féodale, *id.* p. 156. — Mutation de vassal, quoique sans mutation de la propriété du fief, telles que les mutations de titulaire de bénéfice ou d'homme vivant et mourant, *id.* p. 166. — Par les seconds mariages; *secùs*, du premier, *id.* p. 165. — Des mutations qui ne donnent pas lieu au rachat; les inefficaces, *id.* p. 153. — Celles qui arrivent par déshérence ou confiscation, pourvu que le seigneur justicier mette hors ses mains le fief qu'il a acquis à ces titres, *id.* p. 164. — Celles par succession ou donation, en directe ou pour cause pie, *id.* p. 251. — Quand la mutation par ouverture de substitution est-elle en directe? *id.* p. 155. — C'est plutôt cessation de mutation que nouvelle mutation, lorsque quelqu'un rentre dans un fief plutôt qu'il ne l'acquiert, *id.* p. 151. — Il ne se fait de vraie mutation, et il n'y a lieu au rachat par partages, licitations, et autres actes dissolutifs de communauté, *id.* p. 167. — Par l'acceptation que la veuve fait de la communauté, ni par sa renonciation, *id.* p. 272. — Par l'ameublissement que l'un des conjoints fait de son fief propre, tant qu'il n'est pas échu par le partage à l'autre conjoint, *id.* p. 167. — Quand le don mutuel en propriété est-il censé avoir fait mutation? *id.* p. 169. — Il ne se fait pas de mutation lorsqu'une succession est jacente, *id.* p. 149. — Ni lorsque l'héritier est restitué contre son acceptation, *id.* p. 163. — *Secùs*, lorsqu'un héritier bénéficiaire renonce, *id.* p. 162. — Ni lorsqu'un fief conquêt reste au survivant par le partage qu'il fait avec les héritiers du prédécédé, *id.* p. 161-162. — La mutation qui se fait par une tradition, est anéantie, et ne donne lieu au rachat, lorsque les parties se sont désistées du contrat avant la tradition réelle, *id.* p. 151-152. — Y a-t-il double mutation et double rachat, par le legs fait sous condition, dans une succession collatérale; distinction, *id.* p. 161. — *Item*, lorsqu'un héritier collatéral meurt en laissant lui-même un héritier collatéral, avant que de s'être expliqué s'il acceptoit la succession, *id.* p. 163. — Double mutation en une année par mort, ne donne lieu qu'à un rachat, *id.* p. 255. — Lorsque la propriété a été long-temps séparée de la possession, est-ce du côté des propriétaires ou des possesseurs qu'on considère les mutations, *id.* p. 158. — En quoi consiste le profit de rachat, *id.*

p. 170. — Du temps qu'a le seigneur pour choisir l'une des trois choses en quoi il consiste, et ce que doit faire le vassal lorsque le seigneur ne choisit pas, *id.* p. 283. — De la somme qu'il doit offrir, *id.* p. 283. — Du dire de prudhommes, *id.* p. 284. — De quand commence l'année du rachat et des fruits qui y entrent, *id.* p. 170. — Comment doit-il jouir ? *id.* p. 291. — Des charges du rachat, *id.* p. 283.

Rachat d'une rente, quoique divisée entre les héritiers du débiteur, ne peut se faire que pour le total, t. I, p. 305.

Rachat. Rachat volontaire d'une rente foncière non rachetable donne-t-il lieu au retrait? t. III, p. 457.

Rachat. Faculté de rachat est l'essence du contrat de constitution, t. IV, p. 30. — Clauses qui dénient expressément cette faculté, et celles qui tendent à la gêner, différemment réprimées, *id.* p. 30. — Exemples d'une fraude faite à la loi sur la faculté du rachat, *id.* p. 30. — Autre exemple, *id.* p. 31. — Tous ceux qui sont tenus, ou personnellement, ou hypothécairement, d'une rente, sont admis à en offrir le rachat, *id.* p. 106. — Un créancier hypothécaire postérieur du débiteur commun, est admis à offrir le rachat de la rente due à un créancier antérieur, 106. — *Et vice versâ,* *id.* p. 107. — L'étranger qui est sans intérêts peut-il être admis au rachat, *id.* p. 107. — Le créancier chirographaire, *id.* p. 108. — A qui le rachat doit-il être fait? *id.* p. 108. — Quand

l'usufruitier ou le créancier hypothécaire doivent-ils être appelés au rachat? *id.* p. 109. — Rachat peut se faire par parties, si on en est convenu, *id.* p. 110. — Même dans le cas auquel la rente auroit été divisée entre plusieurs héritiers du débiteur, *id.* p. 110. — Peut-il être fait pour partie à l'un des héritiers du créancier? *id.* p. 112. — Lorsque plusieurs, par le contrat, ont constitué la rente chacun pour sa part, chacun peut faire le rachat pour sa part, *id.* p. 112. — Effet du rachat partiel, *id.* p. 113. — Le créancier qui admet l'un des débiteurs au rachat de sa part, est-il censé le décharger de la solidarité? *id.* p. 113. — Est-il censé l'avoir permis aux autres? *id.* p. 113. — Pour être admis au rachat, il faut payer tous les arrérages qui en sont dus, *id.* p. 114. — Pour que le rachat soit valable, il faut que la propriété des espèces ait été transférée au créancier à qui il a été fait, *id.* p. 115. Ou qu'il les ait employées de bonne foi, *id.* p. 116. — Cas auquel le rachat a été fait en espèces appartenantes à celui à qui il a été fait, *id.* p. 116. — Rachat ne peut se faire à une personne à qui il est défendu de donner pour une somme moindre que celle reçue, *id.* p. 57. — Le débiteur de la rente peut-il s'obliger au rachat envers un tiers? *Putà,* envers celui qui la cautionne? *id.* p. 29.

Rachat de la rente foncière; clause qui accorde la faculté du rachat de la rente, t. V, p. 33. — Est-il nécessaire que la somme soit exprimée? *id.* p. 34.

— L'obligation qui résulte de cette clause, passe-t-elle aux tiers acquéreurs de la rente? *id.* p. 34. — La faculté de rachat passe-t-elle à tous les héritiers du preneur? *id.* p. 34.— Passe-t-elle aux tiers-acquéreurs de l'héritage? *id.* p. 35. — Prescription de cette faculté, *id.* p. 36. — Ne court contre les mineurs, *id.* p. 38. — Il faut quarante ans contre l'église, *id.* p. 38. — Enonciation de rente rachetable dans une reconnoissance, interrompt-elle cette prescription? *id.* p. 38.— La couvre-t-elle? *id.* p. 38.— Peut-on déroger à cette prescription? *id.* p. 39. — En quoi les rentes foncières conviennent-elles avec les constituées, sur la faculté de rachat? *id.* p. 39. — En quoi diffèrent-elles à cet égard? *id.* p. 39.

Rachat du navire par composition, espèce d'avarie commune, t. IV, p. 612.

Rachat d'une rente propre de la femme fait au mari seul, est-il valable? t. VII, p. 479. — Femme séparée peut-elle recevoir sans autorisation le rachat d'une rente propre? *id.* p. 442-480.

Rachat. Le donataire mutuel est-il tenu des profits de rachats? t. IX, p. 448.

Rachat. Ce que c'est, et en quoi il consiste, t. XI, p. 269. — Son origine, *id.* p. 269. — Le rachat est dû régulièrement à toutes les mutations du fief servant, *id.* p. 269.—C'est la mutation plutôt que le contrat, qui fait naître le profit de rachat, *id.* p. 270. — Pour qu'il y ait mutation, il faut que le fief passe

d'une personne à une autre, *id.* p. 271. — Succession vacante n'y donne pas lieu, *id.* p. 271. — La mutation qui n'est que la résolution d'une précédente aliénation n'y donne pas ouverture, *id.* p. 271. — *Quid*, si l'aliénation ne se résout que pour l'avenir? *id.* p. 272. — *Quid*, du désistement que les parties font avant que le contrat ait reçu sa consommation, *id.* p. 274.—Il n'y a que les mutations efficaces qui donnent lieu au rachat, *id.* p. 275. — Si celui qui a acquis un fief a été obligé peu après de le délaisser *ex causâ necessariâ*, il n'y aura pas lieu au rachat, *id.* p. 275. — *Quid*, s'il a été évincé et condamné à restituer avec tous les fruits? *id.* p. 277. — La mutation qui procède d'une acquisition que le seigneur désapprouve, ne donne pas lieu au rachat; *v. g.* si un fief est donné à une communauté, *id.* p. 279. — La mutation qui arrive dans la nue propriété est une vraie mutation qui donne lieu au rachat, *id.* p. 279. — Par qui, dans ce cas, le profit doit-il être acquitté? est-ce par le donataire, qui n'a que la nue propriété, ou par le donateur usufruitier? *id.* p. 280. — Les mutations se règlent plutôt du côté de la possession que de la propriété séparée de la possession, *id.* p. 283.—Lorsque le propriétaire a perdu la possession, les mutations qui arrivent du côté des possesseurs qui se prétendent propriétaires, donnent lieu au profit, *id.* p. 283. — Les mutations qui arrivent pendant que le seigneur tient en sa main le fief par la saisie féo-

soit civils, entrent dans le rachat, *id.* p. 354. — *Quid*, des bestiaux? *id.* p. 355. — Les profits sont aussi des fruits civils qui entrent dans le rachat, *id.* p. 355. — Le seigneur, pendant l'année du rachat, peut-il exercer le retrait féodal? *id.* p. 355. — *Quid*, si le vassal immédiat vouloit l'exercer? *id.* p. 357. — *Quid*, des amendes, confiscations, épaves, trésors? *id.* p. 357.— *Quid*, de la présentation aux bénéfices pendant l'année du rachat? *id.* p. 358.— Si les arrière-fiefs avoient été saisis par le vassal, les fruits entreraient-ils dans le rachat? *id.* p. 359. — Charges du rachat, *id.* p. 359. — Suivant la coutume d'Orléans, les impenses doivent être remboursées au vassal, au préalable, *id.* p. 359. — Cette disposition doit-elle être suivie hors de notre coutume? *id.* p. 360.— Le seigneur est-il recevable à abandonner la récolte, pour se décharger du remboursement des frais? *id.* p. 370. — Le seigneur, qui jouit du revenu, est-il obligé d'acquitter les charges foncières? *id.* p. 361. — Est-il obligé de laisser des alimens au vassal sur ce revenu? *id.* p. 362.

RAISON (Défaut de). Empêchement de mariage, t. VII, p. 51.

RANÇON. Ce que c'est. En quel cas doit-on admettre un vaisseau à rançon, et sous quelles conditions? t. X, p. 73-74. — Obligations respectives qui naissent de la convention de rançon, *id.* p. 75-76.—Action qu'a le maître du navire rançonné contre ses commettans, *id.* p. 79-80.

RAPPEL. Fait-il des propres de succession? distinguer entre le rappel *intra terminos juris*, et le rappel *extra terminos juris*, t. VIII, p. 89-90.

Rappel. Ce que c'est? t. XII, p. 452. — Deux espèces de rappel *intrà terminos juris*, et *extrà terminos juris*, *id.* p. 452. — Par quel acte doit être fait le rappel, *id.* p. 454. — On peut rappeler à la succession non-seulement tous les enfans d'un frère prédécédé, mais l'un d'entr'eux, *id.* p. 454. — Les deux espèces de rappel ont des effets très-différens, *id.* p. 455.

RAPPORT aux successions. Enfans donataires ont le choix de venir à la succession, en rapportant ce qui leur a été donné, ou de le retenir en renonçant à la succession, t. XVI, p. 280-281. — Quels avantages sont sujets ou non à rapport, t. XVII, p. 24-75. — Ceux faits aux personnes que nous représentons, *id.* p. 35-74. — Ceux faits à nos enfans, *id.* p. 34-74. — La fille doit-elle rapporter ce qui a été donné ou prêté à son mari? *id.* p. 34. — A quelle succession se fait le rapport? *id.* p. 35-36. — A qui est-il dû? *id.* p. 37. — Est-ce de la chose même ou de la valeur? *id.* p. 38. — Lorsque l'héritage que l'enfant a vendu est depuis péri, le rapport du prix est-il dû? *id.* p. 39-40. — Comment se fait le rapport? *id.* p. 41. — Son effet? *id.* p. 41. — Rapport de la dot au partage de la continuation de communauté, t. XVI, p. 119.

Rapports des enfans venant à la succession de leurs ascen-

id. p. 213. — Ces clauses sont de droit étroit et ne s'étendent que *pro ut sonant*, *id.* p. 213-214. — Elles ne s'étendent pas d'une personne à une autre ; néanmoins la stipulation de propre, faite à ceux *de côté et ligne*, doit comprendre les enfans, *id.* p. 215. — Elles ne s'étendent pas d'une chose à une autre, *id.* p. 216.— Ni d'un cas à un autre, *id.* p. 219.— Lorsque des immeubles sont stipulés propres, quel est l'effet de cette stipulation, *id.* p. 218. — Elles n'ont d'effet qu'entre les parties contractantes et leurs héritiers, *id.* p. 219. — Le mobilier réalisé par l'un des conjoints est-il réputé propre contre l'autre conjoint et ses représentans seulement, ou l'est-il contre toute la famille de l'autre conjoint ? *id.* p. 221. — Propres conventionnels formés par les additions faites à la clause de réalisation, s'éteignent : 1° Par la consommation de la fiction, *id.* p. 224-225. — 2° Par le paiement, *id.* p. 225-226. — Exception dans le cas auquel le paiement a été fait à un mineur mort en minorité, *id.* p. 226.— 3° Par la confusion, lorsque l'enfant, créancier du propre conventionnel, est devenu héritier du survivant qui en étoit le débiteur, *id.* p. 227. — Premier cas d'exception, s'il n'a été qu'héritier bénéficiaire, *id.* p. 227. — Second cas, s'il étoit mineur, et s'il étoit mort en minorité, *id.* p. 227. — Autre cas qui ne peut plus avoir lieu, *id.* p. 228.—4° Le propre conventionnel s'éteint par le transport que l'enfant fait de sa

réance à un étranger, *id.* p. 228-229.

RECEL. Peine de recel des effets de la communauté, t. XVI, p. 42.

Recels. Ce que c'est ; quand l'omission est-elle censée frauduleuse ? t. VIII, p. 444. — Peines de recel, *id.* p. 445-446.

RECELEUR. N'a aucune action de garantie contre le voleur qui lui a vendu la chose volée, t. III, p. 122.

RECEVEUR *des consignations.* Quand et pourquoi ont-ils été créés ? t. VI, p. 65-66.— La consignation qui se fait chez les receveurs, tient du dépôt ; en diffère néanmoins, est un quasi-contrat, *id.* p. 66-67. — Effet de cette consignation, 1° de libérer l'adjudicataire, *id.* p. 68. — 2° De transférer la propriété des deniers consignés à ceux qui doivent être utilement colloqués à l'ordre, *id.* p. 68. — 3° De libérer d'autant le débiteur saisi, *id.* p. 69. — Sur qui tombe la perte de ces deniers, survenue avant l'ordre, *id.* p. 70. — Réponse à une objection, *id.* p. 71-72. — Quelles obligations contracte le receveur des consignations, et envers qui, *id.* p. 72. — De quelle faute est-il tenu ? *id.* p. 73. — Pour le compte de qui est l'augmentation ou la diminution qui survient sur les espèces consignées, *id.* p. 74. — L'obligation du receveur des consignations est imprescriptible, *id.* p. 74. — Elle passe à ses héritiers, qui ne sont pas sujets, comme lui, à la contrainte par corps ; mais qui ne

étoit chargée subsistent-elles? *id.* p. 407. — Est-il dû récompense, lorsque la rente de l'un des conjoints, rachetée des deniers de la communauté, n'est que viagère? *id.* p. 408. — Le conjoint doit récompense de ce qu'il a tiré de la communauté, pour avoir son héritage propre, pour y rentrer ou pour se le conserver, *id.* p. 409. — Lorsque mon père, qui m'avoit promis une certaine somme en mariage, me donne un héritage à la place, je dois récompense de cette somme? *id.* p. 409. — *Secùs,* s'il avoit promis l'héritage ou la somme? *id.* p. 409. — Est-il dû récompense de la somme tirée de la communauté par l'un des conjoints, pour la rapporter à la succession de ses père et mère, *id.* p. 411. — Un conjoint ne doit pas récompense pour avoir eu plus d'immeubles que de meubles dans une succession, *id.* p. 412. — Quelle récompense est due pour les impenses nécessaires, autres que d'entretien, faites sur l'héritage propre de l'un des conjoints, *id.* p. 413-414. — Pour les utiles, *id.* p. 415. — En est-il dû pour les voluptuaires? *id.* p. 416. — Récompense pour le rachat d'une servitude prédiale dont étoit chargé l'héritage de l'un des conjoints, *id.* p. 417. — Comment se règle la récompense pour le rachat d'un usufruit, *id.* p. 418. — Récompense, lorsque l'un des conjoints fait croître un taillis en bois de haute-futaie, *id.* p. 419. — Récompense pour dot donnée, par l'un ou l'autre des conjoints, à des enfans d'un

précédent mariage, *id.* p. 419. — Dot donnée à un enfant commun, en quel cas donne-t-elle lieu à la récompense? *id.* p. 420 et suiv. (*V.* DOTER.) — Récompense pour offices. (*V.* OFFICES.) — Récompense pour mobilier converti en immeubles, dans le terme intermédiaire du contrat et de la célébration, *id.* p. 437.

Récompense. La récompense due par le prédécédé à la communauté pour la moitié qui lui en appartient, et dont il fait confusion, entre-t-elle dans le don mutuel qu'il a fait au survivant? t. IX, p. 395-396-397.

RECONNOISSANCE de billets et cédules, t. XVII, p. 322.

Reconnoissance censuelle. (*V.* CENS.)

Reconnoissance. Deux espèces d'actes de reconnoissance, l'une appelée *ex certâ scientiâ,* l'autre *in formâ communi,* t. II, p. 211. — De la foi que font ces actes, *id.* p. 211. — Se corrige par le titre primordial, s'il n'y est expressément dérogé, *id.* p. 212; t. I, p. 460.

Reconnoissance. Reconnoissance de la dette interrompt la prescription, même par un acte auquel le créancier n'étoit pas partie, t. II, p. 158. — Acte de reconnoissance, quoique sous signature privée, l'interrompt vis-à-vis du débiteur qui a passé l'acte, mais non vis-à-vis des tiers, comme n'ayant point de date certaine, *id.* p. 158. — Peut-on déférer le serment au débiteur, sur la reconnoissance qu'on prétend qu'il a verbalement faite de la dette? *id.* p. 159. — Le paiement des arrérages est une reconnoissance de la rente, mais il ne se prouve pas par le journal ou autres papiers domestiques du créancier, *id.* p. 159. — Lorsque la rente est due à un corps, des comptes publics peuvent faire foi du paiement des arrérages, *id.* p. 160. — La reconnoissance de l'un des débiteurs solidaires interrompt la prescription contre les autres, *id.* p. 161. — En est-il de même de plusieurs héritiers d'un même débiteur? *id.* p. 162. — Interrompt-elle contre les cautions? *id.* p. 164 et suiv.

Reconnoissance du retrait, doit être décrétée pour faire courir le temps du remboursement, t. III, p. 578.

Reconnoissance ex cérta scientiâ, ce que c'est, t. IV, p. 89. — Fait foi de la rente, à défaut du titre, contre le reconnoissant et ses héritiers, *id.* p. 89. — Ne prévaut au titre, *id.* p. 89-90.

Reconnoissance informâ communi, quand font-elles foi? t. IV, p. 90-91.

Reconnoissance incidente à un acte fait pour une autre fin, ne fait foi, t. IV, p. 91-92. — Si ce n'est pour la provision, *id.* 93.

Reconnoissance d'écritures. Comment peut-elle être demandée? t. XIV, p. 54. — Si l'écriture est déniée dans une instance devant les juges consuls ; ils doivent renvoyer devant les juges ordinaires, *id.* p. 55. — Devant quel juge une partie peut être assignée pour reconnoître son écriture, *id.* p. 55. — Sens de cette règle, que tout juge est compétent pour la reconnoissance, *id.* p. 55. — Ce qu'est tenu de faire la partie qui est

assignée en reconnoissance, *id.* p. 55. (*V.* VÉRIFICATION.)

RECONDUCTION (Tacite), t. XVII, p. 211. (*V.* TACITE RECONDUCTION.)

RECONVENTION en cour laïque, n'a lieu, t. XIV, p. 49.

RÉCRÉANCE demandée par le propriétaire d'une chose saisie sur une autre personne, t. XVII, p. 318.

Récréance. Quelle preuve exige-t-on du bailleur pour lui accorder la récréance des bêtes de son cheptel? t. V, p. 285.

RÉCUSATION DE JUGES. En quoi elle diffère des exceptions déclinatoires, t. XIV, p. 26. — Quand on peut récuser un tribunal entier, *id.* p. 26. — Où doit être portée cette récusation? *id.* p. 26. — Quand un seigneur de justice me fait assigner sous sa justice, je peux récuser le tribunal entier, *id.* p. 27. — Le juge d'un seigneur peut connoître des demandes qui concernent le domaine et revenus du seigneur *id.* p. 27. — Ne peut mettre le scellé sur les effets du seigneur après sa mort, *id.* p. 27. — Espèce de récusation qui a lieu, lorsqu'une partie fait évoquer d'une cour souveraine à une autre, *id.* p. 28. — Causes de récusation contre la personne des juges, *id.* p. 28. — Le juge peut être récusé s'il a un différend avec quelques autres personnes sur pareille question, *id.* p. 28. — Ou lorsqu'il a sollicité ou recommandé le droit d'une partie, *id.* p. 28. — Jusqu'à quel degré la parenté ou l'affinité est cause de récusation en matière civile ou criminelle, *id.* p. 29. — La relation d'amitié ou de bienfait est aussi cause de récusation, *id.* p. 29-30. — Pareillement, la relation de domesticité, et celle de protection et subjection, *id.* p. 31. — Protecteurs d'ordre. S'ils peuvent être récusés, *id.* p. 31. — Administrateurs, marguilliers, s'ils peuvent l'être dans la cause de l'hôpital, ou de la fabrique, *id.* p. 32. — *Quid*, du seigneur dans la cause de son vassal? *id.* p. 32. — *Quid*, du juge qui est créancier ou débiteur d'une partie? *id.* p. 33. — Menace ou inimitié capitale donne lieu à la récusation, *id.* p. 33. — Juge doit s'abstenir de juger des causes d'une partie avec laquelle il est en procès, *id.* p. 33. — Limitations, *id.* p. 33. — En matière civile, un juge peut demeurer juge, quoiqu'il y ait cause de récusation, si les deux parties y consentent, *id.* p. 34. *Secùs*, en matière criminelle, quand même le procureur-général ou son substitut y consentiroient, *id.* p. 35. — Devoir du juge en qui il y a une cause de récusation, *id.* p. 36. — Comment la récusation doit être proposée? *id.* p. 37. — Comment elle doit être jugée, *id.* p. 37. — Amendes contre ceux qui succombent dans les récusations, *id.* p. 38.

REDHIBITOIRE. Vices redhibitoires, t. XVII, p. 234.

Redhibitoire. (vices redhibitoires.) Quels vices sont redhibitoires? t. III, p. 130. — Distinction entre le for intérieur et le for extérieur, *id.* p. 131. — Vices redhibitoires ne donnent lieu à la garantie, si l'acheteur en avoit connoissance, à moins que la garantie n'ait été expressément stipulée, *id.* p. 131. — S'ils ont été exceptés de bonne foi de la garantie, *id.* p. 132. — A quoi s'étend l'obligation de la garantie des vices redhibitoires? *id.* p. 132 et suiv. — *Action redhibitoire.* Ce que l'acheteur a droit de demander par cette action, *id.* p. 136-137. — Ce qu'il doit offrir pour y être admis, *id.* p. 137. — Si la chose est périe, y doit-il être admis? *id.* p. 137. — Différence entre le vendeur et l'acheteur, sur leurs protestations respectives dans l'action redhibitoire, *id.* p. 137. — Fins de non-recevoir contre l'action redhibitoire, *id.* p. 141. — Le vice redhibitoire de l'une des choses comprises dans le marché, donne-t-il lieu à la résolution du marché, pour le tout ou pour partie? *id.* p. 139. — Action *quanti minoris*, pour les vices redhibitoires, *id.* p. 142.

REFUS. Droit de refus. (*V.* RETRAIT CONVENTIONNEL.)

REGALE. Ce que c'est, t. XIV, p. 146. — La connoissance du pétitoire des bénéfices qui ont vaqué en régale, attribuée à la grand'chambre du parlement de Paris, *id.* p. 146. — Se juge à l'audience, sur la cause plaidée par les avocats avec les gens du roi, *id.* p. 147.

REGISTRE. Les procureurs doivent avoir un registre, t. VI, p. 117.

Registres des actes de mariage, baptême et sépulture, leur forme et teneur, t. VII, p. 244. — Quels témoins peuvent être admis aux actes civils

priétaire occupe en personne, *id.* p. 42. — En quoi il diffère du rachat, *id.* p. 43. — Du guèvement. (*V.* GUÈVEMENT.) — Les relevoisons sont dues par toutes mutations, *id.* p. 46. — Cela comprend même les successions et donations en ligne directe, *id.* p. 46. — Le mariage, pourvu qu'il ne soit pas le premier, *id.* p. 46. — L'échange en même censive y donne lieu pour raison du retour, *id.* p. 46. S'il survient plusieurs mutations par mort, en une année, n'est dû qu'une seule relevoison, *id.* p. 47. — Sont dues par toutes mutations procédant du côté de ceux au nom desquels se paie le cens, *d.* p. 47. — Exemple dans le bail à rente ou emphythéotique fait à condition que le cens se payera au nom du bailleur, *id.* p. 47-48. — La relevoison ne doit néanmoins être acquittée par le censitaire, qu'à proportion du droit qu'il a dans la maison, *id.* p. 48. — Disposition de l'article 130 de la coutume d'Orléans, qui porte que les rentes foncières, arrière-foncières, etc., encourent et sont exploitées par les relevoisons, *id.* p. 49. — Que doit-on entendre par les rentes sortissant nature de foncières? *id.* p. 49. — Cette décision de la coutume a-t-elle lieu, même quand il s'agit d'une aliénation volontaire? *id.* p. 49. — Celui qui a un droit d'usufruit sur une maison, doit-il acquitter les relevoisons dues par les mutations qui arrivent du chef des propriétaires? *id.* p. 51. — Exception portée par l'article 138 de la coutume d'Orléans, par

rapport aux maisons données à rente par les titulaires de bénéfices, *id.* p. 52. — Le seigneur de censive peut saisir et obstacler pour les relevoisons seules, *id.* p. 52. — Il peut saisir quinze jours après la mutation, *id.* p. 53. — Peut faire enlever les huis et fenêtres, *id.* p. 53. — Il n'y a point d'amende faute d'avoir deprié les relevoisons, *id.* p. 54.

RELIGIEUX. Ne succèdent, t. XVII, p. 96. — Sont capables de legs d'alimens, t. XVI, p. 30. — Le pape restitue-t-il le religieux à l'état civil en le relevant de ses vœux? t. XV, p. 10-11. — Religieux devenu évêque est restitué à l'état civil, et peut tester, t. XVI, p. 307. — Mais il demeure incapable de succéder, t. XVII, p. 4.

Religieux, transmet sa succession au moment de sa profession, t. XII, p. 326. — *Quid*, du religieux évêque? *id.* p. 326. — Les religieux qui ont fait profession, sont incapables de succéder, *id.* p. 335. — *Quid*, s'il est dispensé de ses vœux par le pape? *id.* p. 335. — *Quid*, des jésuites après leurs premiers vœux? *id.* p. 335. — *Quid*, des chevaliers de Malte? *id.* p. 336.

Religieux ne peut faire de testament, quoiqu'il ait un bénéfice hors du cloître, t. XIII, p 102. — *Quid*, s'il est devenu évêque? *id.* p. 103. — *Quid*, s'il est relevé de ses vœux par le pape? *id.* p. 103. — *Quid*, des chevaliers de Malte? *id.* p. 103.

Religieux sont incapables de recevoir une disposition testa-

mentaire, t. XIII, p. 110.—
Quid, s'il leur est légué une
pension viagère? *id.* p. 110.

Religieux ne peuvent donner,
t. XIII, p. 227. — Sont régulièrement incapables de recevoir par donation, *id.* p. 236.
— Ce que c'est que la profession religieuse, et comment elle
se consomme, t. XIII, p. 409.
(*V.* Vœux.)

Religieux, au moment de ses
vœux solennels, devient incapable de tout effet civil, et sa
ccession est déférée à ses parens, t. XIII, p. 411. — Ne
peut rien posséder en propriété,
id. p. 411. (*V.* Pécule.)

Religieux élevés à l'épisco-
pat, sont sécularisés, t. XIII,
p. 412.

Religieux qui ont obtenu du
pape une dispense de leurs
vœux, ne sont pas restitués à
la vie civile, t. XIII, p. 413.
— Différentes congrégations régulières établies dans le dernier
siècle, *id.* p. 413. — Variation
de la jurisprudence à l'égard
des premiers vœux des jésuites,
id. p. 414. (*V.* Jésuites.) —
Hermites qui n'ont fait aucuns
vœux solennels, ne sont pas
religieux, *id.* p. 418.

RELIGION (Différence de),
Empêchement résultant de la
diversité de religion, t. VII, p.
150-157.—L'édit de novembre
1680 avoit fait de la religion un
empêchement dirimant de mariage, *id.* p. 157. — Y a-t-il quelques textes dans l'Ecriture
Sainte, qui condamnent les mariages des fidèles avec les infidèles? *id* p. 150-151. — Discipline de l'Eglise sur les mariages
des fidèles avec les infidèles et

les hérétiques, dans les différens
temps, *id.* p. 151-152. — Lois
des empereurs romains qui défendent aux juifs d'épouser des
chrétiennes, et aux chrétiens
d'épouser des femmes juives,
id. p. 155-156.

RÉMÉRÉ. Vente sous faculté
de réméré, t. XV, p. 249-250;
t. XVI, p. 217, t. XVII, p.
177.

Réméré. Clause, faculté, droit
et action de réméré, t. III, p.
240 et suiv. — Vente avec la
clause de réméré diffère de l'engagement, *id.* p. 240. — Peut-
on vendre un héritage à un mineur avec la clause de réméré?
id. p. 241 et suiv. — Quelle est
la nature du droit de réméré?
id. p. 243.—Il est transmissible
aux héritiers, si on n'est convenu
du contraire, *id.* p. 243. — Il
est cessible, *id.* p. 244. — Il
est sujet à la prescription ordinaire de trente ans, quoiqu'on
l'ait stipulé pour un temps plus
long, ou à toujours, ou pour la
vie du vendeur, *id.* p. 244-245.
— L'action du réméré est personnelle réelle, *id.* p. 246. —
Elle est divisible, et l'héritier
pour partie, du vendeur, n'a
droit de réméré que pour sa
part; mais l'acheteur peut l'o-
bliger de rémérer tout ou rien,
id. p. 246-247. — L'action de
réméré peut s'exercer incontinent après le contrat, *id.* p. 248-
249. — S'intente contre les
tiers, *id.* p. 249. — Le vendeur
condamné sur l'action de réméré
à rendre la chose, peut-il être
contraint *manu militari? id.* p.
250. — L'acheteur est tenu des
dégradations faites par sa faute,
id. p. 251. — De quelle faute

l'acheteur est-il tenu? *id.* p. 251.
— Lorsqu'elles sont survenues
sans sa faute, le vendeur peut-il
prétendre une diminution dans
le prix qu'il doit rendre? *id.* p.
251. — L'acheteur peut retenir
les accrues et augmentations,
id. p. 251-252. — Retient-il le
trésor qu'il a trouvé? *id.* p. 253.
— Ce qu'il a retiré d'une mine
qu'il a découverte, *id.* p. 254.
— L'acheteur ne doit rendre
les fruits que du jour des offres,
sinon qu'il y eût juste soupçon
d'usure, *id.* p. 254. — L'acheteur doit faire déduction, sur
le prix qui doit lui être rendu,
des fruits qui étoient pendants
lors du contrat, *id.* p. 255. —
Ceux qui se trouvent pendants
lors de l'exercice du réméré, à
qui doivent-ils appartenir, et
sous quelles charges? *id.* p. 255.
— Les offres de rendre le prix
doivent-elles être suivies de consignation, pour donner droit
aux fruits? *id.* p. 256-257. —
Quel est le prix que le vendeur,
qui exerce le réméré, doit payer
lorsque les parties ne s'en sont
pas expliquées, soit que le réméré ait été accordé par le
contrat ou depuis, *id.* p. 258-
259. — Peut-on convenir qu'il
payera un prix plus fort ou un
moindre que celui pour lequel
l'héritage a été vendu? *id.* p.
259-260. — Peut-il être rendu
en une monnoie différente? *id.*
p. 260. — L'acheteur peut-il
prétendre les intérêts du prix en
offrant de compter les fruits? *id.*
p. 261. — L'acheteur, sur qui
on exerce le réméré, doit être
remboursé de tout ce qui lui
en a coûté pour son acquisition,
id. p. 261-262. — Même des
profits et autres droits dont on
lui a fait remise, *id.* p. 262. —
De quelles impenses doit-il être
remboursé? *id.* p. 262-263. —
De ce qui doit être remboursé
lorsque le réméré s'exerce contre
un tiers détenteur, *id.* p. 263.
— L'acheteur condamné sur
cette action peut retenir l'héritage qu'il est condamné de délaisser, jusqu'à ce qu'il soit remboursé de ce qui lui est dû, *id.*
264. — Il n'y a pas de terme
fatal pour ce remboursement,
id. p. 264. — Le vendeur qui a
exercé le réméré en vertu d'une
clause portée au contrat, rentre
plutôt qu'il n'acquiert; *Secùs*,
si c'est par une clause accordée
depuis. Corollaires qui dérivent
de cette distinction, *id.* p. 264
et suiv. — Le droit de réméré
s'éteint, ou par la prescription
légale de trente ans, de plein
droit, ou par la prescription
conventionnelle, par un jugement de déchéance, qui doit
intervenir après l'expiration du
temps porté par la convention,
id. p. 267 et suiv. — Cas auquel
on a jugé que le jugement de
déchéance n'étoit pas nécessaire, *id.* p. 271. — N'est requis
en Poitou, *id.* p. 271. — Est-il
requis vis-à-vis d'un cessionnaire
du droit de réméré? *id.* p. 270.
— Le temps de la prorogation,
faute de ce jugement, court-il
contre les mineurs? *id.* p. 269.
— Autres manières dont s'éteint
le droit de réméré, *id.* p. 271.
— Quand le vendeur est-il censé
en avoir fait remise? *id.* p. 272.

Réméré. Propre dans lequel
je rentre en vertu d'un droit,
redevient-il propre? (*Voy.*
PROPRE.)

REMISE sur les profits, t. XV, p. 173. (*V.* Profits.)

Remise. Comment se faisoit la remise d'une dette, suivant le droit romain, t, II, p. 80, — Dans notre droit, elle se fait par la seule convention entre le créancier et le débiteur, *id.* p. 81.—On la peut faire dépendre d'une condition, *id.* p. 81. — Une convention tacite suffit, *id.* p. 81. — La restitution du billet est censé renfermer tacitement la remise de la dette, *id.* p. 81. *Quid*, s'il avoit été rendu à l'un de plusieurs débiteurs solidaires? *id.* p. 82. — La possession en laquelle est le débiteur d'un billet ou d'une obligation dont il n'y a pas de minute, fait présumer la remise de la dette, *id.* p. 82. — *Secùs*, lorsque c'est la grosse d'une obligation dont il y a minute, *id.* p. 83. — La restitution des choses données en nantissement ne fait pas présumer la remise de la dette, *id.* p. 85. — Ni le défaut de réserve dans la quittance d'une autre dette, ou dans un compte, si ce n'est que plusieurs autres fortes présomptions concourent, *id.* p. 84. — Dans les contrats synallagmatiques, la remise que l'une des parties fait à l'autre, de son obligation, les choses étant entières, fait présumer une décharge réciproque, *id.* p. 83. — La remise est-elle faite valablement par la seule volonté du créancier, sans le concours de celle du débiteur? *id.* p. 84 et suiv. — La remise d'une dette, quoiqu'indivisible, peut se faire pour partie, *id.* p. 86. — Deux espèces de remises, la remise réelle qui éteint la dette, *id.* p.

86-87. — Remise ou décharge personnelle, lorsqu'elle est faite à l'un des débiteurs solidaires, ne décharge pas ses codébiteurs, *id.* p. 87. — *Secùs*, de la réelle, *id.* p. 86. — Sa décharge personnelle libère les cautions, *id.* p. 87. — *Contrà*, la remise à faire à la caution ne décharge pas le débiteur principal ni ses cofidéjusseurs, si ce n'est pour la part pour laquelle ils auroient pu compter avoir recours contre la caution déchargée, *id.* p. 87. — Le créancier peut-il licitement exiger quelque chose d'une caution, pour le décharger de son cautionnement ? *id.* p. 88 et suiv. — Quelles personnes peuvent faire remise? *id.* p. 92. — Les tuteurs et administrateurs ne le peuvent, si ce n'est en cas de faillite du débiteur, *id.* p. 93. — Ils peuvent aussi faire les remises d'usage d'une partie des droits seigneuriaux, *id.* p. 93. — L'un de plusieurs créanciers solidaires peut remettre la dette, *id.* p. 93. — A qui la remise peut-elle être faite, et par qui peut-elle être acceptée ? *id.* 94. — Elle ne peut être faite aux personnes auxquelles les lois ne nous permettent pas de donner, à moins qu'elle ne se fît par composition plutôt que par donation, comme dans le cas de faillite et des profits seigneuriaux, *id.* 94.

Remise. Quand le locataire doit-il avoir remise des loyers ? (*V.* Loyers.) — Pour qu'un fermier ait remise de la ferme, pour le total ou pour partie, il faut que la perte des fruits soit arrivée par une force majeure qu'il n'ait pu éviter, t. IV, p. 363. — Il faut qu'elle arrive sur les fruits étant encore sur pied, *id.* 363. — *Secùs*, s'ils étoient coupés, serrés ou engrangés, *id.* p. 363. — Il faut que le dommage ait été considérable; quand est-il réputé tel? *id.* p. 365. — Dommage sur les fruits d'une petite partie ne donne lieu à la remise ; *secùs*, de l'éviction d'une petite partie, *id.* p. 366. — Quelque grand qu'ait été le dommage, il n'y a pas lieu à la remise, lorsqu'il a été compensé par une abondance extraordinaire des autres années, *id.* p. 367. — (*V.* ABONDANCE.) — Quelque grand que soit le profit, il ne peut donner lieu à une augmentation de somme, *id.* p. 368. — Abondance extraordinaire peut faire rétracter la remise, venant à arriver, *id.* p. 368. — Pour qu'il y ait lieu à la remise, il faut que l'accident ne soit pas un accident ordinaire, *id.* p. 368-369. — De la convention de faire à mon fermier la remise que mon voisin, qui est dans le même cas, fera au sien, *id.* p. 363. — Les fermiers partiaires ne peuvent prétendre de remises, *id.* p. 369. — La convention que le fermier ne pourra prétendre de remises pour quelqu'accident que ce soit, est valable, *id.* p. 374-375. — Doit être expresse, et ne se présume pas, *id.* p. 376. — S'étend-elle aux accidens extraordinaires et imprévus? *id.* p. 376. — L'exception d'une certaine espèce d'accident s'étend-elle aux autres? *id.* p. 376-377. (*V.* LOYERS, SERVICES, SERVITEURS.)

Remise que le propriétaire de la lettre, fait de la dette de la lettre, libère l'accepteur, t. IV, p. 246. — Si le propriétaire, après avoir fait, par une lettre missive écrite à l'accepteur, remise de la dette, endosse au profit d'un tiers la lettre qu'il a retenue, l'accepteur pourra-t-il opposer la remise portée par cette missive à ce tiers? *id.* p. 246-247. — Pour que la remise portée par une missive soit valable, il faut que la missive soit parvenue à la personne à qui la remise est faite, du vivant du propriétaire de la lettre, et avant qu'il eût paru avoir changé de volonté, *id.* p. 247. — La remise faite à l'accepteur avant le profit, libère envers le propriétaire de la lettre le tireur et tous les endosseurs, *id.* p. 248. — Libère-t-elle le tireur envers l'accepteur, en ce sens, que l'accepteur ne puisse lui passer en compte les fonds destinés au paiement de la lettre qu'il n'a pas payée? *id.* p. 248. — Remise faite à l'acquéreur depuis le profit, si elle est réelle, libère tous les débiteurs de la lettre, *id.* p. 249. — Quoique personnelle, elle libère les endosseurs, mais elle ne libère le tireur que que lorsqu'il a remis les fonds, *id.* p. 249. — La remise forcée faite à l'accepteur par un contrat d'attermoiement, profite-t-elle au tireur et aux endosseurs? *id.* p. 250. — La remise volontaire que le propriétaire a faite au tireur, profite à l'accepteur qui n'a pas reçu les fonds; *secùs*, s'il les a reçus, *id.* 251. — Elle profite aux endosseurs, *id.* 252. — Remise faite à un endosseur ne libère pas les endosseurs précédens ni le tireur, *id.* p. 252.

suivant, t. IX, p. 348. — A un legs à lui fait par une personne dont sa femme est héritière, *id.* p. 349. — A la légitime coutumière, pour payer un legs fait à sa femme dans son intégrité, *id.* p. 349. — La femme qui a renoncé à la communauté, peut-elle jouir du don mutuel que son mari prédécédé lui a fait? *id.* p. 400-401. — Les biens de la communauté y entrent-ils dans ce cas pour le total? *id.* p. 402.

Renonciation à la communauté; ce que c'est, son origine? t. VIII, p. 360. — Quelles personnes peuvent renoncer à la communauté? *id.* p. 361. — Peut-on, par le contrat de mariage, interdire à la femme et à ses héritiers la faculté de renoncer à la communauté? *id.* p. 362-363. — Comment se fait cette renonciation? *id.* p. 363. — Dans quel temps? *id.* p. 365. — Quel est l'effet du jugement qui condamne une femme comme commune, faute d'avoir pris qualité? *id.* p. 367. — Femme ne peut plus renoncer après avoir accepté, *id.* p. 367-368. — Les créanciers le peuvent, si elle l'a fait en fraude, *id.* p. 368. — Doit faire inventaire pour renoncer. (*V.* INVENTAIRE.) — Petits effets qu'on doit laisser à la femme qui renonce, *id.* p. 370. — Pendant quel temps peut-elle demeurer dans la maison et vivre des provisions qui y sont? *id.* p. 371. — De quelles dettes de communauté la femme qui a renoncé, est-elle déchargée vis-à-vis les créanciers? *id.* p. 371-372. — Ne doit rien des frais d'inventaire,

id. p. 373. — Lorsque la femme a laissé plusieurs héritiers au mobilier, les uns peuvent-ils accepter et les autres renoncer? et à qui accroît la part des renonçans dans les biens de la communauté, et celle des acceptants, dans la reprise de l'apport? *id.* p. 373-374. — *Quid*, lorsque la femme a laissé un héritier au mobilier et un héritier aux propres? *id.* p. 377.

Renonciations aux successions futures, t. XII, p. 358. — Ce sont ordinairement les filles qui font ces renonciations par leur contrat de mariage, *id.* p. 359. — Quelquefois les mâles puînés renoncent au profit de leur frère aîné, *id.* p. 359. — Elles peuvent être faites par des enfans mineurs, comme par des majeurs, *id.* p. 359. — Lorsqu'une fille a renoncé à la succession de son père, au moyen de sa dot, sans exprimer au profit de qui, elle est censée l'avoir fait au profit de tous ses frères germains, *id.* p. 359. — *Quid*, si elle a renoncé au profit de son frère aîné sans le nommer autrement? *id.* p. 360. — A quelles successions futures se font ces renonciations? *id.* p. 361. — Par quel acte et comment elles se font? *id.* p. 361. — La renonciation que fait un enfant par son contrat de mariage, ne peut être faite que moyennant une dot, *id.* p. 362. — La fille ne peut renoncer qu'à la succession de celui qui lui fournit la dot, *id.* p. 363. — Ces renonciations s'éteignent par l'inexécution de la promesse de la dot, *id.* p. 363. — Ou si la personne à la succession de laquelle l'enfant a renoncé, meurt avant la célébration du mariage, *id.* p. 364. — Ou par le décès de ceux au profit de qui la renonciation est faite, *id.* p. 365. — Ou par le rappel que fait celui à la succession duquel elle a renoncé, *id.* p. 366. — Il n'est pas besoin, pour la rappeler, que le consentement des frères intervienne, *id.* p. 366.

RENTE. Des transports et cessions de rentes, et pour quel prix peuvent être licitement achetées. (*V.* TRANSPORT, CESSION.) — De la garantie qui a lieu dans les rentes et transport de rentes. (*Voy.* GARANTIE DE RENTES.)

Rente viagère. (*V.* DONATION À RENTE VIAGÈRE.)

Rentes constituées, t. XV, p. 20. — Leur nature, t. XVI, p. 86. — La faculté de les racheter est de leur essence, *id.* p. 217. — Sont biens roturiers quoiqu'assises sur les biens nobles, t. XVII, p. 102. — Les arrérages se prescrivent par cinq ans, *id.* p. 304-305.

Rentes foncières. La faculté de les racheter se prescrit, t. XIV, p. 217-218. — Exception à l'égard de celles qui sont sur maisons de ville, *id.* p. 218-219. — Droits des seigneurs de rente foncière, t. XVII, p. 207. — Du cas auquel une maison est construite sur les terrains de deux seigneurs de rente, *id.* p. 244. (*V.* DÉGUERPISSEMENT.) — Rentes créées par legs, t. XVI, p. 219-220.

Rentes constituées. Ne sont sujettes à retrait, t. III, p. 410-411.

Rentes constituées. Leur na-

ture. Passoient autrefois pour droit réels, aujourd'hui sont regardées comme créances personnelles, quoique constituées avec assignat sur un fonds, t. IV, p. 66. — On considère deux choses dans une rente constituée : le capital, et les arrérages, *id.* p. 67-68-121. — Deux définitions de la rente constituée, *id.* p. 68. — Rentes constituées sur meubles ou immeubles, *id.* p. 69 et suiv. — Quelle loi doit décider, *id.* p. 71. — Peuvent changer de nature par le changement de propriétaire, ou par le changement de domicile du propriétaire, *id.* p. 71. — Quelles rentes sont censées avoir ou non une situation, *id.* p. 72. — Rentes sont divisibles, *id.* p. 74. — Comment s'établit le droit de rentes constituées? *id.* p. 88 et suiv. (*Voy.* RECONNOISSANCE, ARRÉRAGES.) — Rente, dans le doute, est-elle présumée constituée? *id.* p. 100. — Exceptions pour les rentes en grains, *id.* p. 101. — Pour celles créées avant le seizième siècle, *id.* p. 102. — A quel taux, dans le doute, est-elle présumée avoir été constituée? *id.* p. 104. — Manière dont s'éteignent les rentes constituées, *id.* p. 105. — Ne s'éteignent par la destruction du fonds sur lequel elles sont assignées, *id.* p. 121. (*V.* CONTRAT DE CONSTITUTION, ARRÉRAGES, RACHAT, FACULTÉ DE RACHAT, ALIÉNATION.)

Rentes viagères. Leur nature, *id.* p. 137 et suiv. — Sont sujettes à la retenue des vingtièmes, *id.* p. 140. — Le sont-elles à la prescription des cinq

crues qui s'y font leur appartiennent, *id.* p. 58.

RENTRÉE. L'héritier du mari ou ses successeurs rentrent de plein droit, après l'usufruit de la douairière fini, dans la jouissance des héritages dont elle jouissoit, t. IX, p. 189. — Lorsque les héritages étoient loués ou affermés, ils ne sont pas tenus d'entretenir les baux faits par la douairière ; doivent néanmoins laisser le fermier ou locataire en jouir pendant l'année qui étoit commencée lors de la mort de la douairière, *id.* p. 190. — Ils doivent laisser le temps aux héritiers de la douairière d'emporter ce qu'elle y a mis, *id.* p. 190-191. — Rembourser les frais faits par la douairière pour faire venir les fruits qui étoient pendans lors de sa mort, *id.* p. 192. — Ne sont reçus à abandonner la récolte, pour s'en décharger, *id* p. 193. — Sont-ils tenus de faire raison des dépenses non nécessaires qui ont amélioré les héritages ? *id.* p. 195. — Obligations de l'héritier de la douairière envers le propriétaire qui rentre en jouissance des héritages : 1° par rapport aux réparations qui y sont à faire, *id.* p. 197. — 2° Par rapport aux dégradations, et à ce que la douairière avoit laissé perdre, *id.* p. 198.

RENVOIS non paraphés, t. II, p. 225. (*V.* PREUVE.)

RÉPARATIONS. Quelles réparations le locataire peut-il empêcher ? t. IV, p. 327. — Quelles réparations donnent lieu à une diminution de loyer, *id.* p. 327. — Réparations auxquelles le locataire peut obliger le locateur, *id.* p. 343. — Réparations dont sont tenus les locataires, *id.* p. 344 et suiv. (*V.* FERS.) — Quelles sont les réparations locatives, *id.* p. 396 et suiv. — Clause d'entretenir un édifice de réparations pour tant par an, et de garantir le locateur pendant dix ans, *id.* p. 495.

Réparations. Quelles sont les réparations auxquelles la douairière qui jouit en usufruit est tenue, t. IX, p. 159-160. — Peut-elle s'en décharger en abandonnant son usufruit ? *id.* p. 160. — N'est pas tenue des grosses, si ce n'est en un cas, *id.* p. 161. — Peut-elle obliger le propriétaire à les faire ? *id.* p. 168. — Elle n'est pas tenue de celles qui étoient à faire lors de la mort du mari : peut-elle obliger le propriétaire à les faire ? *id.* p. 161.

Réparations. Quelles réparations sont grosses réparations ou réparations d'entretien, t. VIII, p. 177-178.

Réparations. Le donataire mutuel est tenu des réparations d'entretien qui surviennent durant le cours de son usufruit, sans répétition, t. IX, p. 442. — N'est tenu des grosses que lorsqu'elles proviennent de sa faute, et du défaut d'entretien, *id.* p. 443. — Peut-il obliger le propriétaire à les faire; et le propriétaire peut-il en demander l'intérêt ? *id.* p. 444. — Les réparations qui étoient à faire au temps de l'ouverture du don mutuel doivent être avancées par le donataire mutuel, *id.* p. 446.

RÉPÉTITION DU RETRAIT,

t. III, p. 668. — Nature de l'action en répétition du retrait, *id.* p. 668. — Faut-il des lettres pour l'exercer? *id.* p. 669. — Preuves et présomptions de le fraude qui y donne ouverture, *id.* p. 669. — L'acheteur qui rentre en vertu de cette action doit rendre les sommes qui lui ont été remboursées, *id.* p. 670. — *Quid*, s'il n'en avoit pas profité? *id.* p. 670. — Il n'y a lieu à restitution des fruits, *id.* 670.

RÉPIT. (*Voy.* LETTRES DE RÉPIT.)

Répit. Lettres de répit n'ont lieu pour les loyers et fermes, t. IV, p. 401.

RÉPLIQUES du demandeur aux défenses; comment elles se fournissent, t. XIV, p. 47. — Dupliques et tripliques abrogées, *id.* p. 48.

REPRÉSAILLES. Les assureurs sont-ils tenus des risques en cas de représailles? t. VI, p. 305.

REPRÉSENTATION en directe, t. XVII, p. 8-72. — En collatérale, *id.* p. 83. — Les neveux d'un frère, qui viennent par représentation, n'excluent pas les sœurs, *id.* p. 86-87. — Excluent-ils les neveux enfans d'une sœur? *id.* p. 86-87.

Représentation a lieu en matière de retrait, t. III, p. 490-491.

Représentation en ligne directe. Ce que c'est? t. XII, p. 370. — Est universellement reçue à l'exception de quatre coutumes, *id.* p. 370. — Elle a lieu à l'infini dans la ligne directe descendante, *id.* p. 371. — Il n'est pas nécessaire que les enfans qui représentent aient été héritiers de la personne repré-

sentée; *id.* p. 371. — Qui peut-on représenter? *id.* p. 372. — On ne peut représenter un homme vivant, *id.* p. 372. — Les enfans d'un fils exhérédé peuvent-ils le représenter? *id.* p. 373. — Même lorsqu'il est prédécédé, *id.* p. 374. — Les enfans de la fille mariée exclus de la succession, la représentent-ils? *id.* p. 373. — *Quid*, si elle est prédécédée? *id.* p. 374. — Effet de la représentation, *id.* p. 374. — Les enfans d'un fils prédécédé excluent-ils les enfans d'un autre fils vivant qui est exhérédé? *id.* p. 375. — Les représentans ne peuvent avoir tous ensemble que la même part et portion qu'auroit leur père ou mère, *id.* p. 376. — La représentation donne-t-elle aux filles de l'aîné le préciput qu'auroit eu leur père? *id.* p. 376. — La fille de l'aîné exhérédé prédécédé le représente-t-elle au droit d'aînesse? *id.* p. 377. — De la représentation à l'effet simplement de partager par souche, *id.* p. 377-378. — A lieu lorsque plusieurs petits-enfans issus de différens fils ou filles viennent à la succession de leur aïeul, *id.* p. 379.

Représentation en ligne collatérale. Trois principales classes établies par les coutumes, *id.* p. 441. — Dans les coutumes de Paris et d'Orléans en faveur des neveux et nièces, *id.* p. 441. — Les représentans succèdent non-seulement au degré, mais à tous les avantages de la personne représentée; *id.* p. 442. — Exception en l'article 321 d'Orléans, et 323 de Paris, *id.* p. 442. — Si le défunt a laissé une sœur, des neveux enfans d'un frère, et des neveux enfans d'une sœur, les neveux enfans du frère excluront-ils dans les fiefs les neveux enfans de la sœur? *id.* p. 44. — La dispositions des articles ci-dessus doit-elle être suivie dans les coutumes qui ne s'en sont point expliquées? *id.* p. 446. — Différence entre la représentation en ligne collatérale, et la représentation en ligne directe, *id.* p. 447. — Le partage a-t-il lieu par souches, quand le défunt a laissé un frère qui a renoncé à la succession? *id.* p. 448. — Cas particulier dans la coutume d'Orléans, où les neveux, quoiqu'appelés seuls, partagent par souches, *id.* p. 448. — Dispositions des coutumes de Paris et d'Orléans, qui font concourir l'oncle avec le neveu, *id.* p. 449. — *Quid*, dans les coutumes qui ne s'en sont pas expliquées? *id.* p. 450. — Représentation dans les coutumes qui l'admettent en collatérale à l'infini, *id.* p. 450. — Esprit de ces coutumes, *id.* p. 452.

REPRISE. Clause de reprise de l'apport, en cas de renonciation à la communauté, t. XVI, p. 26. — Reprise de propre. (*V.* PROPRE CONVEN-TIONNEL.)

Reprise d'instance. Lorsqu'une fille se marie, on ne peut plus valablement procéder de part ni d'autre, jusqu'à ce que l'instance ait été reprise au nom du mari, t. VII, p. 462.

Reprise d'apport. Convention pour la reprise de l'apport en cas de renonciation à la communauté, t. VIII, p. 249. —

Quand y a-t-il ouverture au droit qui résulte de cette convention? *id.* p. 249-250. — Le mari qui a restitué l'apport à la femme, en exécution de la séparation, en a-t-il la répétition s'il la survit? *id.* p. 251. — Il n'y a ouverture que pour la femme, ou pour des personnes spécialement comprises dans la convention, *id.* p. 253. — Lorsque la reprise a été stipulée pour les enfans, quels enfans y sont compris, *id.* p. 254. — Plusieurs espèces, *id.* p. 255 et suiv. — La convention par laquelle la reprise est stipulée pour les collatéraux, comprend-elle les enfans? *id.* p. 256. — Comprend-elle les héritiers de la ligne ascendante? *id.* p. 257. — Reprise stipulée pour les héritiers même collatéraux, ne s'étend pas à la succession vacante; *id.* p. 257-258. — La reprise ayant été ouverte au profit de la femme qui a survécu, quoiqu'elle soit morte avant d'avoir pris qualité, peut être exercée par tous ses héritiers et autres successeurs, *id.* p. 260-261. — Ses créanciers peuvent l'exercer, quoiqu'elle ait accepté la communauté, en faisant déclarer cette acceptation faite en fraude, *id.* p. 261-262. — Lorsque la femme a prédécédé, laissant pour héritiers une personne comprise dans la convention, et un légataire universel qui n'y est pas compris, le légataire universel pourra-t-il l'exercer? *id.* p 262-263. — Quand la convention de reprise est-elle censée comprendre ce qui est avenu à la femme depuis le mariage? *id.* 265-266. — Si par la clause de reprise, il est dit que le mari pourra déduire une certaine somme pour frais de noces, cette déduction s'étend-elle aux héritiers du mari? *id.* p. 266. — Espèce dans laquelle la reprise ayant été stipulée sans déduction à l'égard des enfans du mariage, et sous la déduction de quatre mille livres à l'égard des enfans d'un précédent mariage, les enfans des deux mariages concourent, *id.* p. 268-269. — La reprise du mobilier ne se fait pas en nature, *id.* p. 272. — On doit déduire, sur la reprise, les dettes passives que la femme a fait entrer en communauté, *id.* p. 272-273.

Reprise d'instance est volontaire ou forcée, t. XIV, p. 102. — Qui sont ceux qui peuvent faire la reprise volontaire? *id.* p. 102. — Comment elle se fait, *id.* p. 102. — Demande donnée contre les héritiers ou autres successeurs, pour reprendre l'instance, *id.* p. 102. — Ce droit se prescrit par trente ans, *id.* p. 104.

RÉPUDIATION d'une succession; par qui elle peut être faite, t. XII, p. 525-526. — On ne peut répudier une succession que quand elle est déférée, *id.* p. 527. — Comment répudie-t-on une succession? *id.* p. 527. — Effet de la répudiation d'une succession, *id.* p. 528. — A qui son droit accroît-il? *id.* p. 528.

Répudiation d'un legs; par qui peut-elle être faite? t. XIII, p. 179. — Elle se fait ou expressément ou tacitement, *id.* p. 180.

REQUÊTE CIVILE, *Requête présidiale.* En quel cas y a-t-il lieu à ces requêtes contre les arrêts et jugemens en dernier ressort? t. II, p. 265 et suiv? — Dans quel temps doit-on se pourvoir par cette voie? *id.* p. 268 et suiv.

Requêtes données par les parties dans le cours de l'instance, t. XIV, p. 517 (*Voy.* PROVISION.) — Requête afin d'être élargi, ou mis en état de soit ouï, *id.* p. 518 — Il faut, pour l'obtenir, que l'accusé ait obéi à son décret, *id.* p. 519. — Cas où les juges peuvent y faire droit, *id.* p. 519. — Requête des accusés pour être reçus en procès ordinaire, *id.* p. 519. — Cas où cette réception en procès ordinaire ne peut avoir lieu, *id.* p. 519. — Requête que la partie civile et l'accusé peuvent donner au principal, *id.* p. 521. — Ces requêtes se donnent sans qu'il intervienne aucun appointement, *id.* p. 521.

Requêtes civiles. Ce que c'est, t. XIV, p. 177. — Cas où elle a lieu? *id.* p. 177. — A lieu en faveur des ecclésiastiques, communautés et mineurs, lorsqu'ils n'ont pas été défendus, *id.* p. 179. — L'erreur sur un fait ou sur un point de coutume, n'est pas un moyen de requête civile, *id.* p. 180. — N'a lieu que contre les arrêts et jugemens en dernier ressort, *id.* p. 181. — Même contre les interlocutoires, *id.* p. 181. — On ne peut se pourvoir qu'une fois par requête civile, *id.* p. 181. — Dans quel temps on peut se pourvoir, *id.* p. 182. — Ecclésiastiques, communautés, hôpitaux, ont un an, *id.* p. 182. — Forme de se pourvoir par requête civile, *id.* p. 183. — On se pourvoit par une simple requête au présidial, *id.* p. 184. — Requêtes civiles doivent être portées dans la cour qui a rendu le jugement contre lequel on se pourvoit, *id.* p. 184. — Exception à cette règle, *id.* p. 184. — Procédure sur la requête civile, *id.* p. 185. — Toutes requêtes civiles doivent être communiquées aux gens du Roi, *id.* 186. — La requête civile et l'instance n'empêchent point l'exécution du jugement, *id.* p. 187. — Jugement sur la requête civile, et son exécution, *id.* p. 187.

RESCISION du bail à rente pour cause de lésion, t. V, p. 58.

RESCISOIRE. (Action rescisoire du vendeur pour cause de lésion énorme.) L'action rescisoire qu'a le vendeur, pour cause de lésion, est *utilis actio in rem*, t. III, p. 209. — L'acheteur peut s'en faire renvoyer, en offrant de suppléer le juste prix; *secùs,* dans les autres contrats, *id.* p. 210. — Quel est le juste prix que l'acheteur doit suppléer? *id.* p. 210. — Si cependant l'acheteur pouvoit être présumé de mauvaise foi, *id.* p. 211-212. — Doit-il offrir aussi les intérêts du supplément, et de quel jour? *id.* p. 210-211. — L'action rescisoire est divisible: l'un des héritiers du vendeur, ou l'un des vendeurs, ne peut l'exercer que pour sa part; mais l'acheteur peut, s'il le juge à propos, l'obliger à reprendre tout ou rien, *id.* p. 212. — La succession de cette action appartient à ceux auxquels appartient celle de l'héritage, *id.* p. 212. — Ventes de meubles ne sont sujettes à cette rescision,

id. p. 214. — Y a-t-il des exceptions? *id.* p. 214. — Vente par décret sur une saisie réelle n'y sont sujettes; *secùs,* des décrets volontaires; *id.* p. 214. — Vente de droits successifs n'y est sujette, si ce n'est qu'elle fût faite à un cohéritier, *id.* p. 215. — Le vendeur, pour obtenir cette action, n'a pas besoin de justifier qu'il étoit propriétaire, *id.* p. 215. — Quelle lésion donne lieu à cette action? *id.* p. 216. — Suffit-il qu'elle soit au-dessous de la moitié du *pretium summum* ou du *pretium medium* ou *infimum*? *id.* p. 216. — Eu égard à quel temps s'estime la juste valeur, *id.* p. 217. — Doit-on avoir égard au trésor ou à une mine qu'on a découverte depuis le contrat? *id.* p. 217. — La disproportion entre le prix pour lequel le vendeur avoit acheté l'héritage, et celui pour lequel il l'a revendu, établit-elle la lésion? *id.* p. 217. — La considération des droits seigneuriaux, etc., doit-elle entrer dans l'estimation du juste prix? *id.* 217. — La charge de réméré doit-elle entrer en considération du juste prix? *id.* p. 219. — Temps dans lequel l'action doit être intentée, *id.* p. 219. — Y a-t-il lieu à cette action, lorsque l'héritage est péri sans la faute de l'acheteur? *id.* p. 219. — *Quid*, si c'étoit par la faute ou le fait de l'acheteur? *id.* p. 221. — Le vendeur est-il reçu à cette action lorsqu'il n'a pas ignoré la juste valeur? *id.* p. 222. — Si cependant il ne paroissoit pas que le besoin d'argent eût porté le vendeur à vendre à un autre prix beaucoup moindre, pourroit-il être présumé avoir voulu gratifier l'acheteur? *id.* p. 223. — Lorsqu'il y a renoncé par le contrat, ou lorsqu'il est dit qu'il fait donation de ce que l'héritage vaut de plus, *id.* p. 224. — Il faut des lettres pour cette action, *id.* p. 225. — Contre qui se donnent-elles? *id.* p. 225. — L'acheteur, sur cette action, est condamné à rendre l'héritage, *id.* p. 225. — Doit-il l'être au rapport des fruits? *id.* p. 225-226. — Doit-il faire raison de ceux qui étoient pendans lors du contrat? *id.* p. 227. — Doit rendre les accessoires, *id.* p. 227. — De quelles dégradations est-il tenu? *id.* p. 227. — Le vendeur doit, de son côté, rendre le prix, *id.* p. 228. — De quelles impenses est-il tenu raison à l'acheteur? *id.* p. 229. — Le vendeur doit-il l'intérêt des sommes auxquelles montent ces impenses? *id.* p. 230. — L'acheteur n'a pas la répétition des loyaux-coûts de son acquisition, *id.* p. 230. — Différence entre les prestations de l'acheteur et celles du vendeur, *id.* p. 231. — Des prestations dont est tenu le vendeur lorsque c'est contre un tiers détenteur que l'action est intentée, *id.* p. 232. — Le vendeur rentre, par cette action, dans l'héritage, sans aucune charge d'hypothèques, *id.* p. 233-234. — Action rescisoire de l'acheteur; l'acheteur a-t-il une action rescisoire pour cause de lésion? *id.* p. 234-235. — Nature de cette action, *id.* p. 235-236. — Pour quelle lésion peut-elle être intentée? *id.* p. 237. — Si le prix étoit un prix

d'affection? *id.* p. 237. — Le vendeur en peut être renvoyé en offrant de rendre ce qu'il y a d'excessif dans le prix, *id.* p. 236. — Elle a lieu, quoique la chose vendue ait cessé d'exister, *id.* p. 237. — Elle n'a pas lieu, lorsque l'acheteur connoissoit la valeur de la chose, *id.* p. 238. — Le vendeur, par cette action, est tenu à la restitution du prix, *id.* p. 238. — Est-il tenu de rendre à l'acheteur les frais du contrat? *id.* p. 238. — De quelles impenses est-il tenu? *id.* p. 239. — Que doit rendre l'acheteur? *id.* p. 240. — Si l'héritage étoit détérioré par la faute de l'acheteur, *id.* p. 240. — Si l'héritage a été vendu avec ses meubles, *id* p. 240.

RESCRIPTION, ce que c'est, t. IV, p. 275. — Rescription pour acquitter une dette, ou *adsignatio*, se passe en trois personnes, *id.* p. 275. — Renferme deux mandats; obligations qui en naissent? *id.* p. 275-276. — Différence d'une prescription acceptée *adsignatio*, et de la vraie délégation et du transport, *id.* p. 278. — Rescription acceptée n'équipolle qu'à *saisie-arrêt*, *id.* p. 278. — Rescription n'oblige le porteur à faire des poursuites, et le porteur peut la rendre *tempore congruo*, *id.* p. 279. — Le rescrivant peut la révoquer, *id.* p. 279. — Rescription pour cause de prêt ou de donation, *id.* p. 279.

RÉSERVE. Défaut de réserve n'emporte pas remise de ce qui est dû, t. V, p. 80.

Réserves des quatre quints des propres faites aux héritiers,

t. XIII, p. 123. — En faveur de quel héritier cette réserve est faite, *id.* p. 126. — Différence de la légitime coutumière et de la légitime de droit, *id.* p. 126. — Effet de la réserve, *id.* p. 127. — Ce qu'on doit retenir et déduire sur les biens abandonnés par l'héritier, *id.* p. 128. — Ce qui reste doit être partagé entre tous les légataires particuliers, au prorata, *id.* p. 129. — *Quid*, des légataires de corps certain? *id.* p. 129. — Lorsque le testateur a légué certains héritages propres, qui font plus que le quint des propres, l'héritier, pour pouvoir retenir sur les propres légués l'excédant du quint, est-il obligé d'abandonner au légataire tous les biens disponibles auxquels il succède? *id.* p. 130. — Tempérament apporté par Ricard et Duplessis, *id.* p. 134. — Lorsque le testateur a légué tous les propres situés dans une coutume, l'héritier qui veut retenir la portion que cette coutume lui réserve, est-il obligé d'abandonner au légataire les portions disponibles des propres situés dans les autres coutumes? *id.* p. 134. — Lorsque l'héritier aux propres, qui retranche les quatre quints, n'est point l'héritier des autres biens disponibles, le légataire peut-il demander aux héritiers des biens disponibles l'estimation des quatre quints des propres qui lui ont été retranchés? *id.* p. 134-135.

RESIGNATAIRE. Tenu d'entretenir les baux faits par son résignant, t. IV, p. 437. — Se-

cùs, le successeur à un bénéfice, *id.* p. 437.

RESOLUTION DE VENTE. Le contrat de vente qui n'a encore reçu aucune exécution, se résout de plein droit par le consentement mutuel des parties, t. III, p. 205. — Par une nouvelle vente qu'elles font entre elles, de la même chose, *id.* p. 206. — Lorsqu'il a reçu une partie de son exécution par la tradition réelle, le contrat peut encore se résoudre par le consentement mutuel des parties, mais pour l'avenir seulement, *id.* p. 207. — Lorsqu'il a été exécuté de part et d'autre, il ne peut plus se résoudre, *id.* p. 207-208.

Résolution, en vertu de la clause de réméré. (*V.* RÉMÉRÉ.)

Résolution en vertu du pacte commissoire. (*V.* PACTE COMMISSOIRE.) — L'inexécution de quelqu'une des obligations de l'une des parties contractantes est-elle seule une cause suffisante pour que l'autre puisse demander la résolution du contrat? *id.* p. 284 et suiv.

Résolution. Actes qui contiennent la résolution d'un contrat de vente, ne donnent pas lieu au retrait, t. III, p. 455 et suiv.

Résolution de bail se fait de plein droit par l'expiration du temps pour lequel il a été fait, sans que ni l'une ni l'autre des parties puisse être obligée de le continuer, t. IV, p. 440. — Exception à cette règle dans le droit romain, *id.* p. 440. — Résolution du bail par l'extinction de la chose; *secùs*, si c'est par la faute du conducteur, *id.* p. 440-441.—Lorsque le conducteur a succédé au locateur, soit à titre de propriétaire, soit à titre d'usufruitier, *id.* p. 441. — Par la résolution du droit et de la qualité dans laquelle le bailleur a fait le bail, *id.* p. 442 et suiv. — Le bail ne se résout pas par la mort de l'une ni de l'autre des parties; exception au principe, *id.* p. 444-445. — Cas auxquels la résolution du bail ne se fait pas de plein droit, mais peut être demandée par le preneur en cas de retard de le faire entrer en jouissance, *id.* p. 323. (*V.* RETARD.) — Si la chose louée se trouve diminuée ou détériorée, *id.* p. 323-324.—Pour vice de la chose louée, *id.* p. 349. — Faute de réparation à faire par le locateur, *id.* p. 448. — Lorsqu'il ne peut plus se servir de la chose, *id.* p. 323-324.

Résolution du bail d'ouvrage; le locateur, s'il ne juge pas à propos de faire faire l'ouvrage, ou de le continuer, peut résoudre le marché en avertissant l'entrepreneur, et en l'indemnisant, *id.* p. 499. — Le peut-il, même après qu'il a payé le prix en entier? *id.* p. 500-501. — L'entrepreneur peut-il résoudre le marché? *id.* p. 501. — Le bail d'ouvrage ne se résout par la mort du locateur; peut-il le résoudre en avertissant et indemnisant? *id.* p. 501-502. — *Quid,* lorsqu'il y a plusieurs héritiers de différens avis? *id.* p. 502. — Lorsque la chose est à faire sur un héritage propre, c'est l'héritier aux propres qui succède aux droits du bail, *id.* p. 502-

503. — Par qui, en ce cas, le prix doit-il être payé; plusieurs distinctions? *id.* p. 505. — L'héritier aux propres qui empêche de continuer l'ouvrage, est seul tenu des dommages et intérêts de l'entrepreneur, *id.* p. 506-507. — Le bail d'ouvrage ne se résout pas par la mort du conducteur, lorsque l'ouvrage n'est pas personnel, *id.* p. 508. — *Secùs,* si c'est un ouvrage personnel, *id.* p. 509. — Le prix du travail commencé est-il dû? *id.* p. 510. — Le bail d'ouvrage se résout, lorsqu'une force majeure en empêche l'exécution, *id.* p. 510.

Résolution du bail à rente, t. V, p. 60-61.

RESTITUTION. (*V.* BÉNÉFICE DE RESTITUTION.)

Restitution de pièces, prescription contre la demande en restitution de pièces en faveur des conseillers de la cour, leurs veuves et héritiers, t. II, p. 182. — En faveur des avocats et procureurs, *id.* p. 182.

Restitution. Pour quelles causes un retrayant est-il restituable contre le retrait par lui exercé? t. III, p. 460.

Restitution. En quel cas la femme ou ses héritiers peuvent-ils se faire restituer contre leur renonciation à la communauté? t. VIII, p. 353. — Contre leur acceptation, *id.* p. 367. — Rétablissement de communauté. (*V.* SÉPARATION.)

RETARD du locateur de délivrer la chose donne lieu à des dommages et intérêts, quelquefois à la résolution, t. IV, p. 322.

RÉTICENCE, est contre la

bonne foi dans le contrat de vente. (*V.* BONNE FOI)

RETOURS DE PARTAGE. Deux espèces, t. V, p. 206. — Hypothèque pour lesdits retours, *id.* p. 207.

Retour en denier fait durant la communauté, par suite du partage d'une succession de biens immeubles, n'entre pas dans la communauté, t. VIII, p. 69-70. — *Quid, vice versâ? id.* p. 155-156. — Retour consistant dans une somme d'argent porte intérêt du jour du partage : il peut consister dans une rente qui est foncière ou constituée, suivant qu'il résulte de la convention, *id.* p. 452.

Retour de partage. Ce que c'est, et en quoi il consiste, t. XII, p. 584. — La rente créée pour retour est une vraie rente foncière, *id.* p. 585. — Du retour qui consiste en une somme d'argent, *id.* p. 585. — Le cohéritier qui en est chargé doit les intérêts du jour de partage, *id.* p. 585. — *Quid,* si le cohéritier chargé de ce retour en argent, constitue rente pour cette somme ? *id.* p. 586. — Cette rente est une créance personnelle, *id.* p. 586. — Garantie de partage, *id.* p. 586. (*V.* GARANTIE.)

Retour. Droit de retour a lieu dans les parlemens de droit écrit, t. XIII, p. 314. — Ce droit n'a pas été reçu dans le parlement de Paris pour les provinces de droit écrit, et à plus forte raison n'a pas lieu pour les pays coutumiers, *id.* 315.

RETRAIT. Ce que c'est, et combien il y en a d'espèces, t. XVII, p. 115.

Retrait féodal. t. XV, p. 175. — Sa nature, *id.* p. 175. — Quels seigneurs ont ce droit, *id.* p. 176. — Les gens de main morte l'ont-ils? *id.* p. 177. — — Par qui peut-il être exercé? *id.* p. 177. — Sur qui? *id.* p. 180. — Un seigneur grevé de substitution, doit-il rendre au substitué les fiefs qu'il a retirés avant l'ouverture de la substitution? *id.* p. 181. — Le seigneur est-il obligé de rendre à son vassal le fief mouvant de son vassal, qu'il a retiré pendant qu'il tenoit en sa main le fief de son vassal? *id.* p. 181. — Un mari, un bénéficier, doit-il restituer à sa femme ou à son successeur le bien mouvant de sa femme ou de son bénéfice, qu'il a retiré? *id.* p. 181-182. — Le possesseur de bonne foi d'une seigneurie doit-il restituer au propriétaire le fief qu'il a retiré? *id.* p. 182. — Des contrats qui donnent ouverture au retrait féodal, *id.* p. 182. — Du temps qu'a le seigneur pour l'exercer, et par quelles voies; et de l'action en retrait féodal, *id.* p. 185. — De ce que le seigneur peut retirer, *id.* p. 187. — Ce qu'il doit rembourser, *id.* p. 187. — S'il doit jouir du terme, *id.* p. 189. — De la ventilation, *id.* p. 191. — Comment se fait ce remboursement? *id.* p. 192. — Dans quel temps doit-il être fait? *id.* p. 192. — Des obligations de l'acquéreur sur qui ce retrait est exercé, *id.* p. 193. — Effets du retrait féodal, *id.* p. 193. — Le fief retiré est-il acquêt? *id.* p. 194. — Fins de non-recevoir contre le retrait, *id.* p. 194. — Le vendeur est-il rece-

quel temps et comment s'exerce-
t-il? *id.* p. 144. — Ce qu'il faut
rembourser, et s'il y a un temps
fatal? *id.* p. 145.

Retrait conventionnel, ou
droit de refus, sa nature, t.
XVII, p. 146. — Quels contrats
y donnent lieu et pour raison de
quelle chose? *id.* p. 148. — A
qui appartient l'action qui naît
de ce droit? *id.* p. 149. — Comment s'exerce ce retrait? *id.* p.
150. — Dans quel temps? *id.* p.
150. — Obligations du retrayant
et de l'acquéreur, *id.* p. 151.

Retrait. Ce que c'est, t. III,
p. 389. — Quelles sont les différentes espèces de retrait? *id.*
p. 389.

Retrait lignager. Ce que c'est,
t. III, p. 391. — Son origine,
et les raisons qui l'ont fait établir, *id.* p. 392. — En quelles
provinces a-t-il lieu? *id.* p. 393.
— Lois qui établissent ce retrait sont statuts réels; corollaires de ce principe, *id.* p.
393-394. — Nature du droit de
retrait lignager; c'est une faveur
de la loi, *id.* p. 394. — Les parties n'y peuvent donner atteinte,
id. p. 395. — Fraudes contre
le droit de retrait; en quoi con-
sistent-elles? *id.* p. 396. — Sont
punies par plusieurs coutumes,
id. p. 396. — Preuve testimoniale de ces fraudes est admise,
id. p. 397. — Lignager peut déférer le serment, *id.* p. 397.
— Droit de retrait est favorable
et non odieux, *id.* p. 397. —
Réparation à laquelle est tenu
dans le for de la conscience l'acquéreur qui a caché son acquisition, *id.* p. 397-398. — Convention qu'en cas de retrait la
vente sera nulle, est-elle va-

lable? *id.* p. 395. — Si le vendeur s'étoit fait fort envers l'acquéreur que sa famille n'exerceroit pas le retrait, *id.* p. 395. —
Choses sujettes à retrait, *id.* p.
404 et suiv. — (*V.* HÉRITAGE,
PROPRE, ACQUÊT, CONQUÊT, MEU-
BLES, DROITS, DIMES, RENTES,
OFFICES, SEIGNEURIE UTILE, USU-
FRUIT, FRUITS PENDANS.) — Les
choses qui ne sont pas sujettes
au retrait le deviennent-elles
lorsqu'elles sont vendues avec
un héritage qui y est sujet? *id.*
p. 424. — Exception au principe, divergence de la coutume
d'Orléans d'avec le droit commun, *id.* p. 425. — Quels contrats donnent ou ne donnent pas
lieu au retrait, *id.* p. 427 et
suiv. — (*Voy.* VENTE, BAIL,
ECHANGE, DATION EN PAIEMENT,
DONATION, SOCIÉTÉ, AMEUBLIS-
SEMENT, TRANSACTION, LICITA-
TION, RENTE VIAGÈRE, RÉSOLU-
TION.) — De quand? *id.* p. 460.
Si la vente avoit été contractée
sous une condition, *id.* p. 461.
Lorsqu'un mineur vend, le retrait est-il ouvert du jour de la
vente ou de celui de la ratification? *id.* p. 462. — *Quid*, de la
vente faite par une femme en
puissance de mari? *id.* p. 463.
— A qui les coutumes accor-
dent-elles le droit de retrait?
id. p. 463 et suiv. — (*Voyez*
VENDEUR.) — Quelle est la famille du vendeur à qui le retrait
est accordé? *id.* p. 469. — Ce
droit est accordé sans aucune
limitation de degré, *id.* p. 469.
— Les ascendans de la ligne
sont-ils habiles au retrait? *id.* p.
471-472. — La parenté formée
par quelqu'union illégitime ne
donne pas les droits de famille,

id. p. 471. — La mort civile prive des droits de famille, et rend, par conséquent, inhabile au retrait, id. p. 472. — Etrangers non naturalisés n'ont pas les droits de famille, id. p. 472. — Quelles personnes peuvent exercer le retrait? id. p. 471 et suiv. — Celles qui n'étoient pas encore conçues lors du contrat de vente, id. p. 472. — Un curateur au ventre, id. p. 472. — Un novice, id. p. 472. — Un exhérédé, id. p. 473. — Un vendeur ne peut de son chef exercer le retrait sur la vente qu'il lui a faite, même pour les parts de ses co-vendeurs, id. p. 473-474. — Il le peut en qualité de tuteur ou de curateur de quelqu'un de ses parens, même en qualité d'administrateur des droits de ses enfans mineurs, id. p. 475. — Peut reprendre l'instance sur la demande donnée par un des lignagers, dont il est devenu héritier, id. p. 475-476. — Le vendeur qui est devenu héritier du conjoint lignager, peut exercer le retrait de mi-denier au partage, id. p. 663. — Secùs, si ce n'étoit pas au partage que ce retrait s'exerçât, id. p. 663. — Un lignager peut exercer le retrait, quoiqu'il soit devenu héritier du vendeur, à moins que par clause spéciale on eût garanti l'acheteur du retrait, id. p. 476. — Quoiqu'il soit la caution du vendeur, id. p. 477. — Quoiqu'il ait autorisé sa femme, dont il est lignager, pour vendre, pourvu qu'il ne se soit pas porté vendeur en son nom, id. p. 484. — Quoiqu'il ait vendu comme fondé de procuration, comme tuteur, comme curateur, id. p. 478. — Quoiqu'on ait vendu sur lui comme curateur à une succession vacante; secùs, si on a vendu sur lui comme héritier bénéficiaire, id. p. 478. — Quoiqu'il ait été le poursuivant ou qu'il ait été opposant, ou qu'il ait été le juge qui a adjugé le décret, id. p. 478-479. — Quoiqu'il ait reçu l'acte comme notaire, ou l'ait souscrit comme témoin, id. p. 484-485. — Quoique le marché lui ait été proposé, id. p. 485. — La convention qu'a eue le lignager de ne pas exercer le retrait, l'y rend non-recevable vis-à-vis de l'acheteur, soit qu'il ait eu cette convention avec l'acheteur, id. p. 479. — S'il l'avoit eue avec le vendeur, id. p. 480. — Cette convention l'engage-t-elle envers d'autres lignagers sur lesquels il demande la préférence, id. p. 481. — Consentement donné à la vente par un lignager renferme-t-il une renonciation au retrait? id. p. 481. — Quid, de la cession qu'il auroit faite de son droit à un étranger? id. p. 482-483. — Un lignager, quoiqu'acheteur, peut exercer le retrait pour les parts de ses co-acheteurs, id. p. 484. — De la préférence ou concurrence entre plusieurs lignagers qui se présentent pour exercer le retrait. — (V. Préférence, Représentation.) — Sur qui s'exerce le retrait lignager? contre l'acheteur étranger, ses héritiers et tiers détenteurs, id. p. 492. — Le lignager doit-il se pourvoir contre le tiers détenteur ou contre l'acheteur? id. p. 492-493. — Quid, lorsque l'acheteur étranger, avant aucune demande, a transmis l'héritage à un successeur qui est de la famille? *id.* p. 493. — S'exerce-t-il sur un légataire à qui le testateur a légué un héritage, dans le cas auquel son héritier le vendroit? *id.* p. 494-495. — S'exerce-t-il sur le seigneur? *id.* p. 494.—Sur le roi, *id.* p. 496. — Sur un autre lignager, *id.* p. 496. — Sur un étranger qui est conjoint par mariage et en communauté de biens avec un lignager, *id.* p. 497. — Ou qui a des enfans lignagers, *id.* p. 497-498. (*V.* RETRAIT DE MI-DENIERS.) — S'il venoit à vendre l'héritage, les enfans pourroient-ils être admis au retrait du vivant de leur père? *id.* p. 498. — S'exerce-t-il sur un acquéreur qui, par un même marché, a acquis des héritages de sa ligne, et d'autres qui n'en sont pas? *id.* p. 499. — Comment le retrait s'exerce-t-il lorsque tous les héritages compris au marché sont de la ligne du retrayant, et que le temps est passé pour quelques-uns et non pour les autres? est-il admis à retirer ceux pour lesquels le temps n'est pas passé? peut-on l'obliger à retirer le tout? *id.* p. 499-500. — Lorsqu'il n'y a que partie des choses comprises au marché qui soit de la ligne du retrayant, a-t-il droit de prendre tout le marché, et l'acquéreur peut-il l'y obliger? *id.* p. 505. — A quelle coutume doit-on avoir égard sur cette question? *id.* p. 507. —Lorsque, dans les héritages compris au marché, il y en a un dont le retrayant est propriétaire, est-il obligé de

prendre tout le marché? *id.* p. 508-509. — Règles pour connoître s'il n'y a qu'un marché ou s'il y en a plusieurs? *id.* p. 504.—Le retrayant qui a donné une demande en retrait sur plusieurs marchés, peut-il se désister du retrait d'un marché sans se désister des autres? *id.* p. 505. — Sur le temps dans lequel le retrait doit être exercé, et sur la prescription qui résulte du laps de ce temps, (*V.* TEMPS, PRESCRIPTION.) Formalités requises par l'ordonnance et les coutumes, pour les retraits. L'exploit de demande en retrait doit être donné par un huissier compétent, *id.* p. 531. — Qui ne soit pas interdit, *id.* p. 531. — Ni parent du demandeur, *id.* p. 531. — Doit-il être recordé de témoins? *id.* p. 531-532. —Doit-il être fait de jour ou de nuit? *id.* p. 532. — Peut-il être donné un jour de fête ou de dimanche? *id.* p. 533. —Défaut d'expression du degré de parenté, du jour auquel le défendeur est assigné, le délai trop long et trop court, ne rendent l'exploit nul, *id.* p. 535. — Différentes formalités requises par les différentes coutumes : offres aux journées de la cause; consignation de quelques pièces de monnaie, etc., *id.* p. 535-536. — Election de domicile, dans la juridiction du domicile de l'ajourné; *id.* p. 537. — Quelle coutume doit-on suivre pour les formalités? *id.* p. 538. —Défaut de formalité emporte la déchéance du droit de retrait, *id.* p. 538.—Peut s'opposer en tout état de cause, même sur l'appel, *id.* p. 538-539. —

Huissiers, procureurs, sont-ils responsables des défauts de formalités? *id.* p. 359. — Formalités pour faire courir le temps du retrait, rien n'en peut dispenser, *id.* p. 574. — Sur les obligations du retrayant après le retrait adjugé. — (*V.* PRIX, LOYAUX-COUTS, IMPENSES, TIERS-ACQUÉREUR.) — Dans quel temps et comment doit-il y satisfaire? — (*V.* TEMPS, DÉPOT, AFFIRMATION, RECONNOISSANCE, OFFRES, CONSIGNATION.) — Charges imposées à l'acheteur outre le prix. Le retrayant doit l'indemniser lorsqu'elles sont appréciables, *id.* p. 551-552. — *Secùs*, lorsqu'elles ne sont pas appréciables, *id.* p. 553. — *Quid*, de la charge imposée à l'acheteur, de faire un prêt considérable au vendeur? *id.* p. 553-554. — Charges réelles imposées par l'acheteur s'éteignent par le retrait, *id.* p. 614. — (*V.* DROITS RÉELS.) — Raison de cette disposition, *id.* p. 614. — Si cependant l'hypothèque étoit acquise par une personne qui auroit prêté de l'argent à l'acquéreur pour acheter l'héritage, *id.* p. 615. — Si l'acheteur avoit fait donation d'un droit dans l'héritage, *id.* p. 616. — Après le retrait adjugé, l'acheteur sur qui le retrait a été adjugé, peut-il contraindre le retrayant à prendre le marché? *id.* p. 590. — Des obligations de l'acheteur qui a reconnu le retrait, ou sur qui il a été adjugé. — (*V.* DÉLAIS, FRUITS, TRÉSOR, ALIÉNATION, DÉGRADATION, FAUTE, TIERS-ACQUÉREUR.) — L'acheteur ne peut changer la forme de l'héritage, *id.* p. 606.

— Effet du retrait lignager, *id.* p. 607. — Comment s'éteint le droit du retrait lignager? *id.* p. 637. — Par le retour de l'héritage à la famille avant aucune demande en retrait? *id.* p. 637-638. — Exception à l'égard des coutumes qui préfèrent le plus proche, *id.* p. 638. — Si l'héritage avoit été revendu au vendeur avant la demande en retrait, mais sans que la tradition fût intervenue, *id.* p. 638. — Le droit de retrait s'éteint lorsque l'héritage qui y étoit sujet est péri, *id.* p. 639. — *Quid*, si c'étoit par la faute de l'acquéreur? *id.* p. 639. — Si cette faute avoit été commise par l'acquéreur depuis sa demeure, *id.* p. 639. — Demeure-t-il pour la place et les matériaux qui restent? *id.* p. 639. (*V.* PRESCRIPTION.) — Procès intenté à l'acquéreur sur la propriété de l'héritage, donne-t-il une exception contre la demande en retrait? *id.* p. 642. — Action de retrait lignager est personnelle et réelle, *id.* p. 398. — Est-elle transmissible, et à quels héritiers? *id.* p. 400. — Est-elle cessible? *id.* p. 401. — Est divisible, *id.* p. 403. — Un mari peut-il donner la demande en retrait pour sa femme? *id.* p. 530. — Par qui doit-elle être intentée pour un mineur? *id.* p. 530. — Pour des enfans sous puissance paternelle, *id.* p. 530. Pour un posthume, *id.* p. 531. — — Doit-il y être sursis pendant le procès intenté à l'acheteur sur la propriété de l'héritage, *id.* p. 642-643.

Retrait de mi-denier. Ce que c'est, t. III, p. 643-644. —

C'est un vrai retrait lignager, 644. — Les mêmes contrats y donnent ouverture, sauf que ce n'est que du jour de la dissolution de la communauté, *id.* p. 644-646. — La séparation de biens intervenue durant le mariage y donne-t-elle ouverture ? *id.* p. 647. — Il faut, pour qu'il y ait lieu à ce retrait, que l'héritage ait été acquis durant le mariage et pendant la communauté, *id.* p. 645. — Il faut que l'un des conjoints soit lignager et l'autre étranger, *id.* p. 645. — N'importe que la femme ait parlé ou non au contrat, *id.* p. 646. — *Quid*, lorsque le mari étranger aliène l'héritage durant le mariage? *id.* p. 648-649. — Le don mutuel arrête-t-il l'ouverture de ce retrait ? *id.* p. 649-650. — Par la renonciation de la femme lignagère ou de ses héritiers, tout l'héritage est-il sujet à ce retrait? *id.* p. 651. — *Quid*, si au partage de la communauté le conjoint ou ses héritiers lignagers n'usent pas du retrait, et que l'héritage tombe entièrement dans le lot de l'étranger? *id.* p. 652. — Dans le retrait de mi-deniers le conjoint lignager ou ses héritiers, sont préférés aux autres lignagers du vendeur, *id.* p. 653. — Faut-il que ces héritiers soient lignagers pour être admis à ce retrait? *id.* p. 653. — *Quid*, si entre les héritiers du conjoint lignager, les uns sont lignager, les autres ne le sont pas ? pas? *id.* p. 654-655. — *Quid*, si les uns veulent exercer le retrait, et les autres ne le veulent pas? *id.* p. 655. — Ce retrait de mi-denier ne s'exerce sur les héritiers du conjoint étranger, s'ils sont lignagers, *id.* p. 656. — Il ne s'exerce sur les héritiers du conjoint lignager, quand même ils seroient étrangers, sa part n'étant pas sujette à ce retrait, *id.* p. 656. — Le retrait de mi-denier doit s'exercer dans l'an et jour de la dissolution de communauté, *id.* p. 657. — Les mêmes causes qui arrêtent le temps du retrait ordinaire, arrêtent celui-ci, *id.* p. 657. — Quand même il s'exerceroit au partage, *id.* p. 658. — Ce retrait n'est sujet aux formalités lorsqu'il s'exerce au partage; sinon il y est sujet, *id.* p. 658. — Comment s'exerce-t-il au partage? *id.* p. 658-659. — Les obligations du retrayant sont les mêmes que dans le retrait ordinaire, sauf qu'il est tenu du remboursement des mises utiles, *id.* p. 661-662. — Il n'y a pas même de terme fatal lorsqu'il s'exerce au partage, *id.* p. 662. — Lorsque le retrait de mi-denier s'est exercé au partage de la communauté, le retrayant possède l'héritage, comme un conquêt de cette communauté, *id.* p. 662. — Corollaires, *id.* p. 663. — Lorsqu'il ne s'exerce pas au partage, il a les mêmes effets que le retrait ordinaire, *id.* p. 663. (*V.* Hypothèques.)

Retrait féodal ou seigneurial. Ce que c'est? *id.* p. 673. — Sa nature, *id.* p. 673. — Il appartient à la nature du fief, *id.* p. 673. — Le retrait lignager l'emporte sur le féodal, *id.* p. 674. — L'action en retrait féodal est-elle réelle? *id.* p. 677. — Est-elle cessible? *id.* p. 678. — Quel est l'héritier qui y succède?

le mariage, *id.* p. 23.— *Secùs*, si elle étoit intervenue avant ? *id.* p. 24.

Retrait. Le retrait lignager fait des propres de communauté, t. VIII, p. 107. — *Secùs*, du conventionnel, *id.* p. 107.

Retrait féodal. La coutume d'Orléans ne l'accorde qu'aux seigneurs châtelains, t. XI, p. 362. — De la nature du retrait féodal, *id.* p. 363. — Définition du retrait féodal, suivant la jurisprudence du Parlement de Paris, *id.* p. 363. — Il y a ouverture au retrait féodal dans les mêmes cas où il y a ouverture au profit de quint, *id.* p. 365.— Les contrats qui donnent ouverture au retrait féodal, sont les contrats de vente ou équipollens à vente, *id.* p. 365. — Du contrat de vente. (*V.* VENTE.)— Toutes les choses qui sont tenues en fiefs, sont sujettes au retrait féodal quand elles sont vendues, *id.* p. 389.— Si une rente inféodée, qui n'est pas rachetable, est rachetée par le débiteur, y a-t-il lieu au retrait ? *id.* p. 389. — *Quid*, des dîmes inféodées ? *id.* p. 390. — *Quid*, de la vente d'un bois de haute-futaye ? *id.* p. 390.—D'un droit d'usufruit, *id.* p. 390. — D'une action pour avoir le fief, *id.* p. 390. — Quel seigneur a le droit d'exercer le retrait féodal ? *id.* p. 391. — Si le roi doit être excepté ? *id.* p. 392. — *Quid*, des seigneurs ecclésiastiques, *id.* p. 393. — Les ecclésiastiques peuvent-ils céder à un autre le retrait féodal ? *id.* p. 393.—Si un co-propriétaire du fief dominant peut, sans le consentement des autres co-pro-

priétaires, exercer le retrait féodal, *id.* p. 394.—Limitation apportée par Dumoulin, *id.* p. 395. — Si le seigneur, dont le droit est révocable, peut exercer le retrait féodal, *id.* p. 396.—Si le retrait féodal est cessible, *id.* p. 396. — Si le propriétaire du fief dominant, qui a aliéné, peut exercer l'action du retrait féodal qui est née pendant qu'il l'étoit ? *id.* p. 397.— Si le retrait féodal peut appartenir à d'autres qu'au vrai propriétaire. (*Voyez* USUFRUITIER, FERMIER, MARI, TUTEUR, APANAGISTE.)— Dans quel temps le retrait féodal peut-il être exercé ? Variété des coutumes de Paris et d'Orléans, *id.* p. 406-407. — De la notification et exhibition du contrat. (*V.* NOTIFICATION.)— Du terme de quarante jours prescrit pour exercer le retrait féodal, *id.* p. 411. — Cette prescription de quarante jours est interrompue par la mort du seigneur, *id.* p. 411-412. — Dumoulin décide que le terme ne court pas pendant le procès sur la validité de la vente, *id.* p. 412. — Des différentes manières d'exercer le retrait féodal. Exécution du retrait féodal se fait ou par la voie de la saisie féodale, ou par la voie d'exception, ou par la voie d'action, *id.* p. 413.— L'action peut s'intenter non-seulement contre l'acheteur, mais contre les tiers-détenteurs, *id.* p. 414.—Elle n'est sujette à aucune des formalités du retrait lignager, *id* p. 415. — L'obligation du seigneur qui exerce le retrait, est de rendre à l'acheteur le prix et les loyaux-coûts, *id.* p. 415. — Est-il obligé de rendre le prix que l'acheteur doit encore? *id.* p. 415. — *Quid*, si le vendeur a fait remise à l'acheteur? *id.* p. 416. — Le seigneur peut-il jouir du terme accordé par le contrat? *id.* p. 417. — *Quid*, si l'acheteur a constitué par le contrat rente pour le prix? *id.* p. 417. — Dans quel temps le seigneur doit-il rembourser? *id.* p. 419. — Ce qui fait partie des loyaux-coûts, *id.* p. 420. — Le seigneur ne peut être obligé de retirer autre chose que le fief relevant de lui, *id.* p. 420-421 — Et l'acheteur ne peut être contraint par le seigneur à lui bailler autre chose, *id.* p. 421. — Effets du retrait féodal, *id.* p. 422. — Le seigneur acquiert le fief, avec toutes les hypothèques et charges réelles imposées par le vendeur ou ses auteurs, *id.* p. 422. — L'acheteur doit lui céder ses actions, *id.* p. 422. — Le seigneur est exclu du retrait féodal, 1° par le laps de temps ; 2° par la réception de foi ; 3° par le choix du profit ou quint, *id.* p. 423. — *Quid*, si le seigneur a donné souffrance à l'acheteur ? *id.* p. 423. — Comment le seigneur est censé avoir fait choix du profit de quint? *id.* p. 423-424. — Si le seigneur a composé du profit, il est exclu du retrait, *id.* p. 424. — *Quid*, si le seigneur a fait demande du profit, avant que le contrat lui ait été notifié? *id.* p. 425. — *Quid*, si le profit avoit été payé à un procureur fondé de procuration générale? *id.* p. 426. — Le seigneur n'est pas exclu du retrait pour avoir reçu le contrat comme notaire, ou assisté comme témoin, ou adjugé l'hé-

ritage comme juge, *id.* p. 427.

RETRANCHEMENT des donations pour la légitime des enfans, t. XIII, p. 316. (*V.* LÉGITIME.) — Quelles donations sont sujettes au retranchement de la légitime, *id.* p. 318. — Les dots des filles y sont-elles sujettes du vivant du gendre? *id.* p. 319. — *Quid*, de la dot fournie pour la profession religieuse? *id.* p. 320. — Les conventions matrimoniales n'y sont pas sujettes, *id.* p. 320. — Effet du retranchement des donations pour cause de légitime, *id.* p. 326. — Ce retranchement donne lieu à un partage entre le donataire et le légitimaire, qui opère entre eux une garantie, *id.* p. 326-327. — Retranchement des donations dans quelques coutumes, pour la légitime coutumière, *id.* p. 329. — Quelles donations sont sujettes à ce retranchement? *id.* p. 330. — Retranchement que souffrent les donations par le premier chef de l'édit des secondes noces, *id.* p. 332. (*V.* ÉDIT DES SECONDES NOCES.) — Quelles donations sont sujettes à ce retranchement, *id.* p. 333. — Les avantages, de quelque espèce qu'ils soient, y sont sujets, *id.* p. 334. — Le douaire préfix, jusqu'à concurrence du coutumier, n'y est pas sujet, *id.* p. 335. — La prohibition de donner aux enfans du mari renferme-t-elle les enfans communs? *id.* p. 335-336. — Celles faites aux père et mère, ou enfans du second mari après la mort, n'y sont pas sujettes, *id.* p. 336. — Quand y a-t-il lieu à ce retranchement? *id.* p. 336. — Il faut que le conjoint qui a donné, ait des enfans ou petits-enfans d'un précédent mariage, *id.* p. 336 et suiv. — Comment se règle la part du mari lorsque les enfans ont des portions inégales? *id.* p. 338.

RÉUNION de fief, t. XV, p. 202. — Comment se fait, *id.* p. 202.

Réunion des fiefs. Ce que c'est? t. XI, p. 444. — La réunion ne se fait pas nécessairement, elle peut être empêchée par la déclaration contraire, *id.* p. 445. — Variété de la jurisprudence et des coutumes sur la manière dont se fait la réunion, *id.* p. 445-446. — Principes de la coutume de Paris sur la réunion, *id.* p. 447. — Il n'importe à quel titre celui qui étoit propriétaire de l'un des héritages, devient propriétaire de l'autre, il y a réunion, *id.* p. 447. — Il faut cependant qu'il soit propriétaire de l'un et l'autre d'une manière incommutable, *id.* p. 448. — Il peut néanmoins empêcher la réunion, par une déclaration contraire, faite *incontinenti*, *id.* p. 449. — Et même *ex intervallo*, aussitôt que la connoissance lui est venue que cet héritage relève du sien, *id.* p. 449. — L'héritier est tenu de réitérer la déclaration faite par le défunt, *id.* p. 449. — De la réunion pendant la communauté, soit quand le mari acquiert un fief relevant d'un propre du mari ou de la femme, *id.* p. 450. — Si la femme a ameubli un de ses propres, et que le mari acquière l'héritage qui en relève, y aura-t-il réunion? *id.* p. 452. — De la réunion par la confusion des successions paternelles et maternelles, *id.* 453.

— Principes de la coutume d'Orléans sur la réunion, *id.* p. 453. — L'héritier de l'acquéreur peut-il, dans cette coutume, empêcher la réunion? *id.* p. 454.

RÉVÉLATIONS sont reçues par les curés et vicaires, et envoyées au greffe de la juridiction, t. XIV, p. 469. — Servent à faire assigner en témoignage ceux qui ont révélé, *id.* p. 469.

REVENDICATION a lieu non-seulement contre celui qui possède indûment une chose, mais même contre celui qui, par dol, a cessé de la posséder, t. V, p. 295.

Revendication (Action en revendication.) Quelle est cette action, t. X, p. 157. — Quelles choses en peuvent être l'objet? *id.* p. 158-159. — Elle ne peut être ordinairement intentée que par celui qui a le domaine de la chose, *id.* p. 161. — Quel domaine faut-il avoir? *id.* p. 161-162. — Le possesseur de bonne foi d'une chose, qui en a perdu la possession, est reçu à cette action contre celui qui la possède sans titre, *id.* p. 162-163. — Cas auxquels il est reçu, même contre le propriétaire, *id.* p. 164. — Cette action se donne contre celui qui est trouvé en possession, et si c'est un fermier, il doit indiquer son bailleur, contre lequel le demandeur doit se pourvoir, *id.* p. 166. — Lorsque mon co-propriétaire possède la chose en commun avec un tiers qui n'y a aucun droit, contre qui doit se donner l'action, *id.* p. 167-168. — Lorsque la partie assignée dénie posséder, que doit ordonner le juge, *id.* p. 168. —

à des débiteurs y sont-elles sujettes? *id.* p. 310.

RISQUES. La chose est aux risques de l'acheteur aussitôt que le contrat est parfait, t. III, p. 187. — En général, quand le contrat est-il parfait? *id.* p. 190. — Dans les ventes des choses *quæ in quantitate consistunt* quand le contrat est-il à cet égard censé parfait? *id.* p. 190-191. — De quand la chose est-elle aux risques de l'acheteur dans les ventes à la charge de goûter? *id.* p. 191-192. — Dans les ventes conditionnelles, *id.* p. 194. — Aux risques de qui sont les choses vendues dans les ventes d'une alternative de deux ou plusieurs choses, *id.* p. 194.

Risques dont sont tenus ou ne sont pas tenus les assureurs et les donneurs à la grosse, t. VI, p. 297. (*V.* Assureurs, Donneurs a la grosse, Changement de route , de Voyage ou de Vaisseau, Représailles, Déclaration de Guerre ; Pillage, Feu.)

RISTOURNE, t. VI, p. 376.

ROI. N'est point censé s'être assujetti aux lois en y soumettant ses sujets, t. III, p. 496.

S.

SAI.

SAISIE. Différentes espèces. Saisie-exécution, ou saisie mobilière, ce que c'est? t. XVII, p. 290. — Saisie de fruits, sans le fond, est saisie mobilière, *id.* p. 290. — Qui sont ceux qui peuvent procéder par saisie-exécution, *id.* p. 291-303. — Pour quelles dettes, *id.* p. 290. — Formalités de cette saisie, *id.* p. 292. — Concurrence des saisies, *id.* p. 293. — Des oppositions à la saisie par d'autres créanciers, *id.* p. 294. — Par le saisi, *id.* p. 294. — Saisie sur saisie ne vaut, *id.* p. 316-317. (*V.* Exécution.) — Saisie-Arrêt. (*V.* Arrêt.) — Saisie réelle des immeubles. Quelles choses peut-on saisir réellement? *id.* p. 325. — Pour quelles dettes? *id.* p. 326. — Sur qui? *id.* p. 327. — Commandemens

SAI.

dont la saisie réelle doit être précédée, *id.* p. 329-371. — Doit-elle être précédée d'une discussion mobilière? *id.* p. 330. — De la commission pour saisir, *id.* p. 372. — Formalités de l'exploit de saisie-réelle, *id.* p. 372-373. — Devant quel juge se doit porter la saisie? *id.* p. 331. — Procédure de la saisie-réelle, et son enregistrement, *id.* p. 332. — Si l'appel la suspend, *id.* p. 332. — Si elle tombe en péremption, *id.* p. 335. — Effet de la saisie réelle et établissement de commissaire, t. XV, p. 242; t. XVII. p. 335. (*V.* Commissaire, et Bail judiciaire.) — Des oppositions à la saisie. (*Voy.* Opposition.) — Incidens sur la saisie, incidens de préférence entre deux saisissans, t. XVII, p. 346. — Incident d'un

du blé par lui recueilli, t. III, p. 595.

Semences jetées en terre, acquises par droit d'accession au propriétaire de la terre, t. X, p. 94.

SEMONCE, ce que c'est, t. X, p. 67.

SENS. Lorsqu'une clause est susceptible de deux sens, lequel est préférable, t. I, p. 143.

SÉPARATION. Deux espèces: séparation d'habitation, séparation de biens; comment se font-elles et pour quelles causes? t. XVI, p. 37-93-94. — Clauses de séparation de dettes, *id.* p. 25-108. — Séparation des biens de la succession, que les créanciers du défunt ont droit de demander contre ceux de l'héritier, t. XVII, p. 55-56. — Si ceux de l'héritier peuvent pareillement demander la séparation des biens de l'héritier, *id.* p. 56.

Séparation de biens donne-t-elle ouverture au retrait de demi-denier? t. III, p. 647.

Séparation. Quel pouvoir donne à la femme la séparation de biens, et pour quels actes la dispense-t-elle d'autorisation? t. VII, p. 440-441. — De quel droit prive-t-elle le mari? *id.* 479-480. — N'a d'effet si elle n'a été exécutée, *id.* p. 443. (*V.* Rachat.)

Séparation d'habitation. Ce que c'est, t. VII, p. 335. — Pour quelles causes est-il permis dans le for intérieur, à une femme, de demander la séparation d'habitation? *id.* p. 335. — Pour quelles causes y est-elle admise dans le for extérieur? *id.* p. 336. — Une accusation

capitale formée par le mari contre sa femme, dans laquelle il a succombé, est pour la femme une juste cause de demander séparation, *id.* p. 338. — Profession d'hérésie, *id.* p. 338. — Maladie ou difformité, quelque grièves qu'elles soient, survenues depuis le mariage, ne sont cause de séparation, *id.* p. 338-339. — Ni la folie du mari, *id.* p. 339. — Une femme n'est pas écoutée, pour fonder sa demande en séparation, à alléguer les débauches et les adultères de son mari, *id.* p. 339-340. — La séparation d'habitation ne peut s'obtenir que par une sentence du juge, rendue en connoissance de cause, sur la demande de la femme contre le mari; tout autre acte par lequel elle seroit consentie entre les parties est de nul effet, *id.* p. 340. — Juge séculier est compétent pour en connoître, *id.* p. 340. — Procédure pour parvenir à la séparation, et office du juge, *id.* p. 341. — Dans les demandes en séparation les faits avoués ne sont pour cela réputés avérés, le juge doit en ordonner la preuve, *id.* p. 341. — Quel est l'effet de la réconciliation? *id.* p. 343. — Effets de la séparation d'habitation, *id.* p. 343. — Elle est regardée comme non avenue, lorsque depuis les parties se sont remises ensemble, *id.* p. 343. — Cependant les actes valables faits par la femme subsistent, *id.* p. 343. — Dans quel cas la séparation intervient-elle sur la demande du mari? *id.* p. 343. — Demande en séparation d'habitation renferme celle en sé-

forme? *id.* p. 134. — Séquestres ne peuvent être nommés qu'en connoissance de cause? *id.* p. 134. — Ce que doit contenir la sentence qui l'ordonne, *id.* p. 134. — Procédure qui se fait en exécution, *id.* p. 135. — Qui peut être nommé pour séquestre, *id.* p. 135. — Mise en possession du séquestre, *id.* p. 136. — Ses fonctions, *id.* p. 136. — Quand il finit? *id.* p. 157.

SERFS tels qu'il y en a dans quelques provinces du royaume, sont différents des esclaves chez les Romains, t. XIII, p. 388-389. — Sont de trois espèces, *id.* p. 389. — Ce qui s'observe par rapport aux nègres, *id.* p. 389.

Serfs mortaillables ne peuvent transmettre leurs successions, si ce n'est à leurs enfans ou parens avec lesquels ils vivoient en communauté, t. XII, p. 326.

SERMENT. Différentes espèces : serment employé pour assurer une promesse, t. I, 149. — Gens d'église en avoient introduit l'usage, pourquoi? *id.* p. 149. — Ce serment a-t-il quelqu'effet dans le for extérieur? *id.* p. 150. — Quel effet a-t-il dans le for de la conscience? *id.* p. 151. — Serment ajouté à la promesse d'une chose impossible ou illicite est nul, *id.* 152. — Serment extorqué par violence est-il valable dans le for de la conscience? *id.* p. 152 et suiv. — L'obligation qui résulte du serment ne passe à l'héritier, *id.* p. 153. — Le serment n'exclut la compensation, t. II, p. 99. — Serment décisoire, ce que c'est? *id.* p 303. — On ne

peut déférer le serment à quelqu'un, que sur un fait qui lui soit personnel; on ne le peut déférer aux héritiers, si ce n'est sur la connoissance qu'ils en ont, *id.* p. 303-304. — On peut le déférer en tout état de cause, *id.* p. 304. — Est-il besoin d'avoir déjà quelque commencement de preuve? *id.* p. 305 et suiv. — Qui sont ceux qui peuvent déférer le serment, *id.* p. 308. — Celui à qui on ne pourroit le référer, peut-il le déférer? *id.* p. 308-309. — Celui à qui le serment a été déféré doit le faire, à peine de perte de la cause; il peut néanmoins le référer, lorsque la chose est du fait de l'une et de l'autre partie, *id.* p. 310. — Le serment décisoire tire toute sa force de la convention, *id.* p. 311-312. — De là il suit que la délation de serment peut être révoquée, tant que la justice n'a pas encore accepté la condition, *id.* p. 312. — De là il suit qu'il n'a d'effet et ne fait de preuve qu'entre la la partie qui l'a déféré, et celle à qui il a été déféré, *id.* p. 312-313. — *Quid*, si l'un de deux créanciers solidaires m'avoit déféré le serment? *id.* p. 313. — Le serment tient lieu de paiement; d'où il suit que le serment décisoire, soit du débiteur principal, soit même de la caution, profite à tous ceux qui sont tenus de la dette, à moins que la caution n'ait juré sur le fait du cautionnement, *id.* p. 314. — Serment sur un interrogatoire sur faits et articles. (*V.* INTERROGATOIRE) — Serment qu'on appelle *juramentum judiciale*, a deux espèces, *id.* p.

gnent les servitudes? *id.* p. 167.

Servitudes. Lorsqu'un héritier a vendu ses droits successifs, il doit rétablir les servitudes que ses héritages devoient à ceux de la succession, et on doit établir celles que ceux de la succession devoient aux siens, t. III, p. 317-320.

Servitude. Droit de servitude peut-il se louer? t. IV, p. 291. — Droit de servitude est indivisible? *id.* p. 339.

Servitude. Le propriétaire peut-il, sans le consentement de l'usufruitier, imposer des servitudes sur l'héritage chargé d'usufruit? t. IX, p. 164. — Peut-il en acquérir? *id.* p. 166.

SIGNIFICATION que l'assuré doit faire aux assureurs, de l'accident qui a causé la perte des effets assurés, t. VI, p. 345-346.

SITUATION. Où une chose est-elle censée avoir sa situation? t. XV, p. 8. — Des choses qui n'ont aucune situation, par quelles lois se régissent-elles? *id.* p. 9.

SOCIÉTÉ. (*V.* Continuation de communauté.)

SOCIÉTÉ. Sa définition, t. V, p. 111. — Sa différence de la communauté, *id.* p. 112. — A quelles classes de contrats doit-on la rapporter? *id.* p. 113. — Ce qui est de l'essence de ce contrat? *id.* p. 114. — Il faut que chacun des contractans apporte ou s'oblige d'apporter quelque chose? *id.* p. 114. — Il faut que ce soit quelque chose d'appréciable, *id.* p. 114. — Il est de l'essence de ce contrat qu'il se fasse pour l'intérêt commun des parties, *id.* p. 115. — Et qu'elles se proposent de faire un profit dans lequel chacun espère une part, *id.* p. 115. — Il faut que l'objet de la société soit quelque chose de licite, *id.* p. 117. — Règles pour que le contrat de société soit équitable, *id.* p. 117. — Première régle. Il faut que la part assignée à chacun des associés dans le profit espéré, soit en même proportion que ce qu'il a apporté, *id.* p. 117-118. — Exceptions, *id.* p. 119. — Seconde régle : Régulièrement, chacun doit porter sa part dans la perte comme dans le gain, *id.* p. 121. — Exceptions, *id.* p. 121. — Peut-on contracter société sous condition, et à temps? *id.* p. 144. — Peut-on convenir qu'elle durera après la mort des parties? *id.* p. 144-187-188. — La société finit par l'expiration du temps pour lequel elle a été contractée, *id.* p. 185. — La prorogation doit être justifiée par écrit? *id.* p. 185. — La société finit par l'extinction de la chose qui en fait l'objet, *id.* p. 186. — Ou par la consommation de la négociation, *id* p. 187. — La société finit par la mort de l'un des associés, *id.* p. 187-188. — Elle ne subsiste pas entre les survivans, *id.* p. 188. — Peut-on convenir, que l'héritier succédera à la société? *id.* p. 188. — La faillite de l'un des associés dissout la société, *id.* p. 189. — Les sociétés faites sans limitation de temps peuvent se dissoudre par la renonciation de l'un des associés, pourvu qu'elle soit faite *boná fide*, et *tempestivè*, *id.* p. 190. — Lorsque la société a été contractée pour un certain temps, l'un des associés n'y peut renoncer avant le temps, s'il n'a pas un juste sujet, *id.* p. 192. — Ce que doit faire l'associé qui veut renoncer à la société, *id.* p. 193. — Que comprend l'administration de la société, qui est confiée à quelqu'un des associés, *id.* p. 144. (*V.* ADMINISTRATION DE LA SOCIÉTÉ.) — Quelle part chaque associé doit-il avoir dans les gains et les pertes? *id.* p. 148-149. — Deux manières de récompenser un associé qui met plus que l'autre dans la société, quoiqu'ils soient associés pour portions égales, *id.* p. 149 et suiv. — Droit des associés par rapport aux choses communes; chacun a le droit de s'en servir aux usages auxquels elles sont destinées, *id.* p. 156-157. — Chacun a le droit d'obliger ses associés à contribuer aux impenses nécessaires à leur conservation, *id.* p. 157. — N'y peut faire, malgré l'autre, aucune innovation, *id.* p. 158. — Ne peut les changer ni engager que pour la part qu'il y a, *id.* p. 159. — Ne peut associer un tiers à la société malgré les autres, mais seulement à sa part, *id.* p. 159-160. — Droit des quasi-associés par rapport aux choses communes, *id.* p. 211-212. — Créances qu'un associé peut avoir contre la société; la reprise des choses dont il n'avoit apporté que la jouissance à la société, *id.* p. 179. — Le remboursement des dépenses qu'il a faites, et l'indemnité des dettes qu'il a contractées pour les affaires de la société, *id.* p. 180. — Un associé doit-il être indemnisé des pertes qu'il a

souffertes à l'occasion de la gestion des affaires de la société? *id.* p. 181. — J'ai, pour mes créances contre la société, action contre chacun de mes associés, non-seulement pour sa part en la société, mais pour celle qu'il doit porter de l'insolvabilité de ceux qui sont insolvables, *id.* p. 182-183. — Dans les sociétés de commerce, chacun des associés est tenu solidairement des dettes de la société, *id.* p. 163. — Il faut que deux choses concourent: 1° que l'associé qui l'a contractée eût le pouvoir d'obliger les autres, *id.* p. 163. — Il faut 2° qu'elle ait été contractée au nom de la société, *id.* p. 166. — S'il paroissoit que l'objet du contrat ne concernât pas les affaires de la société, *id.* p. 166. — Comment les associés sont-ils tenus des dettes dans les sociétés en commandite et anonymes? *id.* p. 167. — Dans les sociétés qui ne sont pas sociétés de commerce, *id.* p. 167-168. — Comment les quasi-associés sont-ils tenus des dettes et charges réelles? *id.* p. 212-213.

Dissolution de société. Les contrats que l'un des associés a faits depuis la dissolution, sont pour son compte et non pour celui de la société, quoique faits au nom de la société, à moins qu'ils ne fussent une suite nécessaire de ceux faits pendant la société, *id.* p. 194. — A moins que l'associé n'eût ignoré la dissolution, *id.* p. 195. — Le paiement fait par l'un des débiteurs de la société à l'un des associés est valable lorsqu'il ignoroit de bonne foi la dissolution de la société,

et suiv. — Créancier qui admet un débiteur à payer pour sa part nommément, est censé tacitement renoncer à la solidité vis-à-vis de lui, s'il n'a réservé expressément la solidité, *id.* p. 256 et suiv. — Est-il censé y avoir renoncé vis-à-vis des autres? *id.* p. 261. — Créancier qui admet l'un des débiteurs de rente à payer pour sa part des arrérages de rente, n'est censé renoncer à la solidité que pour le passé, et non pour l'avenir, *id.* p. 262-263. — La demande que le créancier fait à l'un de ses débiteurs solidaires de payer sa part, lui fait-elle perdre la solidité? *id.* p. 256. — Le débiteur solidaire qui paie le total a droit de se faire subroger à tous les droits et actions du créancier contre tous les autres débiteurs, *id.* p. 263. — Acquiert-il cette subrogation de plein droit, sans l'avoir requise? *id.* p. 264 et suiv. — Peut-il, ayant cette subrogation, poursuivre solidairement chacun de ses co-débiteurs seulement sous la déduction de sa part dont il étoit tenu? *id.* p. 267-268. — Quelles actions a de son chef le débiteur solidaire qui a payé sans subrogation contre ses co-débiteurs solidaires, *id.* p. 269 et suiv.

Solidité. Le créancier qui a laissé prescrire sa rente sur une partie de l'héritage qui y étoit sujet, perd-il la solidité contre les détenteurs du surplus? t. V, p. 109-110. — La perd-il lorsqu'il est rentré dans une partie de l'héritage? *id.* p. 91-92. — Détenteur subrogé aux droits du créancier a-t-il recours solidaire contre ses co-détenteurs? *id.* p. 45.

Solidité. Exception au principe général que la solidité doit être exprimée, t. V, p. 163.

SOLIVE, (*V.* Poutre.)

SOMMATIONS respectueuses que les enfans majeurs sont tenus de faire à leurs père et mère pour requérir leur consentement à leur mariage, t. VII, p. 211-212.

SORT. Le sort est-il quelque chose de religieux dont les jeux de hazard soient une profanation, t. VI, p. 424-425.

SOUFFRANCE, Deux espèces: celle que la loi accorde, et celle qui se doit demander, t. XV, p. 75. — Quelles personnes sont tenues de la demander pour les mineurs? *id.* p. 266. — Souffrance que demande un curateur ou commissaire, *id.* p. 242. — Souffrance en cas de mutation par mort de vassal, *id.* p. 281. — En cas de rétention d'usufruit, t. XVI, p. 289-290. — Effets de la souffrance, t. XV, p. 80-262.

Souffrance. De la souffrance qui se demande au seigneur, t. XI, p. 51. — Quelles personnes peuvent demander cette souffrance? *id.* p. 51. — Disposition de la coutume d'Orléans par rapport à la souffrance qui peut être demandée pour les mineurs, *id.* p. 52. — Le mineur peut la demander lui-même s'il est en âge de raison, *id.* p. 52. — A quelles personnes peut être demandée la souffrance, et qui peut l'accorder? *id.* p. 52. — Où comment et sous quelles conditions la souffrance doit-elle

succéderont à quelque titre que ce soit; c'est ce qu'on appelle *nos ayant cause*, *id.* p. 128. — Nous sommes même censés avoir stipulé pour *nos ayant cause*, quoique cela ne soit point exprimé, si le contraire ne paroît, *id.* p. 129. — Ce n'est pas stipuler pour un autre que de prêter son ministère à un autre pour contracter, comme font les tuteurs, curateurs, procureurs, administrateurs, etc, *id.* p. 134 et suiv.

SUBROGATION aux droits et hypothèques d'un créancier; ce que c'est? t. XVII, p. 278. — De celles qui se font de plein droit en vertu de la loi seule, comme lorsque la rente due par l'un des conjoints par mariage, est acquittée des deniers de la communauté, *id.* p. 279. — Lorsque le créancier hypothécaire postérieur paie l'antérieur, *aut vice versa*, *id.* p. 280. — Le détenteur de la chose hypothéquée qui paie un créancier hypothécaire pour éviter le délai, est-il subrogé de plein droit? *id.* p. 281. — De la subrogation qui doit être requise, et de ceux qui ont ou n'ont pas droit de la requérir, *id.* p. 282. — Peut-elle être requise ou accordée, *ex intervallo*, après le paiement? *id.* p. 283. — De la subrogation qui a lieu en vertu de la convention entre le débiteur et un nouveau créancier qui fournit des deniers pour payer un ancien créancier, *id.* p. 284 et suiv. — Effet de cette subrogation, *id.* p. 286. — En quel cas est-il utile à un débiteur qui paie, d'acquérir la subrogation aux droits du créancier? *id.* p. 285.

— Le co-débiteur subrogé peut-il agir solidairement contre ses co-débiteurs, sa part confuse? *id.* p. 287. — De l'effet de la subrogation d'un détenteur aux droits d'un créancier hypothécaire contre les détenteurs d'autres héritages hypothéqués à la même créance, *id.* p. 267.

Subrogation. Se fait *ex causâ necessaria*, t. V, p. 95. — Débiteur de rente foncière peut, en payant, requérir la subrogation, *id.* p. 45. — Peut-il exercer la subrogation solidairement contre les co-détenteurs? *id.* p. 45. — Possesseur de l'héritage affecté à l'action hypothécaire peut requérir la subrogation contre les précédens possesseurs ou leurs héritiers, *id.* p. 45.

Subrogation. Ce que c'est? t. VIII, p. 125. — Ce qui est nécessaire pour que la fiction de subrogation ait lieu, soit en matière de succession, soit en matière de communauté, *id.* p. 125-126.

Subrogation de propres. Ce que c'est? t. XIII, p. 34. — Trois choses doivent concorder pour l'opérer, *id.* p. 34. — Dispositions de la coutume d'Orléans pour le cas de l'échange, *id.* p. 35. — *Quid*, dans le cas où deux frères partagent les successions de leurs père et mère, et où l'un a en partage tous les héritages paternels, l'autre tous les maternels? *id.* p. 36. — L'héritage qu'un père donne de son propre à son fils pour le remplir de sa part dans les biens de la communauté, est-il propre maternel par subrogation? *id.* p. 37. — Si l'office qui m'est propre est supprimé, et qu'il en soit créé un autre par forme d'indemnité, sera-t-il propre? *id.* p. 39.

Subrogation à la saisie. Par qui et quand elle peut être demandée, t. XIV, p. 295. — Procédure qui se tient à ce sujet, *id.* p. 295. — Obligation imposée à celui qui est subrogé à la saisie, *id.* p. 295 et suiv.

SUBROGÉ-TUTEUR. (*Voyez* Légitime contradicteur.)

SUBSTITUER. Un procureur a-t-il pouvoir de substituer lorsque la procuration ne s'en explique pas? t. VI, p. 148-149. — La mort du procureur qui a substitué éteint-elle le pouvoir du substitué? *id.* p. 153-154.

SUBSTITUTION. Ce que c'est? t. XVI, p. 293. — Degrés de substitution, *id.* p. 293. — Formalités des substitutions, *id.* p. 301. — Ce que les héritiers et autres grevés de substitution sont tenus de faire pour la sûreté des substitutions qui ne sont pas encore ouvertes, *id.* p. 354. — De la restitution anticipée des substitutions, *id.* p. 335. — Règles pour l'interprétation des substitutions, *id.* p. 399 et suiv. — Substitutions faites à la famille, *id.* p. 410. — Quand la prohibition d'aliéner fait-elle substitution? *id.* p. 401.

Substitution. (Biens substitués.) Peut-on vendre les biens substitués? t. III, p. 13. — Substitué, quoiqu'héritier du grevé, peut revendiquer les biens substitués que le grevé a vendus, *id.* p. 107-108. — Le grevé de substitution ne peut s'obliger à la garantie des biens substitués qu'il vend depuis la publication, *id.* p. 108. — Substitué, lorsqu'il est héritier du locateur, ne peut évincer le locataire, t. IV, p. 337-338.

Substitution. Une femme peut-elle, à défaut d'autre maison, prétendre un droit d'habitation dans une maison dont son mari étoit grevé de substitution? t. IX, p. 279-280.

Substitution. Pour juger si des héritages que le mari a recueillis pendant le mariage, d'une substitution, sont sujets ou non au douaire, on considère l'auteur de la substitution et non le canal par lequel ils lui sont venus, t. IX, p. 29-30. — Les héritages du mari, quoique chargés de substitution faite par un de ses ascendans, sont sujets au douaire de la femme, en cas d'insuffisance de ses biens libres, *id.* p. 40. — Cela a lieu, quand même la substitution n'auroit été faite que depuis le mariage, *id.* p. 42. — Les héritages du mari chargés d'une substitution faite par un collatéral ou un étranger, ne sont sujets à aucun douaire de la femme, si ce n'est en deux cas, *id.* p. 42. — Il y a lieu à ce douaire subsidiaire sur les biens chargés de substitution, pour tous les mariages du grevé, *id.* p. 43. — Et dans tous les degrés de substitution, *id.* p. 43. — L'auteur de la substitution peut-il déroger à ce droit par une clause expresse apposée à sa substitution? *id.* p. 44-45.

Substitutions fidéicommissaires. Ce que c'est, t. XIII, p. 16. — Dans quels cas les héritages que nous recueillons en vertu d'une substitution, nous sont-ils propres? *id.* p. 16 et suiv. — *Quid,* lorsque le substitué est héritier du grevé? *id.* p. 16.

Substitution fidéicommissaire, opère autant de mutations qu'il y a de personnes à la substitution, et donne lieu à autant de profits si les mutations se font en collatérale, t. XI, p. 310. — *Quid*, si un père charge son fils de restituer à son autre fils; arrêt de réglement de 1737? *id.* p. 310. — *Quid*, si un oncle charge son neveu de restituer à ses enfans? *id.* p. 311.

Substitutions. Deux espèces de substitutions en pays coutumiers, la vulgaire et la fidéicommissaire, t. XII, p. 207. — On divise les substitutions, tant vulgaires que fidéicommissaires, en simples et graduelles, *id.* p. 208. — En universelles et substitutions de choses particulières, *id.* p. 208. — Actes par lesquels peuvent se faire les substitutions, *id.* p. 209. (*V.* Actes.) — Quelle est la nature d'une substitution portée par un acte qui ne contiendroit aucune autre disposition? *id.* p. 211. — Formalités intrinsèques des substitutions. Elles sont sujettes aux formalités des actes qui les contiennent, *id.* p. 213. — Si la substitution est portée par un acte qui ne contienne aucune autre disposition, elle est de la nature des dispositions testamentaires, et sujette aux formalités des testamens, *id.* p. 214. — Formalités particulières aux substitutions de deniers ou meubles, *id.* p. 214. — Formalités extrinsèques, *id.* p. 214. — Publication et insinuation des substitutions, ce que c'est, *id.* p. 215. — Quelles substitutions y sont sujettes, *id.*

p. 215. — *Quid*, d'une substitution apposée à une donation faite par le roi? *id.* p. 215. — Où la publication et insinuation des substitutions doit-elle être faite? *id.* p. 216. — Disposition de l'ordonnance de 1747 à ce sujet, *id.* p. 217. — *Quid*, lorsque la substitution comprend des droits réels? *id.* p. 217. — *Quid*, à l'égard des rentes constituées, ou des effets mobiliers? *id.* p. 218. — Comment se fait la publication et insinuation? *id.* p. 218. — Dans quel temps? *id.* p. 219. — Le défaut de publication peut être opposé par les acquéreurs et par les créanciers hypothécaires du grevé, *id.* p. 219. — Quand même ils auroient eu connoissance de la substitution, *id.* p. 220. — Les héritiers, légataires universels et même les donataires ou légataires particuliers du grevé ne peuvent l'opposer, *id.* p. 220. — Il peut être opposé contre les substitués, tels qu'ils soient, *id.* p. 221. — Termes qui expriment la substitution, il n'importe, pourvu que le testateur ait suffisamment manifesté sa volonté, *id.* p. 222. — Il n'importe que le testateur se soit servi de termes impératifs, *id.* p. 222. — Les termes qui n'expriment qu'une recommandation vague ne renferment point de substitution, *id.* p. 223. — *Quid*, lorsqu'on donne à quelques-uns et à ses hoirs? *id.* p. 223. — Disposition faite au profit des enfans nés et à naître, *id.* p. 225. — Quand doit-on supposer qu'une substitution est graduelle? *id.* p. 225. — Une substitution faite à une famille collectivement

est-elle graduelle? *id.* p. 226.
— Ce qui doit concourir pour supposer un premier degré de substitution entre deux héritiers ou légataires à qui on a substitué un bien, *id.* p. 227. — Doit-on supposer que celui qui est grevé de substitution envers un tiers, sous la condition seulement *sans enfans*, est grevé envers ses enfans? *id.* p. 228. — L'ordonnance de 1747 décide pour la négative, *id.* p. 231. — L'ordonnance admet une seule cause qui doit faire présumer la substitution au profit des enfans, mais dans la condition qui est, s'ils sont chargés de restituer, *id.* p. 234. — Différentes espèces sur cette question, *id.* p. 234. — Interprétations des substitutions? *id.* p. 236. — On doit rechercher ce qu'a voulu l'auteur de la substitution sans s'arrêter aux termes, *id.* p. 236. — Le terme d'*enfans* employé dans la disposition, est restreint au premier degré dans la condition, comprend tous les descendans, *id.* p. 237. — Ce terme ne comprend que les enfans légitimes et ceux qui jouissent de l'état civil, *id.* p. 237. — Quoique le terme *enfans* soit mis au pluriel dans la condition, il suffit que le grevé en laisse un seul, *id.* p. 237. — *Quid*, si le grevé, et l'enfant unique qu'il avoit, sont morts en même temps? *id.* p. 238. — Le terme de *fils* ne comprend point les filles, *id.* p. 239. — S'étend-il aux petits-fils et aux autres descendans? *id.* p. 239. — Les termes *descendans mâles*, comprennent-ils les descendans mâles des filles? *id.* p. 240. — Que signifie le terme de *famille* dans les substitutions? *id.* p. 241. — Doit-on entendre la famille du testateur ou celle du grevé? *id.* p. 242. — Sont-ce ceux de la famille qui sont les plus proches du testateur, lors de l'ouverture, ou ceux qui sont les plus proches du grevé, qui doivent la recueillir? *id.* p. 242. — Doit-on suivre le même ordre que celui prescrit pour les successions *ab intestat*? *id.* p. 243. — Entre les enfans du grevé, l'aîné ne doit avoir aucune prérogative d'aînesse, et entre les collatéraux, les mâles ne doivent point être préférés aux femelles, *id.* p. 244. — Substitution à celui de la famille que le grevé aura choisi, *id.* 244. — Le choix n'est point une disposition que fait le grevé, mais un pur choix, *id.* p. 245. — C'est pourquoi il ne peut y imposer aucune charge, *id.* p. 245. — Un mineur, pour faire ce choix, n'a pas besoin de l'autorité de son tuteur, *id.* p. 247. — *Quid*, si celui qui étoit ainsi grevé est décédé sans faire ce choix, ou s'il est demeuré caduc par le prédécès de celui qu'il a choisi? *id.* p. 247. — De la substitution qui résulte de la défense d'aliéner, *id.* p. 248. (*V.* DÉFENSE D'ALIÉNER.) — Quelles personnes peuvent faire des substitutions? *id.* p. 255. — Des personnes qui peuvent être appelées à une substitution, *id.* p. 255. — La disposition, que nul ne peut être héritier et légataire, a lieu à l'égard des substitutions testamentaires, *id.* p. 256. — *Quid*, si tous les héritiers étoient grevés de substitutions à leur décès, les uns envers les autres? *id.* p.

257. — Tous ceux à qui le testateur a laissé quelque chose,
par quelque disposition testamentaire que ce soit, peuvent
être par lui grevés de substitution, *id.* p. 257. — En quels
temps pouvons-nous grever quelqu'un de substitution ? *id.* p.
258. — Suivant la nouvelle ordonnance, les biens donnés par
contrat de mariage, ou par donation, ne peuvent être ensuite
grevés de substitution, *id.* p.
259. — Le donateur peut-il,
par sa donation, se réserver la
faculté de charger de substitution les biens donnés? *id.* p.
260.—On ne peut grever quelqu'un de substitution, que jusqu'à concurrence de ce qu'il a
reçu, *id.* p. 261. — On doit
comprendre les fruits perçus
jusqu'à l'échéance de la substitution, *id.* p. 261.—Réserve coutumière que l'héritier grevé
peut retenir, *id.* p. 261-262.
— Choses dont les substitutions
peuvent être l'objet, *id.* p. 262.
— Les substitutions universelles
sont composées de toutes les
choses tant meubles qu'immeubles, auxquelles a succédé le
grevé, *id.* p. 262-263. — Ou
de celles dont il est devenu propriétaire depuis, en vertu de
quelque droit qu'il tient de l'auteur de la substitution, *id.* p.
263. — Exemples, *id.* p. 263.
— Ce qui se réunit aux biens
substitués est aussi compris en
la substitution universelle, *id.*
p. 266. — De l'union civile ou
de simple destination, *id.* p.
266. — Les fruits perçus jusqu'à l'échéance de la substitution, n'y sont pas compris si le
testateur ne l'a donné, *id.* p.

267. — *Quid*, des fiefs retirés
par droit de retrait féodal? *id.*
p. 268. — Le grevé peut retenir ce qu'il a payé pour les dettes
de la succession, *id.* p. 269. —
Ou les sommes qui lui étoient
dues par le défunt, *id.* p. 269-
270. — Ou ce qu'il a payé
pour les charges de la succession, *id.* p 270.—On doit aussi
lui tenir compte des mises qu'il
a faites pour la succession, *id.*
p. 270. — Mais non de celles
de simple entretien, *id.* p. 271.
— Différence des impenses nécessaires et des utiles, *id.* p.
271-272. — *Quid*, des frais de
procès? *id.* p. 272. — Substitutions faites sous certaines limitations, *v. g. Quod ex hæreditate
superfuerit,* *id.* p. 273.—Il faut,
pour que les choses aliénées
soient soustraites à la substitution, que les aliénations aient
été faites de bonne foi, *id.* p.
273.—Comment le grevé peut-
il aliéner pour ses besoins? *id.*
p. 274.—Deux différences entre
cette espèce de substitution et
les substitutions universelles ordinaires, *id.* p. 275. — *Quid*, si
la substitution étoit de tout ce
qui restera en nature? *id.* p. 275.
Quid, si elle étoit de tout ce dont
l'héritier n'auroit pas disposé?
id. p. 276. — Toutes les choses
qui peuvent être l'objet d'un legs
particulier, peuvent aussi être
l'objet d'une substitution particulière, *id.* p. 276.—Comment
les meubles peuvent être compris dans une substitution particulière? *id.* p. 276-277.—Effet
des substitutions avant leur ouverture, *id.* p. 277. — Le grevé
avant l'ouverture étant seul propriétaire, les actions actives et

— Prérogative du double lien, *id.* p. 456. (*V.* Double lien.) — Succession des propres, *id.* p. 472. (*V.* Propres.) — De l'ouverture des successions, et comment elles s'acquièrent? *id.* p. 477. (*Voy.* Ouverture.) — Toutes les obligations d'un défunt, dès l'instant de sa mort, passent de sa personne en celle de ses héritiers, *id.* p. 485. — Même la possession qu'avoit le défunt des choses de la succession, *id.* p. 485 - 486. — Mais il n'est pas saisi des choses que le défunt possédoit en vertu d'un droit qui l'éteint par sa mort, *id.* p. 486. — Acceptation des successions, *id.* p. 486. (*V.* Acceptation.) — Répudiation des successions, *id.* p. 525. (*Voy.* Répudiation.) — Temps accordé à l'héritier, pour délibérer sur l'acceptation ou répudiation, *id.* p. 529. — Premier effet du délai accordé à l'héritier, qu'on ne peut obtenir contre lui condamnation, *id.* p. 530. — Second effet, qu'après le délai accordé il doit se déterminer précisément, *id.* p. 530. — L'héritier condamné envers un créancier, faute d'avoir apporté sa renonciation, peut renoncer valablement vis-à-vis des autres créanciers, *id.* p. 531. — Du partage des successions, et des rapports qui s'y font, *id.* p. 532. (*V.* Partage, Rapport.)

Successions irrégulières. Ce qu'on appelle ainsi, *id.* p. 629. — Cotte-morte ou pécule des religieux; à qui il appartient? *id.* p. 630. — Charges de la succession dont les héritiers sont tenus, tels que frais funéraires, legs, *id.* p. 606. — Frais d'inventaires, par qui doivent être acquittés, *id.* p. 607.

Successions. Toute succession de nos parens fait des propres, t. XIII, p. 4. — Les héritages donnés par des ascendans à leurs enfans, et auxquels ils succèdent, sont propres, *id.* p. 4-5. — Ceux échus à un conjoint, de la succession de l'autre conjoint, ne sont pas propres, *id.* p. 5. — Il en est de même de la succession à titre de déshérence, *id.* p. 7. — Titre équipollent à succession, *id.* p. 7. (*V.* Donation, Substitution, Confiscation.) — Quelles choses nous sommes censés tenir à titre de succession, *id.* p. 19. — *Quid*, des choses auxquelles nous avons succédé, et ensuite aliéné, et dans lesquelles nous rentrons? *id.* p. 19. — *Quid*, si le titre n'est résolu que pour l'avenir? *id.* p. 21. — Différens exemples de résolution du titre d'aliénation, *id.* p. 21. — Des choses qui nous adviennent en vertu d'un droit auquel nous avons succédé, *id.* p. 23. — *Quid*, de celui qui m'est acquis en vertu d'un droit de refus auquel j'ai succédé? *id.* p. 25.

Succession. Quelles successions donnent lieu au rachat, t. XI, p. 293. — Le plus grand nombre des coutumes exemptent de rachat toutes les successions en ligne directe, et s'accordent à y assujétir les successions en ligne collatérale, *id.* p. 293. — Il n'y a pas lieu aux profits par succession, si la succession n'a pas eu effet, *id.* p. 294. — *Quid*, si l'héritier bénéficiaire renoncé par la suite à la succession? *id.* p. 295. —

L'héritier bénéficiaire peut-il coucher en mise les profits qu'il a payés? *id.* p. 295. — *Quid*, de l'héritier qui se fait restituer contre son acceptation de la succession? *id.* p. 297. — L'héritier de celui qui est mort sans s'être expliqué sur l'acceptation de la succession, peut-il, s'il est lui-même en degré, renoncer du chef du défunt, et l'accepter de son chef? *id.* p. 298.—Lorsque, de deux enfans, l'un renonce à la succession de son père, l'autre l'accepte, est-il dû profit pour la part du renonçant qui accroît à l'acceptant? *id.* p. 299. — La renonciation faite par l'un des héritiers présomptifs, à prix d'argent, donne-t-elle lieu au profit? *id.* p. 300. — *Quid*, d'un jésuite congédié avant l'âge de trente-trois ans, auquel les biens de la succession du père sont rendus par son frère pour moitié? *id.* p. 300-301.

SUGGESTION. Ce que c'est que le vice de suggestion? t. XIII, p. 96. — Si elle peut se prouver par écrit et par témoins, *id.* p. 96. — Cette suggestion doit être lors de la confection du testament, *id.* p. 97.

SUICIDE. (*V.* CADAVRE.)

SUITE. Droit de suite des locateurs de maisons ou métairies : différence de notre droit et du droit romain, t. IV, p. 416. — Quel temps ont-ils pour l'exercer? *id.* p. 417. — Ce droit s'exerce par voie de saisie, *id.* p. 417. — Ou par voie d'action, *id.* p. 417. — Ce droit s'exerce même contre les possesseurs et acquéreurs de bonne foi, même contre le propriétaire des meubles, qui les auroit loués ou prêtés, *id.* p. 419. — A moins qu'il ne justifie les avoir depuis achetés en marché public à l'encan, *id.* p. 419. — Même contre un autre seigneur d'hôtel, *id.* p. 418. — Prescription contre ce droit de suite, *id.* p. 419. — Limitation du droit de suite, 420.

Suite. (*Cheptel.*) Droit de suite qu'a le bailleur, t. V, p. 284. — L'a-t-il pour les croîts comme pour les chefs? *id.* p. 284-285. — Il n'y a aucun temps limité, *id.* p. 285. — Le bailleur a-t-il droit, même contre l'acheteur judiciaire? *id.* p. 286. — Acheteur de bonne foi des bêtes du cheptel peut-il exiger du propriétaire de la chose qu'il lui rende le prix de son achat, *id.* p. 288 et suiv. — Le bailleur a-t-il action contre l'acheteur des bêtes du cheptel, même après qu'elles ne sont plus en nature? *id.* p. 294. — Quels frais de nourriture peuvent être demandés par l'acheteur sur qui on exerce le droit de suite, *id.* p. 288. — Le bailleur a-t-il le droit de suite, même contre un acheteur judiciaire? *id.* p. 286 et suiv.

SUPÉRIORITÉ que l'un des joueurs a sur l'autre au jeu, rend le contrat injuste, si elle n'est compensée. Deux manières de la compenser dans les jeux mixtes, t. VI, p. 436-437. — Une seule dans les jeux de pure adresse, *id.* p. 441. — Lorsque la supériorité n'a pas été compensée, le contrat est injuste, quoique le joueur ait été averti de la supériorité de celui contre qui il jouoit, à moins qu'il n'ait eu l'intention de le gratifier, *id.* p. 437. — Il n'est pas néanmoins entièrement nul, mais réductible à la somme contre laquelle le joueur supérieur en force auroit pu jouer équitablement celle qu'il a jouée, *id.* p. 438-439. — Y a-t-il lieu à cette réduction lorsque les joueurs ont joué sans se connoître? *id.* p. 439-440.

SUPPLIQUE pour obtenir dispense de mariage ; ce que c'est, ce qu'elle doit contenir? t. VII, p. 181-182.

SURVIE. Lorsque deux personnes, dont l'une est héritière de l'autre, sont mortes à-peu-près dans le même temps, et qu'on ignore laquelle des deux est morte la première, quelle est, en ce cas, la présomption de survie, t. XII, p. 479.

SUZERAIN. Lorsqu'il a exercé le retrait du fief mouvant de celui qu'il tenoit en sa main, le conserve après la main-levée de la saisie, t. III, p. 689-690.

SYNALLAGMATIQUES. (*V.* Contrats.)

T.

TABLETTES. (*Voy.* Journaux.)

TACITE RÉCONDUCTION. Ce que c'est? t. IV, p. 455. — Fondée sur la présomption d'un consentement de renouveler un bail aux mêmes conditions, *id.* p. 455-456. — Plusieurs, dans lesquels n'y ayant pas lieu à cette présomption, il n'y a pas lieu à la tacite-réconduction, *id.* p. 456-457. — Cette présomption se tire de la continuation de jouissance depuis l'expiration du bail au vu et su du locataire, *id.* p. 457. — *Quid*, si l'héritier a passé bail à un autre? *id.* p. 458. — Dans quelques coutumes, de la seule omission de dénonciation qu'on n'entend plus continuer, *id.* p. 459. — Effet de la clause portée au bail, que le fermier ne pourra prétendre de réconduction, quand même il continueroit d'exploiter

la métairie, *id.* p. 459. — Pour quel temps a lieu la tacite-réconduction à l'égard des maisons de ville, *id.* p. 460-461. — A l'égard des biens de campagne, *id.* p. 461-462. — Lorsqu'après l'expiration d'un bail par lequel je n'avois donné à ferme qu'une saison de métairie, le fermier a continué de jouir de l'autre saison, pour quel temps et à quelles conditions aura lieu la tacite réconduction, *id.* p. 462-463. — La tacite réconduction est ordinairement présumée faite pour le même prix et aux mêmes conditions que celles portées au bail, *id.* p. 463-464. Si un pot-de-vin étoit dû par le premier bail, en seroit-il dû un par la tacite réduction? *id.* p. 464. — La soumission à la contrainte par corps doit-elle se présumer répétée dans la *réconduction*? *id.* p. 464. — Le locateur a-t-il pour la réconduction les hypothèques qu'il avoit pour le bail? *id.* p. 464. — Les fidéjusseurs qui avoient cautionné le conducteur, seront-ils obligés par la tacite réconduction? *id.* p. 465. — Le droit d'exécution que le bailleur avoit pour le bail résultant de l'acte pardevant notaire, n'a pas lieu pour la réduction, *id.* p. 466. — Lorsque le même acte contenoit un bail à loyer et une vente de l'héritage, ou promesse de vendre, il n'y a que les clauses qui appartiennent au bail qui soient censées renouvelées par la réconduction, *id.* p. 466. — La tacite réconduction a-t-elle lieu à l'égard des baux à longues années? *id.* p. 467. — La tacite-réconduction a-t-elle lieu à l'égard des baux des meubles, et pour quel temps? *id.* p. 467. — Pour les services, *id.* p. 468. — Pour les droits incorporels, comme dîmes, champarts, offices, *id.* p. 469.

TACITE RENOUVELLEMENT du cheptel simple, t. V, p. 278. — Du cheptel à moitié, *id.* p. 397.

TAILLES. Font une espèce de preuve littérale, lorsque l'échantillon est rapporté, t. II, p. 202.

Tailles du pain et du vin, t. XVII, p. 411.

Taille. Seigneur de métairie n'est préféré que pour un an à la taille, t. IV, p. 414-415. — Seigneur d'hôtel pour six mois, *id.* p. 414.

Tailles d'église. Le fermier ou locataire en est-il tenu? pour quelle part? t. IV, p. 395-396.

— Qui sont ceux qui y doivent contribuer, t. V, p. 53-54.

TAUX. Changemens intervenus dans le taux des rentes, t. IV, p. 6-7. — Rente constituée ne peut être acquise pour un prix moindre que le taux de l'ordonnance, mais peut l'être pour un prix plus fort, *id.* p. 7. — Quand un contrat de rente acquise pour un prix plus fort que le taux de l'ordonnance, est-il censé renfermer une donation? *id.* p. 8. — On ne peut rien stipuler indirectement de plus que le taux de l'ordonnance, *id.* p. 8. — Quand même la rente seroit constituée pour prix d'héritage? *id.* p. 10-11. — Ce n'est pas stipuler indirectement au-delà du taux de l'ordonnance, que de stipuler la solidité des débiteurs, *id.* p. 9. — On n'a égard qu'au taux qui avoit lieu au temps du contrat? *id.* p. 11. — Contraventions à la loi qui règle le taux des rentes, comment réprimées? *id.* p. 13. — Quelles contraventions donnent lieu à la nullité, et l'acte est-il entièrement nul? *id.* p. 13 et suiv. — Quelles contraventions donnent lieu à la simple réformation? *id.* p. 16. — Aucun laps de temps ne couvre le vice de ces contraventions? *id.* p. 17-18. — *Quid,* de l'action en répétition? *id.* p. 18.

TÉMOIN, TÉMOIGNAGE. Combien peut-on produire de témoins sur un même fait? t. II, p. 239. — Lorsque la déposition d'un témoin est nulle, si c'est par la faute du juge on le peut faire entendre de nouveau ; *secùs,* si c'est par le fait de la partie, *id.* p. 239. — Une dépo-

rir tant qu'elle dure, *id.* p. 517.
— Temps du retrait court-il
pendant le temps du réméré?
id. p. 518. — Dans les autres
cas auxquels l'acquéreur a lieu
de craindre éviction, *id.* p. 521.
— Pendant le procès qu'il a sur
la propriété, *id.* p. 521. — Pendant l'appel du décret qui a
donné ouverture au retrait, *id.*
p. 522. — Pendant la poursuite
d'un décret volontaire, *id.* p.
522. — Pendant la minorité des
lignagers, *id.* p. 522. — Quoique destituée de tuteurs, *id.* p.
522. — *Quid*, lorsque l'acquéreur étoit le tuteur du lignager?
id. p. 523. — Suffit-il que l'exploit d'assignation soit donné
dans le temps du retrait? faut-il
que le jour de l'échéance de
l'assignation y tombe? *id.* p.
523-524. — Temps de la péremption des demandes en retrait, *id.* p. 529. — Pour l'appel d'une sentence du débouté
de retrait, *id.* p. 529.

Temps pour le remboursement du prix que le retrayant
doit faire à l'acheteur, différemment réglé par les coutumes,
id. p. 572. — Le retrayant, en
cas d'impossibilité de satisfaire
dans le terme, doit obtenir du
juge prorogation, *id.* p. 573. —
De quand court le temps fixé
par les coutumes? *id.* p. 573. —
Dans celle de Paris? *id.* p. 574.
— Dans celle d'Orléans, *id.* p.
578. — Ce temps est continu,
id. p. 579. — Est fatal, *id.* p.
579. — Se compte-il *de mo-
mento ad momentum*, même
dans les coutumes qui donnent
huit jours? *id.* p. 580. — Dans
quel temps doit se faire le remboursement des loyaux-coûts et

mises? *id.* p. 580-581. — Offres
ne suffisent sans consignations,
id. p. 582. — Lorsque le retrait
a été adjugé à deux, celui des
deux qui a remboursé l'acquéreur, doit-il être remboursé par
son co-retrayant dans le temps
fatal? *id.* p. 585.

Temps dans lequel doit être
exercé le retrait seigneurial?
id. p. 695-696. — Le conventionnel, *id.* p. 697. — Temps
dans lequel, dans ses retraits,
le remboursement doit se faire,
id. p. 699.

Temps. Quel est le temps des
baux à loyer? t. IV, p. 295-296.
— Quel est-il, lorsqu'il n'est
pas exprimé à l'égard des biens
de campagne? *id.* p. 296. — A
l'égard des maisons, *id.* p. 297.
— A l'égard des chambres gar-
nies ou des meubles, *id.* p. 298.
— Quel est le temps dans le
contrat de double louage,
lorsqu'il n'est pas exprimé? *id.*
p. 516-517. — Chacune des parties peut, par ce contrat, donner la jouissance de sa chose à
l'autre, ou pour le même temps,
ou pour un temps différent, *id.*
p. 516-517. — Elles sont censées se l'être donné pour le
même temps, lorsqu'elles ne
s'en sont pas expliquées, *id.* p.
516-517.

Temps de la durée du cheptel
simple, t. V, p. 278. — Du
cheptel de la métairie, du cheptel à moitié, *id.* p. 305-306.

Temps de la prescription,
t. X, p. 494. (*V.* PRESCRIP-
TION.)

TÉNEMENT DE CINQ ANS,
t. X, p. 461-462. — Quelles
choses peuvent être affranchies
par cette prescription? *id.* p.

honneur au tireur? *id.* p. 203.

TITRES. Les uns sont primordiaux, les autres récognitifs, t. II, p. 211. (*V.* RECONNOIS- SANCE.)

Titres. Ce que c'est qu'un juste titre? t. V, p. 106.

Titres justes pour acquérir la prescription, t. X, p. 377. — Différentes espèces de justes titres, *id.* p. 379. — Du titre *pro Emptore*, *id.* p. 379. — Du titre *pro Hærede*, *id.* p. 380. — Du titre *pro Donato*, *id.* p. 381. — Du titre *pro Derelicto*, *id.* p. 382. — Du titre *pro Legato*, *id.* p. 382. — Du titre *pro Dote*, *id.* p. 382. — Du titre *pro Suo*, *id.* p. 386. — Du titre *pro Soluto*, *id.* p. 390. — Des choses requises à l'égard du titre pour la prescription, *id.* p. 392 et suiv.

Titre coloré pour la possession d'un bénéfice, t. X, p. 336.

TITULAIRE DE BÉNÉFICE peut-il constituer des rentes sur les biens de son bénéfice? t. IV, p. 34-35.

TOISAGE, t. XVI, p. 186.

TONNES, t. IV, p. 622. — Droits de tonnes, *id.* p. 622.

TOUAGE. Droits de touage, t. IV, p. 620.

Touage. Ce que c'est? t. VI, p. 311.

TOURS D'ÉCHELLE, t. V, p. 248.

TRADITION, t. XV, p. 53; t. XVII, p. 394 et suiv. — Clause de dessaisine équipolle à tradition, t. XV, p. 283-284.

Tradition. Tradition réelle, t. III, p. 195.

Tradition feinte. Plusieurs espèces; celle qui résulte de la clause de constitut, t. III, p. 195. — De la clause de dessaisine

dans la coutume d'Orléans, *id.* p. 196. — De la rétention d'usufruit, ou d'un bail fait au vendeur, *id.* p. 196.

Tradition, brevis manûs, t. III, p. 196.

Tradition qui a lieu dans les choses de grand poids, et qui résulte de la faculté donnée par le vendeur, *in rem præsenti,* d'enlever, t. III, p. 196.

Tradition symbolique, t. III, p. 197. — La marque équipolle-t-elle à la tradition? *id.* p. 197.

Tradition des droits incorporels *per usum et patientiam,* *id.* p. 197. — Des créances par la signification du transport, *id.* p. 198. — Celui qui n'est pas lui-même en possession de la chose n'en peut faire aucune tradition, il peut seulement subroger l'acheteur aux droits qu'il a de revendiquer la chose, *id.* p. 198. — Effet de la tradition est de transférer la propriété de la chose à l'acheteur, lorsque le vendeur en est le propriétaire, ou que le consentement du propriétaire intervient, *id.* p. 198. — *Quid,* si le vendeur vendoit et livroit la chose à un autre sans l'avoir livrée au premier acheteur? *id.* p. 199. — La tradition feinte a-t-elle effet vis-à-vis des tiers? *id.* p. 200. — La tradition en cas de vente ne transfère la propriété à l'acheteur que lorsqu'il a payé le prix ou qu'on lui en a fait crédit, *id.* p. 202 — Quand le vendeur est-il censé avoir voulu faire crédit? *id.* p. 202. — Le défaut de protestation lors de la tradition n'est une preuve suffisante que le vendeur a entendu faire crédit; un temps un

gation ou indication, *id.* p. 330.
— La signification du transport est ce qu'est la tradition à l'égard des choses corporelles, *id.* p. 331. — Corollaire : 1º avant la signification le débiteur paie valablement au cédant, *id.* p. 332.—2º La dette transportée peut être saisie par les créanciers du cédant, *id.* p. 332-333. — 3º Second cessionnaire qui a fait signifier avant le premier cessionnaire, lui est préféré, *id.* p. 332. — Effet de la signification, *id.* p. 332.—Le débiteur peut opposer au cessionnaire la compensation de tout ce qui lui est dû par le cédant avant la signification du transport, *id.* p. 333. — Le vendeur d'une rente ou autre créance n'est pas garant de l'insolvabilité du débiteur, s'il n'y a clause au contrat, *id.* p. 333.—Néanmoins il en est tenu, si en ayant connoissance il l'a dissimulée à l'acheteur, *id.* p. 340. — Lorsqu'il n'y a pas clause de garantie, on peut dans le for extérieur acheter une créance pour un prix moindre que la somme due. On le peut même dans le for de la conscience, pourvu que la dette soit douteuse, et l'acheteur n'est pas obligé à restituer au vendeur ce qu'il a reçu de plus du débiteur, lorsque ce plus est le juste prix du risque que l'acheteur a couru, *id.* p. 340. — Lorsque la dette étoit notoirement bonne, l'achat qu'on en fait pour un moindre prix est injuste, et oblige dans le for de la conscience à restitution, *id.* p. 342. —L'acheteur est-il déchargé de cette restitution, si par des accidens qu'on ne pouvoit prévoir,

et avant qu'il ait pu se faire payer, le débiteur qui étoit opulent est devenu insolvable, et en quoi peut en ce cas consister la restitution, *id.* p. 342 et suiv. — Lorsqu'une dette est cédée avec garantie, on ne peut l'acheter pour moins que la somme due; on peut seulement diminuer sur le prix celui du change au cours de la place, *id.* p. 345. — Lorsqu'une rente, quoique constituée au denier vingt, est vendue sans la garantie de la fournir et faire valoir, elle peut être vendue pour un prix moindre que son prix principal, ce qui n'est néanmoins permis dans le for intérieur qu'autant qu'elle ne seroit pas bien assurée, *id.* p. 346. — Si elle étoit vendue avec clause de garantie pour un moindre prix, le contrat seroit usuraire, *id.* p. 346. — Une rente, quoique vendue avec la garantie de fournir et faire valoir, lorsqu'elle est à un taux moindre que le denier vingt, peut être achetée pour un prix moindre que son principal, *id.* p. 347. — Il doit en ce cas être permis au vendeur de la racheter pour le prix qu'il en a reçu, *id.* p. 347. — Si l'acheteur en est remboursé par le débiteur, est-il tenu de faire raison au vendeur de ce qu'il a reçu de plus qu'il ne l'avoit achetée ? *id.* p. 348. (*Voy.* GA-RANTIE DES RENTES.)

Transport de droits litigieux. Ce que c'est? t. III, p. 349. — Différence entre ces ventes et les ventes ordinaires de créances, *id.* p. 349. — A quoi la bonne-foi oblige-t-elle le vendeur dans ces transports? *id.* p.

U.

prend sa qualité de propre ;
secus, de ce qui est uni par union
civile et par destination, *id.* p.
122-124.

Union de la possession du
possesseur avec celle de ses auteurs, pour acquérir la prescription, t. X, p. 410-435-440.

UNIVERSEL. Quelles dispo-
sitions sont universelles ? t.
XVI, p. 294. — De tout ce qui
comprend un legs universel, ou
substitution universelle, *id.* p.
342. — Ce que comprend la
substitution *ejus quod ex hæreditate supererit, id.* p. 345.

USAGE. Une chose ne peut
être louée que pour des usages
honnêtes, t. IV, p. 294. — Le
locataire ne peut s'en servir que
pour l'usage pour lequel elle lui
a été louée, *id.* p. 293. — Lorsque l'espèce d'usage n'a pas été
exprimée, il ne peut s'en servir
que pour celui auquel il est
destiné, *id.* p. 294.

USANCE. Ce que c'est ? t. IV,
p. 151.

USUCAPION des meubles dé-
fend les tiers de l'action du donateur, t. IX, p. 335. — Différence de temps entre la prescription des meubles et celle des
immeubles, *id.* p. 335.

Usucapion. Ce que c'est ? t.
X, p. 346.

USUFRUIT. En quoi consiste
le droit d'usufruit. (*Voy.*
DOUAIRE.) — Les père et mère
jouissent en usufruit des biens
de leurs enfans, t. XVII, p. 80.
— Effet de la clause de rétention d'usufruit, t. XVI, p. 290.

*Usufruit. Ususfructus formalis,
ususfructus causalis,* t. III, p.
327. — Droit d'usufruit ne peut
être séparé de la personne de

l'usufruitier, *id.* p. 328. — Lorsqu'il est cédé à un tiers, il cesse
seulement par la mort du cédant, et non par celle du cés-
sionnaire, *id.* p. 328. (*Voy.*
VENTE D'USUFRUIT.)

Usufruit. Vente d'usufruit
donne lieu au retrait, s'il n'y a
fraude, t. III, p. 408.

Usufruit de la douairière consiste dans le droit de percevoir
les fruits qui seront perçus, t.
IX, p. 130-131. (*V.* FRUITS.) —
Doit avoir la jouissance des
choses accessoires à celle des
héritages dont elle a droit de
jouir en usufruit, *id.* p. 143. —
Quel est le droit de la douairière par rapport aux droits honorifiques, *id.* p. 140-141. —
Par rapport à des carrières, à
des bois de haute futaie, à un
trésor, *id.* p. 132-133. — Quelles
sont les obligations de la douairière, qui résultent de son droit
d'usufruit, *id.* p. 144-155. — De
l'obligation de jouir en bon père
de famille, *id.* p. 145. — De
l'obligation de ne pas changer la
forme des héritages dont elle
jouit en usufruit, *id.* p. 146-
147. — De celle de ne faire
servir les héritages dont elle
jouit qu'aux usages auxquels ils
sont destinés, *id.* p. 149. — Action qui naît de ces obligations,
id. p. 149-150. — De l'obligation
de rendre les héritages en bon
état, après l'usufruit fini. (*V.*
RESTITUTION.) — Quelle caution la douairière doit-elle donner pour son usufruit ? *id.* p.
150-152. (*V.* CAUTION.) — La
douairière est-elle obligée d'entretenir les baux faits par son
mari ? *id.* p. 153-154. — Charges
de l'usufruit de la douairière,

proprement dite ; ce que c'est ? *id.* p. 414. — Usure contraire à l'équité, *id.* p. 414-415. — Elle est condamnée par les lois de l'ancien testament, *id.* p. 417. — Par l'Evangile, *id.* p. 417. — Par les canons des apotres, *id.* p. 419-420. — Par les conciles, *id.* p. 421-422. — Par les pères, *id.* p. 424. — Par les lois du royaume, *id.* p. 425. — Trois choses requises pour qu'il y ait usure : Il faut, 1° qu'il intervienne un contrat de prêt, ou formel, ou déguisé sous l'apparence de quelqu'autre contrat, *id.* p. 442. — Exemples de prêt à intérêts déguisés, *id.* p. 443. — Convention par laquelle un créancier exige quelque chose pour donner terme, équipolle à prêt et à intérêt, *id.* p. 444. — Contrat de constitution par lequel le créancier s'est réservé le droit de contraindre le débiteur au remboursement du principal d'un prêt usuraire, *id.* p. 445-446. — Il faut, 2° que le prêteur reçoive quelque chose au-delà de la somme ou de la chose prêtée, provenant de la chose prêtée, *id.* p. 448. — Le prêteur d'un tonneau de vin est-il censé recevoir quelque chose de plus que ce qu'il a prêté, lorsqu'on lui rend un tonneau de vin dans un temps où il étoit moralement certain que le vin seroit plus cher que lorsqu'il l'a prêté? *id.* p. 448. — Il faut, 3° que ce que le prêteur reçoit au-delà de la somme prêtée, soit un profit qu'il retire du prêt, comme une récompense du prêt ; *secus*, si ce n'est qu'un dédommagement du dommage que le prêt a causé

au prêteur, ou du gain dont le prêt l'a privé, *id.* p. 449. (*Voy.* INTÉRÊTS COMPENSATOIRES.) — *Secùs*, lorsque le prêt n'a pas été la cause principale du profit que le prêteur a perçu, mais n'en a été que l'occasion, *id.* p. 449. — Il faut, 4° pour qu'il y ait usure, que ce que le prêteur a reçu, outre la somme prêtée, ait été par lui en quelque façon exigé, *id.* p. 449-450. — Suffit-il, pour qu'il y ait usure, que le prêteur l'ait espéré, quoiqu'il n'ait témoigné par aucun signe qu'il l'exigeoit? *id.* p. 452. — Il y a usure, quelle que soit la chose, quel que soit le profit que le prêteur reçoit au-delà du sort principal, *id.* p 453. — C'est une usure si le prêteur exige que l'emprunteur fasse quelque chose pour lui, et il doit lui en faire déduction, si le fait est appréciable, *id.* p. 455. — Lorsque le service n'est pas appréciable, le prêteur ne doit pas l'exiger ; mais si l'emprunteur lui a rendu ce service, le prêteur n'est pas obligé à lui faire aucune déduction sur la somme prêtée, *id.* p. 455. — C'est une usure si le prêteur applique à son profit la jouissance ou l'usage de la chose qui lui a été donnée en nantissement, *id.* p. 457. — Est-ce une convention usuraire que de prêter à la charge de revanche? *id.* p. 458-459. — L'emprunteur ne doit, ni dans l'un ni dans l'autre for, les usures qu'il a promises, même par serment, *id.* p. 462-463. — L'obligation de restituer les usures passe aux héritiers du prêteur qui les a reçues, *id.* p. 463. — La restitution des usures

des deniers pupillaires reçus
par le tuteur, et non pas par le
mineur, *id.* p. 463-464.

Usure mentale, t. V, p. 452.

Usure palliée, t. V, p. 443.

Usure. Convention qui renferme trois contrats imaginés
par les casuistes, est une usure
palliée, t. V, p. 122-123. —
Société par laquelle on assure à
l'un des associés son fonds,
contient ordinairement un prêt
usuraire, *id.* p. 124. — Cas auxquels cette convention n'est pas
usuraire, *id.* p. 124-125. —

Convention que l'on payera à un
associé l'intérêt de ce qu'il apporte de plus que sa part, n'est
usuraire, *id.* p. 150-151.

USURIERS. Peines établies
par les lois contre les usuriers
et les notaires qui prêtent sur
usures, t. V, p. 464. — Par les
canons, *id.* p. 465.

USURPATION. Fermier tenu
des usurpations qu'il a laissé
faire durant le cours du bail,
sans en avertir, t. IV, p. 383-
384.

V.

VAGABONDAGE. Ce que
c'est; quel juge est compétent
pour connoître de ce crime? t.
XIV, 457.

VAGABONS. Comment sont
définis par la déclaration de
1731, t. XIV, p. 452.

VARECH ET CHOSES GAI-
VES. A qui appartiennent-elles?
t. X, p. 46.

VELLÉIEN. Sénatus-consulte,
t. I, p. 376.

VENDEUR sans terme : son
droit, t. XVII, p. 320. — Privilège du vendeur. (*V.* PRIVI-
LÉGE, ORDRE.)

Vendeur. Obligation du vendeur envers l'acheteur. (*V.*
OBLIGATION DE GARANTIE, action
ex empto.) — Vendeur qui a
vendu sciemment la chose qu'il
savoit appartenir à autrui, à
quoi est-il obligé envers le propriétaire? t. III, p. 166-167. —
Lorsque celui qui a vendu une

chose qu'il savoit ne pas lui appartenir, en est devenu depuis
possesseur, le propriétaire a-t-
il le choix de réclamer ou la
chose ou le prix qu'elle avoit
été vendue? *id.* p. 167-168. —
Vendeur qui a vendu de bonne
foi la chose d'autrui, à quoi
est-il tenu? *id.* p. 169. — Celui
qui a vendu, quoique de bonne
foi, la chose d'autrui qu'il possédoit à titre lucratif, est tenu
d'en rendre le prix au propriétaire de la chose, *id.* p. 169. —
Quid, s'il en étoit propriétaire à
titre onéreux et que la chose fût
périe? *id.* 169 et suiv. — Quel soin
le vendeur doit-il apporter pour
la conservation de la chose, et
de quelle faute est-il tenu? *id.* p.
32-54. — Jusqu'à quand est-il
tenu de ce soin? *id.* p. 32-33.

Vendeur. Quel est le vendeur
à la famille de qui la loi accorde
le retrait, t. III, p. 464. —

Lorsque je vends votre héritage, lequel de nous est le vendeur? *id.* p. 468.

VENGEANCE. La femme qui n'a pas poursuivi la vengeance de la mort de son mari, est-elle sujette à quelque peine? t. IX, 184.

VENTES, profit de ventes; différentes espèces, t. XV, p. 330-331. — Vente de rente foncière sur l'héritage censuel donne lieu au profit de ventes, *id.* p. 332. — *Secùs*, des rentes constituées, *id.* p. 332. — Acte par lequel les parties se désistent d'un contrat de vente après la tradition, ne donne lieu à un nouveau profit, *id.* p. 337. — Vente suivie d'un décret ne donne lieu qu'à un profit, *id.* p. 339. — *Quid*, de la vente par décret sur l'éviction d'un créancier hypothécaire? *id.* p. 338. (*V.* QUINT.)

Vente. Contrat de vente. Définition du contrat de vente, et explication de la définition, t. III. p. 1-2. — Quelle espèce de contrat est-ce? *id.* p. 5. — Trois choses nécessaires pour ce contrat : une chose, un prix, un contentement. Le contrat n'est pas valable, si la chose n'existoit plus dès le temps du contrat, *id.* p. 5-6. — On peut vendre une chose qui n'existe pas encore, mais dont on attend la future existence, *id.* 6. — On peut vendre des êtres moraux, p. 6. — Même une simple espérance, *id.* p. 6-7. — Espèce rapportée par Plutarque, vie de Solon, *id.* p. 7. — On peut acheter sa propre chose, *id.* p. 7. — Puis-je l'acheter au cas où elle cessera de m'appartenir? *id.* p. 9. — Les choses qui sont hors du commerce ne peuvent être vendues au moins *per se*, *id.* p. 10. — Ni celles dont les lois de police défendent la vente, *id.* p. 11. — Nous ne pouvons acheter valablement les choses qui font partie des biens dont nous avons l'administration, si ce n'est en certains cas d'exception, *id.* p. 11. — La nullité de ces ventes n'est que relative, *id.* 11-12. — Peut-on vendre les héritages des mineurs et ceux de l'église? *id.* 12. — Peut-on vendre les biens substitués? *id.* p. 13. (*V.* PRIX, CONSENTEMENT.) — Ventes de fruits avant la récolte, ou de laine avant la tonte, *id.* p. 184-185. — Ventes forcées. Différentes espèces de ventes forcées; en vertu d'une promesse de vendre, ou d'un testament, *id.* p. 303-304. — Pour cause de nécessité ou d'utilité publique, *id.* p. 304. — Quelquefois pour une nécessité particulière, *id.* p. 305. — Vente par licitation. (*V.* LICITATION, VENTES EN JUSTICE.) — Différentes espèces de ventes en justice, *id.* p. 305. — Les héritages des mineurs ne peuvent être vendus qu'en justice, *id.* p. 306. — Vente de droits successifs. (*V.* HÉRÉDITÉ.) — Vente de rentes et autres créances. (*V.* TRANSPORT-CESSION.) — Vente d'usufruit. Vente que fait le propriétaire de l'usufruit de la chose, *id.* p. 327. — Vente que l'usufruitier fait de son usufruit au propriétaire, *id.* p. 328. — Vente que l'usufruitier fait de son usufruit à un autre, *id.* p. 328. (*V.* USUFRUIT.) — Clause qu'en cas d'éviction le vendeur sera tenu de restituer le prix, et une certaine

somme en sus, *id.* p. 89.—Exception à cette règle, *id.* p. 89.
— *Quid*, si cette convention n'étoit faite qu'avec la caution du vendeur? *id.* p. 90.—Clause par laquelle une chose est vendue à l'essai. (*V.* ESIAI.) — Clause pour l'emploi du prix. (*V.* EMPLOI, CLAUSE DE CONSTITUT, DE DESSAISINE - SAISINE, TRADITION.)

Vente. Quelles ventes donnent lieu au retrait? t. III, p. 427. — Simple consentement à la vente, *id.* p. 427. — Ventes forcées, *id.* p. 427. Ventes par décrets, *id.* p. 428. — Ventes en direction sur un abandon fait par un débiteur à ses créanciers, *id.* p. 467. — Ventes sur un curateur en délai, *id.* p. 467. — Pour utilité publique, *id.* p. 429. — Ventes à rentes viagères, *id.* p. 430. — Contrat de vente qui porte la remise entière du prix, n'est pas un vrai contrat de vente : si elle n'a été faite qu'*ex intervallo*, il demeure contrat de vente, *id.* p. 451. — Ventes nulles ou simulées donnent-elles lieu au retrait? *id.* p. 459. — Par quels actes le vendeur peut-il prouver contre le retrayant la simulation du contrat? *id.* p. 459. — Ventes conditionnelles, *id.* p. 461-462. — Vente qui n'a pas été encore exécutée par la tradition, *id.* p. 461.

Vente. Procédure que doit faire le créancier pour vendre la chose qui lui a été donnée en nantissement, t. VI, p. 251. — La vente du gage donne ouverture à l'action *pignoratitia*, *id.* p. 264.

Vente. Quand l'un des co-

partageans peut-il demander la vente des meubles? t. V, p. 204.

Vente. Ce que c'est que le contrat de vente proprement dit, t. X, p. 205.—Des contrats équipollens à vente, *id.* p. 205. — Des contrats mêlés de vente, *id.* p. 208-209. — Exemples, *id.* p. 209 et suiv. — Des contrats mêlés de vente et de donation, *id.* p. 209. — *Quid*, si par le contrat le vendeur fait remise de partie du prix? *id.* p. 209.—De quelques contrats dont on a douté autrefois s'ils étoient contrats de vente, *id.* p. 211.—De la vente avec faculté de réméré, *id.* p. 211.—*Quid*, de la faculté de réméré accordée *ex intervallo*? *id.* p. 213.—De la licitation entre co-héritiers ou co-propriétaires, *id.* p. 214.—Non-seulement la licitation tient lieu de partage; il en est de même de la vente que l'un des co-héritiers et propriétaires fait à l'autre, de sa portion, *id.* p. 216. *Quid*, d'un tiers qui a acquis la part indivise d'un des co-propriétaires originaires, et qui est ensuite adjudicataire par licitation? *id.* p. 217. — Du fief donné pour remploi des reprises de la femme, *id.* p. 218. — *Quid*, si la femme a renoncé à la communauté, et qu'on lui donne en paiement des conquêts? *id.* p. 218. — *Quid*, si on lui donne des propres du mari? *id.* p. 219.—Des accommodemens de famille entre les père et mère et les enfans. (*V.* ACCOMMODEMENT.) — *Quid*, des transactions? (*V.* TRANSACTION.) — Espèce de contrat qui est gratuit de la part de celui qui aliè-

id. p. 365. — La vente faite pour un prix, dont le vendeur fait remise en entier par le contrat, n'est pas une vraie vente, et ne donne pas lieu au retrait, *id.* p. 367. — La vente qui est parfaite, mais qui n'a pas été exécutée et consommée, donne-t-elle lieu au retrait? *id.* p. 368. — Les ventes forcées donnent lieu au retrait aussi bien que les ventes volontaires, *id.* p. 370. — Doit-on suivre cette règle dans la coutume d'Orléans? *id.* p. 370. — Les ventes faites avec faculté de réméré, donnent lieu au retrait, *id.* p. 371. — Ventes faites pour cause d'utilité publique, ne sont pas sujettes au retrait féodal, *id.* p. 373. — Vente d'une dîme inféodée faite à l'Eglise n'est point sujette au retrait, *id.* p. 373. — Les contrats mêlés de vente sont-ils pareillement sujets au retrait? *id.* p. 374. — Disposition de l'article 384 de la coutume d'Orléans, *id.* p. 375.

Vente des effets saisis, quand peut être faite? t. XIV, p. 234. — Comment on y procède, *id.* p. 234. — Doit régulièrement se faire dans le plus prochain marché, *id.* p. 235. — Exceptions, *id.* p. 235. — Vaisselle d'argent doit être portée à la monnaie, *id.* p. 235. — Vins saisis, où doivent-ils être vendus? *id.* p. 236. — Navires, moulins sur bateau, avec quelle formalité doivent être vendus? *id.* p. 236. Le prix doit être payé sur-le-champ, *id.* p. 236. — L'huissier doit garder minute de son procès-verbal, *id.* p. 236. — Distribution du prix de la vente, *id.* p. 237. (*V.* Dis-

TRIBUTION.) — Vente des biens saisis réellement, sur une affiche et trois publications; quand a lieu? *id.* p. 298.

VENTILATION, lorsque le retrait ne s'exerce que par partie, aux frais de qui se fait la ventilation dans les différentes espèces de retrait? t. III, p. 701.

VÉRIFICATION. Cas où elle est ordonnée, et procédures pour y parvenir, t. XIV, p. 56. — Quelles sortes de pièces peuvent être employées pour comparaison, *id.* p. 56. — Actes privés ne peuvent être employés, *id.* p. 57. — Les parties doivent convenir d'experts pour la vérification, *id.* p. 57. — (*V.* RAPPORT.) — Condamnation d'amende contre celui qui a mal-à-propos dénié son écriture, *id.* p. 57.

VEUVES. Peines que l'ordonnance de Blois prononce contre les veuves qui se marient à des personnes indignes, t. VII, p. 429-430. — Effet de l'interdiction que la loi prononce contre elles, *id.* p. 430-431. — Ces peines doivent-elles s'étendre à l'homme qui se remarie? *id.* p. 431-432.

VICAIRE, pour porter la foi au nom d'une communauté, t. XI, p. 26. — Quel doit être ce vicaire? *id.* p. 26. — Si ce peut être un religieux, *id.* p. 26.

Vicaires. L'ordonnance de 1735 leur a ôté le droit de recevoir des testamens, t. XIII, p. 74.

VICE. Quels vices le locateur doit-il garantir? t. IV, p. 344. — Soit de la chose louée, soit des accessoires, *id.* p. 344. —

Même ceux dont il n'avoit pas connoissance, *id.* p. 345. — Même ceux survenus depuis le contrat, *id.* p. 345. — Non de ceux exceptés de bonne foi par le contrat, *id.* p. 346.

Vices des dispositions testamentaires, t. XIII, p. 87.

Vices redhibitoires (*V.* Redhibitoires.)

VIE CIVILE, t. XV, p. 9.

Vie civile. Ceux qui l'ont perdue par une condamnation à une peine capitale, sont incapables de transmettre leur succession, t. XII, p. 325. — Ceux dans les provinces où la confiscation n'a pas lieu, *id.* p. 326. (*V.* Religieux.) — Pour être capable de succéder il faut avoir la vie civile, *id.* p. 327-330. (*V.* Aubains, Religieux.) — Ceux qui ont perdu la vie civile par une condamnation à peine capitale, sont incapables de succéder, *id.* p. 332. — *Quid,* si le condamné est mort pendant l'appel? *id.* p. 333. — *Quid,* de celui qui est condamné par coutumace, et qui meurt avant les cinq ans? *id.* p. 333. — *Quid,* s'il s'est représenté ou constitué prisonnier? *id.* p. 334.

VINGTIEMES. Le débiteur d'une rente foncière a droit de les retenir, t. V, p. 20.

VIOLENCE. Contrat extorqué par violence n'est pas obligatoire, même dans le for de la conscience, envers celui qui l'a commise, t. I, p. 96 et suiv. — *Quid,* lorsqu'elle a été commise par un tiers, sans que celui envers qui je me suis obligé en ait été participant? *id.* p. 97 et suiv. — Promesse faite à quelqu'un pour qu'il me délivre de la vio-

lence, *id.* p. 98-99. — La violence qui vicie la convention doit être une violence *adversùs bonos mores, id.* p. 100. — Capable de faire impression sur une personne raisonnable, *id.* p. 99. — *Quid,* de la crainte révérentielle? *id.* p. 101. — Vice de violence, comment se purge, *id.* p. 96.

VISITE. Cas auquel il peut y avoir lieu à la visite de la chose en contestation, t. XIV, p. 60. — Ce que doivent contenir les jugemens qui ordonnent la visite, *id.* p. 61. — Lorsque le lieu dont on ordonne la visite est éloigné, le juge qui l'ordonne peut commettre le juge du lieu, *id.* p. 61. — Procédure à tenir en exécution du jugement qui ordonne la visite, *id.* p. 62. — Quels experts peuvent être nommés pour faire la visite, *id.* p. 62. — Doivent comparoître pour prêter serment, à l'exception des experts jurés, *id.* p. 63. — Doivent ensuite procéder, le plus tôt possible, à la visite, *id.* p. 63. — Et faire ensuite leur rapport, *id.* p. 64. (*V.* Rapport.) — Si les experts sont contraires, doit être nommé un tiers par le juge, et qui il doit être, *id.* p. 65.

VOEUX. Conditions qui doivent concourir pour qu'ils soient solennels, t. XIII, p. 409. — Age prescrit par l'ordonnance de Blois, et depuis par édit du mois de mai 1768, *id.* p. 409. — Intervalle d'un an entre la vêture et la profession, *id.* p. 409. — L'acte de vêture et celui de la profession doivent être inscrits sur un registre, *id.* p. 410. — Temps de cinq ans prescrit pour réclamer contre ses vœux, *id.* p. 410. — Comment le religieux doit se pourvoir pour faire annuler ses vœux, *id.* p. 410-411.

Vœux simples ne rendent pas incapables d'effets civils, *id.* p. 413.

Vœux qui se font dans des maisons et congrégations qui ne sont reçues que comme maisons régulières et congrégations ecclésiastiques, et non comme ordres religieux, ne sont que vœux simples et par conséquent ne forment point un empêchement dirimant de mariage, t. VII, p. 68.

VOIE PUBLIQUE. Lorsque la voie publique est embarrassée, les voisins doivent prêter passage, t. V, p. 250.

VOIES pour contraindre le condamné à exécuter le jugement, t. XIV, p. 207. — Voie pour contraindre à délaisser un héritage, *id.* p. 207. — Quand la partie condamnée est censée avoir fait le délai, *id.* p. 207. — Voie de la saisie exécution, de la saisie arrêt, de la saisie réelle, *id.* p. 208. (*Voy.* SAISIE EXÉCUTION, SAISIE ARRÊT, SAISIE RÉELLE.)

VOISINAGE. Obligation que forme le voisinage, t. XVI, p. 180.

Voisinage est un quasi-contrat, t. V, p. 240. — Obligation de borner, *id.* p. 240. — Obligation dans les villes de s'enclore par un mur de clôture ; variété des coutumes à cet égard ; *id.* p. 241 et suiv. — Obligation de ne rien faire parvenir de son héritage sur l'héritage voisin, qui puisse lui nuire, *id.* p. 245. — Mais je puis le priver d'une

commodité qu'il reçoit de mon héritage, *id.* p. 249. — Obligation de laisser passer en cas de nécessité, *id.* p. 249. — Obligation de vendre la communauté du mur au voisin pour la partie dont il veut se servir, *id.* p. 250.

VOITURES. Fermier qui s'est obligé de faire les voitures, pour les réparations : de quelles voitures est-il tenu ? t. IV, p. 392

VOL. Quand un aubergiste est-il tenu du vol ou du dommage fait, dans son hôtellerie, des choses qui ne lui ont point été données en garde, t. VI, p. 50-51. — Emprunteur qui, contre la volonté du prêteur, se sert de la chose pour un autre usage que celui pour lequel elle lui a été prêtée, commet un vol, t. V, p. 329-330. — *Idem*, d'un dépositaire, t. VI, p. 24 et suiv. — L'emprunteur est-il responsable du vol qui lui a été fait de la chose ? t. V, p. 345-346.

Vol. Le débiteur qui a donné une chose en nantissement, commet un vol lorsqu'il la soustrait au créancier à qui il l'a donnée, t. VI, p. 250.

Vol d'une somme d'argent que j'ai promis mettre en société, tombe-t-il sur moi seul, ou sur la société ? t. V, p. 173. — Vol que j'ai souffert en faisant les affaires de la société, en dois-je être indemnisé ? *id.* 173.

VOLEUR, est toujours censé en demeure, t. I, p. 173. — On n'examine pas, à son égard, si la chose dont il doit la restitution seroit également périe chez celui à qui elle est due, t. II, p. 132.

VOYAGE. Frais de voyage

ADDITION.

Fin de la Table générale des Matières, et du Tome XVIII et dernier.

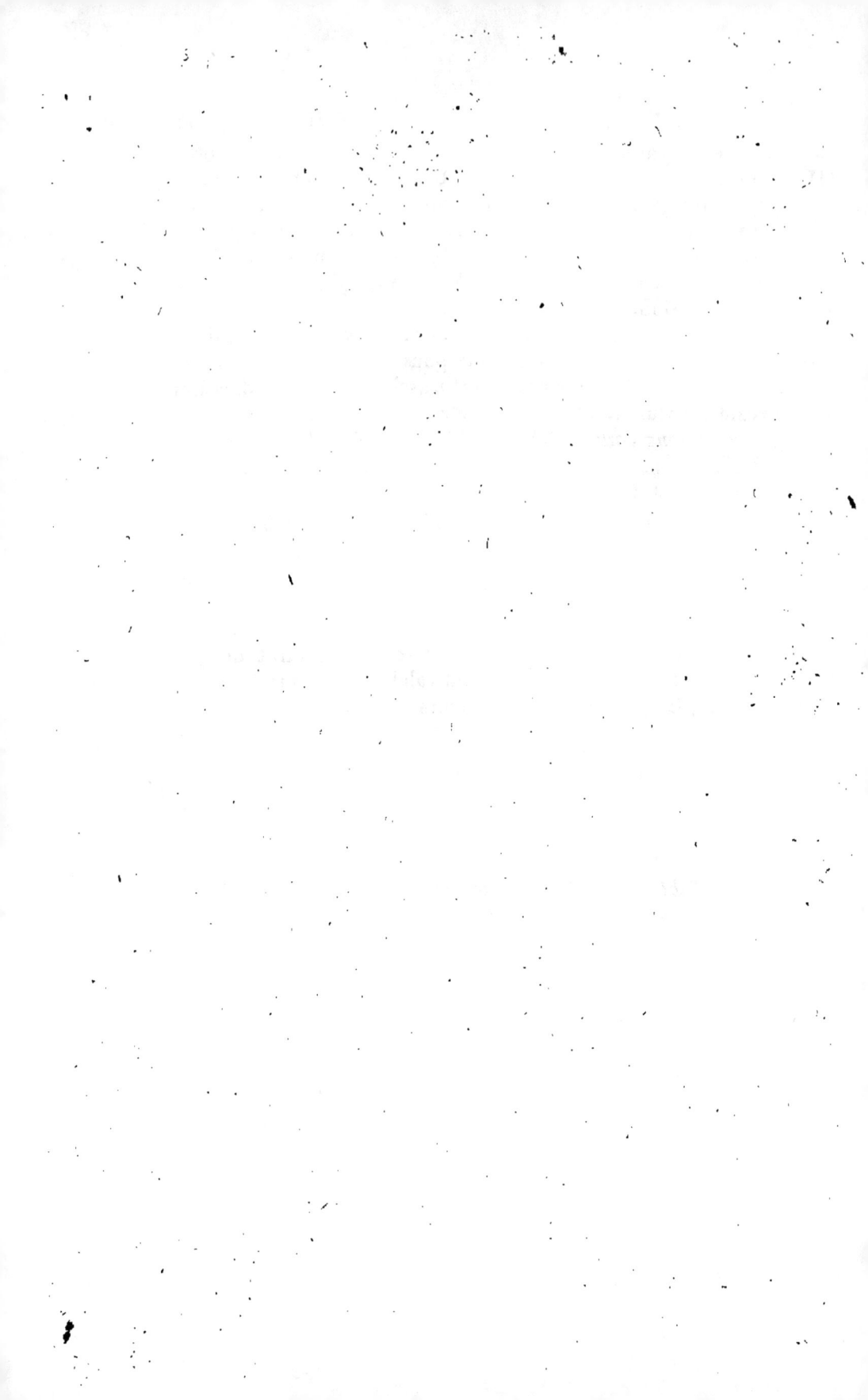